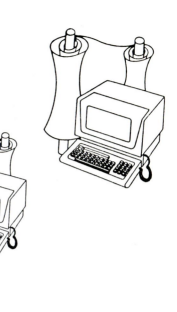

Actes du Premier Colloque International
BIBLE ET INFORMATIQUE : LE TEXTE
Proceedings of the First International Colloquium
BIBLE AND COMPUTER : THE TEXT
Akten des Ersten Internationalen Kolloquiums
BIBEL UND INFORMATIK : DER TEXT
Louvain-la-Neuve (Belgique) 2-3-4 septembre 1985

Association Internationale Bible et Informatique
en collaboration avec la Faculté de Théologie
et le CETEDOC de l'Université Catholique
de Louvain-la-Neuve

CHAMPION - SLATKINE
PARIS - GENÈVE
1986

TRAVAUX DE LINGUISTIQUE QUANTITATIVE
publiés sous la direction de Charles Muller
37

ASSOCIATION

INTERNATIONALE

BIBLE
ET
INFORMATIQUE

Cet ouvrage est le troisième de la collection

DEBORA

éditée par le Centre : Informatique et Bible
(Maredsous, B-5198 Denée, Belgique)

Titres parus dans la même collection :

Le livre religieux dans les systèmes informatisés
Dossier préparé par DEBORA - DOCUMENTATION

L'informatique au service des communautés d'Eglises
par A. Reimers

A paraître :

*Répertoire des centres de traitement informatique
de la Bible*
Dossier préparé par le Centre : Informatique et Bible

Commentaire :

On trouvera dans ce volume les contributions présentées lors du Colloque "Bible et Informatique : le texte" organisé par l'Association Internationale Bible et Informatique à Louvain-la-Neuve, les 2, 3 et 4 septembre 1985.

Liste des contributeurs :

J. Abercrombie, C. Amphoux, F.I. Andersen, S. Arbache, W. Bader, J. Bajard, J.P. Benzecri, P.M. Bogaert, A. Bouvarel, Y. Chiaramella, J. Chmiel, W.T. Claassen, J. Cochrane, J. Cook, J.C. de Moor, A. Desreumaux, C.T. Fahner, G. Firmin, A.D. Forbes, R. Gryson, C. Hardmeier, J. Heimerdinger, J.G. Heintz, J. Jelonek, G.W. Kowalski, F. Lemoine, L.K. Loimaranta, J. Longton, J.P. Louw, J. Lust, B. Outtier, C. Pellistrandi, R.F. Poswick, Y.T. Radday, H. Schweizer, G. Servais, M.E. Stone, E. Talstra, E. Tov, G.E. Weil, R. Wonneberger.

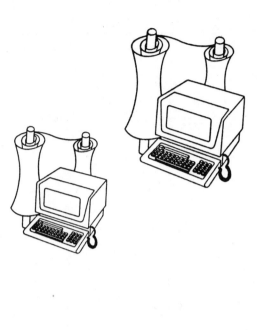

Actes du Premier Colloque International
BIBLE ET INFORMATIQUE : LE TEXTE

Proceedings of the First International Colloquium
BIBLE AND COMPUTER : THE TEXT

Akten des Ersten Internationalen Kolloquiums
BIBEL UND INFORMATIK : DER TEXT

Louvain-la-Neuve (Belgique) 2-3-4 septembre 1985

Association Internationale Bible et Informatique
en collaboration avec la Faculté de Théologie
et le CETEDOC de l'Université Catholique
de Louvain-la-Neuve

CHAMPION - SLATKINE
PARIS - GENÈVE
1986

Copyright 1986. Champion-Slatkine, Paris-Genève
ISBN 2 - 05 - 100769 - 1

Copyright 1986. C.I.B. 1986.
ISSN 0773 - 3968
Collection DEBORA No 3
D/4336/1986/11

COLLOQUE
"BIBLE ET INFORMATIQUE : LE TEXTE"

ASSOCIATION INTERNATIONALE "BIBLE ET INFORMATIQUE".

Après dix ans de travaux consacrés à la Bible en utilisant l'ordinateur et l'informatique, les circonstances ont poussé l'équipe née à l'Abbaye de Maredsous (Namur, Belgique) à proposer, en 1982, la création d'une Association Internationale Bible et Informatique.

Cette fondation a acquis son existence légale d'Association Internationale de droit belge par la parution de ses statuts au Moniteur (Journal Officiel Belge) du 16 février 1984, après son approbation par S.M. Baudouin, roi des Belges.

L'objet de l'Association est ainsi défini :

"art. 2. L'Association a pour objet de promouvoir, dans le domaine de la Bible ainsi que dans des domaines culturels connexes, des recherches et des services utilisant des moyens de traitement et de communication automatisés au service des communautés chrétiennes partout dans le monde. Cette Association a notamment pour objet la mise en valeur et le développement de la base de données créée initialement à l'Abbaye de Maredsous par le Centre Informatique et Bible. Elle peut poser tous les actes se rapportant directement ou indirectement à son objet".

On trouvera les noms des membres fondateurs ci-dessous (1).

L'objectif principal est certainement , dans le chef des fondateurs, de créer un lieu de contacts, d'échanges et de partage au plan international. Une meilleure connaissance des travaux réalisés un peu partout devrait permettre une répartition intelligente des champs de travail et donner aux "doublets" le statut d'approches critiques qui permettront de préciser les meilleurs usages de l'informatique pour tout le domaine des études bibliques.

Une Association Internationale peut faire appel à des fonds internationaux, permettant de favoriser des actions cohérentes.

C'est déjà le cas pour l'organisation d'une journée sur le thème "Bible et Informatique" qui s'est tenue à Leuven le dimanche 26 Août 1984 préparant un colloque sur le même thème à Louvain-la-Neuve, les 2-3-4 septembre 1985.

(1) Voir p.7

Cette préparation, subsidiée, comme le Colloque de 1985, par des aides privées, des contributions du Fonds National de la Recherche Scientifique et d'autres organismes publics belges, a permis plusieurs actions internationales :

1) Une enquête sur les données et les logiciels touchant au domaine biblique : cette enquête envoyée à 48 personnes et/ou institutions a apporté 33 réponses, dont une vingtaine documentées.

2) Une enquête sur les centres d'intérêts des chercheurs et des groupes appliquant l'outil informatique au domaine biblique : les principaux centres d'intérêts se cristallisent, semble-t-il, autour de la lexicologie, la syntaxe, la stylistique, les recherches statistiques, la sémantique, les synopses, lexiques et concordances, l'étude des manuscrits et la bibliographie. Une grande majorité des correspondants de l'A.I.B.I. s'est montrée attentive aux problèmes de coordination internationale de la recherche.

3) Une journée de réflexion sur le thème du Colloque "Bible et Informatique : le Texte" (Leuven, 26 Août 1984) rassemblant 24 participants, principalement européens.

4) Un appel aux contributions sous forme d'une livraison spéciale du Bulletin INTERFACE (n°15, Automne 1984) envoyé à plus de 8.000 biblistes et/ou informaticiens.

5) La réalisation du Premier Colloque International sur le thème "Bible et Informatique" à Louvain-la-Neuve (2-3-4 septembre 1985) avec la participation de 100 personnes venues d'Europe (Est et Ouest), d'Afrique, du Moyen-Orient et d'Amé- rique du Nord.

L'A.I.B.I. garde des liens étroits avec le groupe de travail "Computer Aided Studies" de la Society of Biblical Litterature (S.B.L.) et a établi des relations officielles avec l'Association for Literary and Linguistic Computing (A.L.L.C.).

Elle accueille comme membre les Institutions qui souhaitent développer une recherche dans la ligne de ses objectifs.

Sa prochaine assemblée Générale a lieu en 1986.

                         Janvier 1986
                         R.P. Nicolas Dayez, osb, Abbé de Maredsous
                         Président de l'A.I.B.I. (1982)
                         R.P. Claude Sélis, o.p.,
                         Administrateur-délégué de l'A.I.B.I. (1984)

Adresse : A.I.B.I.
          Abbaye de Maredsous
          B-5198 Denée (Anhée)   Tél : 32 (82) 69.93.97
          BELGIQUE   Télex : via FROBRA 59 105

ASSOCIATION INTERNATIONALE "BIBLE ET INFORMATIQUE".

The Belgian based Association was founded in 1982 by a group
of Belgian, Dutch, German, Italian, and American biblical
scholars and societies (1). Its purpose is to develop and
promote computerized tools for text processing and publishing in
biblical studies for an interdenominational audience.

From september 2-3-4 of 1985, the A.I.B.I., in conjunction
with the Faculty of Theology of the Catholic University of
Louvain-la-Neuve, sponsored a Colloquium entitled "Bible and
Computer : the Text". The 100 participants from 17 countries
represented a variety numerous scholars from Belgium and France,
the United States, the Netherlands, Germany, South Africa,
Poland, Italy and Israel were also well represented.

The following topics were the main focus of attention :

1) Description of various automatized databases on the biblical
   texts, as well as principles and methods for shaping them,
   and their various applications on micro-computers.
2) Communication of some exegetical results derived from
   automatized biblical databases.
3) Presentation of documentary databases which may be useful
   biblical scholars.
4) Theoretical considerations on the consequences and
   requirements linked of the use of computers in· biblical
   exegesis : on cultural,statistical, or linguistic· approaches.
5) Call for international co-operation in the fields of
   standarized coding, bibliography, and information on existing
   files and software.

The Association Internationale Bible et Informatique (AIBI)
welcomes any Institution who likes to meet the same objectives.

The next General Assembly of the AIBI will take place in late
1986.

R.F. Poswick   C. Selis
Secretay of the Colloquium   Executive Manager of the
                                  Association

Adresse : A.I.B.I.
          Abbaye de Maredsous
          B-5198 Denée (Anhée)   Tél : 32 (82) 69 93 97
          BELGIQUE   Télex : via FROBRA 59 105
----

(1) See list of the founders below p.7

LISTE DES MEMBRES FONDATEURS
DE L'ASSOCIATION INTERNATIONALE
"BIBLE ET INFORMATIQUE"

L'Abbaye de Maredsous asbl
représenté par
   Révérend Abbé Léon N. DAYEZ, o.s.b.
   Abbaye de Maredsous
   B-5198 Denée, Belgique

Centre Informatique et Bible
Abbaye de Maredsous
B-5198 Denée, Belgique
représenté par
   Frère R. Ferdinand POSWICK, o.s.b.

Institut d'Informatique des Facultés Notre-Dame de la Paix
Rue Grangagnage, 21
B-5000 Namur, Belgique
représenté par
   Révérend Père Jacques BERLEUR s.j.

FONDATION (en formation) E. FIRINO-MARTELL
représentée par
   Monsieur Edouard FIRINO-MARTELL
   Vevey, Suisse

Maison Saint-Dominique
Avenue de la Renaissance, 40
B-1040 Bruxelles, Belgique
représentée par
   Révérend Père Claude SELIS, o.p.

Révérend Père Jean GRIBOMONT, o.s.b.
Directeur de l'Edition de la Vulgate
Rome, Italie

Alliance Biblique Universelle (U.B.S.)
représentée par
   Professeur Jan DE WAARD
   Strasbourg, France

Monsieur Daniel ENOCH
Informaticien
Paris, France

Monsieur Paul MASKENS
Conseil en Communication Sociale
Administrateur-Délégué de l'ASBL
Promotion Biblique et informatique

Madame Monique MASKENS
Opprebais - Belgique

UNIVERSITE CATHOLIQUE DE LOUVAIN
B-1348 Louvain-la-Neuve, Belgique
représentée par
  Monsieur l'Abbé GRYSON
  Doyen de la Faculté de Théologie

Monsieur Marc VERVENNE
Assistant à la Katolieke Universiteit
Leuven, België

WORLD CATHOLIC FEDERATION FOR THE BIBLICAL APOSTOLATE
Mittelstrasse 12
D-7000 Stuttgart
représenté par
  Professeur Ben HEMELSOET
  Amsterdam, Nederland

Katolieke Universiteit Leuven
représenté par
  Professeur Maurits SABBE
  Leuven, België

Révérend Père Maurice GILBERT, s.j.
Directeur de l'Institut Biblique Pontifical
Rome

Abbaye de St-Meinrad Archabbey
St-Meinrad, INDIANA, U.S.A.
représentée par
  Révérend Père Abbé Timothy SWEENEY, o.s.b.

Monsieur André VAN KERREBROECK
Informaticien au Centre Informatique et Bible

Ecole Biblique et Archéologique Française
Rue de Naplouse, 6
Jérusalem, Israël
représentée par
  Révérend Père François REFOULE, o.p.

Monsieur Martin GUNTHER
Directeur de Verlag Katholisches Bibelwerk GmbH
Stuttgart, B.R. DEUTSCHLAND

Association Française Bible et Informatique Multimédia
C/o Chrétiens Médias
Rue de l'Amiral d'Estaing,
75008 Paris, France
représenté par
  Mr. Daniel ENOCH

PRESENTATION

Le traitement informatisé de textes bibliques a pris son essor, il y a maintenant deux décennies, avec quelques centres pionniers, notamment les premières publications du "Computer Bible" par J. BAIRD (Wooster, USA) et les travaux de G. WEIL à Nancy et de A.Q. MORTON à Edimbourg. Depuis, de nombreux autres Centres ont vu le jour, et le besoin se fait sentir d'une meilleure communication entre les chercheurs, pour échanger méthodes et résultats, et d'une meilleure information de ceux qui s'intéressent au domaine "Bible et Informatique".

C'est la raison d'être du "Computer Assisted Research Group" qui fonctionne annuellement au sein du "Society of Biblical Literature Meeting" aux USA. C'est également le but que poursuivait l'Association Internationale Bible et Informatique, en organisant, en collaboration avec la Faculté de Théologie de l'Université Catholique de Louvain-la-Neuve, un Colloque sur le thème "Bible et Informatique : le texte", sur le campus de cette même Université, les 2-3-4 septembre derniers. Une initiative qui a rencontré un franc succès puisque près de cent personnes d'horizons très divers (judaïsme, christianisme, orthodoxe, catholique ou protestant, islam) ont participé à ce colloque, venant de 17 pays différents parmi lesquels, outre la Belgique et la France, on peut signaler la participation importante des USA, Hollande, Allemagne, Afrique du Sud, Pologne, Italie, Israël. Une assemblée très diverse, donc, mais rassemblée par l'amour de la Bible et le désir de mettre efficacement l'informatique à son service, et qui a vécu trois journées très intenses dans le cadre accueillant fourni par l'hôtel ETAP et l'organisation souriante et efficace de l'équipe de secrétariat du CIB - Maredsous.

Dans son allocution d'accueil, le Prof. R. GRYSON, doyen de la Faculté de Théologie de l'UCL, a posé la question fondamentale : "Bible et Informatique, quel texte ?", soulignant les possibilités qu'offre l'informatique de prendre en compte la richesse vivante des textes variants au lieu d'imposer une édition critique reçue, finalement hypothétique et artificielle.

Mr. Y. CHIARAMELLA (Grenoble) donna, dans un exposé introductif, le cadre technologique actuel qui amène à définir de nouvelles pistes de recherche dans le traitement informatisé des textes.

Les sessions étaient articulées autour des thèmes suivants :
- Les sources
- La diversité des textes et des approches
- Hebraica Veritas
- Nouvelle philologie
- Texte vivant et collaboration internationale

En fait, les exposés ont abordé ces thèmes sous des angles divers, qu'on peut détailler comme suit :

1. La description de différentes **bases de données** informatisées de **textes** bibliques, en projet ou déjà achevées, ainsi que des principes ou méthodes de leur constitution. Il s'agissait surtout du texte hébreu massorétique (G. WEIL, Lyon; A.D. FORBES , Palo Alto , USA ; E. TALSTRA , Amsterdam ; W.T. CLAASSEN, Stellenbosch, S. Africa), mais aussi du texte grec de la Septante (J. ABERCROMBIE, Philadelphia, USA), syriaque de la Peshitta (J. COOK, Stellenbosch, S. Africa) ou français (C. COCHRANE, Sherbrooke, Québec). Ont été présentés également diverses réalisations sur **micro-ordinateurs** : logiciel d'impression multicaractère (J.C. de MOOR, Kampen, Nederland) ou de traitement du texte hébreu (R. BENUN, New York, sur le texte hébreu du Centre : Informatique et Bible de Maredsous),du texte grec (J. ABERCROMBIE, Philadelphia, USA), du texte syriaque (J. COOK, Stellenbosch, S. Africa) ou du texte français de la Bible de Jérusalem (F. LEMOINE, CIB-Maredsous, Belgique).

2. La communication de quelques **résultats** exégétiques obtenus par l'exploitation de bases de données bibliques informatisées : J. LUST (KUL-Leuven, Belgique) sur les traducteurs grecs d'Ezechiel, A.D. FORBES (Palo Alto, USA) sur des particularités orthographiques du texte massorétique.

3. La présentation de **bases de données documentaires** , en voie d'informatisation, et pouvant être utiles aux biblistes : répertoires de manuscrits bibliques (C. PELLISTRANDI, Medium, Paris; C. AMPHOUX, CDMB-Montpellier) ou recueils épigraphiques (J.G. HEINTZ, Strasbourg).

4. Des **réflexions fondamentales** sur les implications et les exigences de l'emploi de l'informatique dans l'exégèse biblique : approche culturelle (G. KOWALSKI, Paris), statistique (J.P. BENZECRI, Paris; W. BADER, Tübingen) ou linguistique (R. WONNEBERGER, Hamburg; C. HARDMEIER, Bielefeld; J.P. LOUW, Pretoria; H. SCHWEIZER, Tübingen; C.T. FAHNER, Otterlo, Nederland).

5. La nécessité d'une **collaboration internationale** fut soulevée par les interventions des membres du Centre:Informatique et Bible (Maredsous, Belgique) qui proposait, outre une vision globale des possibilités dans ce domaine (R.F. POSWICK), des propositions dans le secteur de la normalisation du codage des alphabets non-latins (J. LONGTON) et des réalisations concrètes : une bibliographie "Bible et Informatique" couvrant les années 1981-1985 (G. SERVAIS) et un répertoire des Centres de traitement des textes bibliques (J. BAJARD).

Dans sa conférence de clôture, le Prof. E. TOV (Jérusalem) fit le point sur l'avenir de la recherche biblique. Celle-ci peut, dès à présent, disposer des données informatisées très complètes et de programmes de plus en plus nombreux adaptés à la critique textuelle, à l'analyse linguistique, à l'étude du vocabulaire, à l'analyse littéraire. La nouvelle génération de chercheurs qui s'annonce saura tirer parti de la richesse des possibilités ainsi offertes.

De ces trois journées très denses se dégage l'impression que le traitement informatisé du texte biblique, tout en étant déjà très vivant et en promettant un réel renouvellement des méthodes exégétiques dans les décennies qui vont suivre, cherche encore, comme toute discipline nouvelle, ses méthodes et ses champs d'application spécifiques. Il est à souhaiter de voir bientôt se multiplier, au-delà des **instruments** qui sont en train de se constituer, la publication des **résultats** obtenus au moyen de ces instruments.

L'accueil et la collaboration de l'Université de Louvain furent encore soulignés par la réception aux Halles Univer-sitaires où le Professeur TOMBEUR, Directeur du CETEDOC fit au nom du Recteur Mgr MASSAUX, une allocution aux participants en trois langues (1) avant de les régaler par ses talents d'oenologue.

J. Bajard et G. Servais
CIB-Maredsous.

---

(1) Le texte de cette triple intervention a été publié dans INTERFACE, 1985/19 p.2.

PRESENTATION

The computer processing of Biblical texts developed about twenty years ago among a few Centres which acted as path-finders and with the publications of the "Computer Bible" by J. BAIRD (Wooster, USA) and the work of G. WEIL (Nancy, France) and A.Q. MORTON (Edinburgh, U.K.). Since then, a large number of centres have emerged and we have become conscious of the need for better communication between scholars, for an exchange of methods and results, and for better information for the benefit of those who are interested in the "Bible and Computer" field.

This is the prime goal of the "Computer Assisted Research Group" which works on an annual basis within the "Society of Biblical Literature Meeting" in the United States. This was also the aim of the "Association Internationale Bible et Informatique" when it decided to organize, in co-operation with the "Faculté de Théologie de l'Université Catholique de Louvain-la-Neuve", a Colloquium on the theme "Bible and Computer : The Text", on the Campus of the University, on September 2-3-4, 1985. An initiative which proved a real success since more than 100 persons from various horizons (Judaism, Orthodox, Catholic or Protestant, Christianity, Islam) attented the Colloquium. They came from 17 countries among which, besides Belgium and France, we may notice the large participation of the United States, the Nederlands, Germany, South Africa, Poland, Italy and Israel.

The assembly was, thus, varied but united by a same devotion to the Bible and the willingness to use computers with efficiency on its behalf. Participants spent three intensive days, working, exchanging information and getting to know each other's work and activities, within the pleasant atmosphere of the hotel "ETAP" and with the friendly and efficient support of the staff of the C.I.B.-Maredsous in charge of the Secretariat.

In his opening address, Prof. R. GRYSON, Dean of the Faculty of Theology (UCL), raised the basic issue : "Bible and Computer, which text ?" He emphasized the opportunity computers give us to consider the vivid wealth of the various texts instead of imposing a given critical edition, ultimately highly hypothetical and artificial.

Mr. Y. CHIARAMELLA (Grenoble, France) gave, in an introduction speech, the current technological framework that leads us to define new fields of research in the automatized processing of texts.

Sessions mainly focused on the following topics :
- Sources
- Diversity of texts and approaches
- Hebraica Veritas
- New philology
- Living text and international co-operation.

In fact, those subjects were approached in different ways, according to the different speeches that were delivered. We can sum up the different approaches in the following way :

1. Description of various automatized data bases on the Biblical texts, under way or already set up, as well as principles or methods presiding over their building. The Hebrew Masoretic text was especially dealt with (G. WEIL, Lyon, France; A.D. FORBES, Palo Alto, USA; E. TALSTRA, Amsterdam; W.T. CLAASSEN, Stellenbosch, South Africa), as well as the Greek text of the Septuaginta (J. ABERCROMBIE, Philadelphia, USA), the Syriac text (J. COOK, Stellenbosch, South Africa) or the French text (C. COCHRANE, Sherbrooke, Canada).

Various applications on micro-computers were also displayed : multi-character printing software (J.C. de MOOR, Kampen, Netherlands) or softwares for the processing of the Hebrew text (R. BENUN, New York, from the Hebrew text of the "Centre : Informatique et Bible de Maredsous"), the Greek text (J. ABERCROMBIE, Philadelphia, USA), the Syriac text (J. COOK, Stellenbosch, South Africa) or the French text of the "Bible de Jérusalem" (F. LEMOINE, CIB-Maredsous, Belgium).

2. Communication of some exegetical results derived from automatized Biblical data bases : J. LUST (KUL-Leuven, Belguim) on the Greek translators of Ezekiel, A.D. FORBES (Palo Alto, USA) on orthographical features in the Massoretic text.

3. Presentation of documentary data bases getting automatized and which may be useful for Biblical scholars : repertories of the manuscripts of the Bible (C. PELLISTRANDI, Medium, Paris; C. AMPHOUX, CDMB, Montpellier) or epigraphical compilations (J.G. HEINTZ, Strasbourg, France).

4. Basic considerations on the consequences and requirements linked to the use of computers in Biblical exegesis : cultural (G. KOWALSKI, Paris), statistical (J.P. BENZECRI, Paris; W. BADER, Tübingen) or linguistic (R. WONNEBERGER, Hamburg; C. HARDMEIER, Bielefeld; J.P. LOUW, Pretoria; H. SCHWEIZER, Tübingen; C.T. FAHNER, Otterlo) approaches.

5. Co-operation on an international scale was called for by the members of the Centre : Informatique et Bible (Maredsous, Belgium) who submitted, in addition to an overall view of the possibilities in this field (R.-F. POSWICK), proposals for a standardized coding of non-latin alphabets (J. LONGTON) and actual works : a "Bible and Computer" bibliography covering the period between 1981 and 1985 (G. SERVAIS) and a repertory of the centres for the automatized processing of the Biblical texts (J. BAJARD).

In his closing address, Prof. E. TOV (Jerusalem) dealt with future prospects in the field of Biblical research. This research can, from now on, benefit from very complete automatized data and programs even more suited to textual criticism, linguistic analysis, analysis of vocabulary, literary analysis. The new generation of scholars who are drawing on will take the numerous and various opportunities given by automatized research.

From those three days , it seems that the automatized processing of the Biblical text, though already very vivid and promising a real renewal of the exegetical methods in the years to come, is still searching, just like any other new science, for its methode and its specific fields of application. We may hope to witness soon, beyond the tools that are under way, a large publication of the results derived from those tools.

The welcome and the co-operation of the University of Louvain were once more highlighted with a reception at the University in the course of which Prof. TOMBEUR, Director of the CETEDOC, delivered (1) a trilingual speech in the name of the Rector, Mgr MASSAUX, before entertaining the participants with his oenological talents.

J. BAJARD, G. SERVAIS
C.I.B. - Maredsous.

---

(1) This address has been published in the bulletin "INTERFACE", 1985/19, p.2.

VORSTELLUNG

Vor zwei Jahrzehnten flog aus einigen Pionierzentren die auf Computer umgestellte Verarbeitung von biblischen Texten empor. Es gab dann nämlich die ersten Erscheinungen von "Computer Bible" von J. BAIRD (Wooster, USA) und die Arbeiten von G. WEIL in Nancy und von A.Q. in Edingburg. Seitdem sind viele andere Zentren entstanden und es besteht der Wunsch nach einer besseren Kommunikation zwischen den Forschern, um Methoden und Ergebnisse auszutauschen, nach einer besseren Information derer, die sich für das Bereich Bibel und Informatik interessieren.

Das ist der Zweck der "Computer Assisted Research Group", die sich jährlich innerhalb der "Society of Biblical Literature Meeting" in den U.S.A. zusammenfindet. Das hatte sich auch die Association Internationale Bible et Informatique zum Ziel gesetzt, in dem sie in Verbindung mit der theologischen Fakultät der katholischen Universität von Louvain-la-Neuve ein Kolloquium über das Thema Bibel und Informatik : der Text" auf dem Campus dieser genannten Universität zwischen dem 2. und 4. September letzten Jahres veranstaltet hatte. Diese Initiative wurde von Erlolg gekrönt, denn beinahe hundert Personen von sehr verschiedenen Horizonten (jüdischer, christlicher, protestantischer, orthodoxischer, katholischer, und islamischer Herkunft) haben am Kolloquium teilgenommen. Sie stammten aus 17 verschiedenen Ländern. Abgesehen von den Belgiern und Franzosen waren die U.S. Amerikaner, Holländer, Deutschen, Südafrikaner, Polen, Israelis vertreten — Eine vielseitige Versammlung, die sich aber aus Liebe zur Bibel und mit dem Wunsch die Informatik sinnvoll für sie einzusetzen zusammenfand, und die, dank der angenehmen Räumlichkeiten des Hotels ETAP und der netten und effektiven Organisation der Mitarbeiter des C.I.B. Maredsous, drei intensive Tage erlebten.

In seiner Begrüßungsansprache hat Prof. R. GRYSON, Dekan der theologischen Fakultät der U.C.L. die grundlegende Frage gestellt : "Bibel und Informatik, welcher Text ? " Dabei betonte er, daß die Informatik Möglichkeiten bietet , dem lebhaften Reichtum der variierenden Texte gerecht zu werden anstatt eine kritische übernommene Herausgabe aufzudrängen, die im Grunde hypothetisch und künstlich ist.

M. Y. CHIARAMELLA (Grenoble) gab in einem einleitenden Vortrag den aktuellen technologischen Rahmen an der es ermöglicht, neue Forschungswege in der auf Computer umgestellte Textverarbeitung zu definieren.
Die Sitzungen gingen um folgende Themen :
- Die Quellen
- Die Vielfalt der Texte und der Annäherungen
- Hebraica Veritas
- Neue Philologie
- Lebhaften Text und internationale Zusammenarbeit.

In der Tat wurden die Themen in den Vorträgen von verschiedenen Gesichtspunkten aus angegangen, die wie folgt dargestellt werden können.

1. Die Darstellung der verschiedenen bereits vorhandenen bzw. geplanten Datenbanken biblischer Texte sowie der Prinzipien oder Methoden ihres Entstehens. Es ging vor allem um den hebräisch-massoretischen Text (G. WEIL, Lyon; A.D. FORBES, Palo Alto, USA; E. TALSTRA, Amsterdam ; W.T. CLAASSEN; Stellenbosch, S. Afrika), aber auch um den griechischen Text der Septuagintae (J. ABERCROMBIE, Philadelphia, USA), den altsyrischen Text der Peshitta (J. COOK, Stellenbosch, S. Afrika) oder französischen Text (C. COCHRANE, Sherbrooke, Québec).

Es wurden auch verschiedene auf Micro-Computer vorgenommenen Durchführungen vorgestellt : Software vom Multizeichendruck (J.C. de MOOR, Kampen, Niederland) oder die Textverarbeitung von dem hebräischen Text (R. BENUN, New York, über dem hebräischen Text Zentrum : Bibel und Informatik von Maredsous), vom griechischen Text (J. ABERCROMBIE , Philadelphia , USA), vom altsyrischen Text (J. COOK, Stellenbosch, S. Afrika), oder vom französischen Text der Bibel von Jerusalem (F. LEMOINE, CIB - Maredsous, Belgien).

2. Die Bekanntgabe einiger exegetischen Ergebnisse die durch die Ausnutzung der biblischen Datenbanken erreicht worden sind : J. LUST (KUL-Leuven, Belgien) über die griechischen übersetzer Ezeckiels, A.D. FORBES (Palo Alto, USA) über orthographische Eigenheiten des massoretischen Textes.

3. Die Vorstellung von dokumentarischen Datenbanken die auf Computer umgestellt werden und die den Biblisten von Nutzen sein können : Verzeichnisse biblischer Manuskripte (C. PELLISTRANDI, Medium, Paris; C. AMPHOUX, CDMB-Montpellier) oder epigraphische Sammlungen (J.G. HEINTZ, Strasbourg).

4. Grundlegende überlegungen über die Auswirkungen und die Anforderungen des Einsatzes der Informatik für die biblische Exegese : kulturelle Annäherung (G. KOWALSKI, Paris), statistische Annäherung (J.P. BENZECRI, Paris ; W. BADER, Tübingen) oder linguistische Annäherung (R. WONNEBERGER, Hamburg ; C. HARDMEIER, Bielefeld ; J.P. LOUW , Pretoria; H. SCHWEIZER, Tübingen; C.T. FAHNER, Otterlo, Niederland).

5. Die Notwendigkeit einer internationalen Zusammenarbeit wurde durch die Beiträge der Mitarbeiter des Zentrums Bibel und Informatik (Maredsous, Belgien) hervorgehoben. Abgesehen von einer globalen Übersicht der Möglichkeiten in diesem Bereich (R.F. POSWICK) machte es Vorschläge im Sektor der Codierungs-normung von nicht lateinischen Alphabeten (J. LONGTON) und bot konkrete Durchführungen an : Eine Bibliographie " Bibel und Informatik " über die Jahre 1981-1985 (G. SERVAIS) und ein Verzeichnis der Zentren der elektronischen Verarbeitung biblischer Texte.

In seiner Abschlußkonferenz machte Herr Prof. E. TOV (Jerusalem) den Punkt über die Zukunft der biblischen Forschung. Diese kann von jetzt an über sehr ausführliche auf Computer umgestellte Daten und über immer zahlreichere Programme, die der Textkritik, der linguistischen Analyse, der Wortschatzstudie, der litterarischen Analyse angepaßt sind, verfügen Die neue aufkommende Forschergeneration wird sicher die somit angebotenen Möglichkeiten ausschöpfen.

Aus diesen drei intensiven Tagen geht der Eindruck hervor, daß die auf Computer umgestellte Text-Verarbeitung für die Bibel, die zwar schon sehr lebhaft ist und eine wirkliche Erneuerung der exegetischen Methoden für die kommenden Jahrzehnte verspricht, wie jedes neue Fach, noch ihre Methoden und ihre spezifischen Anwendungsbereiche sucht. Zu wünschen ist, daß über die Intrumente hinaus, die am entstehen sind, Ergebnisse, die dank dieser Instrumente erreicht worden sind, immer mehr publiziert werden.

Die Bereitschaft und die Mitwirkung der Universität von Louvain wurden noch unterstrichen durch einen schönen Empfang in den Universitäts – Hallen. Bei dieser Gelegenheit wandte sich Herr Professor TOMBEUR, Direktor des CETEDOC, im Namen des Rektors Hochwürden MASSAUX, in einer dreisprachigen Anrede (1) an die Teilnehmer, um sie alle abschliessend noch mit seinen oenologischen Talenten zu erfreuen.

J. BAJARD und G. SERVAIS
CIB-Maredsous

---

(1) Der Text dieser Ansprache wurde in "Interface" 1985/19, p.2 veröffentlicht.

COMITE ORGANISATEUR DU COLLOQUE.

Président : C. SELIS — Maison St-Dominique

Secrétaire : R.-F. POSWICK — Centre Informatique et Bible
(Maredsous)

Membres : — S. ARBACHE — Doctorant à l'Institut Orientaliste,
UCL (Louvain)

— J. BAJARD — Centre Informatique et Bible
(Maredsous)

— J. BERLEUR — Institut d'informatique : Recteur des
Facultés N.-D. de la Paix (Namur)

— R. GRYSON — Doyen de la Faculté de Théologie, UCL
(Louvain)

— G. LURQUIN — Directeur de la revue Le Langage et
l'Homme , Président de l'asbl PROBI
(Bruxelles)

— J. LUST — Faculteit der Godgeleerdheid, KUL (Leuven)

— J.-W. MICHAUX — Abbaye de Maredsous

— C. PELLISTRANDI — CNRS — IRHT (Paris)

— E. TALSTRA — Werkgroep Informatica, Faculteit der
Godgeleerdheid, VU (Amsterdam)

— P. TOMBEUR — CETEDOC, UCL (Louvain)

— M. VERVENNE — Faculteit der Godgeleerdheid , KUL
(Leuven)

Responsable financière : M. MASKENS , Secrétaire de l'A.I.B.I.
(Opprebais)

Secrétaire administrative : M.E. GALET — Centre Informatique et
Bible (Maredsous)

LISTE DES PARTICIPANTS.

ABERCROMBIE Jack, Philadelphia, USA
AMPHOUX Christian, Montpellier, FRANCE
ARBACHE Samir, Bruxelles, BELGIQUE
AUWERS Jean-Marie, Clervaux, LUXEMBOURG
BADARD Sylvianne, Wépion, BELGIQUE
BADER Winfried, Tübingen, B.R. DEUTSCHLAND
BAJARD Jean, Lustin, BELGIQUE
BARBU Sylvia, Pierrefitte, FRANCE
BENUN Ronnie, New Jersey, USA
BENZECRI Jean-Paul, Paris, FRANCE
BETINVILLE Philippe, Gilly, BELGIQUE
BOGAERT Maurice, Maredsous, BELGIQUE
BOTTINO Adriana, Rome, ITALIA
BOULLET Michel, Paris, FRANCE
BOUVAREL-BOUD'HORS Anne, Paris, FRANCE
BRUNELLE Richard, Worcester, USA
BURLET Eric, Anhée, BELGIQUE
CANART Pascale, Chatelet, BELGIQUE
CHIARAMELLA Yves, St-Martin d'Hères, FRANCE
CHMIEL Jerzy, Krakow, POLOGNE
CLAASSEN Walter, Stellenbosch, REPUBLIC OF SOUTH AFRICA
CLAES Albert, Leuven, BELGIE
COCHRANE Jack, Sherbrooke, CANADA
COOK Johann, Stellenbosch, REPUBLIC OF SOUTH AFRICA
DE GROOT Nico, Den Helder, NEDERLAND
DELECLOS Fabien, Bruxelles, BELGIQUE
DELOBEL Joël, Leuven, BELGIE
de MOOR Jean-Claude, Tharde, NEDERLAND
DENIS A.M., Leuven, BELGIE
DESREUMAUX Alain, Epinays/Seine, FRANCE
DILLARD Raymond, Philadelphia, USA
DUS Ramon Alfredo, Rome, ITALIE
EECKHOUT Christian, Bruxelles, BELGIQUE
FAHNER Chris T., Otterlo, NEDERLAND
FELDKAMPER Ludger, Stuttgart, B.R. DEUTSCHLAND
FIRMIN Gilles, Paris, FRANCE
FORBES Dean, Palo Alto, USA
FOURNIER Jacques, Paris, FRANCE
GALET Marie-Elise, Godinne, BELGIQUE
GIVENS Randal J., Bruxelles, BELGIQUE
GLESSMER Uwe, Hamburg, B.R. DEUTSCHLAND
GRYSON Roger, Louvain-la-Neuve, BELGIQUE
HARDMEIER Christof, Bielefeld, B.R. DEUTSCHLAND
HEIMERDINGER Jenny, Harefield, U.K.
HEINTZ Georges, Strasbourg, FRANCE
HEMELSOET Ben, Amsterdam, NEDERLAND
HENSCHEL G., Erfurt, DEUTSCHE D.R.
HERBIET Jacqueline, Crupet, BELGIQUE
JANSEN Frank Kaleb, Oslo, NORGE

```
JONKER Louis, Stellenbosch, REPUBLIC OF SOUTH AFRICA
JUSTE Yolande, Ermeton s/Biert, BELGIQUE
KHARCHAF Idriss, Rabat, MAROC
KLOPP Anne-Marie, Düsseldorf, B.R. DEUTSCHLAND
KOWALSKI Georges W., Paris, FRANCE
LABONTE Ghislain, CANADA
LAGNEAU Yves, Belgrade, BELGIQUE
LAVOIE Martin, CANADA
LEMOINE Fernand, Chatelet, BELGIQUE
LOIMARANTA Lauri Kalevi, Turku, FINLANDE
LONGTON Joseph, Limbourg, BELGIQUE
LORENZI Zita, Trento, ITALIA
LOUW Johannes P., Pretoria, REPUBLIC OF SOUTH AFRICA
LURQUIN Georges, Bruxelles, BELGIQUE
LUST Johan, Leuven BELGIE
MAC GREGOR John, Cambridge, U.K.
MAGHERI-CATALUCCIO, Marie-Elena, Firenze, ITALIA
MAGUIRE Ian, London, U.K.
MEDALA Stanislaw, Warszawa, POLOGNE
METOLE SOMDA Jean-Baptiste, Bobo, HAUTE VOLTA
MICHAUX José, Maredsous, BELGIQUE
MILLER Lewie H., Jr., Greenville, USA
MOTTET A.F., Leuven, BELGIE
PELLISTRANDI Christine, Paris, FRANCE
POLAK Frank, Jérusalem, ISRAEL
POSTMA Ferenc, Amsterdam, NEDERLAND
POSWICK Ferdinand, Maredsous, BELGIQUE
RIJKS Piet, Stuttgart, B.R.DEUTSCHLAND
RONNING-RONEN Halvor, Jérusalem, ISRAEL
RONNING-RONEN Mirja, Jérusalem, ISRAEL
RUFFO Francesco, Overijse, BELGIQUE
SALEY Richard, Cambridge, USA
SCHEEPSTRA S.E., Kampen, NEDERLAND
SCHWEIZER Harald, Tübingen, B.R.DEUTSCHLAND
SELIS Claude, Bruxelles, BELGIQUE
SERVAIS Gérard, Bruxelles, BELGIQUE
SHAIM Eli, Asnières, FRANCE
SIMIAN-YOFRE, Rome, ITALIA
SITARZ Eugène, Stuttgart, B.R.DEUTSCHLAND
TALSTRA Eep, Amsterdam, NEDERLAND
TOMBEUR Paul, Louvain-la-Neuve, BELGIQUE
TOV Emmanuel, Jérusalem, ISRAEL
VAN RIEL DIJK Janet, Amsterdam, NEDERLAND
VEGAS MONTANER Luis, Madrid, ESPAGNE
VERVENNE Marc, Leuven, BELGIE
VESTBOSTAD Per, Bergen, NORGE
VULSTEKE Magda, Héverlée, BELGIE
WEIL Gérard E., Villeurbanne, FRANCE
WEITZAM Michael, Edgware, U.K.
WONNEBERGER Reinhard, Hamburg, B.R.DEUTSCHLAND
WOZNIAK Jerzy, Krakow, POLOGNE
```

TABLE DES MATIERES

1. 1) **Conférence d'accueil** : R. GRYSON

    2) **Contributions**

2. **J. ABERCROMBIE**   "Programs for work with the septuagint data
                           from CATSS".

3. **F.I. ANDERSEN and A.D. FORBES**   "Problems in taxonomy and
                                         lemmatization".

4. **W. BADER**   "Ausdruckssyntax und Textgrammatik Statistik im
                    Methodendreischritt Syntax-Semantik-Pragmatik".

5. **J. BAJARD**   "Répertoire des Centres de traitement informa-
                     tisés de textes bibliques".

6. **J.P. BENZECRI**   "Elaboration statistique des données sur or-
                         dinateur ; application à 1 'analyse des
                         textes; contributions attendues à l'étude
                         de la Bible".

7. **Y. CHIARAMELLA**   "Computer science and text".

8. **J. CHMIEL et T. JELONEK**   "The Greek New Testament in the
                                   computer. A project of the Pon-
                                   tifical Academy of Theology in
                                   Cracow".

9. **W.T. CLAASSEN**   "Data base structured for an interactive
                         micro-computer system for the study of
                         Biblical Hebrew".

10. **J. COCHRANE**   "Travaux de Bible et informatique en cours à
                       Sherbrooke, Québec".

11. **J. COOK**   "The development of a base for the Peshita version
                   of the Old Testament".

12. **J.C. de MOOR**   "Coding proposal submitted to Bible et Infor-
                        matique".
                        "ESTI font : Normal Proportional
                                     Hebrew proportional
                                     Greek proportional".

13. **C.T. FAHNER**   "Between text and translation".

14. **C. HARDMEIER**   "Elektronische Datenverarbeitung als Ins-
                        trument der Analyse von hebräischen Texten
                        des Alten Testaments".

15. J.G. HEINTZ "Stratégie et perspectives de recherche documentaire informatisée en exégèse biblique".

16. G.W. KOWALSKI "Nouvelles analyses et nouveaux fonctionnements du texte dans un environnement informatisé".

17. L.K. LOIMARANTA "Mark's inserenda, a key to the early history of the Synoptic gospel's text".

18. J. LONGTON "Codage des écritures non-latines".

19   J.P. LOUW "A semantic dictionary".

20. J. LUST "The computer and the hypothetic translators of Ezekiel".

21. C. PELLISTRANDI "Présentation de MEDIUM : base de données sur le manuscrit médiéval".

22. R.-F. POSWICK "Le nouvel ordre mondial de la recherche biblique".

23. Y.T. RADDAY "Suggestions for Standardizing Biblical Hebrew text Analysis for eventual Computer - Aided Processing".

24.   "Proposal submitted to the Advisory Commitee of the 1985 Louvain Conference on "The Bible and the Computer"".

25. H. SCHWEIZER "Elektronische Datenverarbeitung und Textinterpretation".

26. G. SERVAIS "Complément à la bibliographie : Bible et Informatique".

27. M.E. STONE "Computer implantation of Armenian".

28. E. TALSTRA "An hierarchically structured data base of Biblical Hebrew Texts. The relationship of grammar and encoding".

29. G.E. WEIL "Massorah , Massorètes et ordinateurs. Les sources textuelles et les recherches automatisées".

30. R. WONNEBERGER "Überlegungen zu einer maschinenlesbaren Neuausgabe der Biblia Hebraica Stuttgartensia".

3) Les manuscrits de la Bible.

a) Equipes et réalisations :

En Angleterre et aux Etats-Unis :

31. **J. HEIMERDINGER** "Manuscrits des versions anciennes de la Bible".

En Allemagne et en Hollande :

32. **P.M. BOGAERT** "Inventaires des manuscrits bibliques grecs (LXX) et latins".

b) Problèmes spécifiques à quelques langues orientales :

33. **A. BOUVAREL** "Fragments inédits du Nouveau Testament copte sahidique à la Bibliothèque Nationale".

34. **S. ARBACHE** "Les anciens textes bibliques. Recherches appuyées par l'informatique".

35. **A. DESREUMAUX** "Inventaire des manuscrits bibliques suro-palestiniens".

36. **B. OUTTIER** "Vetus Iberica". Un projet d'édition critique des vieilles versions géorgiennes.

c) Projet en cours (CNRS — Montpellier)

37. **G. FIRMIN** "Une banque de données sur les manuscrits de la Bible".

38. **C. AMPHOUX** "Un nouveau répertoire des manuscrits des versions anciennes du Nouveau Testament : le "Nouveau Gregory"".

4) Session ordinateur

R. BENUN (Mikrah) ; L. MILLER ; W.T. CLAASSEN ; J. COOK; F. LEMOINE; J. ABERCROMBIE; J.C. de MOOR.

39. **F. LEMOINE** Résumé de la Session : "Une foire aux logiciels".

5) Conclusion

40. **E. TOV** "A new generation of Biblical research".

I

DISCOURS

D'INTRODUCTION

Discours d'ouverture.
                    R. GRYSON.

Mesdames et Messieurs,
Mes Chers Collègues,

   Je suis heureux de pouvoir vous accueillir, en ma qualité de
doyen de la Faculté de Théologie, dans les murs de cette ville
nouvelle, où s'est transportée pour partie, depuis quelques
années, la vieille Université Catholique de Louvain.

   L'étude de la Bible a toujours été à l'honneur dans cette Université, et nos devanciers ont toujours eu le souci d'y employer
toutes les ressources de la philologie, comme en témoignent,
parmi beaucoup d'autres faits, la publication de la Bible dite
de Louvain et la fondation du Collège des trois langues, au
début du 16ème siècle.

   L'avènement de l'informatique met aujourd'hui entre les mains
des philologues de nouveaux outils pour les aider à mieux
pénétrer le sens des textes. Il nous a, dès lors, paru tout
naturel d'accueillir à Louvain-la-Neuve un Colloque scientifique
organisé par l'Association Internationale "Bible et Informatique" sur le thème qui constitue précisément sa raison sociale.

   Plutôt que de vous servir les banalités d'usage en pareille
circonstance, je préfère vous soumettre quelques réflexions sur
le sujet qui sera proprement celui de vos débats : "Bible et
Informatique, le Texte". Je poserai donc, en guise d'introduction à ces débats, la question suivante : Bible et Informatique,
quel texte ? Les considérations que je vous ferai, apparaîtront
sans doute banales à ceux d'entre vous qui sont des spécialistes
de la critique textuelle de la Bible, et je m'excuse par avance
de leur infliger le rappel de quelques vérités premières. Il
n'en va pas de même pour les informaticiens, et peut-être même
pour certains exégètes, et il est bon, je crois, de les rendre
attentifs à cet aspect du problème.

   On considère généralement que seul importe le texte original
d'une oeuvre; que l'histoire du texte a seulement pour objet de
classer les témoins; que l'apparat critique n'a pas d'autres
fonctions que de confirmer des choix de l'éditeur. Les variantes sont perçues comme autant de fautes, d'altérations, de cor-
ruptions du seul texte qui mérite de retenir l'attention, à savoir le texte critique, purifié des scories accumulées au cours
des âges.

Dans le cas de la Bible, cette conception des choses est inadéquate. La plupart des écrits qui la composent ont une histoire littéraire longue et complexe, qui ne s'est pas arrêtée d'un seul coup, qui ne s'est même jamais arrêtée complètement. Il n'y a pas de césure nette, comme c'est le cas de la plupart des oeuvres profanes, entre la phase de la composition du texte de la Bible qui s'est étendue parfois sur plusieurs siècles, et celle de sa transmission, qui débute alors que la composition n'est pas encore achevée, et qui n'est jamais par la suite une transmission purement mécanique, indifférente au contenu du texte. Le texte de la Bible est par essence un texte variant; parce qu'il est le reflet et l'expression d'une tradition vivante, c'est un texte en perpétuelle évolution. L'histoire du texte de la Bible est constitutive du texte et en demeure partie intégrante. Cela étant, l'effort de l'éditeur ne doit pas tendre à réduire la diversité des variantes, mais au contraire à l'assumer et en rendre compte de façon aussi ample et explicite que possible. La même remarque vaut pour celui qui enregistre le texte sur un support magnétique en vue de son étude ultérieure par le moyen de l'informatique.

Prenons, à l'intention de ceux qui ne sont pas exégètes, l'exemple du livre d'Isaïe. Au point de départ, il y a un prophète dont l'activité se situe dans la seconde moitié du 8ème siècle avant J.C. Lui-même ou ses disciples constituent de petits recueils de ses oracles : ces recueils attirent à eux, dans les siècles suivants, un grand nombre de matériaux; lus et relus sans cesse, ils ont fusionné en des ensembles de plus en plus vastes, tout en étant réinterprétés en fonction de l'actualité. Au niveau du texte hébreu, ce travail de réinterprétation se ralentit considérablement au moment où le livre a été canonisé, probablement au 3ème siècle avant J.C., encore que les rouleaux d'Isaïe découverts à Qumrãn montrent qu'il ne s'est pas totalement interrompu. Mais il se poursuit de plus belle au niveau des versions araméennes, grecques, syriaques, latines, etc. Le livre d'Isaïe est donc, d'un certain point de vue, la somme des relectures auxquelles ont donné lieu les oracles du prophète. On peut faire des observations analogues à propos des écrits au N.T., même si leur histoire littéraire est plus courte, et l'empreinte d'un rédacteur principal souvent plus nette. Les Evangiles, par exemple, ne se sont pas figés à l'instant où ces rédacteurs que nous appelons Matthieu, Marc, Luc et Jean ont organisé le matériel qu'ils avaient à leur disposition en fonction de leur théologie propre. Ils ont continué de s'agréger par la suite, quoique dans une moindre proportion, de nouveaux récits et de nouvelles paroles.

Tout ceci apparaît d'ailleurs dans la dernière en date des éditions du N.T. grec. Des signes diacritiques encadrent les mots dont l'appartenance au texte original est considérée comme douteuse ou même exclue par l'éditeur lui-même, mais qui n'en appartiennent pas moins, selon eux, à la plus ancienne tradition, au point qu'ils sont devenus véritablement partie intégrante du texte, et qu'on ne saurait les en retrancher sans mutiler ou même défigurer celui-ci. Les éditeurs du Greek New Testament distinguent aussi, dans l'apparat critique, quatre degrés de certitude ou plus exactement d'incertitude dans les choix qu'ils ont été amenés à faire. La lettre A signifie que le texte est "pratiquement certain" (vous noterez la réserve); la lettre B qu'il y a "une certaine mesure de doute"; la lettre C qu'il y a "une part importante de doute", et la lettre D que le texte est extrêmement douteux. Le texte original n'est donc pas une donnée de fait; c'est une hypothèse scientifique, ou, si l'on préfère, une construction théorique. C'est le texte dont la préexistence supposée permet d'expliquer au mieux, selon le jugement de l'éditeur, les différents états connus du texte, en fonction de l'idée qu'il se fait des lois de l'évolution textuelle. Les faits, ce sont les variantes. Le texte, c'est une hypothèse.

Est-ce qu'on ne se trouvera pas sur un terrain plus solide en cherchant à travailler, plutôt que sur le texte original, sur un texte que l'on appellerait canonique ? C'est un fait que la canonisation d'un écrit, c'est-à-dire, la reconnaissance de celui-ci par une communauté religieuse comme livre "inspiré", ralentit le cours de son évolution textuelle; mais elle ne l'interrompt pas définitivement. La tradition canonise des écrits, elle ne canonise pas un texte. Le canon des Ecritures, ce n'est en rigueur qu'une liste de titres. Ces titres recouvrent, bien entendu, un contenu, qui correspond à l'usage de la communauté; dans certains cas privilégiés, nous voyons apparaître des textes reçus, et nous savons qu'il a existé des exemplaires standards; mais à moins de prendre des précautions tout à fait extraordinaires dans un milieu social bien particulier, on n'arrive à garantir ainsi, avant l'invention de l'imprimerie, qu'un contenu global, non le mot-à-mot d'un texte. Dès l'instant où il est canonisé, un livre sacré ne subit plus de remaniements en profondeur, qui en bouleverseraient le plan, par exemple, ou qui entraîneraient l'amputation ou l'addition de chapitres entiers. Mais cela laisse ouverte la possibilité de nombreuses retouches de détails qui peuvent encore infléchir sensiblement le sens du texte.

Imaginer le contraire, serait perdre de vue la précarité de la transmission des textes dans l'Antiquité et au Moyen Age. L'invention de l'imprimerie nous a accoutumé à voir circuler de nombreux exemplaires identiques d'un même texte. Autrefois, il n'existait jamais deux exemplaires parfaitement identiques d'un texte; les conditions même de la diffusion de l'écrit impliquaient une plasticité beaucoup plus grande de celui-ci; à moins qu'il ne soit précisément au service d'un atelier tendant à assurer et à contrôler la diffusion d'un texte standard, un copiste d'autrefois devant son modèle n'avait pas la foi souvent aveugle qu'ont beaucoup de nos contemporains devant une édition réputée critique. Il savait d'expérience que n'importe quel texte était inévitablement plus ou moins altéré, et il lui paraissait dès lors naturel, lorsque quelque chose le heurtait dans la forme ou dans le fond, de corriger ce qu'il percevait comme une faute de langage, comme une erreur de fait, comme une déviation doctrinale. Son jugement en ces matières était évidemment conditionné par le parler, la pratique, la foi du milieu dans lequel il vivait. De là vient que toute l'histoire des langues anciennes, d'une part, toute l'histoire des croyances, des institutions, des usages des communautés juives et chrétiennes d'autre part, se reflètent dans ce miroir privilégié que constitue le texte sacré. Tout ceci, qui est vrai déjà pour le texte transmis dans la langue originale, l'est bien davantage encore pour les versions, dans la mesure où les copistes et les réviseurs se sentent encore plus libres, dans ce cas, vis-à-vis des modèles qu'ils ont à leur disposition. Chaque génération, chaque nation, en s'efforçant de perfectionner le travail de ses devanciers et de ses voisins, y imprime sa marque propre. Ainsi, à travers l'histoire du texte de la Bible, on voit, comme une coupe géologique, apparaître l'héritage de toutes les époques et de tous les milieux qui ont fait cette culture judéo-chrétienne dont, en dépit de toutes les sécularisations, nous gardons tous l'empreinte profonde.

C'est dire l'intérêt de l"histoire du texte de la Bible pour une multitude de disciplines scientifiques, non seulement pour l'histoire du peuple juif et des Eglises chrétiennes, de leur dogme, de leur liturgie, de leur droit, mais aussi pour l'histoire de la civilisation méditérranéenne et de la civilisation occidentale, pour la philologie sémitique, la philologie classique, la philologie romane, l'histoire de l'Art, que sais-je encore. Or, je constate, avec une certaine inquiétude que tous les progrès techniques dans la diffusion des livres bibliques, ont signifié un appauvrissement de ce point de vue. Lorque la reproduction du texte biblique a cessé d'être un travail artisanal, fruit de l'initiative individuelle, pour devenir un travail spécialisé, lorsqu'on s'est mis à produire des bibles sur une grande échelle à l'époque de Constantin, ou dans les **scriptoria** caroringiens, ou dans les milieux universitaires du 13ème siècle, cela a abouti à la dictature de textes standards, pas toujours de très bonne qualité, qui ont éliminé, ou du moins rejeté dans les ténèbres de l'oubli, des formes anciennes, souvent vénérables, du texte. L'invention de l'imprimerie a eu, de ce point de vue, des conséquences plus fâcheuses encore. Sans doute, l'apparat critique des éditions modernes devrait permettre de retrouver quelque chose de la "variété" originelle du texte biblique. Mais il est souvent conçu dans un tout autre esprit, comme la justification d'un texte soi-disant critique, plutôt que comme le témoignage de la diversité des textes. L'attention du lecteur se focalise sur le texte reconstruit par l'éditeur, et en fait l'objet d'une étude en soi, au lieu de le considérer simplement comme un support permettant la lecture de l'apparat.

Je crains, pour ma part, que l'avènement de l'informatique ne renforce davantage encore la dictature injustifiée d'un petit nombre de textes, dont l'autorité est souvent surestimée, et qui se trouveront en quelque sorte sacralisés par le fait qu'ils figureront seuls dans les banques de données, alors que, au contraire, la souplesse du support magnétique, sa capacité d'enregistrement, sa facilité d'accès, incomparablement plus grandes que celle du papier, offrent une chance inespérée de ressaisir le texte biblique dans sa diversité, dans son histoire et dans son environnement, de le recentrer au coeur de la tradition dont il est le fruit, à la façon de ces bibles glosées médiévales, où le texte est présenté dans l'écrin des commentaires les plus autorisés qu'il a suscités. Car l'interprétation du texte fait partie au même titre que l'histoire du texte; en fin de compte, l'histoire du texte n'est d'ailleurs rien d'autre que celle de son interprétation, celle des multiples significations dont le texte a été investi par la Foi. Parce qu'elle est le fruit d'une longue aventure spirituelle, le carrefour où aboutissent une multitude de courants théologiques au sein d'Israël et des Eglises chrétiennes, la Bible est naturellement ouverte sur une multitude d'interprétations possibles. Toutes celles qui ont reçu, au cours des âges, l'assentiment des grandes communautés vénérant la Bible comme le Livre saint, sont autant de témoignages rendus à la fécondité de la Parole de Dieu, et lui sont consubstantiels de la même façon que le fruit à l'arbre qui les produit et qui les porte.

Je comprends bien la perplexité des informaticiens lorsqu'on évoque devant eux ces perspectives. Il est évidemment plus simple pour eux d'avoir entre les mains un texte dans chaque langue, qu'ils peuvent enregistrer sans se poser de questions et manipuler en lui faisant subir les divers traitements que l'ordinateur effectue aujourd'hui avec une rapidité aussi spectaculaire. Les informaticiens diront aussi, fort justement, qu'il ne leur revient pas de s'interroger sur le texte, au niveau où je me suis placé dans les considérations qui précèdent. C'est bien la raison pour laquelle il est important, me semble-t-il, s'ils ne veulent pas perdre leur peine, qu'ils travaillent en dialogue constant avec les philologues et les exégètes, pour bien discerner les points où ils doivent faire porter leur effort.

Je me réjouis de ce que l'Université Catholique de Louvain et, plus spécialement sa Faculté de Théologie et sa Faculté de Lettres, par le biais de notre Centre de Traitement électronique des documents, fournissent durant ces trois jours le cadre d'un tel dialogue. Je vous invite donc, durant ces trois jours, à réfléchir, non seulement aux divers types de traitement automatique qu'il est possible de faire subir au texte, — lemmatisation, analyse morphologique, syntaxique, stylistique, thématique, concordances unilingues et multilingues —, mais aussi et d'abord au texte multiforme auquel ces traitements doivent s'appliquer.

II

CONTRIBUTIONS

A à Z

Programs for work with the Septuagint data from CATSS.
(Abstract)

J. ABERCROMBIE

Thanks to support from the University of Pennsylvania and IBM Corporation, the initial development is nearly completed of a library of portable programs for the IBM PC for use with the Septuagint Tools Project data and for distribution through the recently announced Center for Textual Analysis (CACHE) at the University. A primary requirement was the ability to display, manipulate and print the various biblical material such as the morphological analysis of the Greek text, the alignment of the Greek and Hebrew texts, and the textual variants on systems other than IBYCUS, a minicomputer available at only a few institutions in the United States. An immediate need was to assist with correction / verification, reformatting, and manipulating raw data encoded on the Kurzweil scanner for colleagues working on IBM XTs and IBM ATs. In addition, requests for computer programs and data continue to increase from colleagues many of whom have access to microcomputers such as IBM PCs or Macintoshs, and associated low cost printers. We felt it worth the effort to develop this library of programs and utilities (e.g. the graphics toolbox) for work not only in the biblical languages, but also in related material such as arabic, coptic, devanagari, etc. These utilities for searching files, building indices and concordances, collating, fragment identification, manuscript analysis, and "exotic" language printing are in the public domain and are available from CATSS Project or the Center for textual Analysis (CACHE) along with various types of research data. In many instances, the programs can be tailored to the needs of particular researchers.

PROBLEMS IN TAXONOMY AND LEMMATIZATION

by

Francis Ian Andersen (St. Lucia, Queensland)
and
A. Dean Forbes (Palo Alto, California)

1. History of the project

The project began in 1970. In 1972 it was supported by a grant from the National Endowment for the Humanities of the United States Government (#RO-5068-72-155). Since 1979 it has been supported by grants from the Australian Research Grants Scheme, and during that period has been sustained by the computing centres of Macquarie University and the University of Queensland. Thanks are expressed to all these bodies.

The first ten years were spent in transcribing the vocalized text of the Hebrew Bible into machine-readable form. The code used for the consonants is shown in Table 1. The code used for the vowels is shown in Table 2. A specimen printout of the transliterated text is shown in Table 3. Keyword-in-context concordances were produced during this period (see Bibliography). A specimen is shown in Table 4. These publications explain and illustrate the policies we have followed in analysing the text into units ("segments" of text) suited for grammatical study. The inventory of every orthographically distinct segment constitutes the vocabulary of the text. The last five years have been spent in building a dictionary of these vocabulary items.

2. The data

The computer makes it possible to organize the data in any desired format. The text consists of a string of "segments" as analysed by our procedures. To each segment is attached the following information:

1. The reading (in transcription) – a token
2. Delimiter (punctuation, or word-divider)
3. Location (Book, Chapter, Verse, Position)
4. Textual status (received text or variant)
5. Language (Hebrew, Aramaic, loan)
6. Source (e.g., documents in the Pentateuch)
7. Genre (as in Form-criticism)
8. Parsing (grammatical description)
9. Gloss

The attachment of the parsing to any segment may be explicit or simply notional, if the information is accessed in the dictionary as required. Likewise the gloss, which is normally stored in the dictionary. The dictionary contains the following information:

1. The reading (in transcription) - a <u>type</u>
2. Lemmatization (Entry and Paradigm Numbers)
3. Lexical information (root and gloss)
4. Grammatical information:
     i. Part of speech
    ii. Stem-type (<u>binyan</u> of verbs)
   iii. Voice (of verbs)
    iv. Number
     v. Gender
    vi. Person (pronouns and finite verbs)
   vii. State (of nouns)

3. Taxonomy

The assignment of each vocabulary item to one or other of the "parts of speech" thrusts upon computer-assisted parsing problems in taxonomy which traditional grammar has been able to evade. The standard grammars do not supply rigorous definitions. The lexicons are inconsistent to the point of chaos. A full-scale discussion of the theoretical problems involved will be presented on another occasion. It is desirable that a system of classification remain as close as possible to established and traditional categories and terminology. And for the time being a practicable system of classification must be manageable in terms of the available computer facilities and utilities.

As in all natural languages, taxonomic problems in Hebrew arise from the difficulty of applying simultaneously and consistently criteria which are appropriate for the three quite distinct (yet always inter-related) components of the total grammatical system -- morphological, syntactic, and semantic). It is best to be flexible, since some kinds of criteria are more appropriate for some parts of the vocabulary than for others. In most cases a combination of formal, structural, and semantic criteria will be used, the relative contribution of each varying with the grammatical behaviour of each item. The definitions implied by these procedures are diagnostic rather than prescriptive or merely ostensive. Thus morphological features are the highlight of the verbal system, and are sufficient for a comprehensive grammatical description of "verbs." Items which are amenable to description in such terms (e.g., which have the category of "voice") are by definition "verbs." Syntactic functions (in texts) are characteristic of prepositions and conjunctions. It is also true that negatively they do not display the morphological features of other parts of speech. Proper nouns are identified most readily by semantic tests.

In effect the strategy begins with the items with the most distinctive morphology, the verbs, leaving a residue of items which lack their distinctive categories, such as "voice," or which have other inflectional patterns. Items lacking voice but having number and gender, may be called "substantives," and the residuum called "particles." Further classifications within these three major sets lead to a hierarchical system. This procedure also permits the recognition of overlap classes, such as "verbal nouns." The system we are now using is shown in Table 5.

The number of "parts of speech" recognized was determined, in part, by the number of available alpha-numeric symbols for use as individual characters for values of the attribute "family" in a DBMS with fixed fields. The delicacy of the taxonomy varies considerably over the range, since utility is more important than formal consistency. Thus all common nouns have the same symbol "N" and further classification into semantic subclasses has not yet been achieved. But each commonly occurring conjunction and preposition has been given its own symbol, so that at this point the taxonomy has entered deeply into the lexicon.

4. Lemmatization

Our analysis of the text of the Hebrew Bible into orthographically and lexicographically distinct segments has yielded nearly 42000 different tokens. Each of these supplies a record for the machine readable dictionary, a "lemma" in the strict sense of the word. The problem in lemmatization is to order all of these records in a systematic way so that related things are accessible in terms of their relationships. The problem is to identify and link any two or more vocabulary items which are "the same" in any and every imaginable way. The ways in which two or more items are "the same" vary widely. Two items may be "the same" except for a minimal orthographic difference, such as a trivial difference in spelling -- trivial from our point of view, perhaps, but real, so far as the text and the computer are concerned. A set of items might be "the same" in that they all belong to the same paradigm, such as "he killed," "she killed," etc. A larger set might be "the same" in that they are the same part of speech, e.g., all prepositions. A properly designed machine readable linguistic dictionary permits any such selection of vocabulary to be made from the dictionary, and hence from the text.

The ordering of all of the distinctive tokens of the text into lexical and paradigmatic sets and sequences must strike a compromise between three desiderata. 1) The arrangements should satisfy various theoretical expectations, especially the theory of the root. 2) The arrangements should conform to familiar lexicographical conventions. 3) The arrangements should be practicable in terms of available computer resources.

4.1. The policy of ordering Hebrew vocabulary on the basis of a three-consonant root has been in vogue for a long time. It was used in such standard reference works as the lexicons in the Gesenius tradition and in Mandelkern's Concordance. It suffers from many practical disadvantages. We mention only two. 1) The hypothetical roots needed to supply the lead entry, and used for alphabetization of entries, are often arbitrary and artificial, and do not match any attested forms. 2) There is often conflict between the reconstruction of primal (etymological) roots and the use of orthographic conventions. Thus it is traditional to supply the consonants W or Y to "hollow" roots, in order to have a tri-consonantal root for the dictionary. Quite apart from the dubious methodological status of such reconstructionism, from a synchronic (descriptivist) point of view the attested forms rarely, sometimes never, contain the theoretical root in surface structures. In the case of III"w/y roots, on the other hand, the abundant use of H

in the third position has led to the description of such roots
as III"h, which is not etymological, but orthographic, since
the H in such forms is a pure mater lectionis.

A policy that pays more attention to orthography than to
etymology is represented by the Koehler and Baumgartner Lexicon
and the Even-Shoshan Concordance. Its most .conspicuous
departure from the earlier tradition is to list derived nouns
by means of their stem consonants, not their root consonants,
when there is a difference. This preference for a descriptive
rather than an historical approach is found also in
contemporary Israeli lexicography.

When texts are to be manipulated by a computer, it is
better to keep the data in touch with the orthographic facts.
For this somewhat pragmatic reason we have followed the latter,
rather than the former, policy. Verbs with a hollow root, such
as qam, "he arose," we list under QM, not QWM. A derivative,
such as maqom, "place," is listed under the stem consonants MQM
as a kind of pseudo-root. A decision of this kind is arbitrary
in another particular as well, depending on how much attention
is given to the mater lectionis in such a word. Why not MQWM?
We have found it quite impossible to be completely consistent
in this matter, thus escaping Emerson's stricture. In general
we do not regard letters that are used only as matres lectionis
as root or stem consonants.

4.2 When all forms derived from the same root or stem
consonants are gathered together under one grand entry, all
such entries can be ordered in the usual way by alphabetizaion
of the consonants of the root or stem. Within each such entry
decisions have to be made about the sequence in which the forms
with the same root or stem should come. In the old system the
common root served as an emblem for all derived nouns as well
as verbs, where both parts of speech were attested. In BDB
derived nouns follow verbs, but denominative verbs follow
nouns. The treatment of all nouns, whether they are thought to
be derived or not, as lexical entries in their own right
relieves this problem to some extent. But decisions still have
to be made where the same root generates more than one part of
speech.

We arrange our entries in the sequence shown in Table 5.
When a root generates only one of these families, an Entry
Number for that root attached to each of its derivatives will
identify the whole set. It will also serve to identify the
root as such, since the root is unique.

When the same root generates more than one of these
families, a separate Entry Number for each distinct part of
speech serves to identify and group all the members of that
set. It also serves as a root number, but now some roots have
more than one number. That doesn't matter, since root numbers
are used to find roots, and every record derived from any root
can still be found if desired. To keep the illustrations
simple, we shall talk about verbs and nouns, but other parts of
speech are on the same footing. When the same root generates
both verbs and nouns, and contributes a common ingredient of
meaning to them all (this is the advantage of recognizing the
root as a morpheme in Hebrew) the verb and noun roots need not
be recognized as homonyms. The verbs and nouns still need
different glosses in the dictionary, but the root is better
suited for the .attachment of more generalized semantic

categories of meaning. Example: DBR, "speak," "word." But the root in the noun deber, "plague," is a homograph, and a separate Entry Number is needed for it. If a homographic pair of roots generates both verbs and nouns with each of their meanings, it is better to assemble all verbs and nouns with one common meaning and then have the verbs and nouns with the second meaning. In effect we recognize homographic roots as distinct.

All vocabulary items which belong to the same part of speech and which have the same root with the same meaning in all of them constitute one lexical entry, each with its own Entry Number.

4.3 The vocabulary items to be listed under any one such Entry Number can range from one to a very large set. When there is more than one item in an entry, they have to be ordered in accordance with some rules or conventions. Each part of speech has its own characteristic grammar, and each needs to be organized in terms of that grammar. Each part of speech will thus have its own kind of ordering rules.

4.3.1. Verb. In common with other Semitic languages, Hebrew has a verb system whose morphology is distinct in its organization and formal categories. These distinctive features dictate the organization of a verb entry in a dictionary.

4.3.1.1. Binyan. The verb system is based on a set of distinctive stem shapes (binyanim) which secure a system of categories of transitivity and voice in various combinations. The terms qal, nip'al, etc. describe the models of the various combinations and each such binyan supplies a subsystem within the total repertoire of possible forms for any one "verb." The sequence in which the binyanim are to be listed when any given verb generates more than one of them is arbitrary. We use the following order:

    qal active
    qal passive
    nip'al active
    nip'al passive
    nip'al middle
    pi'el (D active)
    pu'al (D passive)
    hip'il (H active -- including 'ap'el, etc.)
    hop'al (H passive)
    hitpa'el (middle)

An appropriate set of binyan numbers permits these groups of verbs to be sequenced in the dictionary by regular sorting procedures.

4.3.1.2. Tense-aspect-mood. There no agreed convention for the sequence in which the various conjugations of verbs are to be listed. In Table 5 these are listed as "families" of the same rank as other parts of speech. This is because the hierarchical ordering of the verb system has more levels than that of other parts of speech. So it has to be provided for differently from them. We list the conjugations or paradigm types of vocabulary items derived from the same binyan of the same verb root in the following sequence.

        Perfect
        Sequential Perfect
        Imperfect
        Preterite
        Jussive
        Sequential Imperfect
        Cohortative
        Sequential Cohortative
        Imperative
        Insistent (long) Imperative
        Infinitive Absolute
        Infinitive Construct
        Participle

4.3.1.3. Number-gender-person. Finite verbs have affixes for
the   pronoun   subject,   and these, along with personal pronouns
(free or suffixed) have the obligatory grammatical features   of
person,   gender,   and number. The conventional order 1st, 2nd,
3rd, is followed for the pronouns as such, but this is inverted
for   finite verbs. This does not matter in our dictionary, for
we list each personal pronoun as a distinct lexical entry,   not
as all members of a grand entry. The paradigms of finite verbs
in our dictionary have the following order.

        3rd.   m.   s.
        3rd.   f.   s.
        0   c.   s.   (3rd.   f.   s.   or 2nd.   m.   s.)
        2nd.   m.   s.
        2nd.   f.   s.
        1st.   c.   s.
        3rd.   f.   d.
        3rd.   m.   p.
        3rd.   c.   p.   (may be m.   or f.)
        3rd.   f.   p.
        2nd.   m.   p.
        2nd.   f.   p.
        1st.   c.   p.

4.3.2. Noun, participle, pronoun. A broad class of words
which   may   be   called "substantives" (Table 5) have number and
gender   (but   not   person),   and   are   realized   in   various
grammatical "states." Demonstrative pronouns are included here.
Ordinals   and   ethnics   can   be   distinguished   as   special
"adjectives" on semantic, rather than grammatical grounds (they
have distinct morphology as well), but attributive adjectives
as   a   class   are   very   difficult   if not impossible to define
within   the   Hebrew   grammatical   system.   We have, however,
provided   for this part of speech, albeit with many misgivings,
and have made some provisional allocations.

4.3.2.1 Number-gender. Common gender is needed   to   cater   for
words   which   may   be   masculine or feminine. Besides singular,
dual, and plural, the number   categories   of   "collective"   and
"distributive" are recognized in our parsing. Each combination
of number and gender corresponds to a sub-paradigm within   the
total   system   possible   for   any   noun.   We   provide   for the
following combinations, reading down each   column   in   turn   to

obtain a conventional ordering.

Singular	Masculine	Common	Feminine
Distributive	Masculine		Feminine
Collective	Masculine	Common	Feminine
Dual	Masculine		Feminine
Plural	Masculine	Common	Feminine

4.3.2.2. State. This category applies to construct infinitives and participles as well as to common nouns. Some values for "state," notably pause apply to other parts of speech as well. There is no agreed way of putting all these possible states together in a single paradigm, especially when "definite" forms of nouns are included as one of the states, as we do. Locative forms require special treatment, for they may have any one of several possible states. There are, in fact, several independent dimensions in the distinctive-contrastive features that come under the rubric of "state." 1) Inflectional (locative, adverbal); 2) syntactic (unmodified [normal], defined [by article], construct, suffixed); 3) phonological (proclitic [= construct in most cases], normal, pausal.

We list the derivative forms (locative, adverbal) as distinct paradigms after the unmodified form. Within each of these three registers we adopt the sequence: Normal, Pausal, Defined normal, Defined pausal, Determined (Aramaic), Construct, Suffixed.

4.3.3. Other parts of speech. The so-called "particles" (Table 5) are less complicated in their grammatical systems, and where paradigms are involved they can be ordered by analogy with the above.

5. Parsing Vector

All of the values of the grammatical features which are required for the descriptions of any one vocabulary item are recorded in our dictionary in a "feature vector." Verbs need six symbols -- Stem, Voice, Tense-aspect-mood, Number, Gender, Person. Substantives generally need four -- Part of speech, Number, Gender, State. In this system the correct sequence of items in a paradigm can be secured by the appropriate sequence of their vectors.

6. Morphophonemic variants

Some individual lexical entries present sets of vocabulary items which are identical in root and parsing vector but which vary under morphophonemic constraints. Thus pronoun suffixes, identical in meaning, may have many different forms. The suffix "them" (m.) has twenty-five allomorphs in our dictionary.

The stem of a suffixed noun may present several allomorphs (as many as ten), depending on the particular pronoun suffix attached to it. Likewise suffixed prepositions may have many allomorphs. The exact number depends on where the division is made between the preposition and its suffix. There is no agreement on how to do this. We have nineteen allomorphs of the preposition "like" in our dictionary.

There is no convention for the ordering of such allomorphs in a list. We are not aware of any discussion of this problem in the literature. The sequences we use are arbitrary. Many prepositions have the same stem endings as plural nouns, and we follow the same rules for both: -O, -;, -% (defective of the preceding), -@ (not necessarily defective of the following), -@Y (these last two could be pausal variants of the two following ones), -A (not necessarily defective of the following), -AY, -~, -E (defective of the preceding).

7. Spelling

Even after all these distinctions have been made, there could be more than one vocabulary item that corresponds to one and the same grammatical description -- Entry Number, Root, Vector -- because of minor orthographic variations. These have to be provided for, down to the last detail, if every orthographic feature of the text is transcribed, without normalization, as is sometimes done for the sake of simplification.

Such orthographic variants are of three kinds. 1) Irregular spelling variants, e.g., the omission of an otiose consonant. 2) Plene/defective variants. Our convention is to list the plene variant before the defective, when both are attested, and both have otherwise identical records in the dictionary. When a word has two vowels with this potentiality, we list PP, PD, DP, DD. And so on. 3) Raphe/dagesh variants. Our convention is to list the raphe form second, when both are attested with otherwise identical records.

Table 1. *Transcription of Hebrew Consonants*

)	א		ʾ
B	ב		b
G	ג		g
D	ד		d
H	ה		h
W	ו		w
Z	ז		z
C	ח		$ḥ$
\	ט		$ṭ$
Y	י		y
K	כ	ך	k
L	ל		l
M	מ	ם	m
N	נ	ן	n
S	ס		s
(	ע		ʿ
P	פ	ף	p
/	צ	ץ	$ṣ$
Q	ק		q
R	ר		r
&	ש		$ś$
$	ש		$š$
T	ת		t

Table 2. *Transcription of Hebrew Vowels*

X⎮	ʾX̣	$\hat{\imath}$
XI	X̣	i
X;	ʾX̣	$\hat{e}$
X%	X̤	$\bar{e}$
X~	ʾX̤	ey
XE	X̤	e
X#	X̤	$\breve{e}$
X:	X̤	$ə$
XA	X̣	a
X"	X̱	$\breve{a}$
X@ ¹	X̤	$\bar{a}$
X!	X̤	$\breve{o}$
XO ²	יX	$\hat{o}$
X_	˙X	$\bar{o}$
X*	וX	$\hat{u}$
XU	X̤	u

("X" stands for any Hebrew consonant.)

---

1. The *plene* spelling of this vowel with ה is always word-terminal, with the exception of a few proper nouns. Our transcrption does not distinguish *qāmeṣ gādôl* from *qāmeṣ ḥāṭûp*.

2. When *wāw* in ו is a true consonant, the transcription is W_.

Table 3. *Specimen of Hebrew Bible text in transcription*

```
0205    YWNH
0206      1  1
0207    1WA'Y.HIY D..BAR-YHWH )EL-YON@H BEN->"MIT.AY L%')M+R=2Q*M
0208    L%K. )EL-NIYN.W%H H@'(IYR HA'G..DOL@H *'Q.R@) (@LEY'H@ K.IY-
0209    (@L.T@H R@(@T'@M L.'P@N@'Y=3WA'Y.@Q@M YON@H LI'B.R+CA
0210    T.AR.$IY$@H MI'L.I'P.N%Y YHWH WA'Y.%RED Y@PO WA'Y.IM.⁄@)
0211    )@NIY.@H B.@)@H TAR.$IY$ WA'Y.IT.%N &.K@R'@H. WA'Y.%RED
0212    B.'@H. L@'BO) (IM.'@HEM T.AR.$IY$@H MI'L.I'P.N%Y YHWH=4W.'YHWH
0213    H%\IYL R*CA-G..DOL@H )EL-HA'Y.@M WA'Y.HIY SA(AR-G.@DOL
0214    B.'A'Y.@M W.'H@')!NIY.@H CI$..B@H L.'HI$.@B%R=5WA'Y.IYR.)*
0215    HA'M.AL.@CIYM WA'Y.IZ.("Q* )IY$ )EL->#L+H@Y'W WA'Y.@\IL* )ET-
0216    HA'K.%LIYM )">"$ER B.'@')!NIY.@H )EL-HA'Y.@M L.'H@Q%L
0217    M%'("L%Y'HEM W.'YON@H Y@RAD )EL-YAR.K..T%Y HA'S..PIYN@H
0218    WA'Y.I$.K.AB WA'Y.%R@DAM=6WA'Y.IQ.RAB )%L@Y'W RAB HA'C+B%L
0219    WA'Y.+)MER L'O MAH-L.'.K@ NIR.D.@M Q*M Q.R@) )EL-)#L+HEY'K@'
0220    )*LAY YIT.(A$.%T H@')#L+HIYM L@'N* W.'L+).N+)B%D=
0221    7WA'Y.+)M.R* )IY$ )EL-R%('%H* L.K* W.'NAP.IYL@H GOR@LOT
0222    W.'N%D.(@H B..'$E'L..'MIY H@'R@(@H HA'Z.+)T L@'N* WA'Y.AP.IL*
0223    G.OR@LOT WA'Y.IP.+L HA'G.OR@L (AL-YON@H=8WA'Y.+)M.R* )%L@Y'W
0224    HAG.IYD@H-N.@) L@'N* B.A')">"$ER L.'MIY-H@'R@(@H HA'Z.+)T
0225    L@'N* MÁH-M..LA)K.T.'.K@ *'M%)AYIN T.@BO) M@H )AR.⁄'EK@
0226    W.')%Y-MI'Z.EH (AM )@T.@H=9WA'Y.+)MER )">"L%Y'HEM (IB.RIY
0227    )@N+KIY W.')ET-YHWH )#L+H%Y HA'$.@MAYIM )"NIY Y@R%) )">"$ER-
0228    (@&@H )ET-HA'Y.@M W.')ET-HA'Y.AB.@$@H=01WA'Y.IYR.)*
0229    H@')"N@$IYM YIR.)@H G.DOL@H WA'Y.+)M.R* )%L@Y'W MAH-Z.+)T
0230    (@&IYT@ K.IY-Y@D.(* H@')"N@$IYM K.IY-MI'L.I'P.N%Y YHWH H*)
0231    B+R%CA K.IY HIG.IYD L@'HEM=11WA'Y.+)M.R* )%L@Y'W MAH-
0232    N.A("&EH L.'@K., W.'YI$.T.+Q HA'Y.@M M%'(@L%Y'N* K.IY HA'Y.@M
0233    HOL%K. W.'S+(%R=21WA'Y.+)MER )">"L%Y'HEM &@)*'NIY
0234    WA'H"\IYLU'NIY )EL-HA'Y.@M W.'YI$.T.+Q HA'Y.@M M%'("L%Y'KEM
0235    K.IY YOD%(A )@NIY K.IY B.'$E'L..'IY HA'S.A(AR HA'G.@DOL
0236    HA'Z.EH ("L%Y'KEM=31WA'Y.AC.T.R* H@')"N@$IYM L.'H@$IYB )EL-
0237    HA'Y.AB.@$@H W.'L+) Y@K+L* K.IY HA'Y.@M HOL%K. W.'S+(%R
0238    ("L%Y'HEM=41WA'Y.IQ.R.)* )EL-YHWH WA'Y.+)M.R* )@N.@H YHWH
0239    )AL-N@) N+)B.D@H B..'NEPE$ H@')IY$ HA'Z.EH W.')AL-T.IT.%N
0240    (@L%Y'N* D.@M N@QIY) K.IY-)AT.@H YHWH K.A')">"$ER C@PA⁄.T.@
0241    (@&IYT@=51WA'Y.I&.)* )ET-YON@H WA'Y.\ILU'H* )EL-HA'Y.@M
0242    WA'Y.A("M+D HA'Y.@M MI'Z.A(.P.'O=61WA'Y.IYR.)* H@')"N@$IYM
0243    YIR.)@H G.DOL@H )ET-YHWH WA'Y.IZ.B..C*-ZEBAC L.'YHWH
0244    WA'Y.ID..R* N.D@RIYM=X
```

Table 4. *Specimen page of a Keyword-in-Context concordance*

עַד־נֶפֶשׁ תְּהוֹם יְסֹבְבֵ֫נִי סוּף חָבוּשׁ לְ֫רֹאשִׁ֫י׃לְ֫ י 204
 נִ֫י 0129 001

הָלַ֫כְתִּי וְ֫רֵיקָם הֱשִׁיבַ֫נִי יהוה לְ֫מָה תִקְרֶ֫אנָה לִ֫י ר 121
נִ֫י 0130 002

קַח־נָ֫א אֶת־נַפְשִׁ֫י מִמֶּ֫נִּי כִּי טוֹב מוֹתִ֫י מֵ֫חַיָּ֫י׃גְ֫ י 403

יֵשׁ גֹּאֵל קָרוֹב מִמֶּ֫נִּי׃לִ֫ינִי הַ֫לַּיְלָה וְהָיָה בַ֫ ר 312
דִ֫י 0131 001

עִם־הַ֫מֵּתִים וְעִמָּדִ֫י׃יִתֵּן יהוה לָ֫כֶם וּ֫מְצֶ֫אןָ ר 108
אַתָּה 0132 204

שָׁה כִּי יָדַ֫עְתִּי כִּי אַתָּה אֵל־חַנּוּן וְ֫רַחוּם אֶֽרֶךְ אַפ ־ י 402

נַ֫חֲלָתִ֫י גְּאָל־לָ֫ךְ אַתָּה אֶת־גְּאֻלָּתִ֫י כִּי לֹא־אוּכַל ר 404

וַֽת ׃סוַיֹּ֫אמֶר יהוה אַתָּה חַ֫סְתָּ עַל־הַ֫קִּיקָיוֹן אֲשֶׁר י 410

לִ֫ינוּ דָם נָקִיא כִּי־אַתָּה יהוה כַּ֫אֲשֶׁר חָפַ֫צְתָּ עָשִׂ֫י י 114
אַתָּה 0133 002

ְ֫ךָ וַ֫יֹּאמֶר אֲלֵ֫יהֶם עִבְרִ֫י אָ וְ֫אֵימ־זֶה עַם אַתָּה׃גַ י 108

לְ־אֲמָתְ֫ךָ כִּי גֹאֵל אַתָּה׃סוַ֫יֹּאמֶר בְּרוּכָה אַתְּ לִ֫י ר 309
ְ֫ךָ 0134 010

נֵ֫רַשְׁתִּי מִ֫נֶּגֶד עֵינֶ֫יךָ אַךְ אוֹסִיף לְ֫הַבִּיט אֶל־הַ י 205

מֵר אָמְצָא־חֵן בְּ֫עֵינֶ֫יךָ אֲדֹנִ֫י כִּי נִֽחַמְתָּ֫נִי וְ֫כִי ר 213

קוּם קְרָא אֶל־אֱלֹהֶ֫יךָ אוּלַי יִתְעַשֵּׁת הָ֫אֱלֹהִים לָ֫ י 104

יְסֹבְבֵ֫נִי כָּל־מְשַׁבְּרֶ֫יךָ וְ֫גַלֶּ֫יךָ עָלַ֫י עָבָ֫רוּ׃גַ֫וְ֫א י 204

אֲשֶׁר אָנֹכִי דֹבֵר אֵלֶ֫יךָ׃גַ֫יָּ֫קָם יוֹנָה וַ֫יֵּ֫לֶךְ אֶל־נִ֫ינ י 302

לְ־גָאוֹל וְ֫אָנֹכִי אַ֫חֲרֶ֫יךָ וַ֫יֹּאמֶר אָנֹכִי אֶגְאָל׃גַ֫יְ֫א ר 40

אֶהְיֶה כַּ֫אֲחַת שִׁפְחֹתֶ֫יךָ׃גַ֫וַ֫יֹּאמֶר לְ֫ה בֹּעַז לְ֫עֵת ר 213

יֵעַ מְצָ֫אתִי חֵן בְּ֫עֵינֶ֫יךָ לְ֫הַכִּירֵ֫נִי וְ֫אָנֹכִי נָכְרִ֫יָּה ר 210

כָּל־מִשְׁבָּרֶ֫יךָ וְ֫גַלֶּ֫יךָ עָלַ֫י עָבָ֫רוּ׃גַ֫וַ֫אֲנִי אָמַ֫רְתִּ י 204

נִכְרַ֫תִּי וַ֫תָּבוֹא אֵלֶ֫יךָ תְּפִלָּתִ֫י אֶל־הֵיכַל קָדְשֶׁ֫ךָ י 208
ְ֫ךָ 0135 588

אָמַר אָנֹכִי רוּת אֲמָתֶ֫ךָ וּ֫פָרַשְׂתָּ כְנָפֶ֫ךָ עַל־אֲמָתְ֫ ר 309

Table 5. Hebrew grammatical families

```
Family                  Symbol        Sets

Perfect verb            S       }                     .]              |
Perfect seq.            /       }                      ]              |
Imperfect verb          V       }                      ]              |
Imperfect seq.          \       }                      ]              |
Jussive verb            !       }                      ]              |
Preterit verb           %       }                      ]              |
Cohortative verb        C       }                      ] Verbals      | Finite
Cohortative seq.        |       }                      ]              |
Imperative verb         I       }                      ]              | verbs
Insistent imperative    J       }                      ]              |
Infinitive absolute     T       ) Verbal     > ]                      \
Infinitive construct    T       ) nouns      > ]                      \
Participle              P       )            > ]                      \
All                     A       }            >                        \
Numeral                 #       }            >                        \
Ordinal                 O       } Common     >                        \
Ethnic                  E       } nouns      >                        \
Adjective               @       }            >                        \
Other noun              N       }            >                        \
Divine name             W       )            >                        \
Human name              H       )            >                        \
Geographical name       G       )            >                        \
Land name               L       ) Proper nouns  >                     \
Mountain                M       )            > Nouns        \ Substantives
City                    Q       )            >                        \
River                   R       )            >                        \
Free pronoun            F       }                                     \
Suffix pronoun          B       }                                     \
Demonstrative           D       } Pronouns                            \
Who?                    2       } )                                   \
What?                   3       } )                                   \
Yes\no?                 1       )                      ]              |
How?                    4       )                      ]              |
When?                   5       )                      ]              |
Where?                  6       )                      ]              |
Whence?                 7       ) Inter-               ]              |
Why?                    8       ) rogative             ]              |
Where?                  9       } )          ] Adverbs                |
Behold                  U       }                      ]              |
Exists                  X       } Quasi-               ]              |
Still                   Y       } verbals              ]              |
Not-exists              Z       }                      ]              |
Modal                   m       }                      ]              |
Adverbs                 $       }                      ]              |
Don't                   d       )                      ]              |
Negative                g       ) Negative             ]              |
Not                     n       )                      ]              |
And                     a       ]                      >              |
And (hendiadys)         &       ]                      >              |
And-then                w       ] Coordinating         >              |
Or                      o       ]                      >              |
But                     c       ]                      > Conjunctions |
Because                 b       ]                      >              |
If                      i       } Subordinating        >              |
Other conjunctions      s       }                      >              |
From                    f       }                                     |
In                      j       }                                     |
Like                    k       } Prepositions                        |
To                      l       }                                     |
With — `et              p       }                                     |
With — `im              q       }                                     |
Unto                    t       }                                     |
Upon                    u       }                                     |
Until                   v       }                                     | Particles
Inside                  y       }                                     |
Under                   z       }                                     |
Other prepositions      *       }                                     |
Nota accusative         e       }                      ] Prose        |
Relative                r       }                      ]              |
Article                 h       }                      ] particles    |
Exclamation             x       }                                     |
```

Bibliography

F. I. Andersen "Dimensions of Structure in the Hebrew Verb System," 1971 Work Papers of the Summer Institute of Linguistics 15 (1971), pp. MA4-MA12.

F. I. Andersen and A. Dean Forbes A Synoptic Concordance to Hosea, Amos, Micah: The Computer Bible Volume VI (Wooster, Ohio: Biblical Research Associates, 1972)

F. I. Andersen and A. Dean Forbes A Linguistic Concordance of Ruth and Jonah: Hebrew Vocabulary and Idiom: The Computer Bible Volume IX (Wooster, Ohio: Biblical Research Associates, 1976)

F. I. Andersen and A. Dean Forbes Eight Minor Prophets: A Linguistic Concordance: The Computer Bible Volume X (Wooster, Ohio: Biblical Research Associates, 1976)

F. I. Andersen and A. Dean Forbes Jeremiah: A Linguistic Concordance: I Grammatical Vocabulary and Proper Nouns: The Computer Bible Volume XIV (Wooster, Ohio: Biblical Research Associates, 1978)

F. I. Andersen and A. Dean Forbes Jeremiah: A Linguistic Concordance: II Nouns and Verbs: The Computer Bible Volume XIVA (Wooster, Ohio: Biblical Research Associates, 1978)

F. I. Andersen and A. Dean Forbes "'Prose Particle' Counts of the Hebrew Bible," pp. 165-183 in The Word of the Lord Shall Go Forth: Essays in Honor of David Noel Freedman in Celebration of His Sixtieth Birthday, edited by Carol L. Meyers and M. O'Connor (Winona lake: Eisenbrauns, 1983).

F. I. Andersen "Orthography and Text Transmission," TEXT 2 (1984)

F. I. Andersen and A Dean Forbes Hebrew Spelling (Rome: Pontifical Biblical Institute, 1985)

F. I. Andersen and A. Dean Forbes "The Vocabulary of the Pentateuch," Proceedings of the International Conference on Computer-Assisted study of Ancient Languages (Ann Arbor: University of Michigan Press, 1985).

Ausdruckssyntax und Textgrammatik
Statistik im Methodendreischritt Syntax-Semantik-Pragmatik

Winfried Bader

Der Beitrag will die Verwendung von statistischen Methoden für die Untersuchung kurzer Texte vorstellen. Dabei werden keine fertigen Computer-Programme geliefert, sondern es werden Problemfelder gezeigt, in denen eine Text- interpretation mit Hilfe von noch zu entwickelnden Program- men sinnvoll erscheint. Dabei werden Fragestellungen behan- delt, die mit einfachen statistischen Methoden bearbeitet und gelöst werden können. Exemplarisch sollen Analyse und Interpretation an den Texten Ps 122*; Gen 32,23-33 und Ez 1,1-3,15* vorgeführt werden.[1] Ein kurzer Ausblick zeigt dann jeweils, wie die erarbeitete statistische Methode für weitere Fragestellungen zu verwenden ist. So lassen sich die Methoden sowohl im Bereich der Ausdruckssyntax anwenden - vor allem bei der Distribution und Position von gleichen Zeichen und Zeichengruppen -, als auch im Bereich der verstehenden Satzanalyse der Semantik, wie auch satzüber- greifend im Bereich der Pragmatik, besonders der Textgram- matik.

Der Schwerpunkt dieses Beitrags liegt darin, Methoden manuell durchzuführen, um zu sehen, ob sie für die konkrete Einzeltextanalyse gewinnbringend interpretierbar sind. Erst dann ist es sinnvoll, die maschinelle Durchführung voranzu- treiben, um mit der Erfassung vieler Texte die Interpreta- tionskriterien verbessern und verfeinern zu können.

Das Ziel ist, mit maschinenunterstützter Methode objekti-

vierbare Ergebnisse für die Einzeltextinterpretation zu be-
kommen.

Die Verb-Wort-Kurve

Die Möglichkeit, eine bestimmte Eigenschaft eines Wortes,
einer Wortgruppe oder eines Satzes in seiner Position im
Text graphisch darzustellen und statistisch auszuwerten,
wird am Beispiel der Verb-Wort-Kurve gezeigt.

Die Methode[2]

Die finiten Verben eines Textes werden in der Reihenfolge
ihres Vorkommens von 1 bis n durchnumeriert. Die Wörter[3]
werden von Anfang bis zu einem finiten Verb je einschließ-
lich durchgezählt. Daraus wird bestimmt, das wievielte Wort
x_i des Textes das Verb i ist. Die Werte von i (Verben)
werden über die Werte von x_i (Wörter) aufgetragen. Der Zusammenhang dieser Kurve mit den ÄEen eines Textes ergibt
sich leicht aus Materialien 1. Dort wurde die ÄE im
jeweiligen Maßstab der Kurve in ihrer Länge abgetragen,
wobei sich die durchschnittliche Länge wieder berechnen und
entsprechend statistisch vergleichen und interpretieren
läßt. ÄEen mit finitem Verb sind durch einen Strich nach
oben gekennzeichnet, ÄEen ohne finites Verb durch einen
Strich nach unten.

Die Punkte (x_i) eines Textes werden nun mit Hilfe der linearen Regression durch eine Gerade $f(x) = b \cdot x + c$ angenähert. Der Wert der Geradensteigung b ist dann ein Maß für
die mittlere Verbrate eines Textes. Die Geradensteigungen
verschiedener Texte lassen sich vergleichen und ihre Differenz auf eine statistische Signifikanz überprüfen: die
Standardabweichung der Punkte von der Geraden berechnet sich

dabei $\sigma^2 = \sum (\Delta i)^2 / n$ wobei $\Delta i = f(x_i) - i$ beträgt. Für zwei Texte I und II errechnet sich daraus die relative Abweichung

$$z = \frac{|b_I - b_{II}|}{\sqrt{\frac{\sigma_I^2}{n_I - 1} + \frac{\sigma_{II}^2}{n_{II} - 1}}}$$

Zu einer Signifikanzschwelle p = 0,05 gehört der Wert z = 1,96. Ist z größer, so ist der Unterschied der Verbrate zwischen zwei Texten signifikant.

Ps 22: Beschreibung und Auswertung der Kurve (Mat. 2)

Die Steigung der Regressionsgeraden beträgt b = 0,21, d.h. auf 1 Verb kommen 4,85 Wörter.

Beschreibung: Die Kurve legt sich sehr eng um die Regressionsgerade. Zwei überdurchschnittlich lange Abstände zwischen zwei Verben finden sich zwischen x_3 und x_4 (9 Wörter) und x_9 und x_{10} (9 Wörter). 6 der 16 Äen haben kein finites Verb. Drei sehr kurze ÄEen ohne Verb stehen hintereinander (2b-3b). Die anderen sind im Text einzeln verteilt.

Auswertung: Die Verben sind gleichmäßig über den Text verteilt. Dies zeigt sowohl der optische Befund wie auch der Korrelationsfaktor r = 0,995. Es läßt auf einen einheitlichen Stil schließen. Lediglich die beiden Stücke ohne Verben könnten davon leicht abweichen. Beim ersten zwischen x_3 und x_4 sprechen die drei sehr kurzen ÄEen, darunter die zwei einzigen 1-Wort-ÄEen, für einen etwas anderen Charakter. Beim zweiten Stück zwischen x_9 und x_{10} ist wahrscheinlich die lange ÄE 8a der Grund für den größeren Abstand.

Gen 32,23-33: Beschreibung und Auswertung der Kurve (Mat. 3)

Die Steigung der Regressionsgeraden beträgt b = 0,31, d.h. auf 1 Verb kommen 3,24 Wörter.

Beschreibung: Die Kurve zeigt an zwei Stellen starke Abweichungen von der Regressionsgeraden: im Bereich x_2-x_4 und x_{35}-x_{37} ist sie wesentlich flacher als die Gerade. Die Stellen fallen zusammen mit den sehr langen ÄEen 23b und 33a. Im übrigen Text sind die Verben gleichmäßig verteilt; es gibt nur kleine Schwankungen um die Gerade, wozu vor allem die Verbhäufungen x_{13}-x_{22} und x_{24}-x_{28} beitragen. 8 der 46 ÄEen haben kein finites Verb. Blockbildungen sind nicht zu erkennen, lediglich 2 ÄEen ohne Verb stehen unmittelbar hintereinander (29cd).

Auswertung: Innerhalb des einheitlich erscheinenden Teils 24a-32a fallen zwei Abschnitte durch ihre kurzen Abstände besonders auf: 27a-29a. 29f-30f. Die Verben stehen fast immer am Beginn der ÄE, was auf den typischen Erzählstil mit vielen wa=yiqtol-Sätzen hindeutet. Die Kürze der ÄE zeigt, wie knapp sich der Verfasser ausdrückt. Auch die Unterbrechungen der Verben 28bd behalten diese Kürze bei.

29b-e scheint etwas anderen Charakter zu haben. Die ÄEen sind etwa länger. Zwei verblose ÄEen stehen hintereinander, das Verb in 29b steht nicht am Anfang, d.h. das wa=yiqtol wird nicht benützt. Vielleicht wird die ÄE durch eine Konjunktion eingeleitet.

24a-26d stehen die Verben meist am Anfang der ÄEen, sie sind jedoch etwas länger als in den beiden obengenannten Textbereichen. Dasselbe gilt für 31a-32a. So haben wir von 24a-32a einen insgesamt einheitlichen Erzählstil; dabei variiert nur das Tempo des Erzählfortgangs.

Deutlich abgehoben davon sind 23a-c und 32b-33c. Am Textbeginn fällt 23b durch seine Länge auf. Es scheint, als ob der Verfasser sehr viel Zusatzinformation in diesen er-

zähltypischen wa=yiqtol-Satz packen will, Informationen, die
zu Textbeginn notwendig sind. Ein Blick auf den Inhalt
bestätigt dies: ausführlich wird erklärt, wen Y^CQB mitnimmt.
Im weiteren Textverlauf tauchen diese 10 Wörter nur noch als
ePP auf, fallen also bei der Wortzählung überhaupt nicht
mehr ins Gewicht. 23b ist demnach typisch für den Textan-
fang.

Anders 32b-33c. Hier sorgen zwei lange und drei verblose
ÄEen für eine flache Kurve. Die Verben stehen nicht am
Beginn der ÄEen. Die Erzählung wird nicht durch das
wa=yiqtol fortgeführt, man ist geneigt zu sagen, die Story
ist zu Ende. Die langen ÄEen deuten darauf hin, daß entweder
ein komplizierter Sachverhalt dargestellt wird, oder durch
Renominalisierung exakt auf Stellen im Text Bezug genommen
wird. Inhaltlich gesehen wird hier wirklich nicht die
Erzählung fortgeführt. Der Zweck der Geschichte wird in
einem Art Lehrsatz zusammengefaßt.

So ergibt sich aufgrund der Untersuchung folgende Textglie-
derung: Ein einleitender Teil 23a-c, Beginn der Erzählung
24a-26d, die Erzählung wird rasch in kurzen Sätzen fortgeführt 27a-30f, unterbrochen durch 29b-e, und ein zusammen-
fassender Schluß 32b-33c.

Ez 1-3: Beschreibung und Auswertung der Kurve (Mat. 4)

Schon der erste Blick auf die Kurve zeigt, daß sie durch die
Regressionsgerade Gges nur sehr schlecht angenähert wird.
Außerdem fällt auf, daß die Kurve bei x_{10} einen deutlichen
Knick hat. Dies veranlaßt uns, probehalber den Text bei x_{10}
zu trennen und die Berechnung für beide Teile durchzuführen.
Die Näherungsgeraden GI und GII sind eingezeichnet. Die
Regressionsgerade Gges für den Gesamttext hat eine Steigung

b = 0,17; GI für den 1.Teil des Textes hat eine Steigung b = 0,06 und GII für den 2.Teil b = 0,24.

Beschreibung: Die Kurve verläuft in dem Bereich Ez-1,1a-28e sehr gleichmäßig und flach. Sie legt sich sehr eng um die Näherungsgerade GI. Nur 10 der 31 ÄEen haben ein finites Verb. Die verblosen ÄEen kommen in zwei Blöcken vor: 4a-11c und 13a-26b. Außerhalb dieser Blöcke wechseln sich verblose und verbhaltige ÄEen einander ab. Im Bereich Ez 1,28f-3,15c verläuft die Kurve sehr steil. Sie legt sich nicht sehr eng um die Näherungsgerade GII. Es lassen sich vier Bereiche unterscheiden:

a) x_{11}-x_{23}: Sehr kurze Abstände zwischen den Verben, sehr kurze ÄEen. nur 3x unterbrechen verblose ÄEen diese Serie.

b) x_{23}-x_{25}: Nur 3 der 11 ÄEen besitzen ein finites Verb. Die ÄEen sind sehr kurz.

c) x_{26}-x_{44}: Die ÄEen sind sehr kurz und besitzen bis auf 3,10a alle ein finites Verb. Die Kurve steigt steil.

d) x_{45}-x_{47}: An der Stelle x_{44} macht die Kurve wieder einen deutlichen Knick nach unten. ÄEen mit und ohne Verb wechseln sich ab. Die ÄEen sind länger als in b). Die Steigung dieses letzten Teilstückes beträgt für sich getrennt berechnet b = 0,11.

Die beiden Teile Ez 1,1a-28e und Ez 1,28f-3,15c unterscheiden sich deutlich, der Unterschied der Geradensteigung von GI und GII ist signifikant. Wir werden im folgenden die beiden Teile abkürzend mit Ez I und Ez II bezeichnen.

Auswertung: Der Text Ez I fällt durch seine geringe Verbrate auf. Es scheint weniger eine Handlung, ein Erzählfortgang als vielmehr eine Beschreigung zu sein. Ez II scheint über

weite Strecken, d.h. in den Bereichen a) und c) (vgl. die
Bezeichnungen oben) ein typischer Erzähltext zu sein.
Unterbrochen wird er nur durch einen Block verbloser ÄEen
2,8g-3,1b. Die Erzählung scheint hier eine Pause zu machen.
Vielleicht wird wieder etwas beschrieben, im Detail geschil-
dert, ohne daß sich dadurch ein Progreß ergibt. Mit 3,12b
(Bereich d) ändert sich der Charakter nochmals. Es scheint
eine Wiederaufnahme des Stils von Ez I zu sein, zumindest
was die Verbrate betrifft. Dagegen spricht, daß sich kein
Block von verblosen ÄEen bildet. Man möchte annehmen, daß
dieser Schlußbereich aus beiden Teilen Stilelemente auf-
nimmt. Wie auch immer dies genauer zu erklären ist, hebt
sich dieser Schlußbereich deutlich von Ez II ab und schafft
zugleich eine Verbindung zu Ez I.

Vergleich der Texte: Beschreibung und Auswertung

Beschreibung: Die Differenzen zwischen allen Verbraten der
Texte sind jeweils signigikant. Die Unterschiede können also
interpretiert werden. Die geringsten Unterschiede bestehen
zwischen Gen 32,23-33 und Ez II und zwischen Ez 1-3 und Ez
II.
Im Kurvenverlauf sind sich Ez II und Gen 32,23-33 sehr ähn-
lich. Der flache Anfang - hier ist bei Ez II ein Stück von
Ez I hinzuzudenken - die erste steile Phase, eine kurze Un-
terbrechung (Gen 32,29cd; Ez 2,9-10), eine zweite steile
Phase und dann der flache Schluß. Ez I und Ps 122 sind je
für sich davon deutlich unterschieden.
Auswertung: Mit dem Vorwissen, daß Gen 32,23-33 eine
Erzählung ist, möchte ich diesen Text unter das Stichwort
Erzähltext einreihen. Interessant ist, daß Ez II ganz ähn-
liche Charakteristika aufweist wie Gen 32,23-33. Obwohl die

Verbrate signifikant verschieden ist, was uns zeigt, wie
textspezifisch dieser Wert ist. Ist ihre Differenz nicht zu
groß, so können wir Ez II auch in die Gruppe der Erzähltexte
einordnen.
Ez I ist das andere Extrem. Wir wählen für ihn das Schlagwort "beschreibender Text"; das Wissen um den Inhalt spielt
bei der Benennung eine Rolle. Was die Verbraten betrifft,
unterscheiden sich diese zwei Gruppen erheblich: Gen 32,23-
33 hat 3,2 Wörter je Verb, Ez II 4,1 Wörter je Verb in der
einen Gruppe, Ez I mit 16,4 Wörter je Verb in der anderen.
Ps 122 liegt sowohl was den Kurvenverlauf betrifft als auch
in der Verbrate (4,9 Wörter je Verb) dazwischen. Von der
Verbrate her gesehen liegt er näher bei den Erzähltexten.
Hier läßt er sich jedoch nicht einordnen, da das Fehlen von
wa=yiqtol-Sätzen sehr untypisch für einen Erzähltext ist.
Somit ist zu vermuten, daß Ps 122 der Vertreter einer
eigenen Gruppe ist, die man mit dem Schlagwort "poetische
Texte" bezeichnen kann. Untersuchungen an weiteren Texten
können diese Einteilung korrigieren oder bestätigen.

Bewertung und Ausblick

Die Kurven zeigen gut die Feingliederung der Texte und
lassen Aussagen über den Stil zu. Sehr hilfreich ist dabei
die Hinzunahme der ÄEen-Skalen. Im Textvergleich wurde
deutlich, daß die Verbrate ein spezifischer Wert für einen
Text ist. Typen von Kurvenverläufen lassen sich bereits
erkennen. Für den Textvergleich vieler Texte ist die
Quantifizierung der Phänomene in einen Zahlenwert sehr
nützlich.
Die Methode ist leicht auf einer EDV-Anlage durchführbar.
Das Zeichnen der Kurven und die Berechnungen gehören zum

Standard. Problematisch scheint mir noch, ob die Identifi-
kation der finiten Verben ohne vorherige Kennzeichnung durch
einen verstehenden Sprachbenutzer sicher möglich ist.

Weitere Anwendungsmöglichkeiten ergeben sich in der Untersuchung weiterer text- und stilspezifische Wörter, z.B. die
Partikel lo('), 'ät. Auf der Ebene der Textgrammatik können
bestimmte Satztypen untersucht werden, z.B. die Verteilung
von Nominalsätzen, ki(y)-Sätzen, Relativsätzen etc. in einem
größeren Textkorpus.

Die Wortartenübergangsmatrix

Die Wortartenübergangsmatrix soll nun zeigen, wie es möglich
ist, verschiedene Eigenschaften - d.h. in unserem Bsp. die
Wortarten - von Elementen - d.h. Wörter - in ihrer
gegenseitigen Abhängigkeit quantitativ zu erfassen. Die
Neigung bestimmter Wortarten zusammenzustehen oder sich
auszuschließen, ist charakteristisch für den Stil eines
Textes.

Die Methode[4]

Ein Text läßt sich schematisch darstellen: er hat N Elemente
e_1, e_2 ... e_N, in unserem Fall die Wörter. Jedes dieser
Elemente besitzt verschiedene Eigenschaften, wovon wir die
Eigenschaft "Wortart" f_a, f_b ... f_n betrachten. Jedes
Element e besitzt demnach eine der Eigenschaften f. Um
festzustellen, in welcher Weise die Eigenschaften der
Elemente, sprich: Wortarten, bevorzugt aufeinander folgen,
teilen wir den Text in Paare auf. Wir belassen dabei die
Elemente in ihrer gegebenen Reihenfolge. Da die Position
eines Elementes im Paar für unsere Analyse wichtig ist, muß
die Einteilung dafür Sorge tragen, daß jedes Element sowohl

an erster als auch an zweiter Position steht. Dies geschieht dadurch, indem wir den Text nach folgendem Schema aufteilen:

$/e_1 \ e_2/e_3 \ e_4/e_5 \ e_6/e_7 \ldots$ und $e_1/e_2 \ e_3/e_4 \ e_5/e_6 \ e_7 \ldots$

Beide Einteilungen werden zusammengenommen.

Jedes Element eines Paares hat seine Eigenschaft, so daß jedem Paar zwei Eigenschaften zukommen: f_i die Eigenschaft des ersten Elements, f_k die Eigenschaft des zweiten Elementes, das Paar selbst die Eigenschaft f_{ik} besitzt.

Paare gleicher Eigenschaften, d.h. auch die Position der Eigenschaften ist gleich, lassen sich zählen. Die absolute Häufigkeit beträgt A_{ik}, daraus errechnet sich bei einem Text mit N Elemente die relative Häufigkeit $P_{ik} = A_{ik}/N-1$. Die Werte aller P_{ik} und A_{ik} lassen sich in einer Matrix darstellen. Dabei gibt die Zeile die Eigenschaft des ersten Elementes, die Spalte die Eigenschaft des zweiten Elementes an. Unsere Matrizen bestehen aus 8 Spalten und 8 Zeilen, wobei unter der relativen Häufigkeit P_{ik} die absolute Häufigkeit A_{ik} in KLammern angegeben ist. Unten rechts am Rand werden die Summen der Spalten bzw. Zeilen angegeben, was gleichbedeutend ist mit der Häufigkeit der entsprechenden Wortart für sich.

Bei der Einteilung der Wortarten wurden seltene Wortarten zusammengefaßt, Enklitika - bis auf einige Ausnahmen bedingt durch meine Zählkonvention - nicht berücksichtigt. Die ÄE-Grenze, die jeweils mit dem ersten und letzten Wort ein Paar bildet, wurde hinzugenommen, um diese Randposition einer Wortart- Satz mit erfassen zu können. Laut Voraussetzung[5] ist das Paar Verb-Verb und ÄE-Grenze - ÄE-Grenze unmöglich, so daß die Matrix 62 mögliche Paare hat.

PS 122: Beschreibung und Auswertung der Matrix (Mat.5)

Beschreibung: Nur auf einige für die Interpretation wichtige Befunde soll hingewiesen werden. Die am stärksten vertretene Wortart sind die Nomen mit einem Anteil von p=0,3. Sie machen über die Hälfte der eigentlichen Wörter aus, wenn man die ÄE-Grenze einmal wegläßt. Von den 62 möglichen Paaren sind nur 24 realisiert; der Text hat aber insgesamt nur 63 Paare.

5 Verben stehen zu Beginn einer ÄE, und 6 ÄEen beginnen mit einem Nomen. Nur 1 ÄE beginnt mit einem Strukturwort; von denen es insgesamt nur 3 gibt. Von den 4 Ptz stehen 2 nach einem Verb und 1 vor einem Verb. Weitere Werte sind leicht abzulesen.

Auswertung: Die Verben zeigen in ihrer Verwendung kaum eine Besonderheit. Die Wortarten, die dem Verb folgen, zeigen nichts besonders. Lediglich die Strukturwörter sind dabei mit nur einem sehr schwach vertreten. Es ist dabei z.B. an 'ät zu denken, das sehr häufig einem Verb folgt. Mit nur 5 Verben ist diese Wortart zu Beginn einer ÄE schwach vertreten. Auch handelt es sich bei allen 5 um kein wa=yiqtol. Das zeigt, daß es sich um keinen Erzählstil handelt.

Da 3 Ptz mit einem Verb zusammenstehen, kann also nur 1 Ptz das Prädikat eines Ptz-Satzes sein.

Nomen stehen oft zusammen. Das läßt auf zahlreiche CsV oder viele NS schließen. Auch die vielen Nomen zu Beginn einer ÄE deuten auf einen nominalbetonten Stil hin.

Gen 32,23-33: Beschreibung und Auswertung der Matrix (Mat.6)

Beschreibung: 30 der 62 möglichen Paare sind vertreten. Die Nomen sind die häufigste Wortart mit einem Anteil von

p=0,29. Die Verben und die Strukturwörter sind an zweiter
Stelle ungefähr gleich häufig vertreten. Ptz gibt es nur
eines.
Bei den Übergängen fällt auf, daß 28 der 37 Verben zu Beginn
einer ÄE stehen. 7 Verben folgen einem Strukturwort. Nomen
stehen häufig zusammen (20x). Fast genauso oft (19x) folgen
sie einem Strukturwort. Nur 2 Nomen stehen zu Beginn einer
ÄE. Strukturwörter stehen oft zu Beginn einer ÄE (13x) und
nach Verben (9x). Am Ende einer ÄE sind alle Wortarten -
außer Ptz - vertreten. Die 12 Verben am Ende einer ÄE sind
erwähnenswert.

Auswertung: Der hohe Anteil an Verben zu Beginn einer ÄE und
der sehr geringe Anteil von Nomen an dieser Stelle zeigt,
daß der Stil des Textes von VS gleichen Schemas geprägt ist.
Es ist zu vermuten, daß es sich dabei um wa=yiqtol-Sätze
handelt, wie es uns andere Untersuchungen bereits bestätigt
haben.
Daneben fällt ein zweiter VS-Typ auf: einleitende Konjunktion plus Verb. Dies ergibt sich aus den 13 Strukturwörtern
zu Beginn einer ÄE und den 7 Verben, die auf Strukturwörter
folgen. Zwar ist der Schluß nicht zwingend, daß alle 7
Verben wirklich diesen VS-Typ bilden, doch ist es sehr
wahrscheinlich. Nur 2 VS gehören keinem dieser beiden Typen
an. Es sind die beiden Verben, die auf ein Nomen bzw. sPr
folgen.
Die 12 Verben am Ende einer ÄE zusammen mit den 9 Verben
nicht zu Beginn einer ÄE zeigen, daß mindestens 3 ÄEen,
wahrscheinlich aber mehr, - der genaue Wert ist aus der
Verb-Wort-Kurve zu entnehmen, - nur aus einem Verb bestehen.
9 Verben werden von Strukturwörtern gefolgt und 19 Nomen

stehen nach Strukturwörtern, d.h. daß die meisten dieser 9 Verben Sätze des Schemas Verb-Strukturwort-Nomen bilden. Die 13 Substantive nach einem Verb unterscheiden sich davon nicht sonderlich, da sie ja auch durch eine enklitische Präposition angeschlossen sein können, wie es bei den 3 ePP, die einem Verb folgen, der Fall ist. Einige dieser Nomen werden aber auch auf Sätze mit explizitem Subjekt zurückgehen.

Zusammenfassend heißt dies, daß die VS des Textes nicht sehr abwechslungsreich gestaltet sind und, wie es scheint, kaum komplizierte Konstruktionen aufweisen.

Was die Nomen betrifft, so stehen 20x Nomen hintereinander. Bedenkt man, daß es nur 9 verblose ÄEen im Text gibt, so werden die meisten dieser Nomenpaare auf CsV zurückgehen. Da auch nur 2 Nomen am Beginn einer ÄE stehen und 19 Nomen einem Strukturwort folgen, kann man sagen, daß Nomen bei der Konstruktion der Sätze keine dominante Rolle spielen. Sie stehen eher untergeordnet, von einem Verb abhängig oder durch ein Strukturwort angeschlossen.

Ez I: Beschreibung und Auswertung der Matrix (Mat.7)

Beschreibung: 42 der 62 möglichen Paare sind realisiert. Der Text hat nur 11 Verben, von denen 7 zu Beginn einer ÄE stehen. Bei den Nomen fällt auf, daß alle 15 möglichen Paarbildungen realisiert sind. Der Anteil der Nomen von p=0,48 ist sehr hoch. Es überwiegt das Paar Nomen-Nomen. 12 Nomen stehen zu Beginn einer ÄE.

Der Text hat 6 Ptz, davon stehen 4 hinter einem Nomen.

Der Anteil der Strukturwörter ist mit p=0,07 klein. Der Anteil der Adv/Adj ist etwas größer.

Auswertung: Der Text zeigt einen hohen Anteil an Nomen.

Die vorhandenen Verben zeigen alle Indizien typischer Er-
zähl-VS. 7 Verben stehen zu Beginn einer ÄE, 2 Verben folgen
einem Strukturwort und auch die Wortarten, die auf ein Verb
folgen, zeigen nichts außergewöhnliches. Jedoch hat nur ein
knappes Drittel aller ÄE überhaupt ein Verb. Zentrum dieses
Textes sind somit die Nomen. Um diese ordnen sich alle
übrigen Wortarten.

Der geringe Anteil der Strukturwörter hängt wahrscheinlich
mit dem geringen Anteil der Verben zusammen. Nomen werden
mehr mit Proklitika als mit Strukturwörtern zusammen
konstruiert.

Der Text ist sehr nominalbetont. Soweit Verben verwendet
werden, läßt sich nichts besonderes feststellen. Sie
scheinen Erzählstil zu haben.

EZ II: Beschreibung und Auswertung der Matrix (Mat.8)

Beschreibung: 39 der 62 möglichen verschiedenen Paare sind
realisiert.

30 der 36 Verben stehen zu Beginn einer ÄE, 4 nach einem
Strukturwort. 11 Verben werden von Strukturwörtern gefolgt.
Nach 8 Verben steht eine Präposition mit ePP. 7 Verben
stehen am Ende einer ÄE.

Bei den Nomen sind alle 15 möglichen Paarbildungen realisiert. Es läßt sich dabei kein Schwerpunkt erkennen. 9 Nomen
stehen nach einem Strukturwort, 19x bildet sich ein Nomen-
paar, 3 Nomen stehen zu Beginn einer ÄE. 15 ÄEen haben kein
Verb. 10 der 22 Strukturwörter stehen zu Beginn einer ÄE,
ihr Anteil in dieser Position ist größer als der der Nomen.
Der Text hat 10 Ptz. Keines steht unmittelbar bei einem
Verb. Der Text hat 9 Adv/Adj.

Auswertung: Der Text zeigt einen starken Anteil an VS, die

sich hauptsächlich auf den Typ wa=yiqtol beschränken. Nur 4
VS werden von einer Konjunktion eingeleitet. Das Schema
Verb-Strukturwort-Nomen ist bis zu 9x vertreten. Fast ebenso
oft folgt einem Verb eine Präposition mit ePP, etwas weniger
direkt ein Nomen. Mindestens eine ÄE besteht nur aus einem
Verb. Die VS zeigen kaum Abwechslung und scheinen auch keine
komplizierten Konstruktionen aufzuweisen. Der VS spielt zwar
eine wichtige, aber nicht die dominante Rolle im Text, denn
fast ein Drittel der ÄEen haben kein Verb, d.h. es muß noch
ein anderes wichtiges Element den Stil des Textes bestimmen.
10 Ptz bieten sich an, diese Rolle zu übernehmen. Bei keinem
läßt sich die Bildung eines Ptz-Satzes ausschließen. Bei den
4 Ptz nach einem sPr drängt sich die Vermutung nahezu auf. 5
Ptz werden von einer Präposition mit ePP gefolgt, was zwar
nicht zwingend, aber auch in diese Richtung deutet. Auch die
19 Nomenpaare können NS bilden und die fehlenden Verben
ersetzen.
Der Text zeigt in seinen VS den typischen, nicht sehr
abwechslungsreichen Erzählstil, hat aber daneben einen weiteren Bereich, der wahrscheinlich von NS – entweder nur mit
Nomen oder auch mit Ptz - geprägt ist. Der Stil des Textes
ist nicht einheitlich.

Vergleich der Texte: Beschreibung und Auswertung

Beschreibung: Die Nomen sind durchgehend die häufigste Wortart. Bewegen sich die Werte für Ez II, Gen 32,23-33 und Ps
122 zwischen 0,26 und 0,3, so liegt Ez I mit einem
Nomenanteil von 0,48 wesentlich darüber.
Umgekehrt bei den Verben: bei Gen-32,23-33 und Ez-II liegen
die Werte im Vergleich zu den Nomen um 0,1 niedriger.
Ps 122, das die höchste Nomenquote dieser drei Texte hat,

hat bei den Verben die niedrigste der drei mit 0,16. Auch
hier setzt sich Ez I wieder deutlich ab, diesmal aber nach
unten. Der Anteil der Verben beträgt nur 0,07. Die Ptz, ePP,
sPr, Adv/Adj haben bei allen Texten einen niedrigen Anteil,
der zwischen den Texten nur geringfügig variiert.
Die Zahl der ÄEen liegt bei allen Texten notwendigerweise
über der Zahl der Verben. Die Differenz ist bei Gen 32,23-
33 mit 0,04 am kleinsten, bei Ez I mit 0,13 am größten. Ez I
setzt sich bei der relativen Häufigkeit der ÄEen von den
anderen Texten etwas nach unten ab. Bei den Strukturwörtern
gibt es wieder große Unterschiede zwischen den Texten.
Geringe Werte haben Ps 122 (0,05) und Ez I (0,07); in der
Mitte liegt Ez II (0,11), und Gen 32,23-33 liegt fast um das
Doppelte (0,19) höher.

Bei Ps 122 sind mit 24 verschiedenen Paaren die wenigsten,
bei Ez I mit 42 Paaren die meisten der verschiedenen Möglichkeiten realisiert. Ez II liegt mit 39 verschiedenen
Paaren nur knapp darunter, Gen 32,23-33 mit 30 Paaren im
unteren Bereich.
Ez II und Gen 32,23-33 zeigen eine auffällige Ähnlichkeit.
Beide Texte sind ungefähr gleich lang. Die Zahl der Verben
und Nomen sind fast gleich. Auch die Verteilung der Verben,
die vorausgehenden und nachgehenden Wortarten, ist sehr
ähnlich, v.a. die Position zu Beginn einer ÄE. Auch die
Nomen beider Texte zeigen ähnliche Tendenzen. Bei Ez II
werden jedoch die Nomen mehr mit Ptz, ePP an Präpositionen,
sPr und Adv/Adj verwendet. Hier hat Gen 32,23-33 Leerstel-
len. In den Ptz liegt ein großer Unterschied zwischen beiden
Texten. Ez II hat 10 Ptz, Gen 32,23-33 nur 1 Ptz. Auch die
Strukturwörter zeigen unterschiedliches Verhalten. Liegt die

Verwendung nach Verb und zu Beginn einer ÄE fast gleich, so fehlt die weitere Verwendung bei Ez II völlig. Die Adv/Adj verwendet Ez II reichlich. Ez II hat mehr verblose ÄEen als Gen 32,23-33.

Ez I verwendet seine wenigen Verben wie Gen-32,23-33 und Ez II. Der große Unterschied liegt in einer übermäßigen Verwendung der Nomen. Die Strukturwörter werden anders als bei Ez II verwendet; die Position nach Nomen, Ptz und Pronomen ist für sie in Ez I belegt. Ez I hat mit fast zwei Dritteln den größten Anteil an verblosen ÄEen.

Ps 122 zeigt bei den Verben ein anderes Verhalten. Hier überwiegt nicht wie bei den anderen Texten die Position zu Beginn der ÄE. Auch die Verwendung von Strukturwörtern zusammen mit den Verben ist in nur einem Fall gegeben. Der Anteil von über ein Drittel verbloser ÄE ist hoch. Die dominante Rolle zu Beginn der ÄE spielen die Nomen, wie bei Ez I. Im Gegensatz zu Ez I sind aber die Strukturwörter in dieser Position kaum belegt.

Auswertung: Bei der Verteilung der Wortarten zeigt sich die Sonderstellung von Ez I. Mit seiner sehr hohen Nomenquote und seiner sehr niedrigen Verbquote setzt es sich deutlich von den anderen drei Texten ab. Adv/Adj bringt den Text wieder an die Spitze, bei den ÄE liegt er wieder deutlich darunter.

Ps 122 macht dieselbe Bewegung mit wie Ez I, jedoch nicht so extrem. Nur bei den Strukturwörtern liegt er weiter als Ez I von den übrigen Texten entfernt.

So bieten sich vor allem drei Wortarten zur Textklassifizierung an: Verb, Nomen, Strukturwort: Danach lassen sich Gen 32,23-33 und Ez II zusammenfassen, wenn auch Gen 32,2333

sich bei den Strukturwörtern etwas absetzt. Ps 122 und Ez I
zeigen ebenfalls dieselben Tendenzen, wobei Ez I extremer
ist. Die Nomen spielen bei Ez I die Hauptrolle.
Ez I und Ez II stimmen vor allem bei den Wortarten kleiner
Häufigkeiten überein. Vielleicht liegt gerade darin die
Stileigentümlichkeit eines Autors.
Die geringe Realisierung der möglichen Paare bei Ps 122
hängt mit seiner Kürze zusammen. Bei den drei übrigen Texten
ungefähr gleicher Größenordnung fällt Gen 32,23-33 auf. Der
Stil scheint eintönig zu sein, da die Möglichkeiten nicht so
vielfältig genutzt werden.
Ez II und Gen 32,23-33 zeigen in ihrer Verwendung der Verben
auffällige Ähnlichkeiten. Auch Ez I ist dazu zu rechnen. Bei
den Nomen unterscheidet sich jedoch Gen 32,2333 sehr
deutlich von den beiden Ez Texten. Auch was die verblosen ÄE
und die Ptz betrifft, ist eine deutliche Differenz zwischen
Ez II und Gen 32,23-33 festzustellen. Man hat den Eindruck,
Ez II besteht aus zwei Teilen: einem typischen Erzählteil,
der fast identisch ist mit Gen 32,23-33 und einem weiteren
mehr Nomen und Ptz betonten Teil, der Tendenzen zu Ez I
aufweist. Dies wird auch erklären, daß Ez II im Vergleich
mit Ez 1-3 durchweg die besseren Werte aufweist. Ez I und
Ez II sind fast gleich lang; ihr unterschiedlicher Stil geht
zu gleichen Teilen in die Werte von Ez 1-3 ein. Da nach
unserer These Ez II in einem Teil aber Tendenzen hin zu Ez I
zeigt, hat Ez II beide Stile in sich vereinigt, d.h. es ist
näher an Ez 1-3, das ja auch beide Stile in sich trägt.
Die durchweg guten Werte von Ez I und Ez II lassen sich dadurch erklären, daß sie fast dieselben Belegungen der
möglichen Paare haben. Hieraus läßt sich die zwar gewagte,

für weitere Untersuchungen bis zu ihrer Falsifizierung vielleicht hilfreiche These ableiten, daß sich die Autorschaft vor allem in derselben Realisierung der möglichen Paare zeigt.[6]

Bei den Strukturwörtern liegt der Anteil bei Gen 32,23-33 deutlich höher als bei Ez I und Ez II. Doch fällt die gleiche Verwendung zusammen mit den Verben auf. Das bestätigt weiter unsere Vermutung: die Art der verwendeten VS ist bei allen drei Texten gleich. Sie unterscheiden sich aber deutlich in ihrer Menge, d.h. Ez I verwendet sie spärlich, Gen 32,23-33 fast ausschließlich, Ez II liegt dazwischen. Ps 122 unterscheidet sich gerade bei den Verben von den anderen drei Texten deutlich. Was den Anteil der verblosen ÄEen und ihre Verwendung der Nomen zu Beginn einer ÄE betrifft, zeigt Ps 122 Ähnlichkeit mit Ez I. Doch läßt sich hier kein abschließendes Urteil sprechen.

Bewertung und Ausblick

Aus der Wortartenübergangsmatrix lassen sich sehr gut Tendenzen des Stils des gesamten Textes ablesen. Andere Untersuchungen (z.B. Verb-Wort-Kurve) können dieses Ergebnis dann wieder genauer an den Textverlauf zurückbinden. Vor allem für den Textvergleich sind die genauen Werte eine große Hilfe, um nicht nur vage Vermutungen anstellen zu müssen.

Für die maschinelle Befunderhebung wird das Erkennen der Wortarten Schwierigkeiten bereiten. Je nach Interessenlage muß man den Text durch einen verstehenden Sprachbenutzer entsprechend kodieren, oder man beschränkt sich auf ausdrucksformal erkennbare Wortarten, was auch zu interessanten Interpretationen führen kann.

Ein interessantes Feld für den EDV-Einsatz findet sich auch beim Vergleich der Matrizen vieler Texte. Hier sind noch viele Möglichkeiten weiterer Berechnungen mit den Werten der Matrix offen.
Die Matrix kann gut auf andere Eigenschaften von Elementen eines Textes angewandt werden, um deren Abhängigkeit festzustellen. Z.B. können auf der Ebene der Ausdruckssyntax Buchstaben oder Silben betrachtet werden, im Bereich der Textgrammatik verschiedene Satzarten. Der Untersuchungs-schritt ist dann immer der Schlüssel zu einer detaillierten quantitativen Analyse von Texten.

ANMERKUNGEN

1   Zwei Schwierigkeiten ergeben sich: Zum einen kann ich im Rahmen dieses Beitrags meine Literarkritik dieser Texte nicht näher erläutern, zum andern beziehe ich mich immer auf die Unterteilung der Texte in Äußerungseinheiten (ÄE) (vgl. zum Begriff und zu den Kriterien der Unterteilung SCHWEIZER 1981, 31f; 1984, 175), doch ist die Untersuchung auch ohne diese präzise Angabe nach-vollziehbar.
    Zur Literarkritik: Ps 122: 1a.4c.9 wird ausgeschieden.
    Gen 32,23-33 bleibt literarkritisch unbearbeitet, Ez 1,1-3,15 besteht aus folgendem Text (nach einem Vor-schlag von SCHWEIZER): 1,1.3b.4a-d.4f.5a-6b.11b-12a. 12c.13a.13d-e.22a.26a-2,2a.2c-d.8a-3,1b.1d-2b.3f-g. 10a-12c.14c-15c.

2   Die Methode findet sich bei BEE 1972.

3   Ein Wort ist die graphische Einheit zwischen zwei auf-

einanderfolgenden Abständen im MT der BHS. Maqqef zählt
als Abstand.

4   Die Anregung zu dieser Methode stammt von FUCKS 1954.

5   Vgl. SCHWEIZER 1984, 174f.

6   Vgl. FUCKS 1968, 114-117.

Literatur:

BEE, RE   The Use of Statistical Methods in Old
                   Testament, in: VS 23 (1973), 257-272.

FUCKS, W   On Nahordnung and Fernordnung in Samples
                   of Literary Texts, in: Biometrika 41
                   (1954), 116-132.

FUCKS, W   Nach allen Regeln der Kunst. Diagnosen
                   über Literatur, Musik, bildende Kunst
                   - die Werke, ihre Autoren und Schöpfer,
                   Stuttgart 1968.

SCHWEIZER, H   Metaphorische Grammatik. Wege zur Inte-
                   gration von Grammatik und Textinterpre-
                   tation in der Exegese, St.Ottilien 1981.

SCHWEIZER, H   Wovon reden die Exegeten? Zum Verständ-
                   nis der Exegese als verstehender und
                   deskriptiver Wissenschaft, in: ThQ
                   164 (1984), 161-185.

Materialien 1

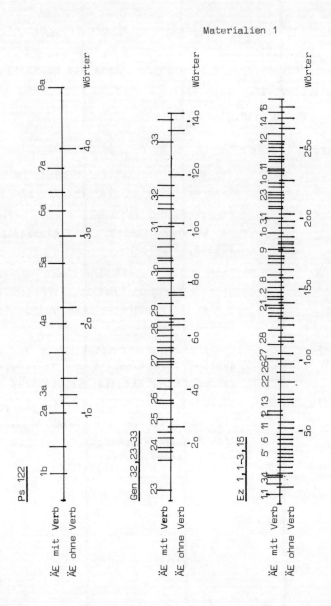

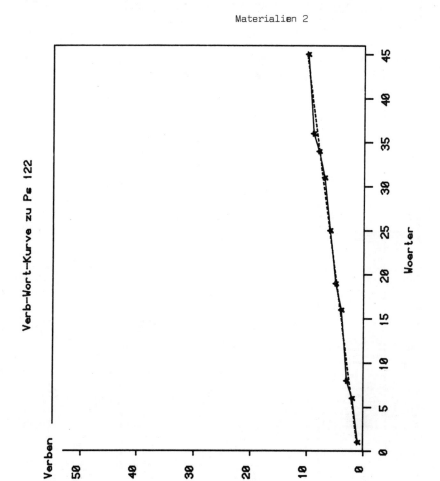

Materialien 2

Materialien 3

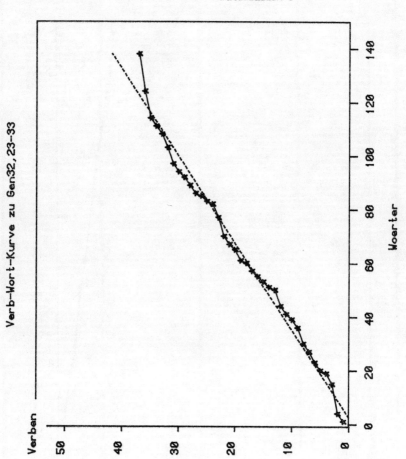

Materialien 4

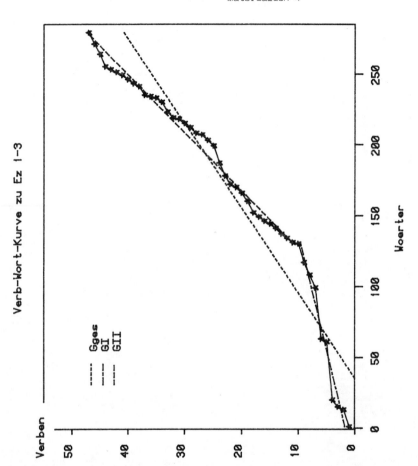

Wortartenübergangsmatrix Ps 122   Materialien 5

	Verb	Nomen	Ptz	Str.wort	ePr	sPr	Adv/Adj	ÄE-Grenze	Summe
Verb	/// ///	0,079 (5)	0,032 (2)	0,016 (1)	0,016 (1)	—	—	0,016 (1)	0,160 (10)
Nomen	0,032 (2)	0,159 (10)	—	—	0,016 (1)	—	—	0,175 (11)	0,300 (24)
Ptz	0,016 (1)	0,016 (1)	—	—	0,016 (1)	—	—	0,016 (1)	0,060 (4)
Str.wort	—	0,032 (2)	—	0,016 (1)	—	—	—	—	0,050 (3)
ePr	—	—	—	—	—	—	0,016 (1)	0,032 (2)	0,050 (3)
sPr	—	—	—	—	—	—	—	—	—
Adv/Adj	0,032 (2)	—	—	—	—	—	—	0,016 (1)	0,050 (3)
ÄE-Grenze	0,079 (5)	0,095 (6)	0,032 (2)	0,016 (1)	—	—	0,032 (2)	/// ///	0,250 (16)
Summe	0,160 (10)	0,300 (24)	0,060 (4)	0,050 (3)	0,050 (3)	—	0,050 (3)	0,250 (16)	1,000 (63)

Wortartenübergangsmatrix zu Gen32,23-33 Materialien 6

	Verb	Nomen	Ptz	Str.wort	ePr	sPr	Adv/Adj	ÄE-Grenze	Summe
Verb	///	0,069 (13)	—	0,048 (9)	0,016 (3)	—	—	0,063 (12)	0,196 (37)
Nomen	0,005 (1)	0,106 (20)	—	0,032 (6)	0,011 (2)	0,011 (2)	0,005 (1)	0,122 (23)	0,291 (55)
Ptz	—	—	—	0,005 (1)	—	—	—	—	0,005 (1)
Str.wort	0,037 (7)	0,101 (19)	—	0,032 (6)	0,005 (1)	—	—	0,016 (3)	0,190 (36)
ePr	—	—	—	0,005 (1)	—	—	0,005 (1)	0,021 (4)	0,032 (6)
sPr	0,005 (1)	0,005 (1)	0,005 (1)	—	—	0,005 (1)	—	0,011 (2)	0,032 (6)
Adv/Adj	—	—	—	—	—	—	—	0,011 (2)	0,011 (2)
ÄE-Grenze	0,148 (28)	0,011 (2)	0,005 (1)	0,069 (13)	—	0,016 (3)	—	///	0,243 (46)
Summe	0,196 (37)	0,291 (55)	0,005 (1)	0,190 (36)	0,032 (6)	0,032 (6)	0,011 (2)	0,243 (46)	1,000 (189)

Wortartenübergangsmatrix zu Ez I   Materialien 7

	Verb	Nomen	Ptz	Str.wort	ePr	sPr	Adv/Adj	ÄE-Grenze	Summe
Verb	///	0,030 (5)	—	0,006 (1)	0,006 (1)	—	0,006 (1)	0,018 (3)	0,066 (11)
Nomen	0,012 (2)	0,251 (42)	0,024 (4)	0,012 (2)	0,024 (4)	—	0,024 (4)	0,132 (22)	0,479 (80)
Ptz	—	0,006 (1)	—	0,012 (2)	—	0,006 (1)	—	0,012 (2)	0,036 (6)
Str.wort	0,012 (2)	0,054 (9)	—	—	—	—	—	0,006 (1)	0,072 (12)
ePr	—	—	—	—	—	—	0,018 (3)	0,018 (3)	0,036 (6)
sPr	—	0,018 (3)	—	0,006 (1)	—	—	—	0,006 (1)	0,030 (5)
Adv/Adj	—	0,048 (8)	0,012 (2)	—	—	—	0,006 (1)	0,012 (2)	0,078 (13)
ÄE-Grenze	0,042 (7)	0,072 (12)		0,036 (6)	0,006 (1)	0,024 (4)	0,024 (4)	///	0,204 (34)
Summe	0,066 (11)	0,479 (80)	0,036 (6)	0,072 (12)	0,036 (6)	0,030 (5)	0,078 (13)	0,204 (34)	1,000 (167)

Wortartenübergangsmatrix zu Ez II   Materialien 8

	Verb	Nomen	Ptz	Str.wort	ePr	sPr	Adv/Adj	ÄE-Grenze	Summe
Verb	///	0,034 (7)	—	0,054 (11)	0,039 (8)	—	0,015 (3)	0,034 (7)	0,177 (36)
Nomen	0,010 (2)	0,094 (19)	0,020 (4)	0,005 (1)	0,005 (1)	0,005 (1)	0,010 (2)	0,118 (24)	0,266 (54)
Ptz	—	0,010 (2)	—	—	0,025 (5)	—	0,005 (1)	0,010 (2)	0,049 (10)
Str.wort	0,020 (4)	0,044 (9)	0,005 (1)	—	—	0,015 (3)	0,005 (1)	0,020 (4)	0,108 (22)
ePr	—	0,020 (4)	—	—	—	—	0,005 (1)	0,049 (10)	0,074 (15)
sPr	—	0,005 (1)	0,020 (4)	—	—	—	—	0,005 (1)	0,030 (6)
Adv/Adj	—	0,025 (5)	—	—	—	—	0,005 (1)	0,015 (3)	0,059 (9)
ÄE-Grenze	0,148 (30)	0,034 (7)	0,005 (1)	0,049 (10)	0,005 (1)	0,010 (2)	—	///	0,251 (51)
Summe	0,177 (36)	0,266 (54)	0,049 (10)	0,108 (22)	0,074 (15)	0,030 (6)	0,044 (9)	0,251 (51)	1,000 (203)

Répertoire Analytique des Centres de Traitement automatique de la Bible.

J. BAJARD

Le Répertoire Analytique des Centres de Traitement informatisé de Textes Bibliques, que nous présentons à ce Colloque, est un travail collectif auquel ont participé des informaticiens et des linguistes de notre Centre, et dont je ne suis que le secrétaire, ou le metteur en forme, et à ce titre, responsables des erreurs ou des coquilles qui y subsisteraient.

Depuis que le traitement informatique de la Bible a pris son essor, il y a maintenant deux decennies, avec quelques centres pionniers, au fil des ans, d'autres Centres ont vu le jour, de plus en plus nombreux. Actuellement, l'avènement de la micro-informatique est en train de mettre le traitement informatisé du texte biblique à la portée du chercheur individuel, à partir d'un matériel à la fois simple et performant.

Ceux qui travaillent depuis un certain temps dans cette discipline commencent à percevoir, et à déplorer, l'absence de coordination dans le foisonnement de recherche, qui a comme corollaire la saisie parallèle de corpus identiques, souvent considérables, selon des normes très diverses. Cette diversité peut-être une richesse, mais constitue aussi un obstacle à la communication des fichiers et des logiciels, et risque d'engendrer un gaspillage considérable en ressources humaines et économiques.

Il nous a semblé, au Centre : Informatique et Bible de Maredsous, que le premier pas vers une coordination des recherches dans ce domaine devrait être un inventaire systématique de tout ce qui existe, analysé en fonction de certains paramètres bien définis.

Le répertoire présenté ici se veut une ébauche de celui qu'il serait nécessaire de constituer.

Il a été réalisé à partir des réponses à un questionnaire qui a été envoyé à divers centres au cours de l'année 1984, où à partir de descriptions fournies par les centres eux-mêmes.

Il a ensuite été mis en forme selon une série de paramètres qui nous ont semblé nécessaires pour une description utile des Centres, de leurs fichiers et de leurs logiciels.

Le choix de ces paramètres, dont on trouve la liste complète à la fin du **Répertoire**, peut et doit être discuté, et nous serons reconnaissant pour toute critique ou suggestion permettant une information plus adéquate.

Les informations fournies dans le répertoire concernent trois niveaux :
1. Le Centre proprement dit : nom, sigle, adresse personne responsable, buts et description générale.
2. Les fichiers bibliques traités dans le Centre : contenu biblique, langue, source du texte, analyses disponibles, spécification informatique des fichiers, accès possibles au fichier.
3. Les logiciels produits par le Centre : performance, langage de programmation, hardware et volume de mémoire nécessaires.

Les informations dont nous disposons à cette date ne nous permettent malheureusement pas encore d'utiliser chacun de ces paramètres pour chaque Centre. Nous prions les Centres qui trouveraient dans le répertoire des lacunes, des informations dépassées ou érronées à leur sujet, de bien vouloir nous en excuser, et surtout de bien vouloir nous en avertir et compléter notre information.

Ce répertoire a été enregistré sur ordinateur, de façon à constituer une petite base de données facile à interroger et à mettre à jour, et communicable sur diskette (IBM 8" Basic Data Exchange) ou sur bande magnétique (1600 BPI - 9 track). C'est un état imprimé de cette base de données qui constitue la présente communication (cet état imprimé est disponible au Centre : Informatique et Bible, Abbaye de Maredsous, B-5198 DENEE-BELGIUM).

On ne saurait trop insister sur le fait que ce document constitue une ébauche destinée à éveiller l'intérêt, les critiques et les suggestions, et à amorcer une collecte d'informations plus complètes. Nous serions très reconnaissant aux Centres que nous n'avons pu encore contacter ,comme à ceux qui n'ont pas cru utile, jusqu'à présent, de répondre à notre enquête, de nous faire parvenir les informations pertinentes.

Tel quel, et encore incomplet, nous espérons pourtant que ce répertoire rendra service à ceux qui cherchent à s'orienter dans un secteur en plein foisonnement.

Le livre du Prof. John Hughes : "Bits, Bytes, and Biblical Studies", annoncé récemment chez l'éditeur Nelson, offrira probablement des analyses plus fouillées et plus complètes. Mais n'en demeure pas moins la nécessité d'un répertoire simple, systématique et régulièrement tenu à jour. Le Centre : Informatique et Bible de Maredsous serait heureux de rendre ce service à la communauté biblique.

LISTE DES CENTRES RECENCES.

1. Andersen — Forbes Project.
2. The British and Foreign Bible Society.
3. Computer Aided Statistical Linguistics in the Old Testament.
4. Centre d'Analyse et de Traitement Automatique de la Bible et des Traditions Ecrites.
5. Computer Assisted Tools for Septuagint Studies.
6. Centre de Documentation sur les Manuscrits de la Bible (CNRS).
7. Centre : Informatique et Bible — Maredsous.
8. The Computer Bible.
9. Ecole Biblique — Jérusalem.
10. Computer Center, Univ. of Edinburgh.
11. Project GRAMCORD.
12. G. Kowalski (Prof. Institut Catholique — Paris).
13. The Michigan Project for Computer Assisted Biblical Studies.
14. Mikrah Computer Research Systems.
15. Institut für Neutestamentliche Textforschung — Univ.Münster.
16. The Responsa Project.
17. Computer Centre, St. David's University College, Lampeter.
18. Department of Semitic Languages — Univ. of Stellenbosch.
19. The Way International — Estrangelo Aramaic Computer Project.
20. Projekt : Informatik + Bibel / Universität Tübingen.
21. Werkgroep Informatica, Theologische Faculteit, Vrije Universiteit, Amsterdam.
22. Bible Research Systems / THE WORD Processor.

LISTE DES PARAMETRES DE DESCRIPTION.

CENTER NAME

    ACRONYM
    ADRESS
    TELEPHONE
    RESPONSIBLE PERSON
    GENERAL FEATURES OF PROJECT
    RELEVANT BIBLIOGRAPHY
    AVAILABLE COMPUTER OUTPUTS
    GENERALITIES ON FILES
    GENERALITIES ON SOFTWARES

GENERAL FILE DESCRIPTION

    FILE NAME
    BIBLICAL CONTENT
    CURRENT STATUS
    LANGUAGE
    SOURCE
    INDEXING BY
    OTHER FEATURES
    DATE OF CURRENT STATUS
    ANALYSIS ITEMS AVAILABLE ON THE FILE :
        - TYPOGRAPHICAL ANALYSIS
        - PHONETICAL ANALYSIS
        - LEXICAL ANALYSIS
        - MORPHO - SYNTACTIC ANALYSIS
        - SYNTACTIC ANALYSIS
        - SEMANTIC ANALYSIS
        - LITERARY ANALYSIS
        - INTERTEXTUAL ANALYSIS
        - STATISTICAL ANALYSIS
        - OTHER AVAILABLE ANALYSIS
    RECORD SIZE
    VOLUME
    CODE
    AVAILABLE OUTPUT ON PAPER
    AVAILABLE OUTPUT ON TAPE
    AVAILABLE OUTPUT ON DISKETTE
    AVAILABLE OUTPUT ON SCREEN
    OUTPUT ON TELECOMMUNICATION
    RELATED SOFTWARES

SOFTWARE DESCRIPTION

SOFTWARE NAME
PERFORMANCE
PROGRAMMING LANGUAGE
NECESSARY HARDWARE
NECESSARY MEMORY SIZE
EXECUTION
RELATED FILES.

Elaboration statistique de données sur ordinateur;
application à l'analyse des textes;
contributions attendues à l'étude de la Bible

J.P. BENZECRI

Les 2-3-4 Septembre 1985 se tint à Louvain-la-Neuve, sous
les auspices de l'Association Internationale Bible et Informatique un Premier Colloque International sur le thème :
BIBLE ET INFORMATIQUE : LE TEXTE.
L'exposé qui suit a été rédigé d'après l'enregistrement d'une
conférence prononcée au Colloque le Mardi 3 Septembre 1985.
Outre des allusions aux autres communications entendues à
Louvain-la-Neuve, on trouvera ici quelques références à un autre
colloque, tenu à Nice du 5 au 8 juin 1985 sur le thème :
METHODES QUANTITATIVES ET INFORMATIQUES DANS L'ETUDE DES TEXTES
avec le patronage conjoint du CNRS et de l'ALLC.

Je présenterai brièvement une série d'exemples, dont certains
concernent explicitement la Bible; et dont d'autres serviront de
parallèles. Car, ainsi que je le répéterai en conclusion,
la thèse que je défends est que les références externes sont
très utiles dans l'étude de l'Ecriture Sainte; même si sont très
rares pour l'Ancien Testament les références proches (textes
contemporains écrits dans la même langue).

1. Le vocabulaire des évangiles : comparaison globale et

chapitres de Jean :

Le premier exemple est publié dans PRAT 3 (*).
C'est une étude faite à l'Institut Catholique de Toulouse par
l'Abbé J.M. Vacherot sous la direction du Recteur Mgr B. de
Solages. L'étude repose sur un tableau comprenant une ligne
pour chaque mot et une colonne pour chaque chapitre, ou chaque
texte. A la croisée d'une ligne i et d'une colonne j se trouve,
dans le tableau, le nombre d'occurrences du mot i dans le texte j.
On est parti du texte grec des Evangiles; le texte a été
lemmatisé, c'est-à-dire que chaque forme fléchie a été ramenée à
une entrée du dictionnaire, ce qui, on le verra dans la suite,
n'est aucunement indispensable et nous paraît même avoir plus
d'inconvénients que d'avantages. Et quant au choix des données,
le critère appliqué d'abord est que les mots retenus doivent se
rencontrer 50 fois dans l'un au moins des quatre Evangiles.

(*) Au cours de l'exposé, seront fréquemment cités d'une part le
volume Pratique de l'Analyse des Données en Linguistique et
Lexicologie (cité PRAT 3), d'autre part la Revue : les
Cahiers de l'Analyse des Données (citée CAD); livre et
revue sont édités par Dunod à Paris.

Ensuite, comme l'étude était concentrée sur l'Evangile de Jean, on a ajouté des mots dont la fréquence n'était pas aussi grande, mais dont on espérait qu'ils révéleraient la structure de cet évangile, objet propre de l'étude. Il s'agissait du problème du XXIème et dernier chapitre de l'Evangile selon St Jean, chapitre qui, comme vous le savez, vient après une suite de conclusions terminant le chapitre XX qui le précède.

Je commenterai trois graphiques issus de ce tableau par l'analyse des correspondances. Ces trois graphiques sont publiés dans PRAT 3; nous n'en reproduisons ici que le dixième où l'on voit l'essentiel des résultats des trois analyses.

Le premier résulte de l'analyse du tableau restreint aux quatre colonnes relatives aux textes entiers des quatre Evangiles : ces quatre textes sont mis en rapport les uns avec les autres d'après le vocabulaire qu'ils utilisent. Sur le plan (1x2), on note d'abord suivant l'axe 1 une opposition entre Jean à droite et les trois autres Evangiles (dits synoptiques) à gauche; ceux-ci s'étageant sur l'axe 2. Quant aux mots, les plus pleins, les plus évocateurs pour l'érudit, sont probablement ceux que j'ai souliqnés: les autres mots sont des mots vides. Vous voyez que $\pi\iota\sigma\tau\epsilon\acute{\upsilon}\omega$ (croire), $'I\upsilon\upsilon\delta\alpha\widehat{\iota}\omicron\varsigma$ (juif ou Judéen), $\kappa\acute{\omicron}\sigma\mu\omicron\varsigma$ (monde), $'I\eta\sigma\upsilon\upsilon\varsigma$ (Jésus), $\pi\alpha\tau\acute{\eta}\rho$ (père) sont du côté de Jean ; $\beta\alpha\sigma\iota\lambda\epsilon\acute{\iota}\alpha$ (royaume), $\kappa\acute{\upsilon}\rho\iota\omicron\varsigma$ (seigneur), $\check{\alpha}\nu\theta\rho\omega\pi\omicron\varsigma$ (homme) du côté de Matthieu et des deux autres synoptiques. Remarquons encore $\lambda\alpha\lambda\acute{\epsilon}\omega$ (parler) qui correspond à l'hébreu DABER : דבר et qui se trouve du côté de Jean; tandis que $\lambda\acute{\epsilon}\gamma\omega$ et $\epsilon\widehat{\iota}\pi\omicron\nu$ (dire), qui correspondent à l'hébreu AMAR : אמר. sont du côté des synoptiques (i.e. St Matthieu, St Marc, St Luc), au centre. Je fais cette référence à l'hébreu pour annoncer la comparaison qui se fera tout à l'heure entre les textes grecs et hébreux de deux chapitres de l'Ancien Tes- tament. L'opposition de ces mots comme marquant des variantes du texte a d'ailleurs été affirmée au Colloque par le Professeur Loimaranta. La même analyse a été reprise en distinguant les chapitres de l'Evangile de St Jean. Le tableau de correspon- dance comprend cette fois 24 colonnes : trois colonnes pour les Evangiles synoptiques, considérés chacun dans son ensemble; et 21 colonnes pour les 21 chapitres de Jean. Si l'auteur de l'étude avait disposé de dénombrements relatifs aux chapitres des synoptiques , on aurait eu un intéressant problème de comparaison et de classification; on aurait vu, par exemple, si la classification mêlait, comme il est probable, un certain nombre de chapitres de récits ues synoptiques avec le domaine des récits de Jean. Dans une certaine mesure, il y a sur le qraphique (reproduit ici) du plan des axes 1 et 2, une réponse à la question posée : le dernier chapitre, XXI, de Jean se trouve, à l'analyse factorielle comme à la classification, bien au centre avec les récits, et peu séparé du chapitre XX. Les discours avant la Passion forment un groupe; la Prière Sacerdotale qui est également dans ce groupe, s'en détache dans une troisième dimension.

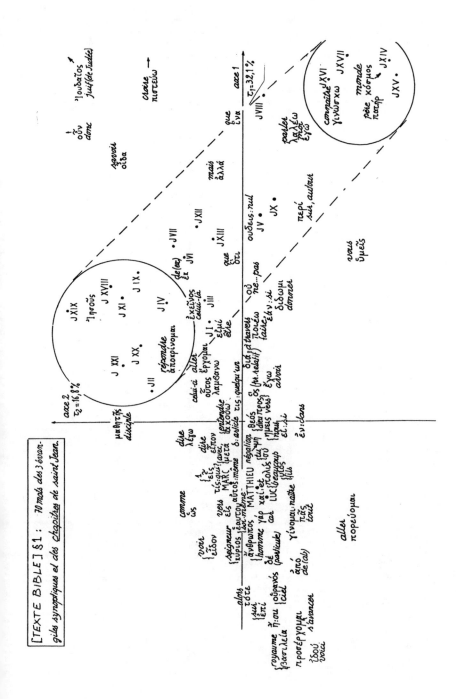

Le déploiement des chapitres de Jean au dessus de la bande du plan (1x2) où ils se projettent dans la présente analyse, apparaît dans une troisième analyse qui ne comprend, comme colonnes , que les chapitres de Jean ; le premier chapitre ayant été partagé en deux, le tableau de correspondance comprend 22 colonnes. L'opposition entre $\lambda\alpha\lambda\acute{\epsilon}\omega$ (דבר parler) et $\epsilon\hat{\iota}\pi o\nu$, $\lambda\acute{\epsilon}\gamma\omega$ (אמר dire) se trouve coïncider avec l'opposition entre discours (parler) et récit (dire), quand on est au sein de l'univers de Jean. La Prière Sacerdotale sort seule, très éloignée, naturellement associée au terme $\kappa\acute{o}\sigma\mu o\varsigma$. La première partie du chapitre I (qui a été répètons-le, opportunément partagé en deux par l'abbé Vacherot) : " $\grave{\epsilon}\nu$ $\grave{\alpha}\rho\chi\hat{\eta}$ $\hat{\eta}\nu$ $\grave{o}$ $\lambda\acute{o}\gamma o\varsigma$ ..." (Au commencement était le verbe) va du côté de la prière sacerdotale; et le récit qui constitue la deuxième partie de ce premier chapitre rejoint les autres récits.

Ces résultats donnent une idée de la typologie qu'on peut obtenir sur des chapitres d'une oeuvre ou sur des oeuvres entières d'après le vocabulaire qui y est employé. Ici, l'étude est faite sur des mots lemmatisés (i.e. des entrées de dictionnaire). On peut se demander ce qu'il en serait si on comptait des formes nous y reviendrons au § 4. J'ai laissé de côté le contenu théologique de l'interprétation.

2. Les variantes des manuscrits grecs de l'Epitre de Jacques

(d'après Ch. Amphoux in FRAT 3 pp. 285 sqq). Nous passons maintenant à un nouveau format de données, avec une étude faite en collaboration avec Mr. Amphoux ici présent : le classement de manuscrits de l'Epitre de Jacques. Nous rencontrons le problème évoqué par Mr. le Doyen R. Gryson à l'ouverture du Colloque : que faut-il entendre par la multiplicité des états d'un texte ? Faut-il comprendre que nécessairement il existe un archétype à partir duquel une action de division crée des types divergents, ou au contraire faut-il prendre les choses comme elles sont, c'est-à-dire accepter une multiplicité de types écrits, qui peut-être sont nés ensemble ?

Dans l'étude précédente, on se bornait à dénombrer des mots dans certaines oeuvres ou dans leurs chapitres. Ici, les données sont différentes. Le tableau comprend 74 lignes correspondant chacune à un manuscrit et désignées par M1, M2, M3, M4, etc et pour chaque lieu variant, un bloc de colonnes correspondant chacune à une variante attestée (tout au moins attestée avec une fréquence suffisante; les variantes rares étant groupées sous le titre : "Autres");il y a au total 101 colonnes. Par exemple, dans la première ligne, le manuscrit M1 comporte au 1er lieu la variante B, au 2ème lieu la variante B, au 3ème lieu la variante C; dans la deuxième ligne, le manuscrit M2 a la variante D au 1er lieu, la variante C au 2ème lieu, la variante A au 3ème lieu. Un tel tableau, du point de vue du format, ne diffère pas de ce qu'on obtient si l'on interroge toutes les personnes ici présentes et qu'on leur pose des questions closes.

Variantes / Manuscrits	lieu 1 : 4 variantes				lieu 2 : 5 variantes					lieu 3 : 3 var.		
	1a	1b	1c	1d	2a	2b	2c	2d	2e	3a	3b	3c
M1	0	1	0	0	0	1	0	0	0	0	0	1
M2	0	0	0	1	0	0	1	0	0	1	0	0
M3	1	0	0	0	0	0	0	0	1	0	1	0
M4	1	0	0	0	0	0	0	0	1	1	0	0

[TEXTE BIBLE] § 2 : D'après Ch. Amphoux : schéma du codage

[TEXTE BIBLE] § 2 : Épître de Jacques

axe 3

GROUPE 1 "Alexandrin"

axe 2

GROUPE 2 "Syro-byzantin"

GROUPE 3 "Occidental" (codex de Bèze)

(3.2)

axe 2

(3.1)

frontière avec 2 ; et non sous-type

axe 1

[TEXTE BIBLE] § 2. Épître de Jacques. étude du GROUPE 3

(3.3)

A la 1ère question, par exemple, il y a 4 réponses possibles étiquetées A, B, C, D; à la 2ème question, il y a 5 réponses possibles étiquetées A, B, C, D, E; etc. Dans le tableau de correspondance croisant les personnes interrogées (les lignes) et les réponses aux diverses questions, est affecté à chaque question un bloc de colonnes comportant autant de colonnes que cette question comporte de modalités de réponse. En un mot, le tableau des données de Mr. Amphoux a le format de question-naire.

La première analyse de ce tableau montre l'existence de trois groupes qui, selon les indications externes que possèdent Mr. Amphoux, se laissent étiqueter comme alexandrin, syro-byzantin, occidental, ce troisième groupe s'apparentant au courant attesté par le codex de Bèze. Après cette première analyse, on s'inter-roge sur la structure du groupe 3, groupe occidental, auquel est consacrée une analyse partielle, montrant une subdivision de ce groupe en trois classes notées 3.1, 3.2 et 3.3 : 3.1 et 3.3 correspondent à des versions distinctes; mais 3.2 est un groupe limité entre occidental et syro-byzantin. La conclusion à laquelle est parvenue Mr. Amphoux est que cette subdivision 3.2 n'existe pas en propre mais correspond à des contaminations.

Ceci pose encore une fois le problème de la structure d'un grand nombre d'états attestés d'un texte. On ne peut savoir s'il s'agit d'une divergence à partir d'un archétype unique, d'apports extérieurs qui ont diversifié un texte qui existait au départ, ou d'écritures indépendantes : e.g. d'un texte oral préexistant au texte écrit. J'ose affirmer que les méthodes taxinomiques sont relativement bien au point; les résultats qu'elles fournissent dépendent certes des informations traitées (toutefois des vérifications sont possibles quant aux données), mais la question des questions est l'interprétation. Ce qui est difficile, c'est ce qu'a fait Mr. Amphoux : étiquter e.g. les groupes selon les différences géographiques. Et derrière ces différences géographiques, il doit y en avoir d'autres plus profondes qui les expliquent.

3. Correspondance entre mots et chapitres dans.le texte hébreu
----
     du livre d'Isaïe (d'après G.E. Weil ; A. Salem; M. Serfati;
     ------------------   in PRAT 3 pp. 140 sqq).
     Avec le troisième exemple, nous abordons l'Ancien Testament. Ce travail a été fait il y a plusieurs années par notre ami le Professeur G.E. Weil que vous connaissez bien, et porte sur le texte du livre d'Isaïe divisé en chapitres. La structure des données est la même que dans le premier exemple. On a fait ici pour le texte hébreu d'Isaïe ce qui a été fait pour le texte grec de Jean : on a compté les mots les plus fréquents. Le Prof. Weil a compté 89 mots pleins (100 mots dont il a éliminé 11 noms propres). Les divisions qui résultent de l'analyse ne surprendront aucun hébraïsant connaissant le texte : il y a un groupe historique qui se rattache à la tradition du livre des

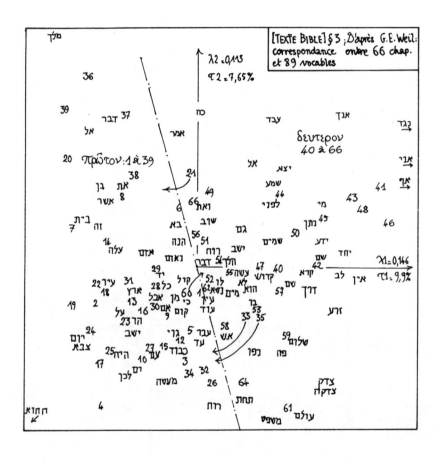

Rois; et d'autres groupes, communément appelés Deutéro Isaïe et
Proto Isaïe, séparés l'un de l'autre par une cloison un peu
oblique relativement à l'axe 2. Si l'on supprime les quelques
chapitres historiques dans le tableau de correspondance
(chapitres qui sont associés aux mots MELEH, BEN, AMAR, DABER)
la cloison qui sépare Deutero Isaïe et Proto Isaïe coïncide avec
l'un des axes factoriels.

La même analyse a été refaite en ajoutant aux chapitres, des
groupes de chapitres; on a procédé avec prudence, en s'assurant
de la stabilité. On arrive ainsi à séparer à peu près parfaitement les chapitres 1 à 39 des chapitres 40 à 66, avec
quelques écarts marqués par des flèches qui sont sensées recon-
duire les chapitres dans le demi-plan auquel ils appartiennent.
Comme je l'ai dit, cette construction sort d'une façon plus
agréable, avec la droite cloison coïncidant avec l'un des axes
factoriels si on élimine les chapitres historiques, qui sont
évidemment très à part.

On a fait également de multiples classifications sur les
chapitres et groupes de chapitres pour confirmer la stabilité
des résultats. Par exemple, dans une classification sur 13
tranches de 5 chapitres, les chapitres 1 à 35 sont groupés; la
partie finale subdivisée; avec, détachés à un niveau
hiérarchique assez élevé, les chapitres 36 à 40, c'est-à-dire
les chapitres historiques. Reste la question : sur quelle
structure sémantique, sur quelle composition de structures
repose cette partition du texte entier ?

4. Les journaux parisiens de l'été 1793

(d'après A. Salem; Laboratoire d'études des textes politiques
français; Saint-Cloud; in PART 3 pp. 183 sqq).

Comme terme de comparaison avec les résultats obtenus sur le
texte biblique, je présente maintenant des analyses provenant
d'un tout autre domaine : il s'agit de 45 textes appartenant à
3 journaux différents publiés à Paris respectivement par Hébert,
Roux et Leclerc pendant l'été brûlant de 1793. A la vérité, ces
journaux se ressemblent autant qu'il est possible de se
ressembler : ils s'adressent au même public, ils traitent des
mêmes événements et en même temps. Pourtant, des différences
nettes ressortent comme nous le verrons.

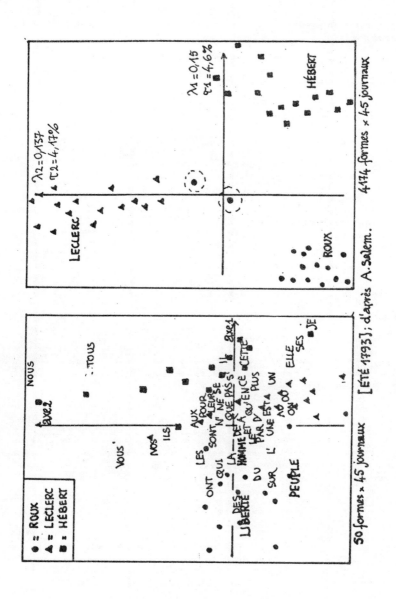

L'étude repose sur le vocabulaire, mais sans aucune élaboration préalable du texte :   on a compté les formes; en
appelant _forme_ l'intervalle compris entre deux blancs, sans
chercher à lever les ambiguïtés (e.g. entre PORTE, nom, et PORTE
du verbe PORTER).   Les textes étant saisis, on construit
automatiquement un tableau ayant 45 colonnes dont chacune
concerne un texte (journal); chaque ligne concerne un mot, le
nombre de lignes étant fixé librement selon e.g. un critère de
fréquence;on a à l'intersection de la ligne i et de la colonne j
le nombre des occurrences de la forme (mot) i dans le journal j.

Voici d'abord le plan (1,2) obtenu, si l'on se borne aux 50
formes les plus fréquentes.   Ces 50 formes sont toutes des mots
vides,excepté HOMME, LIBERTE, PEUPLE qui pourraient être pleins.
Mais l'abus qu'on en faisait ne les avait-il pas vidé de leur
contenu ?   Les journaux de Roux s'opposent à ceux d'Hébert;
ceux de Leclerc occupent une position intermédiaire.

Considérons maintenant les résultats quand on utilise le maximum d'information :   on prend toutes les formes sauf les hapax
(plus précisément les mots qui ne se rencontrent que dans un
seul journal).   Les trois auteurs sont séparés, excepté deux
journaux de Roux qui se placent au centre.

La difficulté pour interpréter une telle analyse est que les
formes (ici 4174) sont trop nombreuses pour être imprimées sur
un graphique.   Il faut choisir; choix difficile parce qu'on ne
sait pas par quoi ces formes agissent. Qu'est-ce qu'une forme
telle que _FAISONS_ ? C'est le verbe _FAIRE_;   mais c'est aussi
NOUS, indication de personne.   Utiliser _FAISONS_, c'est
s'identifier à ceux auxquels on s'adresse, ce qui peut être plus
important que d'utiliser le verbe _FAIRE_.   Un autre exemple
montrant l'intérêt de l'usage des formes brutes plutôt que de la
lemmatisation s'est rencontré dans une analyse de textes faite
par Melle A. Aït Hamlat (cf. CAD Vol. IX n°2 pp.   173 sqq;
1984) sur des comptes rendus de visite industrielle.
L'entreprise avait fait les frais d'une lemmatisation, et le
verbe _AGIR_ sortait avec une fréquence élevée. Mais ce verbe ne
figurait dans ces textes que sous la forme :   _L S'AGIT_. Il n'y
avait donc pas une miette d'actions dans l'affaire. (Ici, il
eût fallu, avec A. Salem, faire une "inventaire des segments
répétés"; cf. CAD, vol IX, 1984, n°4 pp.   489-500 et Actes du
Colloque; mais à défaut, la forme _AGIT_ est ici plus évocatrice
que le mot _AGIR_).

Ainsi, dans bien des cas, utiliser des formes (ce qui est
imprimé entre deux blancs) vaut mieux que de lemmatiser. Mais
l'idéal serait de dénombrer (outre les segments répétés) des
morphèmes : non ceux de la structure de surface, conçus comme
des segments (FAIS/ONS); mais des morphèmes trouvés au niveau
de la composition logique (verbe FAIRE + Indicatif Présent +
1ère personne du pluriel).

5. Genre et style d'auteur de la littérature chinoise du XXè S.

(d'après Peng Zheng-Ce, non publié).

Nous poursuivons notre voyage et à propos de la langue chinoise rencontrons ce problème : comment traiter une Schriftsprache. Un statisticien chinois, Mr. Peng Zheng-Ce nous a soumis de Wuhan ses recherches en analyse factorielle, puis envoyé ses données sur lesquelles des classifications ont été faites par un statisticien de Hong-Kong : Mr. Cheung Y.L.. Il s'agit de douze oeuvres dont 4 romans et 8 pièces de théâtre. (Les romans sont longs, et l'on gagnerait à utiliser comme unité textuelle, non les romans entiers, mais des parties ou chapitres ou autres divisions).

La première analyse fut faite en utilisant 380 caractères chinois, ce qui paraît hasardeux si l'on sait que les caractères sont, plutôt que des mots, des éléments constitutifs des mots, parfois porteurs d'atomes de sens mal défini. Le résultat était assez mauvais du fait de certains de ces caractères qui intervenaient dans des noms propres.
(On sait qu'il existe une très bonne définition de l'oeuvre de Corneille : un texte est de Corneille si on y emploie les mots : CHIMENE, POMPEE, CESAR etc; on pourra discriminer entre Corneille et Racine d'après la liste des personnages des pièces de ces deux auteurs, TITE et BERENICE étant seuls en commun. A quoi bon ? L'analyse discriminante devrait délimiter non l'oeuvre actuelle, écrite par l'auteur, mais son univers potentiel, fait d'idées et de style, plutôt que de noms de personnages).

Un premier nettoyage enlevant entre autres les constituants des noms propres réduit le nombre de caractères à 135. L'opposition entre le théâtre et les romans apparaît magnifiquement; mais c'est un classique du genre (qui a touché la Chine par cette analyse) : le théâtre se distingue du roman parce qu'il contient plus de dialogue et que, de ce fait, les pronoms WO (je), NI (tu) y prédominent sur le pronom TA de la 3ème personne.

On élimine donc les pronoms. Subsiste une opposition sur le 1er axe entre théâtre et roman; et cette opposition est confirmée à la classification automatique; mais maintenant, sur l'axe 2, les pièces de théâtre et le roman de l'auteur Lao She se trouvent groupés du même côté de l'origine, tout en étant séparés sur l'axe 1 et à la classification automatique (un seul roman de Lao She figure dans les données : Chameau le Bonheur ou Pousse-pousse).

哼 啊 嘿 嗎   吶 吧 呀
　　THEATRE　　　　　　　ROMAN

On fait alors une épuration encore plus radicale : on supprime tous les mots qui contribuent à faire les axes, i.e. qui ont l'influence la plus grande sur l'analyse; de façon à créer une situation a priori aussi difficile que possible, sans aucun indice net. L'interprétation de l'axe 1 subsiste pourtant; et de plus, à la classification on a, enfin, un îlot qui comprend à la fois les pièces de théâtre et le roman de Lao She, avec toutefois dans cette classe un roman d'un autre auteur, Zhaoshuli, qui dans toutes les analyses est très proche de celui de Lao She.

Reste à savoir sur quoi se fondent cette discrimination des genres et cette classification. L'embarras n'est pas si grand qu'avec les 4000 mots des journaux de la Révolution Française; mais on a 100 caractères, ce qui est beaucoup pour un barbare d'occident. On fait alors une classification automatique sur les caractères et l'on croise une partition des caractères en 10 classes avec les 12 oeuvres. Au lieu de dire : dans cette oeuvre il y a tant de fois ce caractère, on dit ici dans cette oeuvre il y a tant d'occurrences de caractères de cette classe. La classification sur les oeuvres s'interprète dès lors à l'aide des classes de caractères : dans les oeuvres de telle classe prédominent telles classes de caractères. On trouve que l'opposition entre théâtre et roman est fondée sur deux groupes de caractères dans chacun desquels la majorité des caractères ont la clé de la parole (interjections, etc). Les caractères de l'un des groupes prédominent dans le théâtre; ceux de l'autre groupe dans le roman.

Mais la conclusion la plus importante de cette coopération avec la Chine est qu'il semble possible de passer au travers de la différence entre genres pour découvrir les auteurs, reconnaître qu'une pièce et un roman ont même auteur. C'est un problème très difficile qu'on doit aborder en étudiant des situations pour lesquelles on a des référents extérieurs certains . Il est vrai qu'un tel programme ne pique pas la curiosité. Personne ne se soucie de reconnaître que l'auteur des pièces de Voltaire, des lettres de Voltaire, de la Henriade et du Dictionnaire Philosophique est le même homme : tout le monde le sait. Mais c'est seulement par l'analyse d'un corpus gigantesque renfermant avec les oeuvres de Voltaire celles de plusieurs contemporains de Voltaire, qu'on arrivera à savoir comment un seul et même auteur qui écrit sur divers sujets en divers genres, garde des traits distinctifs qui lui sont propres (comme en parlant on garde la même voix, quoi qu'on dise).

6. Parties du discours en allemand, en français et en grec

(d'après J.M.   Zemb, in PRAT 3 pp.   227 sqq; et Ch.   Rütten à paraître).

Avant de repartir pour le Moyen-Orient, terre de la Bible, faisons une escale en Europe. Il y a 15 ou 20 ans, mon ami J.M. Zemb, actuellement professeur dans une université parisienne, m'a communiqué des décomptes de parties du discours (noms, verbes,etc) faits avec ses étudiants alors qu'il était assistant à l'Université de Hambourg. Ces décomptes portent sur 12 auteurs allemands et 14 auteurs français avec pour chacun une grande longueur de texte (quelque 10.000 mots). Il aurait été préférable de faire pour chaque auteur des dénombrements en plusieurs tranches, mais tout avait été fondu et nous avons dû prendre les données telles quelles. Le tableau analysé comporte en lignes les auteurs français et allemands; et en colonnes les parties du discours : verbes, adjectifs, etc. Il en est résulté un premier facteur opposant le groupe nominal associé à une majorité d'auteurs allemands, au groupe verbal associé aux auteurs français (i.e. noms, adjectifs, articles d'un côté, verbes et adverbes de l'autre); et un second facteur opposant les éléments non suppressibles (verbes, noms) aux éléments sup-pressibles (adjectifs, adverbes) :quand on dit CHAPEAU ROUGE ou COURIR VITE on peut dire CHAPEAU ou COURIR ; voilà en quoi adjectifs et adverbes s'opposent à noms et verbes comme "sup-pressibles" à "non suppressibles".

Ces oppositions trouvées par J.M. Zemb semblent devoir être universelles. Pourtant, à partir de dénombrements des parties du discours des chapitres d'Aristote, le Professeur Rütten de Liège a obtenu un résultat différent. A une extrémité du premier axe : subordonnant, verbe et adverbe suivis d'adjectif; à l'autre extrémité : préposition, article et nom. L'adjectif n'est pas associé au groupe nominal. C'est que souvent chez Aristote, l'adjectif ne qualifie pas un nom mais une proposition entière comme dans : "cela est possible" ou "cela est impossible", etc... et il y a beaucoup de phrases nominales;il y en a tant que Boèce se vante dans son commentaire d'avoir corrigé Aristote qui prend un malin plaisir à changer les noms en verbes et les verbes en noms (**si quid suo more Aristoteles nominum verborumque mutatione turbavit, nos intelligentiae servientes ad consuetum vocabulum reducamus (PL LXIV col   793))**.

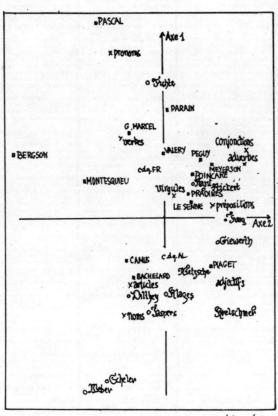

[TEXTE BIBLE] §6 : Auteurs et parties du discours (d'après J.M. Zemb).

7. Dénombrement automatique des mots arabes par classes morpho-
----
sémantiques (d'après A. Abi Farah, Thèse, Paris 1985).

La langue arabe est comme l'hébreu une langue sémitique. La
grande différence entre l'hébreu biblique et l'arabe classique
est qu'on a dans cette dernière langue une littérature infinie,
tandis que la Bible est un corpus clos dont il n'est guère possible de corroborer l'étude par celle de textes contemporains
écrits dans la même langue. C'est pourquoi quelque grand que
soit l'intérêt des procédures d'analyse automatique de l'hébreu,
il est bien clair que le texte mérite qu'on l'analyse complètement sans le secours de l'ordinateur, ce qui d'ailleurs a,
dans une large mesure, été fait.

Pour comprendre la difficulté et l'intérêt du travail de
Mr. A.A.F., il faut avoir présentes à l'esprit quelques particularités de la langue arabe, que nous rappellerons au risque de
lasser la patience des orientalistes ! D'une part, les
barrières entre mots ne se voient pas : à l'intérieur d'un mot,
il peut y avoir un blanc (car certaines lettres ne se lient
jamais à celles qui le suivent); et au contraire, deux mots
différents peuvent être écrits si proches l'un de l'autre que
l'oeil ne les sépare pas. D'autre part en arabe comme en
hébreu, il est de règle de n'écrire ou de n'imprimer que les
consonnes et certaines voyelles longues (matres lectionis), en
sorte que le même mot graphique MLKT où l'on reconnaît la base
verbale MLK (posséder) peut, selon la vocalisation qu'on lui
attribue parmi huit possibles, d'après le contexte, être à
l'actif ou au passif et se rapporter à l'une ou l'autre de
quatre personnes du singulier (1ère; 2ème du masc. ou du fém.;
3ème du féminin). De 8 ce nombre doit même être porté à 16 car
le verbe admet une forme factitive (rendre possesseur) carac-
térisée par le redoublement de la deuxième consonne radicale,
redoublement dont le signe graphique est généralement omis à
l'égal des voyelles. Certes, il existe une "scriptio plena"
donnant toute précision au lecteur et quasi obligatoire dans la
Bible hébraïque; et aussi dans le Coran. Mais un texte usuel
comporte au plus quelques voyelles destinées à lever les
ambiguïtés sur lesquelles peut trébucher un lecteur même
compétent.

Partir d'un texte arabe saisi tel qu'il est imprimé, puis en
restaurer par un programme de traitement linguistique automatique d'abord la segmentation en des mots, puis la vocalisation,
c'est en 1985 une tâche qu'on ne sait même pas aborder. Ceci
implique qu'une préédition est indispensable avant de traiter un
texte arabe sur ordinateur. Le moins qu'on puisse faire est de
saisir le texte avec séparateurs, voyelles et lettres
redoublées; ce qui équivaut à créer un enregistrement isomorphe
non à la graphie arabe usuelle, mais à celle des orientalistes :
MALAKTU (j'ai possédé); MULLIKAT (elle a été rendue possesseur)
etc. Transcription aisée s'il s'agit d'un texte moderne, mais

épineuse avec un manuscrit ancien. On voit que le codage informatique des écritures non latines (présenté à Louvain-la-Neuve par J. Longton) et particulièrement de l'arabe (thème de P. Branca à Nice) est affaire de linguistique autant et plus que de techniques des écrans et claviers.

Puisque la préédition confine à une préanalyse, on peut pousser celle-ci un peu au-delà d'une simple scriptio plena : ainsi Mr. Abi Farah sépare des formes verbales leurs désinences personnelles (que la grammaire arabe appelle traditionnellement "pronoms"; les regardant comme un sujet accolé à la base).

Pour aller au-delà, A.A.F. a établi une première liste de 80 catégories morphosémantiques, fondée sur une répartition des mots en classes qui, dans ses grandes lignes, est issue de la tradition grammaticale si riche de la langue arabe. Nous nous bornons à citer : formes des verbes, modèles des noms d'agents, des noms d'actions, diminutifs, mots d'exception (sauf ...), réponses, verbes copules logiques (qu'on appelle poétiquement "être et ses soeurs"). Il a eu l'imprudence d'ajouter la notion si difficile à cerner de "sens propre" et de "sens figuré".

Un premier essai d'indexation de textes par une dizaine de lecteurs humains a abouti, après analyse factorielle, a une typologie où les différences entre experts analystes interféraient avec celles entre auteurs des textes saisis. Mr A.A.F. a donc eu l'audace de revoir sa liste de catégories et de créer un programme qui ventile automatiquement suivant ces catégories tous les mots d'un texte saisi comme nous l'avons expliqué. Cette analyse automatique n'est pas pleinement correcte : il y a 20% d'erreur, ce qui est beaucoup. Mais l'essentiel est que l'algorithme répond de manière uniforme à un texte quel qu'il soit, et l'analyse qui en résulte peut servir de base à une typologie objective des textes; typologie pertinente dans la mesure où l'algorithme, même s'il n'a pas tout saisi, a recueilli de nombreuses informations. L'analyse morphologique est un réactif chimique en quelque sorte : on y plonge le texte et on regarde la couleur qui en résulte. Et cette coloration est satisfaisante : si on analyse le tableau croisant un ensemble de textes indexés avec l'ensemble des catégories retenues, (analyse tout analogue aux travaux de Mr. J.M. Zemb et de Mr. Ch. Rütten, mais avec une grille descriptive plus finie), on trouve bien groupés les textes ou fragments afférents à un même auteur; avec au sein des oeuvres une typologie dont l'étude mérite d'être poursuivie.

8. Distribution des noms dans les sourates du Coran.

(d'après I. Kharchaf; documents en langue arabe publiés par Dāruᵓn naŝriᵓl maḡribriyü, Casablanca; et thèse en préparation).

Nous rendons compte brièvement de cette étude, parce que d'une part elle offre à la critique textuelle un intéressant terme de comparaison et que, d'autre part, elle corrobore les belles recherches dont Mme R. Gabr a rendu compte à Nice.

Au non spécialiste il suffira de dire que le Coran est divisé en 114 chapitres de très inégale longueur appelés en arabe sura: on dit, en français, "une sourate". En conformité avec l'histoire de la prédication de Muhammad, le texte du Coran comprend une partie mecquoise et une partie médinoise : il y a des sourates de La Mecque, des sourates de Médine (et quelques sourates dont des versets sont rapportés aux deux villes). La différence est, en bref, qu'à La Mecque on a la proclamation, face à un public hostile, d'un enseignement sur les origines et les fins dernières dont beaucoup d'éléments ne diffèrent pas de l'enseignement de la Bible, tandis qu'à Médine, après la hijra, point de départ du calendrier islamique, c'est la fondation d'une communauté nouvelle, avec ses lois.

En analysant le tableau 155 x 114 (croisant avec les 114 sourates l'ensemble des 155 noms les plus fréquents), I. Kharchaf obtient un premier axe sur lequel sourates de La Mecque et sourates de Médine s'opposent; chaque groupe étant associé à son vocabulaire caractéristique.

Qui étudie le texte de la Bible s'intéressera particulièrement à la place de deux noms qui servent à désigner Dieu : RABB (Seigneur) et ALLAH. Le premier est associé aux sourates de La Mecque (enseignement général sur Dieu comme créateur, sur les patriarches et les prophètes ...); le second, ALLAH, va dans les sourates de Médine (prescriptions religieuses). Voilà avec un texte propre à un milieu religieux sémitique l'usage simultané de deux noms pour Dieu, attirés comme le sont YAHWEH et ELOIM dans le Pentateuque, par des contextes différents. Et cela alors que l'histoire assez bien connue du texte du Coran ne permet pas, comme on l'a fait pour le Pentateuque de postuler l'assemblage de fragments longtemps après leur composition.

Nous signalerons encore que ᵓINSĀN (homme; de l'espèce humaine sans distinction de sexe) est du côté des sourates de la Mecque. Alors que les noms qui servent à distinguer homme de femme (tels que RIJĀL et NISAᵓ ou DAKAR et ᵓUNṮA , noms de faible fréquence et que, donc, I. Kharchaf n'a pas retenus) sont, ainsi que l'a montré Mme R. Gabr, du côté de Médine : ce que laissait entendre la brève explication donnée ci-dessus du partage du texte.

9. Distribution des vocables dans le texte hébraïque et dans
la traduction des Septante (analyses de Ch. Arbache).

Je me suis demandé si les analyses faites par le Prof. G.E.
Weil sur le texte hébreu d'Isaïe passeraient au travers du
filtre de la traduction.

Posons le problème en toute généralité. On traduit un texte.
On a fait dans la langue d'origine un tableau croisant chapitres
et mots fréquents; et l'on fait un second tableau croisant les
chapitres traduits et les mots de la traduction. L'analyse
produira-t-elle une même typologie des chapitres d'après l'un et
l'autre tableau ? Si tel est le cas, on pourra supposer ou bien
que la typologie des chapitres d'origine est fondée sur le
contenu plutôt que sur le style (ou d'éventuelles différences
d'auteurs); ou bien que le traducteur varie son style en
parfaite harmonie avec l'original; à moins que la traduction ne
soit tout simplement un calque mot pour mot !

Bien que la question se pose particulièrement à propos des
traductions de la Bible en langue moderne (traductions dont le
style est généralement l'objet d'une attention particulière)
elle nous intéresse encore plus pour les textes anciens dans la
mesure où l'on a pu supposer que le texte hébreu que nous
possédons serait une mise à jour d'un texte antérieur, selon un
processus peut-être analogue à celui de la traduction des
Septante dont je parlerai maintenant.

J'ai appris au Colloque que le prof. E. Tov et ses collaborateurs avaient achevé cette oeuvre admirable d'un alignement du
texte massorétique entier de la Bible hébraïque avec la version
des Septante. Si j'ose encore rendre compte d'une expérience
qui n'a porté que sur deux chapitres, c'est seulement parce que
l'analyse des données me paraît ouvrir la voie à des essais en
grande échelle d'alignement automatique.

Les chapitres analysés ont été d'abord 2 ROIS V 1-19 (guéri-
son de Naaman par Elisée) puis Josué I (préparation à l'entrée
en Terre Promise). J'ai pris les textes dans le tome II de la
Polyglotte de Vigouroux, et indicé le vocabulaire d'après le
dictionnaire grec de Bailly et The Analytical Hebrew and Chaldee
Lexicon de Davidson (éd. Bagster & sons); auquel je me suis
fié absolument pour rattacher les formes à leur lemme.

Après ce que je vous en ai dit, je dois justifier ici le
recours à une lemmatisation. Le grec et l'hébreu diffèrent
quant à la structure; bien plus, les différences de structure
sont accentuées par des conceptions très différentes de
l'écriture et surtout du découpage de la chaîne parlée en mots.
L'écriture sémitique est agglutinante, liant à un nom
préposition, article, pronom, suffixe d'appartenance ... et de
même pour le verbe.

[TEXTE BIBLE] § 9

(Texte hébreu)

ויהי אחרי מות משה עבד יהוה ויאמר יהוה
אל יהושע בן נון משרת משה לאמר׃ משה
עבדי מת ועתה קום עבר את הירדן הזה אתה
וכל העם הזה אל הארץ אשר אנכי נתן להם
לבני ישראל׃

...

אלה הדברים אשר דבר משה...

אלה שמות בני ישראל...

JOSUE I 1,2.

I Καὶ ἐγένετο μετὰ τὴν τελευτὴν Μωυσῆ
εἶπε κύριος τῷ Ἰησοῖ υἱῷ Ναυῆ τῷ ὑπουργῷ
Μωυσῆ, λέγων· Μωυσῆς ὁ θεράπων μου
τετελεύτηκε· νῦν οὖν ἀναστὰς διάβηθι τὸν
Ἰορδάνην σὺ καὶ πᾶς ὁ λαὸς οὗτος εἰς τὴν
γῆν, ἥν ἐγὼ δίδωμι αὐτοῖς

I 7... Μωϋσῆς, ὁ παῖς μου...
I 11... κατὰ μέσον τῆς παρεμβολῆς τοῦ λαοῦ...

II REGUM V 14,15

... Καὶ κατέβη Ναιμὰν
καὶ ἐβαπτίσατο ἐν τῷ Ἰορδάνῃ ἑπτάκις
κατὰ τὸ ῥῆμα Ἐλισαιέ, καὶ ἐπέστρεψεν
ἡ σὰρξ αὐτοῦ ὡς σὰρξ παιδαρίου μικροῦ
καὶ ἐκαθαρίσθη.

Καὶ ἐπέστρεψε πρὸς Ἐλισαιὲ αὐτὸς καὶ
πᾶσα ἡ παρεμβολὴ αὐτοῦ, καὶ ἦλθε,
καὶ ἔστη ἐνώπιον αὐτοῦ καὶ εἶπεν· ἰδοὺ
ἔγνωκα ὅτι οὐκ ἔστι θεὸς ἐν πάσῃ τῇ γῇ,
ὅτι ἀλλ᾽ ἤ ἐν τῷ Ἰσραήλ· καὶ νῦν λάβε
τὴν εὐλογίαν παρὰ τοῦ δούλου σου.

IV 43 καὶ εἶπεν ὁ λειτουργὸς αὐτοῦ· ...

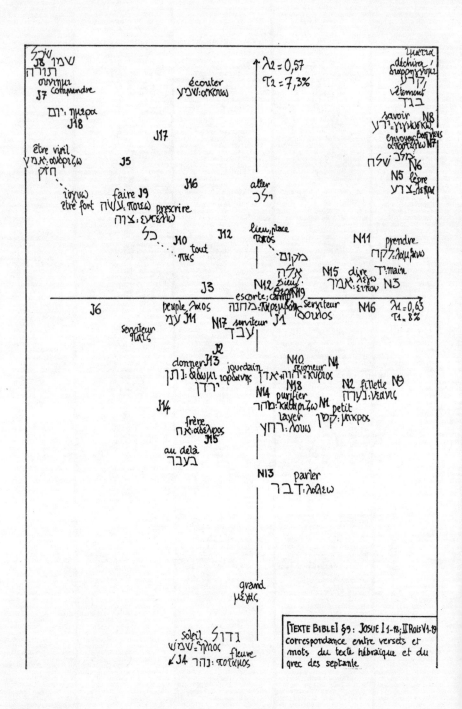

Pour accéder à une correspondance biunivoque entre unités du texte et unités de la traduction, il aurait fallu aux deux langues des découpages fondés sur un même principe : une telle réforme linguistique était certes au-dessus de nos forces !

Les données que j'ai recueillies se prêtent à de multiples traitements statistiques. Je me bornerai à rendre compte d'une analyse due à Mr. Ch. Arbache (qu'on ne confondra pas avec son cousin, le bibliste S. Arbache, présent au Colloque).

Précisons les critères adoptés pour coder les textes. On a retenu les mots pleins grecs ou hébreux (noms ou verbes quasi exclusivement) qui se rencontraient au moins dans deux versets différents parmi les 37 considérés ici (de JOSUE ou de 2 ROIS). On a construit un tableau croisant l'ensemble des versets avec l'ensemble des mots; avec e.g. à l'intersection de la ligne $\underline{m}$ et de la colonne $\underline{v}$ le nombre de fois que le mot $\underline{m}$ se rencontre dans le verset $\underline{v}$. Par exemple k (POTA, J,4) = 2, parce que le mot ποταμός se trouve 2 fois dans le verset JOS I4 du texte des Septante; et de même k (NHR, J4) = 2, parce que נהר est deux fois employé dans le texte hébraïque du même verset. On peut dire que j'ai considéré chaque verset comme composé d'un texte hébreu et d'un texte grec mis bout à bout; et procédé sur cet objet hybride aux mêmes décomptes que ceux faits dans les § précédents pour des unités textuelles plus longues (chap.) écrites en une seule langue.

Le tableau ainsi construit croise 37 versets et 133 mots (hébreux ou grecs); parmi ceux-ci, j'ai constaté qu'environ 100 allaient par paires formées chacune d'un mot hébreu et de sa traduction grecque ; tel fleuve = נהר = ποταμός ; avec pour les deux mots des distributions soit identiques, soit peu modifiées. C'est pouquoi la classification automatique des mots a fait précisément apparaître ces paires au niveau inférieur de la hiérarchie, réalisant ainsi, en partie, ce que le prof. E.Tov appellerait un alignement automatique du texte et de sa traduction.

Avant d'exposer les résultats de l'analyse factorielle, il vaut la peine de s'arrêter à quelques détails des concordances et des discordances. On a : parler = דבר = λαλέω ; parole = דבר = ῥῆμα ; et dire (verbe transitif à la différence de parler) = אמר = λέγω , εἶπον ; ... Le mot grec κύριος, seigneur, correspondant au nom hébreu אדן et aussi au tétra-gramme divin יהוה : ce qui suggère que les Septante lisaient déjà אדני (adonaï) comme on l'a fait dans la suite : c'est pourquoi dans les relevés, on s'est fondé sur cette lecture.

Comme on peut le vérifier sur les quelques fragments de textes joints à mon exposé, là où le texte hébreu de JOSUE dit "Moïse l'esclave de Dieu", "l'esclave de Dieu" a disparu du texte grec. De même dans 2 ROIS "l'homme de Dieu" איש האלהים est plusieurs fois traduit Elisée 'Ελισαιέ . Pourtant la traduction littérale ὁ ἄνθρωπος τοῦ θεοῦ se trouve dans 2 ROIS IV.

Le mot hébreu עבד serviteur (ou esclave) est traduit δοῦλος dans 2 ROIS V et παῖς dans JOSUE I. Au contraire, l'hébreu מחנה est traduit par παρεμβολή dans les deux textes, bien qu'en JOSUE I il désigne l'armée du peuple hébreu et en 2 ROIS V, la suite de Naaman.

Il est remarquable que dans deux versets consécutifs de 2 ROIS V וישב soit traduit par le même ἐπεστρέψεν ; bien qu'entre les deux la différence de sens soit celle qu'il y a en français entre "redevenir" (la chair du lépreux redevient saine) et "revenir" (Naaman revient vers le prophète qui l'a guéri).

Somme toute, la traduction des Septante apparaît assez littérale pour qu'on reconstruise d'après elle un "urtext" hébraïque ainsi que l'a accompli le prof. E. Tov. Les différences avec le texte massorétique impliquent soit l'existence d'un autre état du texte hébreu chez les Septante; soit comme on l'a parfois conjecturé dans le passé, un parti pris de dissimulation ("Sententias dogmatum septuaginta interpretes ne arcana fidei regi revelarent, interdum occultaverunt" dit en substance Saint Jérôme, cité d'après R. Cornely, Cursus Sanctae Scripturae T I p 34 Lethielleux 1925). D'autre part l'utilisateur de traductions différentes pour un même mot (cf. supra παῖς et δοῦλος) suggère une analyse statistique ultérieure destinée à classer les livres ou parties de livres d'après leur mode de traduction : autre problème familier (dont les données consistent d'ailleurs plutôt en mots outils — את traduit par συν ! — qu'en mots pleins).

Il est temps de revenir au graphique issu de l'analyse factorielle . Celui-ci nous réserve une agréable surprise (confirmée par la CAH); dans le plan (1,2), non seulement beaucoup de mots écrits sur le graphique dans la mesure de la place disponible vont , ainsi qu'on l'attendait, par paires le grec se superposant à l'hébreu, ou s'en écartant peu mais les versets dans deux textes se séparent : on a dans le demi-plan de gauche (F1 < 0) les versets de JOSUE I (notés J suivi d'un chiffre) et ceux de 2 ROIS (notés N, comme Naaman, suivi d'un chiffre) à droite (F1 > 0). Seuls font exception J1 et N17.
Discrimination d'autant plus remarquable qu'ont été écartés les noms propres qui l'auraient facilitée (Josué, Naaman).

Au lecteur attentif et averti je dois encore une précision qui m'a été demandée à Louvain-la-Neuve après l'exposé. Des taux aussi faibles que ceux de 8 % et 7,3 % inscrits sur les axes ne sont-ils pas suspects ? Je répondrai d'abord en des termes accessibles à tous : une discrimination quasi parfaite entre les versets des deux chapitres ne peut être fortuite, elle valide donc le facteur 1. En termes plus techniques, j'ajouterai qu'il est certain que deux versets, unités textuelles courtes, ne peuvent que différer grandement quant au profil lexical, à moins de se répéter. Rendre compte de toutes ces différences requiert l'ensemble des 36 facteurs que produit l'analyse et ne peut s'achever même à 60 % dans le plan (1,2). Le 1er axe toutefois a l'intérêt de révéler une structure générale (JOSUE I   2 ROIS V), tandis que dès le 2ème axe apparaissent des effets locaux (e.g. groupes de versets N5, N6, N7, N8, i.e.   2 ROIS V 5 - 8 dans le quadrant : F1 > Ø, F2 > Ø).

10. Analyse de la Table Pastorale de la Bible

(d'après I. Kharchaf, thèse à paraître).

La Table est issue de l'Abbaye de Maredsous à laquelle appartient l'éminent organisateur du présent colloque. Nous rappellerons qu'on y trouve dans l'ordre alphabétique, de Aaron à Zacharie, une présentation méthodique des mots, des idées, des sujets et des noms principaux du Livre Saint avec des références par livres et versets. Voici par exemple ce qu'on lit sous le mot Abaissement :

Jud VI - 19 : prends en pitié l'abaissement de notre nation
Pr XXIX - 23 : l'orgueil d'un homme le mène à l'abaissement
Sir II - 4 : dans l'abaissement aie patience
    VII - 19 : humilie profondément ton esprit
    XX - 11 : tel relèvera la tête après son abaissement ...

A partir de ces données, I. Kharchaf a construit un tableau de correspondance croisant avec l'ensemble des livres de la Bible les 520 mots ou locutions faisant l'objet du plus grand nombre de références. A l'intersection de la ligne m et de la colonne l, on a le nombre des références au livre l trouvées sous le mot m. Ce tableau a été soumis à l'analyse factorielle et à la classification automatique. Nous nous bornons ici à présenter brièvement la classification obtenue sur l'ensemble des livres.

D'abord une particularité : le 1er livre des Maccabées et celui d'Esther se séparent de tout le reste de la Bible. C'est que dans la Table Pastorale, on a multiplié les références à certains personnages qui n'apparaissent que dans l'un ou l'autre de ces livres.

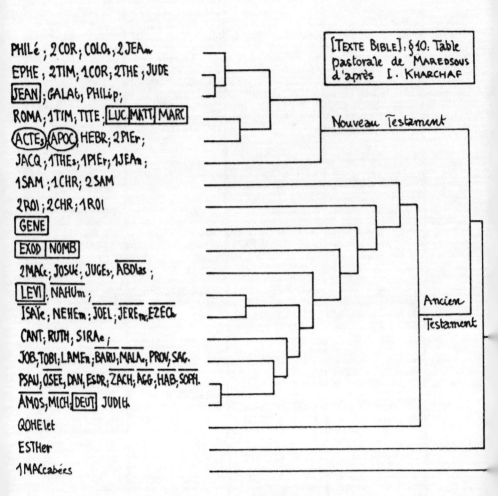

Ensuite, le Nouveau et l'Ancien Testament sont parfaitement séparés : on ne s'en étonnera pas non plus car chacun des mots Apostolat, Evangile, Foi, Jésus-Christ ... renvoie à la quasi-totalité des livres du N.T. C'est sur le détail des subdivisions des deux parties de la Bible que nous appellerons l'attention des exégètes. Pourquoi, tandis que les Evangiles synoptiques (Luc, Matthieu, Marc) vont avec trois épitres de St Paul (Romains, 1ère à Timothée, Tite), l'Evangile selon Saint Jean va-t-il avec deux autres épitres (Galates et Philippiens)? Et dans l'A.T., comment expliquer la place du Deutéronome (dont le sigle DEUT est encadré comme ceux des autres livres du Penta-teuque et des Evangiles) à proximité de nombreux livres prophé-tiques (dont les sigles sont surlignés) ainsi que de Judith, de Daniel, d'Esdras et du Psautier ?

L'analyse des données peut expliquer comment ont été agrégés les classes de la CAH : il suffit en bref de croiser une par-tition des livres avec une partition des mots pour savoir (par des calculs précis) entre quelles classes de livres et quelles classes de mots les références de la Table Pastorale ont établi les liens les plus étroits qui sont aussi la cause de la cohésion de ces classes.

Mais au fond, les références elles-mêmes résultent d'un choix plus ou moins conscient de ceux qui ont conçu la Table Pastorale. Certes au niveau de chaque livre et de chaque mot les exégètes ont, pas à pas, relevé ce qui leur semblait significatif. Mais le résultat, considéré dans son ensemble a une structure que révèle l'analyse des données. En résulte une vision du contenu de la Bible. Par delà les erreurs de pondération (telles que celles qui ont donné au livre d'Esther un caractère unique qu'il n'a sans doute pas dans l'esprit des auteurs de la Table) n'est-ce pas la conception du message biblique sous-jacente à toute l'entreprise que nous découvrons ? Les exégètes peuvent maintenant regarder leur propre oeuvre et faire un examen de conscience ...

11. Prosopographie des personnages de feuilleton

(d'après H. Castro, PRAT 3 pp. 261 sqq).

Par les yeux des collaborateurs au Petit Journal portons main-tenant sur l'humanité un regard profane. Le Petit Journal est le premier quotidien français qui ait atteint le tirage d'un million d'exemplaires : dès 1863, il est diffusé dans tout le pays, grâce à un réseau de distribution sans rival à l'époque. Mais, ébranlé par la première guerre mondiale, le Petit Journal disparut dans la seconde, et n'est pas revenu depuis. A ses lecteurs, le P.J. offrait des nouvelles fraîches et surtout des faits divers et des feuilletons.

Bien que le mot de feuilleton évoque une histoire centrée sur un héros aux multiples aventures, on trouve plutôt dans le P.J. des enchevêtrements de péripéties requérant une multitude de personnages. Certains ne font que traverser la scène; mais il y en a dans chaque feuilleton cinq ou dix dont le rôle est essentiel. Des 31 feuilletons publiés de 1890 à 1894, on a extrait les signalements de 214 personnages : âge, sexe, traits physiques et moraux, comme si le romancier répondait aux questions de l'analyste (ou parfois, comme il arrive dans toute enquête !, refusait de répondre ...).

Filles ou garçons, hommes ou femmes, quel âge ont-ils quand ils sont présentés au public ? Mis à part quelques enfants, les filles commencent d'exister à 15 ans, les garçons à 20. Après 25 ans on accepte encore bon nombre d'hommes, mais peu de femmes ...

A l'analyse factorielle, le premier axe montre une échelle de valeur morale illustrée de traits physiques dont on découvre ou vérifie le sens symbolique. Et d'abord l'âge : avant 25 ans, après 60 ans, l'on est bon, honnête ...; l'âge ingrat dure ici de 25 à 60 ans; avec entre 40 et 50 ans le paroxisme des troubles. Pourquoi est-il acceptable (F1 faiblement positif) d'avoir les yeux Noirs; mais non d'être Brun (F1<0) ? Il est rassurant que la beauté du visage aille avec celle de l'âme; que le Charme ne soit point à craindre. Pour conclure, la Femme est préférée à l'Homme. Tel est l'univers du feuilleton.

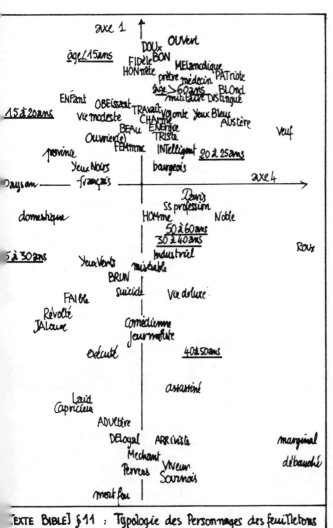

[TEXTE BIBLE] §11 : Typologie des Personnages des feuilletons

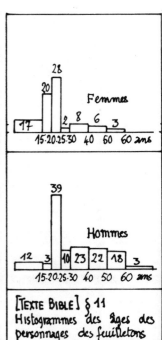

[TEXTE BIBLE] §11
Histogrammes des âges des personnages des feuilletons

Qu'en est-il dans l'Evangile ? Les peintres peuvent à leur goût donner couleur aux cheveux et aux yeux : ni Jean ni les synoptiques ne les contrediront. Mais des foules de la Galilée et de la Judée se détachent des figures qui ont âge, sexe, profession, taille parfois ... et dont l'âme nous est rendue proche avec une sobriété de style inimitable. Il vaut la peine de recenser ces personnages, de noter tout ce qui en est dit, de les reconnaître s'ils reviennent ... N'est-ce pas de l'évangile que Jules Romains a pris le titre du long roman de sa génération : "Les hommes de bonne volonté"?

12. Sémitologie (d'après PRAT 3)

Avant de conclure, je soumettrai aux participants à ce colloque, sémitologues pour la plupart, les résultats de deux analyses; dont la première concerne les similitudes de vocabulaire entre langues chamito-sémitiques et la seconde l'harmonie des phonèmes au sein des racines hébraïques.

Dans son "Essai comparatif sur le vocabulaire et la phonétique du chamito-sémitique", Marcel Cohen donne, rangée dans un ordre phonétique, une liste de racines attestées chacune dans deux au moins des quatre domaines suivants : sémitique, couchitique, berbère, égyptien ancien (et copte), avec pour ces racines des mots qui éventuellement s'y rattachent dans une trentaine de langues de ces domaines, ainsi que parfois en haoussa. Les racines sont numérotées de 1 à 510 (à quelques suppressions ou additions près, dans l'état définitif de la liste).
Voici un exemple :
    381 bis. SEM.h.pōl, ar.fūl "fève"
    BERB. baw, ibiw "fève" (sans l; rapport avec le latin faba ?)
    COUCH. ag. bil. bal-danqua "haricot" (sans w);
On déchiffre sans peine les initiales h. = hébreux, ar. = arabe; dans le BERBère ne sont pas distingués les langues particulières (dont les plus étudiées par M. Cohen sont le touareg et, au Maroc, la langue du Sous (Agadir) et des Bni snous); pour le COUCHitique (dont l'aire géographique déborde peu les frontières de l'Ethiopie) on trouve la mention agaw avec spécification d'un dialecte "bilin".

Il est naturel de regarder ces données comme la matière d'un tableau rectangulaire 510 × 30 (510 mots ou racines × 30 langues ou dialectes) avec à l'intersection de la ligne m et de la colonne l le chiffre 1 si le mot m est attesté dans la langue l; zéro sinon. La difficulté est d'une part d'arrêter une liste des langues suffisamment représentées; d'autre part, d'interpréter des mentions générales "SEM" ou "BERB" censées valoir pour plusieurs langues.

Sans préciser nos tâtonnements (dont le détail est dans PRAT 3 pp. 303 - 333) nous donnerons la classification issue du tableau auquel nous nous sommes arrêté (p. 321). L'ensemble des langues et dialectes se divise en deux : d'une part le semito-berbère, d'autre part le couchitique. Le couchitique se subdivise en deux : les dialectes agaw s'opposant au reste, auquel s'associe le haoussa. Dans le sémito-berbère, on a d'une part les langues et dialectes proprement berbères; et d'autre part, sous le nom de sémitique, outre les langues antiques ou modernes du Proche Orient asiatique (akkadien, arabe, araméen, hébreu ...) les langues sémitiques de l'Ethiopie (guèze, amharique, ...) et l'égyptien ancien (que la géographie rapprocherait plutôt du domaine berbéro-lybique ...). Bref, la conclusion tient en un mot : "couchito-sémitique", à substituer à un autre : "chamito- sémitique".

Quant à leur structure phonétique, les racines sémitiques ont fait l'objet de maintes spéculations. Les entretiens qu'a permis ce colloque ont renouvelé mes connaissances sur ce thème : mon ami le Prof. G.E. Weil m'a offert un essai intitulé "Trilittéralité fonctionnelle ou bilittéralité fondamentale des racines verbales hébraïques (in Revue d'Histoire et de Philo-sophie Religieuse; n°3-4; 1979); et le prof. Weiszmann * de Londres m'a exposé brièvement les conclusions de certaines analyses multidimentionnelles qu'il a faites.

On part de tableaux tels que les suivants (cf. PRAT 3 p. 38) : k (i,i') = nombre des racines dont la 1ère consonne est i et la 2ème est i'.
I.M. Kamal (actuellement professeur de statistique au Caire) a fait dans sa thèse (Paris 1974) une analyse exhaustive des données de l'arabe. J'ai à la même époque, compilé un tableau des racines hébraïques d'après le Hebrew-English lexicon publié à Londres par Samuel Bagster and Sons.

Une première question est de délimiter ce qu'on entend par racine attestée dans une langue, voire d'accorder aux racines des poids inégaux. J'ai choisi (non sans faire quelques essais) d'accepter tout ce qu'offrait le lexique; G.E. Weil s'est basé sur les 1339 racines trilittères produisant dans l'hébreu biblique des formes verbales.

L'essentiel de mes conclusions (que le graphique plan issu de
l 'analyse factorielle permet de nuancer opportunément :
cf. PRAT 3 p. 39) tient dans les petits tableaux suivants
(ibid p. 40) :

$\,^2_1$	G	D	L	S
G	66	190	182	191
D	164	48	194	133
L	70	87	33	68
S	148	114	85	30

$\,^2_1$	G	D	L	S
G	0,42	1,24	1,09	1,30
D	1,24	0,37	1,32	1,06
L	1,09	1,38	0,47	1,13
S	1,58	1,25	0,82	0,34

on a noté :

Dentales   = D = (d,z, ,s, ,s',t);

Gutturales = G = (',g,h, ,k, ,q);

Labiales   = L = b, ,m,p);

Sonnantes = S = (,l,n,r);

et 1 est mis pour 1ère radicale; 2 pour 2ème radicale; avec dans
le tableau de gauche, e.g. à l'intersection de la ligne G et de
la colonne D le nombre (190) des racines dont la 1ère radicale
est une gutturale et la 2ème une dentale.
Tandis que le tableau de droite, par les quotients :
        k (C1, C2) x k / (k (C1) x k (C2))
(où C1 désigne une ligne, C2 une colonne du tableau de gauche
k (C1, C2) le nombre inscrit à la croisée de C1 et de C2, k (C1)
le total de la ligne C1, k (C2) le total de la colonne C2, k le
total du tableau) familiers à l'analyse des correspondances,
exprime les affinités (quotient > 1) ou répulsions (quotient <1)
entre classes de consonnes. La fréquence des couples DL (puis
LD) sera expliquée par une articulation antérieure; pour les
couples G S (puis S G), on a une articulation postérieure.   Il
s'agit donc dans les deux cas d'une harmonie entre consonne et
sonnante.

13. Du texte au livre

Pour conclure, peut-être sera-t-il permis à l'invité que je suis parmi les biblistes de s'interroger sur le thème du présent colloque : "Bible et Informatique : le texte".

La plupart des participants sont convaincus que la Bible est, selon l'étymologie, le livre par excellence; au message du Livre beaucoup ont répondu en lui consacrant leur vie. Pourtant, c'est à la dure épreuve de l'automate qu'ils ont résolu d'exposer le Livre; ou du moins, le texte. Une curiosité que rien sur terre ne peut satisfaire, les porte à rechercher dans l'ordre matériel du texte quelque chose de la genèse du Livre.

Certes, ainsi que l'a écrit G.E. Weil, "il semble ... qu'aucun outil statistique ne pourra mettre en évidence les raisons des aramaïsmes qui apparaissent dans tel ou tel livre de la Bible, ni la raison de la présence du nom de Cyrus (- VIè siècle) dans le livre d'Isaïe, ouvrage attribué à un auteur ayant vécu au VIIIè siècle avant notre ère".

Mais toute réflexion critique sur un texte requiert une conception globale de sa structure; et une structure se révèle à nous par des rapports entre parties. Ne pouvant renfermer en moins qu'une leçon la substance d'un livre, j'ai voulu vous convaincre; vous montrer, sur une suite d'exemples, que l'analyse multidimensionnelle est, par excellence, un outil efficace pour acquérir une vue d'ensemble de rapports et redistribuer des parties.

Nous pouvons non seulement réaliser des typologies (ce qui a toujours été fait); mais les réaliser de manière inductive, sans introduire aucune hypothèse, en centrant simplement notre attention sur des informations d'une certaine classe. Nous pouvons vérifier nos résultats en analysant des informations d'une autre classe, et nous savons au niveau interne de quoi sont faits ces typologies. (Par exemple, dans le cas des textes chinois, nous savions finalement, après élimination des pronoms personnels, que l'opposition entre textes de théâtre et textes de roman reposait sur deux groupes de caractères, liés surtout à l'expression orale rendue différemment au théâtre et dans le roman).

Oui, nous savons, au niveau interne, rendre compte d'une typologie. Mais le problème des problèmes est de donner en terme d'interprétation externe la signification des oppositions, partitions, pentes et gradients que l'on découvre. Un même auteur parle-t-il de deux choses différentes ? Deux parties d'un même texte ont-elles été diversement altérées ? Ou s'agit-il de l'oeuvre de deux auteurs différents qui peut-être n'ont pas vécu dans le même siècle ? A de telles questions, nous ne pouvons répondre valablement que d'après l'expérience acquise en dehors du domaine biblique.

Car il n'y a de science que du général. La science du texte
de la Bible ne sera fondée que sur des lois d'interprétation de
la structure des textes découvertes d'après l'analyse de textes
très divers dont la genèse et l'histoire sont parfaitement
connus; ce qui n'est pas le cas pour la Bible.

A la différence du chercheur intéressé à ce qu'il poursuit,
l'ordinateur n'a pas d'inclinaison propre. Les structures
taxinomiques qu'il produit résultent de l'application d'une méthode universelle à des données qui lui ont été expressément
soumises.

Il est vrai que le choix du tableau à analyser ne s'impose
jamais absolument; qu'une partialité inconsciente peut biaiser
ce choix. Mais en multipliant les analyses, en attendant pour
laisser courir sa pensée, que le calcul ait fait son oeuvre; en
acceptant les surprises qu'offre le traitement d'un tableau
qu'on avait empli case après case, sans en voir la totalité ...
on pourra si l'on s'y applique échapper à soi-même.

COMPUTER SCIENCE AND TEXT

Y. CHIARAMELLA

I - Introduction:

Text is the most elaborated way we know for defining, storing and transmitting all this fundamental and complex knowledge like philosophy, religion, science, history.., which constitute the main part of mankind's intellectual and cultural production.

Due to the media revolution and the increasing complexity of our societies, there is a fast growing need for text production and manipulation. Computer Science has very soon tried to provide efficient tools for text processing, and this topic is now complex and organized with its domains, applications and specialists.

In major industrial countries, important efforts have been made and are still made to promote and increase research and industrial activities in the field; mastering texts in large collections and in their full content is the key for mastering knowledge (and hence power), but is also the key for knowledge communication. Computers with their fascinating processing speeds and storage capacities soon appeared as ideal tools to reach this goal. Unfortunately, a major property of computers is their equally fascinating lack of intelligence. How to process the highest expression of knowledge with such dull devices? This is the problem specialists of Computational Linguistics, Artificial Intelligence, Information Retrieval are challenging.

Computerized processing of texts now concerns various operations such as storage, edition, print, retrieval, analysis.. which are all different aspects of the problem.

Of course, some operations are easierly implementable than others, mainly because adequate data models have been succesfully found for them. Most of them concern external aspects of texts, i.e operations considering texts as simple character strings, regardless to their meaning. Simplicity does not mean lack of importance: external manipulation of texts has a great economical and cultural impact. It is enough to consider the tremendous success of word processors and the revolution they introduced in offices, book, magazine and newspaper edition for example. Much more complex are operations dealing with the text inner properties such as syntactic structure or semantic content. Only partial models have been found to match these notions. Thus the corresponding softwares are still limited.

In this paper, my aim is to give the reader good hints about the state of the art, basic techniques and main evolutions in the domain. I would not pretend to exhaustivity; such a subject is far too large and complex and this would require a whole book. I strongly invite the reader to refer to the appended bibliography for more details. I tried to make it as representative as I could.

II - Text processing:

   Text processing is certainly the most popular and widely used application of
Computer Science to texts. Dozens of such softwares have been written in the
last fifteen years, since the seventies when then made they first important
breakthrough along with the interactive systems.
   Text processors are devoted to allow intricate formatting of texts, updating
operations along with text storage (LE84 and JA85). A traditional distinction
is made between Text Editing (creation and updating functions) and Text
Formatting (definition of the final presentation of the text). Text editors
(JA85) are of two main types: Line Editors and Screen Editors. Line editors
consider the text as a file of lines and are not very well adapted to text
manipulation since the user frequently wants to refer to units such as
sentences, paragraphs... which may span on several lines. Screen editors
consider the text as a character string in which the user can more easily
handle such data units through direct designation (moves of the cursor on the
screen and keyfunctions for basic operations). Text formatting not only
includes the arrangement of lines on the pages (left, right justification,
margins, spacing of lines,headers..) but also the definition of character sets
and fonts, colors, pictures, special effects such as underlining, fat
characters and so on. Text processing is thus mainly concerned by external
presentation of texts, and easy ways to define or modify it.
By the seventies, users discovered softwares such as SCRIPT (IBM), RUNOFF
(HONEYWELL).. They rushed to their terminals to type in their first
computerized reports or articles.
   This early generation of text processors, still widely used, is
characterized by poor ergonomic properties. While the text is typed in, the
user has to insert format commands such as the setting of line length, left and
right margins, line skips , headers .. in the exact place where he wants those
settings to be effective in the final document. This initial operation is
performed via a text editor and produces an intermediary file which is taken as
input by the text formatter itself to obtain the final (formatted) outprint.
Though really powerful, these softwares are sometimes too tricky for
unexperienced users, and often cumbersome to use: for elaborated formatting of
texts, the number of command characters may represent a very noticeable
percentage of the whole data typed in. Moreover, the user has to imagine the
effect of the command he is inserting in the text, and remember what he had
defined before to avoid errors. Thus formatting a text in this way may be
compared to programming, and often requires several tests before obtaining the
desired result. It is therefore not surprising that early attempts to
introduce text processing in offices with such softwares often failed. Users
found it easier to go back to the good old typewriter.
   Most of the recent softwares try to overcome this problem through better user
interfaces and integration of editing and formatting functions. Real time
exhibition of the text is provided on full page format screens. Commands are
mostly selected among a menu, and their effect is immediatly observable on the
screen. Productivity is thus considerably enhanced. One of the best known
software belonging to this new generation of so called Word Processors is
WordStar, which is widely available on micro-computer. By the time, word
procesors also benefited of the general tendancy of micro-coding. Larger and
larger parts of softwares are stored in ROM boards, allowing faster processing

(the micro becomes a multiprocessing machine) and larger memory space available for the user. Among them is the famous APPLE MacWrite, available on APPLE MACINTOSH and LISA micro-computers.

Those new computers come now with elaborated devices such as the mouse and graphic screens. Graphic screens allow the mixing of pictures to text, and large standard character sets. Improving readability, icons replace text as often as possible in the menus. Graphic screens also allow communication through "windows", which are overlapping displays of data (pieces of text, for example) the user can handle separatedly.

The mouse, which was first developped by XEROX, is a small input device which is independant of the keyboard. It is mainly composed by a small box rolling on a spheric wheel, and holding one or more buttons. This device is used to move the cursor all across the screen; cursor moves are related to the mouse's ones on a flat surface. Operations such as selecting a command within a menu are thus performed by moving the cursor on the corresponding text or icon symbol, and then "clicking" the mouse's button. With the mouse, all formatting operations are thus performed without using the keyboard.

Such possibilities also explain the tremendous success of these softwares; very sophisticated text processing tools are now available at low prices, on independant hardwares. Computerized text can then infiltrate every home, office.. in fact any place where a plug can be found. Moreover, text processing also benefits of all the communication capabilities which now allow text to be transmitted worlwide through networks. Portable micro-computers allow newspaper men to type in texts anywhere; all they have to do is to find the closest phone and transmit their text through a network, or find the closest mailbox and send their floppy disk or tape cartridge. As an illustration of this new freedom for text creators, I found this footnote at the end of A. C. Clarke's last bestseller "2010 Odissey Two":

"This book was written on an ARCHIVES III micro-computer with WordStar software, and sent from Colombo to New York on one five-inch disquette. Last minute corrections were transmitted through the Padakka Earth Station and the Indian Ocean Intelsat V".

III - Storage of texts: syntactic editors, textual data bases:

Considering large collections of texts, one is quickly faced with the problem of managing document types or classes. Each time sets of documents have the same basic organisation of data (which is in turn related to closely similar purposes of these documents) the problem arises of producing them according to similar formats. The basic idea is then to define and maintain texts and corresponding formats separately. A text format defines a class of documents which all share this format. Two main classes of softwares are based on this idea: Syntactic Editors and Textual Databases.

Syntactic Editors take into account the logical tructure of the text i.e, for example, their hierarchical structure of chapters, paragraphs and so on. Primarily designed for program edition , some adaptations to natural language texts are developped. Programming languages are defined through syntactic rules; the basic idea of syntactic editors is to make available to editing operations syntactic units instead of simple character strings. A procedure, for example, is a syntactic unit of a programming language. It is easier while correcting a program to ask the editor to delete or change the location of the procedure as a whole, than to perform the same operation using line numerotation (the procedure's code may span on several hundreds of lines, which makes it difficult to find its beginning and end locations).

Moreover, such editors may be related to compilers for immediate syntactic control of any input object.

For texts to be processed through syntactic editors, it is necesary to define them as syntactic objects. Of course, natural language texts are related to natural language syntax, but their logical structure may also be expressed in such a way. As an example, a letter may be defined as a succession of different components such as destination address, date, reference, body, author. According to this definition, the syntactic editor can handle any of these distinct parts of a given letter. This allows for complex documents performant operations such as exchanging places of chapters, deleting a paragrah, transfering a paragraph to an other document and so on. MENTOR developped by INRIA is a good example of a syntactic editor; MENTOR-RAPPORT (ME83) is its application to text manipulation. Storage techniques for texts handled by syntactic editors are more elaborated than those used for classical editors. Texts have to be stored in a compiled representation which preserves their organization in syntactic units. Tree structures are mostly used to handle syntactic objects in core memory. Text is thus often stored as segments reflecting this structure in prefixed order. Decompilation occurs when the text is loaded and processed in core memory.

Database systems are characterized by a number of basic functions which provide a very high level for data definition and manipulation, along with performant access and storage techniques, security and confidentiality (DA81 and DE81). Data definition and manipulation within database systems are closely related to what is called "data models". In few words, a data model is a formal tool used to describe complex information systems. Depending on their generality and flexibility one can define more or less complex information systems and manage them with more or less efficiency. In increasing performances are the hierarchical, network and relational models which are all currently available on industrial systems.

Though the relational model is the most exciting, systems derived from the hierarchical and network models are widely used because powerful enough for many current applications. Among many others, systems such as IMS (hierarchical), SOCRATE, CODASYL (network), INGRES, SQL (relational) are very successful and representative of their class (see DA81, DE81 and GA85 for presentation and comparizon). Data models include of course basic information types which need to be adequate to the coding of original information. Nothing currently exist for efficient description of texts within database systems. They are far too complex objects to be described as straightforwardly as an integer field or so. What a text data type can be is still a research problem which concerns Generalized Data Models. This topic includes integration of complex data objects such as texts, pictures ands sounds.

TIGRE (BO83) is a good illustration of this kind of research project.

According to TIGRE's specifications, a document is considered as the collection of all the informations which characterize the author's intentions. Such intentions are not only concerning the text content, but also its overall structuration and presentation. Texts are organized in tree structures reflecting a hierarchical conception. As for syntactic editors, classes of identically structured documents may be defined through a model. Nodes of the tree are not only used to reflect components of the text: they are also used to hold informations allowing access to upper or lower levels in the structure, or semantic informations such as keywords, confidentiality...

To the document is associated a set of formatting constraints defined through a "presentation model". Then specific output devices are also selected; they may be changed without altering the document type or its format. In a more classical way, texts may be accessed through external attributes such as author, editor, date of edition, classification number and so on through the standard query language. Such projects are not only interesting in their attempts to improve text management: they also aim to the full integration of text processing in broader environments such as statistical data bases. This integration allows transfer of information between classic databases and documents being created (reports..) with the great user's comfort of staying in the same working context. As a preliminary of this future, it is interesting to note that some of the recent database systems include report facilities which already offer communication with classic databases (INGRES).

High level softwares must be backed by perfomant external devices to display and store texts. Modern devices such as laser printers provide high resolution compatible with picture printing and allow multiple character fonts. Of still higher quality (but for text only) is phototypesetting which is now currently used in book and newspaper composition.

Of great importance also are new storage technologies such as Digital Optical Recording (GE83). Although slower in access time than magnetic disks, their very large storage capacity (2 gigabytes) and low price (less than 500FF) are extremely attractive for text storage. Such performances allow both analogic or digitalized storage of texts. Analogic storage means recording of high resolution pictures of original documents. A single disk can hold up to 50.000 A4 standard format pictures of pages. This is of great interest for original text archivs. Digitalized recording means classical coding of character strings and is less space consuming: in this case, the device can hold up to 500.000 A4 format pages (2500 characters each)!. An other interesting feature is its safety: the signal is engraved with a laser under a coat of plastic which protects it against dust, fingerprints and makes it indifferent to temperature variations. The main limitation of the device is that information cannot be erased; updating is possible only by creating modified copies of the concerned text fragments.

IV - Linguistic processes - Syntactic and Semantic analysis:

Many applications involving understanding of natural languages are of highest interest: natural language interfaces for computers, information retrieval, automatic translation, discourse analysis and so on. But the challenge is very high because of the inherent characteristics of natural languages: they are ambiguous, fast evolving, stuffed with idiomatic expressions, irregularities, and they carry a lot of complex semantics. In few words, every natural language gather everything computers hate much: they are poor single minded deterministic binary machines. Computational Linguistics and Artificial

Intelligence are the main Computer Science domains dealing with natural
language processing. Recent and interesting overviews may be found in (LR82),
(NA83), (FE81).

Computational Linguistics has since a long time dealed with natural language
inner structures analysis, development of adequate models, parsers and
dictionnaries. Artificial Intelligence is mainly interested in knowledge
representation, deductive processes, semantic analysis. Of course, both areas
needs each other trying to complete efficient tools. The interpenetration of
the two domains around natural languages is deep and one has now to be aware of
both kinds of works.

Classical studies distinguishes two levels in natural language processing:

- morpho-syntactic analysis
- semantic processes

As will be shown below interaction is necessary between those levels for
accurate and efficient processing. According to general opinion, the semantic
level is still the least achieved for large scale applications. As in other
fields, development of efficient tools depends on the definition of adequate
theoretical models. This has been done well enough for syntactic structures
(even if enhancements can still be provided), and good parsers are available.
Semantic structures are still suffering the lack of adequate modeling (adequate
meaning performant for large scale applications). Syntactic and semantic
relationship is still not very well known, so people wonder if the two-level
analysis process evoked above is truly relevant for natural language
processing. Many think that a better solution lies in a thorough communication
between syntactic and semantic processes. In any case the level of
understanding needed varies widely from one application to an other.
Considering for example Information Retrieval and Automatic Translation implies
very different requirements; while the first is mainly interested in finding
noun phrases (which are considered as the most significant informations for
retrieval purposes), the second implies deep and complete understanding of
every sentence. This implies that particular strategies have to be adapted to
those particular goals, even if they may share common basic tools.

- 4.1) Morphologic and syntactic analysis:

This step concerns first the correct identification of lexical classes for
every word in a sentence. It gives as results a coding of each word composed
by:
- the word root
- the grammatical attributes of the word, such as lexical category, number,
  gender...

Example: "houses" ----> root: "house"
                        category: substantive
                        gender: feminine
                        number: plural

                                      ***

In natural language, even this basic step is tricky because a given word may
belong to several lexical categories (homographs); hence the result of the

morphological analysis may be not unique.

```
Example: "springs" ----> root: "spring"              root: "spring"
                         category: substantive        category: verb
                         gender: masculine            mode: present
                         number: plural               person: second
```

Of course this phenomenon varies considerably from one language to an other. What is important is that it has a strong influence on subsequent syntactic and semantic analysis (see below). Morphological analysis uses dictionaries; because of the large number of words composing to the natural language vocabulary, efficient techniques had to be developped to handle reasonably large lexicons. Moreover the vocabulary is always evolving so that updating must be easy. The most evolved techniques are based on tree structures. Many research and developments were devoted to improve access time and storage size for such hierarchical dictionnaries . Place is mainly saved in storing only word roots in the tree, while suffixes and prefixes are stored apart (GR75). Time may be saved by ordering roots among the tree depending on both alphabetic order and consultation frequency (KA80). The morphological analysis then consists in finding all the possible decompositions of a given word, according to the root dictionnary and the set of possible suffixes and prefixes. Rules are defined to determine the allowed combinations. Irregularities often cannot be recognized with such a process; they have to be stored in full length in the dictionary. An interesting fact is that morphological parsers usually can use the dictionnary and the rules in two ways: analysis and generation. Generation is useful to control the rules, for automatic correction and automatic translation.

Syntactic analysis highly rely on formal language theory and automata (HO69). Since early works of N. CHOMSKY (CH57 and CH63), formal language theory has provided more and more elaborated tools to deal with grammars, and applications have been succesful both for natural languages and programming languages. Several important classes of formal languages have been identified and studied; among them the Context Free languages are particulary useful for natural language processing. They have been extensively studied (GI66), along with their related parsers (stack or pushdown automata). As an illustration of these basic tools, a very simple example of Context Free grammar is given below.

```
Example: rules: S ::= aSa (1)
                S::= bSb (2)
                S::= c (3)
  terminal vocabulary: (a,b,c) non terminal vocabulary: (S) initial symbol: S
```

This grammar corresponds to the language formally defined by XcX', where X is any sequence of terminal symbols "a" and "b", and X' is the same sequence as X but in reverse order. X and thus X' may be empty strings. The sequence "aabcbaa" belongs to the language. One can find a derivation using rules (1) (2) (3) above which, starting from the initial symbol S, leads to the considered character string:

```
S ---> aSa    ---> aaSaa   ---> aabSbaa   ---> aabcbaa

  rule 1      rule 1       rule 2         rule 3
```

Given any character string built from characters "a", "b" and "c", it is easy to find if it belongs to the language XcX': the parser has to determine wether or not a derivation exists from S to this character string.

The stack automata is the fundamental mechanism associated to context free grammars parsing. The stack is a very simple data structure where auxiliary information is stored and deleted during the process. It is called a stack because of the general principle of its use: allocation can be made only above the last stored element (called the top element of the stack), removal and consultation can only concern the top element.
Let us consider the way the stack automata parses an input string. The automata examines the input string from left to right, one character at a time. Until it finds a "c" character, it stores the input character at the top of the stack. As soon as it finds the "c" character, it stops this process and then compares the following character of the input string to the one stored on top of the stack.
If they are equal, the top character is removed from the stack and the process is repeated for each remaining character until the end of the input string is reached.
The input word is said to belong to the language if and only if the analysis stops with an empty stack after considering the last character.

***

Of course natural languages need much more complex grammars to be described with a minimum of accuracy. The small example given below shows that syntactic objects such as Noun Phrases can indeed be described through context free grammars. The non terminal sysmbols NP, ADJ, N, D, P respectively correspond to Noun Phrase, Adjective, Noun, Determinant, and Preposition.

Example:

```
NP::= D N    D ADJ N    NP P NP   (1) (2) (3)
N::= end    Empire ... (4)
D::= the ... (5)        ,
ADJ::= roman ... (6)
P::= of ...  (7)
```

Where the initial symbol is NP, non terminal symbols are NP, N, D, ADJ, P, and shown terminal symbols are end, Empire, the, roman, of.
It is easy to find a derivation recognizing the input string "the end of the roman Empire" as a noun phrase.
Rules (4) to (7) correspond to the morphological level, while rules (1) to (3) correspond to the syntactic level in real parsers.

***

Syntactic analysis results may be represented as tree structures, the root of which being the initial symbol, the leaves of which being the terminal symbols. Intermediate nodes are always non terminal symbols.

Example:

The syntactic tree of the noun phrase defined in the previous example is the following:

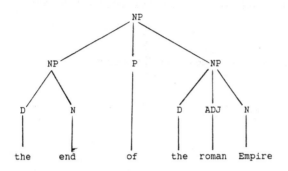

***

The above syntax of noun phrases is far from complete. In particular, rules controlling gender and number relationship have not been defined though they are important elements of the syntactic analysis. Such rules concern particular sets of words which can be widely scattered in the sentence. So they have to be checked at the proper level in the syntactic tree i.e while applying the syntactic rule which expresses the connection between the concerned elements. Information about gender and number is thus kept until proper checking for consistency may be done. Triggers for these controls are consequently associated with some syntactic rules. It is important to notice that concordance rules give additional information which is very helpful to solve syntactic ambiguities (see below). Of course, such possibilities are fully used, but their efficiency varies widely from one language to an other.

Syntactic ambiguity is one of the major problems in natural language analysis; there are several causes of this phenomenon. First, there is an intrinsic ambiguity which is related to connective words , for example, such as prepositions or conjunctions. The following example illustrates the problem:

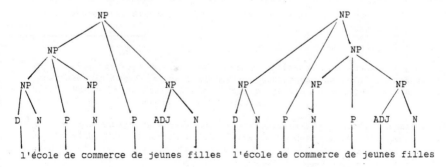

Both syntactic trees are built according to the french syntax for noun phrases. If semantic interpretation has to be related to syntactic analysis, then we got a problem:
is it a management school for young ladies (leftmost structure) or a shool where the trading of young ladies is teached (rightmost structure)?. If we know that the second interpretation is merely a joke, there is no way for the parser to avoid it. Similar cases may be found with conjunctions, pronouns...
Besides this we have to consider the ambiguity related to homographs. Multiple possible morphologic interpretations of any given word can also lead to multiple syntactic structures for the same sentence, and again to drastically different meanings. Consider the sentence "the man eating tiger is no longer hungry". Due to the absence of hyphen between man and eating, the compound name cannot be recognized alone, and the parser will also consider eating as a verb with man as subject and tiger as complement, and thus deliver an interesting explanation about why the man is no longer hungry. As homographs are numerous in natural languages, this kind of ambiguity frequently occurs. Fortunately gender and number coherence rules often allow the parser to solve them. For example, the above sentence is not ambiguous in its plural expressions: the men eating tiger are not hungry, and "the man eating tigers are no longer hungry". Syntactic ambiguity may somewhat be limitated by the definition of more refined grammars, and more detailed definitions of lexical classes for the vocabulary. But the phenomenon cannot be completely avoided and the cost and complexity of the parsing quickly rise. Solutions have been defined using pragmatic strategies based on highest frequency solutions for given ambiguity patterns (FL77), or on local processing (ME82) to solve ambiguities. None of them are fully satisfactory in their principle and their results.

Complex interaction between syntax and semantic operations are not compatible with the straightforward principles of stack automata. So pure context free grammars, exept for particular cases, tend to be abandonned for more flexible tools such as Augmented Transition Networks (WO70). ATNs are based on transition networks (and thus are still related to automata basic principles) but also provide more flexible parsing techniques, the possibility of introducing particular operations such as structure transformations or semantic control.
Special purpose syntactic tools have also been studied for enhancing the abstraction level of the syntactic tree. As an example, it is useful in Automated Translation to transform a source-language syntactic tree in its equivalent in the target language. Such tree transformations may be processed through Transformational Grammars (CH57). They consist in a phrase structure grammar (the tree to be transformed) and a set of transformation rules which may be applied on particular patterns of the structure grammar. Transformational Grammars are also useful to obtain what is generally called the "deep structure" of a sentence. The deep structure is a canonical representation of a set of syntactic structures wich are, as an example, considered as semantically equivalent. Important applications of this notions occur in natural language query processing, where all the semantically equivalent expressions of a query have to be uniquely understood by the system.
Many natural language parsers already exist (CO77,FL77) and some are extensively used in major applications, but none of them is perfect. All are applying partial linguistic models of the language and cannot fully overcome the problem of ambiguity. A common feeling is that interaction between syntactic and semantic analysis will help to overcome the problem. Despite

numerous interesting attempts the way this interaction has to be defined is still not well demonstrated.

- 4.2) Semantic processes:

The Artificial Intelligence approach to natural language processing is drastically different than the one detailed before; languages are not mainly considered as syntactically structured objects but as knowledge-based systems for communication (NA83). So AI specialists are highly interested in goals, knowledge, strategies and so on. They are also concerned by knowledge acquisition, since successful communication implies changes in the receptor's knowledge.
They are of course aware that syntactic properties of languages are useful, but they even consider syntax as a knowledge, along with morphology. In their unifying modelisation through knowledge they introduce of course meaning of words, and all the knowledge which is necessary to describe the context of the communication i.e the world in which this communication occurs. Rules of communication also are part of this general knowledge.
They claim that the use of "expect-driven" processings by a computer, based on all this knowledge, can be used to understand even incomplete or ungrammatical sentences in some contexts (NA83).
Semantic processing of natural languages has many different aspects: NLP (Natural Language Processing) is mainly concerned by man-machine interaction, and thus the interpretation of queries. Good surveys for early works may be found in FE81, LR82. Numerous applications are under the scope of NLP:

- Discourse analysis (speech understanding..)
- Information access (Information retrieval..)
-   Information   Acquisition   or   Transformation   (Machine   Translation, Document Understanding, Knowledge Acquisition...)
- Interaction with Intelligent Programs (Expert System Interfaces...)
- Interacting with machines (Control of Complex Machines...)
- Language Generation (Document or Text Generation...).

So many areas are covered by NLP that attempts have been made to classify softwares according to their level of knowledge management capabilities. This classification is interesting in that it exhibits a good, and almost historical, list or the successive levels achieved in knowledge mastering within intelligent systems.

Given the central approach of Artificial Intelligence defined above, knowledge representation is of prime importance. First we have already stated that knowledge management is strongly related to particular applications; thus the techniques used trying to solve particular problems may be very different. Besides this, there is a strong discussion about the best way to store knowledge: should it be stored within data structures or procedural objects? Which approach is the most efficient is still not clear, and succesful experimentations have been made for both.
Many declarative techniques have been defined, such as "frames" (GE82) (MI75), "scripts" (SH77) and so on. We shall limit this presentation to the very popular "frames" (GE82).

Frames are simple data structures which can be related to particular words or more complex objects such as sentences. They contain sets of so called "slots" which are well defined semantic informations associated to this particular word or sentence.   Each slot is used to store semantic properties or semantically related objects. In the later case, the frame is said to define a Conceptual Dependancy (SH75) among different words.

Example:
> Associated to the verb "open", one can define the following frame:
> "open" ====> actor: W
> object: X
> Instrument: Y
> Time: Z

Where Actor, Object... are the particular slots fot this frame, with values W, X,...

***

Given the sentence "John opens the door with its key", the slots are filled with W="john", X="door", Y= "key", Z="present". For a sentence, not every concept can fill the slot: an Actor has to match semantic constraints such as being "animate", while the Instrument has to be "inanimate" and so on.

While analyzing a sentence the system searches from a dictionary frames associated to recognized words, and tries to fill the corresponding slots according to syntactic rules which determine their potential content.   As an example, the above sentence when analyzed from left to right gives first the word "John" and the corresponding interpretation (PERSON, SURNAME(John)).   Then "opens" brings in the frame shown above associated to "open", which in turn becomes the backbone of the expected sentence.

At this point, the system is aimed to fill the slots and starts lookink for a suitable Actor, Object.. Note that until this moment, no syntaxic check has been done. Now that this particular goal has been assigned, syntactic rules are used to find the verb's subject (to fill the Actor slot) and its complement (to fill the Object slot) and so on. One can see on this simple example that the process mixes syntactic and semantic analysis, with primacy of semantics over syntax.

For complex sentences the process is of course more intricate; the necessity arises of cross tests between different frames which may be associated to individual words in the sentence. Backtracking is sometimes necessary to select the proper solution among several possibilities. One has to consider that semantic constraints about slots' content very often help to solve the problem of ambiguities. At the ultimate level, frames may be used to handle complex semantic structures: frames the slots of which may be filled with other dependant frames. This is, for example, a way to solve pronoun references between consecutive sentences like "John opens the door. He is looking for Mary". The pronoun "he" which corresponds to an undefined reference in the second sentence may be related to "John" in the first one.

At the opposite of this approach, procedural representations are related to Winograd's early theories (WI72). He was the first to introduce the idea of words being programs: words acting as individual procedures bringing their own knowledge and trying to match their own constraints with other words in a sentence. In the SHRDLU project, the system was aimed to understand and execute commands such as "move the blue block from the top of the red block to the right side of the green block". As a more recent example of procedural representation of knowledge, Word Experts (SR82) give rise to a somewhat more complex but very powerful approach. According to this model, each word is viewed as a complex procedural object containing information about both syntactic and semantic properties. Procedural knowledge means that the procedure associated to the word allows control at these two levels when the word is recognized in a sentence. Such a procedure is called a "word expert" because it carries all the useful knowledge associated to the word. When analyzed from left to right, word experts are activated as independant coroutines which immediatly try to communicate informations to each other, i.e try to determine which particular syntactic and semantic associations they can establish with surrounding word experts. To avoid control problems, all the experts are not activated at the same time; those which cannot get enough informations at the moment are "suspended" for a while, and informations about their current state is stored within "demons" which are simpler processes waiting for very specific data. As soon relevant information is available from activated experts, a demon "awakes" the suspended expert it was attached to, which can then progress in its problem solving. To avoid situations where some active experts are waiting data from suspended ones, experts may be reactivated after a given elapsed time. The process ends when each expert has achieved its own task of solving syntactic and semantic relationship with its neighbours.

This very short presentation gives a rough idea of the complexity of this approach at the implementation level. On the other hand, it is easy to feel its flexibility and generality considering the deep mixing of syntactic and semantic controls.

Knowledge processing of course includes knowledge extraction from textual data. Here wide differences arise depending on the particular needs of each application (i.e what is the ultimate goal of the text analysis). Techniques such as those described above about frames and word experts are part of the solution set. We shall describe in section 5 a more pragmatic approach which we use in our Information Retrieval project. An other important aspect is knowledge deduction, i.e construction of new knowledge from available one. To undertake such a problem, additional knowledge is needed about the way of deducing (infering) which is most currently defined as inference rules. Such knowledge is currently used by problem solvers and expert systems.

Production rules are very popular among expert system designers to define this particular knowledge. They are composed of two parts: the head, which is a condition, and a body which is an action to be performed if the condition is satisfied. The general format of production rules is thus:

IF <C> THEN <A>

where <C> is the condition and <A> the action.

Example: IF (SIB x y) and (PARENT p x) THEN (PARENT p y)

which states that if x and y are sibs, and p is a parent of x, then p is a parent of y.

Semantic data such as (PARENT p x), (SIB x y) are facts about the known world; the new fact (PARENT p y) is infered by the rule given above, which expresses here a part of our knowledge about family relationship.

                                                                    ***

   Rules may be processed either by the "inference engine" of an expert system,
or by a standard problem solver such as PROLOG. In both cases the system tries
to achieve a goal which is to demonstrate an unknown property about the
available semantic data. Once this new information has been obtained, it may be
either stored in some knowlege base or simply given as an answer to users
(depending on the particular application). Expert systems are at the moment
mainly devoted to solve problems in restricted areas for which they hold
thorough knowledge obtained from human experts. PROLOG (see OS84 for an
introduction, and GK85) is a much more general tool (a programming language and
its interpreter) which can be used for a great variety of applications. Its
main originality is that the interpreter is a problem solver, so the user has
"only" to define his problem through the language. Given the facts and the
rules provided by the programmer, the problem solver will try by itself to find
wether there is a solution or not. This is of course a very different way of
programming that the classic one where the programmer has mainly to define how
to solve the problem, and translate this solution into a program.

Example:

        (1) (SIB John Ann): ** John and Ann are sibs **
        (2) (PARENT John Mary): ** Mary is a parent of John **

        (3) (PARENT x y):(3) (SIB x z) and (3) (PARENT z y) ** Rule **

   (1) and (2) are clauses expressing facts.
   The rule (3) expresses that y is a parent of x provided that there exists some
z such that z and x are sibs, and y is a parent of z.

   A problem might be the query: ?(PARENT Ann Mary)

in which we ask the system wether Mary is a parent of Ann or not. Given the
knowledge defined above through facts and rules, Prolog will automatically find
the right answer "true" without any other extra work from the programmer.
   Symbols x, y, z used above are variables which the problem solver will try to
apply to the known facts and rules until it finds (or not) a solution. In the
example, assigning x to Ann, y to Mary and z to John satisfy the right side of
the rule, and then (PARENT Ann Mary) is a proved fact.

   It is then obvious that PROLOG becomes very successful designing knowledge
processors such as problem solvers and expert systems, but also syntactic and
semantic analyzers. The problem lies in the overall time performance of the
interpreter which, at the moment, confines PROLOG to small scale applications.
Great efforts are made to improve performances, and it is a well known fact
that fifth generation of computers ("intelligent computers") will strongly rely
on PROLOG or PROLOG-like languages with adapted hardware.

V - Applications:

Aside the man-machine communication described above which deal with sentences or short texts, there are very important applications involving both syntactic and semantic analysis. I shall restrein this presentation to Information Retrieval and Automatic Translation which both involve processing of large collections of texts.

5.1 Information Retrieval:

Information Retrieval is mainly concerned in providing access to large collections of texts through content-oriented queries (see SM83 and VR79 for good overviews). The user wants to retrieve within a large collection of texts those which are relevant to a specific topic he is interested in. Thus designers of such systems need to define some way of extracting the main topics covered by each individual document (indexing operation). Current solutions consider keywords as the basic semantic information to describe text contents. Statistical methods have been defined to select those terms which are both most significant and discriminant. Keywords are then used while defining queries, in most systems through boolean expressions such as ("computer" and "text") to refer to texts dealing with these two concepts. Keywords are usually not efficient enough to express even basic concepts which are often defined through syntactic units such as noun phrases. This lack of efficiency results in what is generally called "noise", or sets of not relevant documents obtained in the answer. Most researches try to overcome this problem in considering noun phrases as indexing terms. The point then is to face combinatorial explosion and to select only pertinent and representative groups. The solution we have implemented is based on the use of a set of predefined patterns which are extracted from a domain-representative collection of documents (BR85). These patterns are sets of frequently co-occuring words within sentences. A contextual relationship is calculated according to this frequency and the average proximity of every significant pair of words. The basic hypothesis is that high values for contextual relationship correspond to strong semantic relationship. At indexing time, a surface analyzer checks for noun-phrases and matches each of them to the patterns. If the given group fits a pattern (i.e is included in this pattern) it is selected as an indexing term. Otherwise it is broken in smaller groups according to syntactic rules to prevent production of meaningless subgroups. Each subgroup is then matched to the set of patterns and so on (see KE84 and KE85).

Example: consider the noun phrase "automatic parsing of natural languages". If this group does not fit any given pattern it will be broken in two pieces located on each side of the preposition "of". Then "automatic parsing" and "natural languages" are in turn matched to the predefined set of patterns. Suppose "automatic parsing" does not match any pattern while "natural languages does". Then the second group is selected as an indexing term, and the first one is broken again giving "parsing" only. Then the text will be indexed by "parsing" and "natural languages"

***

At the moment the knowledge base is made of the previously defined patterns extracted from a representative set of documents. We plan to use this raw material to develop computer-assisted methods for locating higher level semantic relaionships such as synonymy and so on. The actual query language is made of a subset of the french language in which we have limitated the most ambiguous patterns. Since there is no way to completely avoid ambiguity, the same pattern matching defined above is used to relate noun phrases embedded in the query to the concepts known by the system (the indexing terms). Of course deep understanding of the query is necessary, thus both syntactic and semantic controls are performed to obtain a search expression (a tree structure with search operators as nodes and indexing terms as leaves). Processing a natural language query also implies some system evaluation of its own interpretation of this query, evaluation of the answer's relevance and the availability of both user-driven and automatic reformulation processes. This reformulation process is necessary when the system can deduce relevant concepts which are not explicitly expressed in the original query (inferences using the thesaurus). Criteria needed to perform these operations are closely related to the expertise of a librarian. Thus we started defining an expert system as the overall control structure of all the query processing (DE84, DE85). As a final point, text units such as paragraphs sections.. are considered as indexing units which in turn constitute the basic answer units. The answers delivered by the system may thus be composed by the most relevant pieces of texts.

Current limits of computer capabilities are important while considering information retrieval. One can consider either large collections of texts with rough indexing level (short noun phrases selected as highly representative) or small collections whith accurate indexing (longer noun phrases expressing accurate concepts). Trying to improve such systems thus implies research of efficient text and knowledge management techniques: fast surface parsers and pattern matching algorithms, along with efficient knowledge and text storage techniques. ˙representation techniques, and access techniques).

5.2 Automatic translation:

Very important projects were launched in the sixties trying to undertake the problem of full text automatic translation. People were very enthusiastic because of the availability of a new generation of computers which were both more powerful and easier to use through high-level languages. By the seventies, most of this enthusiasm was down because people discovered the "wall" of semantic and syntactic ambiguity. Many projects were abandonned by this time. Fairly speaking, many of these projects were far more ambitious than anyone could imagine by this time: most of the problems were still to be discovered (VA75). Automatic translation faces almost all the fundamental problems related to text processing (WK83); it is enough to consider the schema given below describing the most common architecture of such systems:

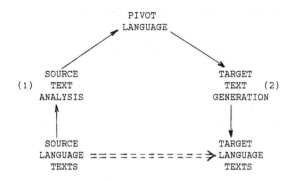

Phase (1) has to deal with deep understanding of every input sentence from the original text. The so called "deep structure" expressed through the "pivot language" is supposed to hold every information about the original text content in a "neutral" way (i.e independant of both the source and target languages). The pivot language itself implies that there is some abstract formalism able to express both semantic and syntactic features of every natural language. It is not proved wether such a formalism may exist or not. So far studies concerning pivot languages have mainly be related to syntactic structures. Phase (1) deeply rely on syntactic parsers and transformations to translate every original sentence into the pivot-language formalism. It thus has to face all the problems described before about syntactic ambiguity and production of deep structures.

Phase (2) is concerned by text generation from the pivot language to the target language. Text generation is also based on transformational grammars and search of semantically equivalent expressions or words.

Considering the complexity of this problem people now currently limit themselves to computer-assisted tools for text translation. This along with artificial intelligence techniques which have proved to be promizing for solving ambiguities may lead to very performing and useful softwares in the next future.

VI - Conclusion:

Considering Computers and Texts, one has to consider many aspects related to as many applications. The distinction we made about external aspects and internal ones is useful for defining complexity levels. Text processing is now widely known and used and is fast evolving because every improvement in the harware technology may be quickly applied: good models already exist for text manipulation at the external level. Dealing with internal properties of texts is far more complex, and suitable syntactic and semantic models are still research problems, despite some exiting results. Improvements at this level are longer to find direct application through industrial softwares because of their complexity and their cost. My opinion is that significant improvements will occur when specialized hardwares will be available for text analysis and knowledge processing. This is of course a matter of system architecture design; most research **people** are already testing new tools and approaches through softwares prototypes. If promizing results are obtained, these systems still lack performance and cost qualities. Intelligent text processing definitively need more intelligent machines!. On the other hand, important research has still to be done about adequate models for natural languages: this is the condition for any significant qualitative improvement for text understanding. But even if many common problems are encountered in large sets of applications, particular strategies will still have to be defined according to the particular constraints they introduce.

BIBLIOGRAPHY

(BO83) G. BOGO, H. RICHY, I. VATTON "TIGRE proposition de modele pour la
normalisation des documents" Rapport de Recherche No 3. CII-Honeywell Bull
Centre de Grenoble 1983.

(BR85) M.F. BRUANDET "Un modèle partiel de connaissances pour un système de
recherche d'informations"
      Proc. of the International Conférence RIAO85. IMAG (Ed). Grenoble 1985.

(CH57) N. CHOMSKY "Syntactic Structures"
      The Hague. Mouton, 1957

(CH63) N. CHOMSKY "Formal Properties of Grammars"
      Handbook of Mathematical Psychology. Vol 2. Wiley 1963.

(CO77) J. COURTIN "Algorithmes pour le traitement interactif de Langues
naturelles"
      Thèse d'Etat en Informatique. INPG Grenoble 1977.

(DE82) C. DELOBEL M. ADIBA "Bases de données et Systèmes relationnels"
      Ed. DUNOD Informatique 1982.

(DE84) B. DEFUDE "Knowledge BasedSystems versus Thesaurus.an architecture
problem about expert system design"
      Research and Development in Information Retrieval. Cambridge Un. Press.
1984.

(DE85) B. DEFUDE "Different Levels of Expertise for an Expert System in
Information Retrieval"
      Proc. Eighth Annual ACM Conf. on Research and Development in Information
Retrieval. June 1985 Montreal.

(DA81) C.J. DATE "an introduction to Database Systems"
      ADDISON WESLEY 1981.

(FE81) E.A. FEIGENBAUM A. BARR "Understanding Natural Language"
 The Handbook of Artificial Intelligence vol 1 1981.

(FL77) C. FLUHR "Algorithmes à apprentissage et traitement automatique de la
langue naturelle"
      Thèse d'Etat en Informatique. Paris 1977.

(GA85) G. GARDARIN P. VALDURIEZ "Bases de données relationnelles. Analyse
etcomparaison des systèmes"
      Ed EYROLLES 1985.

(GE82) A. V. GERSHMAN "A Framework for Conceptual Analysis"
      in LR82 below.

(GE83) R. GENEVE "Le vidéodisque: banque d'images et de données"
    Proceedings of the 2nd International Congress and Exhibition on Databases
and Data banks. INFODIAL 1983.

(GI66) S. GINSBURG "The Mathematical Theory of Context Free Languages"
    Mac Graw Hill. 1966

(GK85) F. GIANESINI, H. KANAOUI, R. PASERO and M. VAN CANEGHEM "PROLOG"
    Inter Editions. 1985.

(GR75) E. GRANDJEAN "Conception et réalisation d'un dictionnaire pour un
analyseur interactif de langues naturelles"
    Mémoire de thèse CNAM. Grenoble 1975.

(HO69) J.E HOPCROFT J.D. ULLMAN "Formal Languages and their relation to
Automata"
    ADDISON WESLEY 1969.

(JA85) G. JAMES "Document Databases"
    Van Nostrand Reinhold. 1985.

(KA80) M. KAY "Morphological and syntactic analysis"
    In Linguistic structure processing- Fundamental Studies in Computer Science
    v 5 North Holland.

(KE84) D. KERKOUBA "Une méthode d'indexation automatique de documents fondée
sur l'exploitation de leurs propriétés structurelles. Application à un corpus
technique"

    Thèse de 3ème cycle Informatique. INPG. Grenoble. 1984.

(KE85) D. KERKOUBA. "Automatic Indexing method using a partial knowledge model
for an Information Retrieval System"
    Proc. of the International Conference RIAO85. IMAG (Editor), Grenoble
1985.

(LE84) P. LEFRERE "Text Processing"
    Published in in ref. (OS84) below.

(LR82) W.G LEHNERT M.H. RINGLE "Strategies for Natural Language Processing"
    LAWRENCE ERLBAUM ASSOCIATES 1984.

(ME82) A. MERLE "Un analyseur pre-syntaxique pour la levee des ambiguités dans
les documents écrits en langue naturelle: application à l'indexation
automatique"
    Thèse de Docteur Ingénieur en Informatique. INPG Grenoble 1982.

(ME83) B. MELESE " Mentor-Rapport. Manipulation de textes structurés sous
Mentor"
    Rapport de recherche INRIA. Janvier 1983.

(MI75) M.A. MINSKY "A Framework for Representing Knowledge"
    Psychology of Computer Vision. P. Winston (ed.). Mac Graw Hill, N.Y. 1977

(NA83) "An overview of Computer-Based Natural Language Processing"
       NASA report NTIS 1983.

(OS84) T. O'SHEA M. EISENSTADT "Artificial Intelligence - Tools Techniques and
Applications" Harper and Row Publishers Inc New York 1984.

(RI84) G. RITCHIE and H. THOMPSON "Natural Language Processing"
       Published in ref. (OS84) above.

(SH75) R. SHANK "Conceptual Information Processing"
       Amsterdam. North Holland. 1975.

(SH77) R. SHANK and R. ABELSON "Scripts, Plans, Goals and Understanding"
       Lawrence Erlbaum Assoc. Hillsdale. N.J. 1977.

(SM83) G. SALTOn, M.J McGILL "Introduction to Modern Information Retrieval"
       Mc Graw Hill. N.Y. 1983.

(SR82) S. SMALL and C. RIEGER "Parsing and Comprehending with Word Experts"
       in ref. LR82 above.

(VA75) B. VAUQUOIS "La traduction Automatique à Grenoble"
       Document de Linguistique Computationnelle No. 24. DUNOD 1975.

(VR79) C.J VanRijsbergen "Information Retrieval"
       Butterworths. 1979.

(WI72) T. WINOGRAD "Understanding Natural Language"
       Academic Press. N.Y. 1972.

(WK75) P.J. WHITELOCK, K.J. KILBY "Linguistic and Computational Techniques in
Machine Translation system design. Final Report"
       Centre of Computational Linguistics. University of Manchester Instituite
of Science and Technology. CCL-UMIST Report 84-2. 1983.

(WO70) W.A WOODS "Augmented Transition Network Grammars for Natural Language
Analysis"
       Communications of the ACM. Vol 13, Nb 10 Oct 1970.

The Greek New Testament in the computer.
A project of the Pont. Academy of Theology in Cracow.

J.   CHMIEL - T.   JELONEK

The report describes the project of preparing   the New Testament text for carrying it in computer memory. The preparation of the text needs also an elaboration and a coding of the grammar information concerning the expressions occuring in the New Testament.   We assumed, according to R. Morgenthaler's **Wort Statistik des Neutestamentlichen Wortschatzes** / Frankfurt am Main 1958 , that the New Testament uses 5449 expressions which are numbered in alphabetical order.

The elaborated information make two data sets. The first set concerns the mentioned information above expressions in an alphabetical order and the second concerns the successive occuring of the words in the text. The first information set states precisely the particular expressions as regards grammar / part of speech, declension, conjugation, .../, the second set states the grammatical form of the word in the text/case, number, tense, mood, .../.

All the information are coded with digital code. All the decimal digits are used in coding. The first information set/ vocabulary/ is coded with eight-digit code, the second information set/ text words/ is coded with the twenty-digit code; the first two digits mean the New Testaments book, the next six digits state the chapter, the verse and the place of the word in the verse, the following four digits give the number of the expression according to vocabulary system and the last digits mean the form of word similary to the first set code.

The first digit of the first set code means a part of speech and the next digits - further information.
For example : the eleventh vocabulary expression ἄβυσσος has code : 22200000.   It means feminine gender noun which is declined according second declension. Further information are not needed. The first word of the Epistle to the Hebreuws πολυμερῶς is coded by 18 010101 4029 51000000.   It means : the Epistle to the Hebreuws/ the eighteenth book of the New Testament/, the first chapter, the first verse, the first word of the verse, the expression is signed in the vocabulary with number 4029. It is adverb in the positive degree.

Towards a morphological analysis of Biblical Hebrew -

a semi-automatic approach[1]

- Walter T. Claassen

1. Introduction

To set about to make yet another morphological analysis of the Old Testament, might appear to be just another attempt to re-invent the wheel. After all, there exist various morphological analyses of the whole of the Old Testament[2], and it could seem to be better to make use of one of these, whatever be the restrictions on use.[3] Is it not an utter waste of time to do this work over again, or is it perhaps the case that the material is analyzed again just because the scholar undertaking the task finds it an interesting and stimulating excercise?

This matter cannot be discussed without entering into the - to some colleagues very sensitive - matter of restrictive use or open access to the text of the Old Testament (or of any other literary corpus). I would not like to enter into a comprehensive discussion of this matter here, but by way of a general

---

[1] This is a description of the process followed in a research project undertaken in the Department of Semitic Languages, University of Stellenbosch, Republic of South Africa. This project is supported by the Human Sciences Research Council of South Africa.

[2] E.g. at the Abbaye de Maredsous, at the University of Lyon, the materials developed by F.I. Andersen & A.D. Forbes, the data bases which served the purpose of preparing the various publications in the series The Computer Bible, etc. Many other morphological analyses of parts of the Old Testament would also be in use or in preparation.

[3] Cf. Weil (1984) for a typical statement in connection with the possible restrictions on the use of the Lyon-materials.

statement, it should be said that some of the restrictions presently placed on the free and open use of texts in computer-readable form, sometimes signify that the realities and possibilities of the information age have not yet been fully grasped.[4] The characterization of our age as "information age" signifies that information has become a very central and strategic commodity and that we will have available nearly limitless computer power, much more than we can use. The question now remains: How are we going to implement this power to the benefit of scholarship?[5] It can be expected that more and more scholars (also in the humanities) will become involved in computer applications and that - whatever be the difficulties (in copyright and other matters) - they will shape their futures on the basis of the new generation of tools of the information age. If material is withheld from such scholars, the internal dynamics of the information age will make them find a way of getting hold of the required material or of producing such a new set of material. The material developed in the course of our academic pursuits, should therefore be available more freely - of course, within certain bounds which will disallow misuse.

Our own attempt to perform a morphological analysis of the Old Testament was born from the desire to have the material available for our own use, but also to make it available to others as widely as possible, in terms of the stipulations agreed to by all the partners involved in the process. This approach prompted us to seek agreements with other scholars sharing the same aims. Together we wish to bring scholarship forward, in order to share in the very promising possibilities of the information age.

2. Approaches to morphological analysis

Various approaches present themselves to scholars interested in preparing a morphological analysis of a corpus of text. The following broad approaches can be distinguished:

---

[4]   For a characterization of the "information age", cf. Naisbitt (1984), Claassen (1984). Naisbitt makes it particularly clear that our concern is not in the first instance "computers" and "computerization", but "information".

[5]   Cf. Claassen (1985).

2.1   A completely manual analysis of the text, where the computer could be completely ignored or else only be implicated secondarily as a mechanism used to order the material produced by the manual analysis, or as a word processor.

2.2   A completely "automatic" approach, where very complex algorithms are developed in order to cater for all possible forms which could occur, even if such a form only occurs once in the whole corpus. Such an approach has e.g. been followed by Azar (1970). The sheer volume of programming to be undertaken in such a case, will prohibit many scholars from even attempting a completely automatic morphological analysis of a literary corpus.[6] Proper results are only obtained at a final stage when all the algorithms work properly.

2.3   A semi-automatic approach, whereby the computer is used in order to enhance the abilities of the the scholar, in such a way that the most effective use is made of time and effort. No time is spent on the construction of extremely complex algorithms if they make provision only for a few uncommon forms. Such forms can just as well be handled manually. Once a common form has been analyzed, however, the scholar should be relieved form handling it again and unnecessarily. The scholar will in this case not be dependent upon programming expertise of the highest level and will see results sooner. This approach has recently also been advocated for the study of Medieval Latin and Italian.[7]

---

[6]   This method also had to be followed in the Responsa Retrieval Project, undertaken at Bar-Ilan University. The corpus is an open-ended one, in the sense that new materials are added continuously. Cf. Choueka et al., 1971; Choueka, 1980; 1981.

[7]   Cf. Farina (1983a, p. 146), describing his package as one which is "...designed to allow users to keyboard their own data, choose their specifications and retain control to the point of humanizing literary text analysis while automating it for faster processing." Cf. also Farina (1983b).

3. A semi-automatic approach

In line with our approach that the text of the Old Testament in computer-readable form should be available as widely as possible, we decided to make use of the materials prepared by other scholars and to spend our energy in bringing this text to a point where it could be used effectively in research.[8]

In addition, it was decided to make use of the computer in such a way that we would develop in the level of sophistication with which we make use of it, but at the same time we would at least be producing something worthwhile all the time. The growth path is regarded as of high value, since this is the only way to learn how best to exploit the possibilities of the computer age.

We take as our point of departure a version of the text of the Old Testament in computer-readable form as encoded at the University of Michigan.[9] Various ways were investigated to perform a morphological analysis of the text, which would enable us to build up an interactive, grammatical data base on the whole of the Old Testament text. Our purpose was to build up a data base which would be suitable for grammatical research for a variety of scholars (on various levels of sophistication in the use of such materials). This data base should act as an interactive system - preferably on microcomputer - for queries on lexical, phonological, morphological and syntactical level, or for any combination of these.

In the meantime a copy was also obtained of a preliminary morphological analysis of a few books of the Old Testament, produced by Whitaker.[10] He

---

[8]   Initially it was considered to enter the morphological analysis of Mandelkern. The biggest problem in this connection was that so many new errors would again be created that the process would have taken very long to complete.

[9]   This text was received from Emanuel Tov (Dept. of Bible, Hebrew University), on the basis of an agreement towards cooperation. Cf. Kraft & Tov (1981) for a description of the LXX project for which this text is used. On the background to the preparation of this text, see Parunak (1982).

[10]   As done by R.E. Whitaker (Pella, Iowa).

produced a very advanced morphological analysis of the text – indicating that the analysis could probably be correct to a degree as high as 90%!

Both these text corpora still required considerable proofreading. A way also had to be found to do really effective proofreading, and **in Hebrew.**

We presently have running a process which enables us to do very effective **manual checking of the morphological analysis** as supplied by Whitaker (and in the process filter out "all" the wrong morphological analyses) and to make provision for all cases where more than one analysis apply (to the word in its morphological attestation – to be resolved then at a later stage, cf. (f) below). In addition, this approach also provides in effect a very exact phase of "proofreading" of the text – a slow but extremely efficient process! This process might be "primitive" in terms of modern developments in natural language processing, but it turns out to be very effective and realistic for a "closed corpus" such as that of Hebrew.

It was regarded as very important to be able to see all words and elements in Hebrew characters on the screen, and to create a mechanism according to which the morphological information relevant to a particular word could be vizualized in such a way that the possibility of errors would be reduced and that an effective and ergonomic way would be provided to manipulate the relevant morphological indicators.

In our process the following now takes place:

a)   The various records of the Whitaker data which constitute a morphological analysis of one full word ("word" interpreted in its full appearance, as in BHS),[11] are linked to one another, in order to form a full analysis of the kind scholars are used to (e.g. prep. X + noun Y + suff. 3 masc. sing. with lemma (dictionary form) ZZZZ **OR** waw + verb Qal Perf. 3 masc. sing. + suff. 3 masc. pl. from root ZZZ.) In

---

[11]   Whitaker handles a word in the form of several separate "records", each one presenting the morphological information connected to one particular part of the word, e.g. separately the prefix, article, lemma and suffix.

this way it is made possible to get a full overview of the word as a whole, as it appears in BHS.

b)   After a first batch of words has been checked manually, this corpus of words (i.e. words in their full attestation, with all affixes, etc.) becomes a main word file, against which all new words of new corpora (e.g. the next few chapters) are checked. When a "full hit" is obtained, the word will be regarded as already analyzed, and will not pass through the "onscreen" process for manual checking again (see below c). All words not found in this way, are then put into a separate file for processing through the "onscreen" processor, called HEBMORPH, but now with the analysis of the Whitaker data displayed on the screen as a suggested analysis. The percentage of cases where the Whitaker analysis proves to be correct, is very high, but it is very important to make certain, as far as possible, that the analysis is indeed correct at this stage. (Some errors will, of course, be made this way too - but for those provision will be made in a different way [cf. f below].)

c)   In HEBMORPH, the program which allows manual checking of the morphological analysis "onscreen", the words are shown **in Hebrew**, with the cursor moving from right to left (and jumping up and down over three lines when moved, in order to accommodate all the vowels!), and the basic (or dictionary) form and root are also indicated in Hebrew. (Cf. Illustrations A and B for samples of the graphics dump of the screen layout used for this purpose.) All the choices which are applicable, are then highlighted (i.e. the whole rectangle containing the value, is highlighted), and the operator can easily **see** whether the proposed analysis is correct, or, alternatively, he can change any item on the screen.[12] A number of counters are provided, in order to cater for values which do not occur very often, but which still need to be entered sometimes. The additional set of counters in the

---

[12]   The cursor is moved around the screen very rapidly with a Microsoft Mouse (or, if this is not available, in a less effective way with the cursor control keys). The left button is used for selection or de-selection of a value, and the right button for confirmation and moving on to the next record. HEBMORPH runs on an IBM PC with Hercules Graphics Card and Mouse.

bottom field indicate the book, chapter, verse, word-in-verse, Ketiv-Qere variations and the number of the analysis for that particular morphological attestation [1-9].) The matching of new words against words already found, initially takes place on an IBM PC with hard disk, but will soon migrate to a mini-computer (DG MV 4000).

In order to allow the operator to make his selection of morphological descriptions as fast and effective as possible, HEBMORPH has been programmed in such a way that the cursor will automatically move to the next row where values have to be selected, or, within a row, to the most frequent or most probable value, thus requiring the operator only to confirm the value. If he disagrees, he can select another value by a swift move of the Mouse.

d) In order to attain an acceptable speed on the IBM PC and effective storage capability on a normal floppy disk, use had to be made of data compaction. All the screen information attached to a particular word takes up 88 characters in total: 20 for the Hebrew (text) word, 20 for the Hebrew word in its basic form, 8 for the root, 5 for a (possibly needed) Mandelkern page number, 10 for all the remainder of the screen data (!), 7 for (future) additional information, 16 for the positional markers (book, chapter, verse, word-in-verse), one for an indication of Ketiv-Qere variations and one for a consecutive number assigned to the various morphological analyses which can be given to a particular morphological attestation.

e) Gradually some more intelligent processing on the data will be built in, e.g. to accept an analysis with preposition x when it has already occurred (and has been viewed in HEBMORPH) with preposition y.

f) As a final check, the data will be processed to such a form that it can be sorted according to the same logic in which the words are arranged in Mandelkern's concordance. The results for a particular corpus, or eventually for the whole of the Old Testament, will then be sorted this way, and the number of verses for which a given form is attested, will be checked against the number of verses found in

Mandelkern. All differences then have to be accounted for. This is a cumbersome procedure, but will assure the largest possible degree of correctness of the data.

g) In order to minimize the chances for the wrong input of information on the screen, the means has been developed to allow the operator to "transfer" a word or part thereof from the field showing the attested form to the field indicating the basic form (lemma) or even to the root field, where the vowels are then omitted.

This process has the advantage of gaining momentum rapidly, and the cycle typically repeats itself every few days. The morphological analysis of verbs in the preliminary analysis by Whitaker proves to be remarkably accurate, but there are still many verbal forms where a definite analysis cannot be reached through a process of machine analysis. In the case of nouns there are more errors - the large variety in the formations of nouns will cause problems for most programs intended for morphological analysis! Nevertheless, without the Whitaker data providing the basis, it would have taken much longer. At least a suggestion towards an analysis is now made, and an operator can only check to see whether it is correct or not.

What we have demonstrated with the approach followed at the University of Stellenbosch, is that it could be very useful to combine manual and computerized methods into an approach which makes it possible to move forward in our attempts to utilize the possibilities of the information age properly. In order to make use of computer technology, one need not only put his hope completely automatized processes.

BIBLIOGRAPHY

Azar, M., 1970, **Analyse Morphologique Automatique de la Bible**. Thèse, Faculté des Lettres de Nancy.

Choueka, Y. et al., 1971, "Full Text Document Retrieval: Hebrew Legal Texts (Report on the first phase of the Responsa Retrieval Project)", in **Proceedings of the Symposium on Information Storage and Retrieval** (April 1-2, 1971). University of Maryland.

Choueka, Y. 1980, "Computerized Full-Text Retrieval Systems and Research in the Humanities: The Responsa Project", **Computers and the Humanities** 14 (1980), pp. 153-69.

Choueka, Y. 1981, **The Responsa Project. What, How, and Why: 1976-1981.** Ramat Gan: Bar-Ilan University, Institute for Information Retrieval and Computational Linguistics.

Claassen, W.T., 1984, "On Coping with Information", in **Information Management in the Forestry Industry** (Symposium held in Stellenbosch, November 1984).

Claassen, W.T., 1985, "Die Inligtingsprobleem en die Beoefening van die Wetenskap [The Information Problem and the Sciences]", in **Prioriteite tot by die Jaar 2000.** (Proceedings of the Annual Meeting of the South African Academy of Arts and Sciences, June 1985.) (In the press.)

Farina, L. 1983a, "Prospect of a Microcomputer System Designed for Automatic Morphoanalysis of MedievalItalian and Latin", in (eds. S.K. Burton & D.D. Short), **Sixth International Conference on Computers and the Humanities.** Rockville, Maryland. 1983. pp. 146-63.

Farina, L. 1983b, "LDMS: A Linguistic Data Management System", **Computers and the Humanities** 17 (1983), pp. 99-120.

Kraft, R.A. & E. Tov, 1981, "Computer Assisted Tools for Septuagint Studies", **Bulletin of the IOSCS** 14 (1981), pp. 22-33.

Naisbitt, J., 1984, **Megatrends. Ten New Directions Transforming our Lives.** London: Macdonald & Co.

Parunak, H. van Dyke, 1982, **Texts of the Michigan Project for Computer Assisted Biblical Studies.** (Unpublished research memorandum UM 82-2, 10 June 1982.)

Weil, G.E., 1984, "La Bible Massoretique face au Golem. Problemes methodologiques, epistemologiques et ethiques poses pas les etudes automatisees" (Paper presented at the "Colloquim on the Transformation of Biblical Research in the XIXth and XXth Centuries", presented by the Israel Academy of Sciences and Humanities and the European Science Foundation, in Jerusalem, 10-13 September 1984.

ILLUSTRATION A

	CONFIRM		DELETE WORDS	DELETE FIELDS		JUMP	
Hebrew	Trnscr.	Basic		Trnscr.	Root.	Trns.	R.N.
בעיני ו	wlJ#q!r@c$e				קלב	qrc	Ø

WORKING FROM: A:2REG5A.TXT TO: B:TOETS.TXT RECORD: 477

PART-SP:	Noun	**Verb**	Adj	Adv	Num	Prep	PropN	Prtcle	Ø
PREFIX:	Cop		**W.cons**	Art	Prep	Intrrg			
PREP:	ה?	ב?	ל?	מ?					
THEME:	**Qal**	Nif	Pi	Pu	Hitp	Hiph	Hoph	Pol	Ø
MODE:	Perf	**Impf**	Impt	InfC	InfA	PartA	PartP		Ø
ModeOpt:	LF	KF	Koh	Jus	ImptEm				Ø
PERS:	3	2	1	GEN:	**Masc**	Fem	NUM:	**Sg**	Pl
NN/PART:	STATE:	Abs	Cons	GEN:	Masc	Fem	NUM:	Sg	Pl
SUFFIX:	3	2	1	GEN:	**Masc**	Fem	NUM:	**Sg**	Pl
OPTIONS:	Pausal	Defect	LEVEL:	Ø		MAND:	Dual:	REMARK	Ø

END CONFIRM 11/002/012/015/0/0

ILLUSTRATION B

TRAVAUX DE BIBLE ET INFORMATIQUE EN COURS
A SHERBROOKE, QUEBEC

Jack Cochrane

Le travail de Bible et Informatique qui se
poursuit présentement à Sherbrooke a débuté en
1976, grâce à l'initiative de Germain Chouinard et
de Jack Cochrane, tous deux à l'emploi de l'Université de Sherbrooke, le premier étant responsable de la Bibliothèque des Sciences de la Santé,
et le deuxième, professeur de linguistique, à la
Faculté des arts. Pendant la période de planifi-
cation, nous avons décidé d'utiliser le texte de
la Bible française, la version de Louis Segond
revue en 1975, connue ultérieurement sous le nom
de "La Nouvelle Bible de Genève 1979", une révi-
sion sommaire du texte de Louis Segond, la Bible
de la majorité des protestants francophones
depuis un siècle. Le travail d'enregistrement sur
disquettes (12,7cm, double face, double densité)
avec micro-ordinateur Ontel (Nelma) du texte biblique en lettres minuscules avec accents aigu,
grave, circonflexe et tréma (sauf sur les majuscules), commencé en juillet 1977 et suivi du
traitement par l'ordinateur central IBM 370, a
abouti à l'édition de la CONCORDANCE DE LA BIBLE
(Sherbrooke, Distributions Evangéliques du Québec,
957 pages) en avril 1980. Cette concordance, dite
"complète", non lemmatisée, comprenait environ
375 000 mots avec contexte et dans laquelle la
plupart des homographes n'avaient pas été séparés.

C'est grâce à un vif intérêt et à un appui
généreux du Service de l'Informatique de l'Université et de la maison d'édition Les Distributions
Evangéliques du Québec que cette première étape
du projet de la concordance a pu se réaliser.

LA LEMMATISATION

Dans une deuxième étape, nous nous sommes
proposé de faire parallèlement la lemmatisation et
la séparation des homographes. Comme dans la
première étape, il s'agissait d'une utilisation
combinée de l'ordinateur central pour la manipulation automatique de grandes quantités de données
et du micro-ordinateur pour le travail qui exi-
geait l'intervention humaine. Le regroupement,
déjà effectué, en un seul article de concordance
contenant toutes les occurrences de chaque forme
de mot (comme exemple, tous les abaissa, tous les
abaissait, tous les abaissant, et ainsi de suite),
accompagné de son contexte, a énormément facilité
la lemmatisation. Il a suffi d'identifier le
lemme de la première occurrence de chaque article
(le premier abaissa, le premier abaissait, etc.).
Dans le but d'offrir aux futurs utilisateurs les
avantages d'une concordance lemmatisée et ceux
d'une concordance non lemmatisée, nous avons
retenu en sous-groupes distincts les occurrences
de chaque forme de chaque lemme. Par exemple,
sous le lemme abaisser, les abaissa sont encore
regroupés ensemble, suivis des abaissait, ensuite

des abaissant, et ainsi de suite.

Quant aux articles qui comprenaient des homographes tels que nuit (le nom nuit et la forme du verbe nuire), offre (le nom offre et la forme du verbe offrir), et vase (le nom masculin et le nom féminin), il s'agissait de consulter le contexte afin de déterminer auquel des deux lemmes il fallait rattacher l'occurrence, puis d'entrer le bon lemme là où il y avait un changement de sens. Là où deux lemmes, ou plus, avaient la même forme, nous les avons numérotés, ce qui nous a donné vase 1, vase 2, frais 1 (nom), frais 2 (adjectif), fier 1 (verbe), fier 2 (adjectif) et ainsi de suite. Déjà, avant de produire la CONCORDANCE, nous avions séparé certains homographes, comme les 3 Jésus, or (métal précieux et adverbe) et pas (nom et adverbe), etc.

Dans cette deuxième étape, il nous a semblé bon de ne pas séparer les homographes des noms propres, étant donné les problèmes énormes de déterminer, par exemple, combien de Jacques (4? ou 5?) il y a dans le Nouveau Testament et combien de Azaria (23?) il y a dans l'Ancien Testament, ou encore combien il y a de sens au nom Israël. En somme, nous nous sommes limités à la séparation des homographes homonymiques, sans vouloir distinguer les homographes polysémiques, qui relèvent bien souvent du domaine de l'exégèse. Pour résoudre un autre problème très épineux, nous n'avons pas distingué entre le participe, présent

ou passé, et l'adjectif verbal, c'est-à-dire entre
tremblant dans "...tremblant à cause de la circonstance..." (Esdras 10:9) où il est participe,
et tremblant dans "Mon coeur est tout tremblant..."
(Job 37:1), où il est adjectif verbal. Nous les
avons rattachés, tous les deux, au verbe trembler.
C'est seulement là où l'orthographe faisait une
distinction que nous les avons séparés, comme par
exemple extravagant (2 Cor. 11:23) et négligent
(2 Chron. 29:11) (à comparer avec extravaguant et
négligeant). Pareillement, le participe passé
crucifié dans "...ce Jésus que vous avez crucifié"
(Actes 2:36) et l'adjectif verbal crucifié dans
"...nous prêchons Christ crucifié" (1 Cor. 1:23)
sont lemmatisés sous un seul lemme crucifier.

Une fois terminée, la lemmatisation a re-
groupé les quelques 375 000 mots de la CONCORDANCE
sous 8674 lemmes et la séparation des homographes
a donné 133 lemmes homographes.

ADDITION DES MOTS GRECS ET HEBREUX A LA
CONCORDANCE

L'étape actuelle du travail est celle de
l'identification, pour chacun des 375 000 mots de
la CONCORDANCE, du mot grec ou hébreu (ou araméen)
duquel il a été traduit. Cette étape consiste à
enregistrer les mots hébreux et grecs, leurs sens
et les références de toutes les occurrences de
chacun de ces mots, en vue d'apparier les mots
français avec les mots du texte original.

CHOIX DES MOTS HEBREUX ET GRECS

Etant donné que notre concordance avait été élaborée d'après le texte de Louis Segond, il fallait d'abord inclure tous les mots grecs et hébreux que ce traducteur, qui apparemment avait utilisé le texte de Tischendorf, avait devant lui au moment de la traduction.

De plus, il est important d'avoir ces mots sous la même forme que Segond les percevait. Par exemple, à l'encontre de beaucoup d'autres traducteurs, Segond a compris et a traduit les deux expressions d'Esaïe 15:1 עָר מוֹאָב et קִיר מוֹאָב comme deux noms propres composés, Ar-Moab et Kir de Moab. De même, ce traducteur a traduit l'expression בְּשַׁעַר הַיְסוֹד (2 Chroniques 23:5) par "à la porte de Jesod", que les autres rendent par "à la porte du fondement". Donc, dans notre liste figurent le nom propre de Jesod et les deux noms propres composés, Ar-Moab et Kir-Moab. Ainsi notre liste reflète la compréhension de Segond. Par contre nous avons inclu les mots que ce traducteur a rejetés tel que le nom propre Τίτος , trouvé dans plusieurs manuscrits dans Actes 18:7.

Au lieu de dresser des listes séparées, soit pour les noms propres soit pour les mots araméens de l'Ancien Testament, nous avons décidé de produire deux listes, une pour les mots hébreux, l'autre pour les mots grecs. Même au niveau des articles, nous n'avons fait qu'une seule entrée

pour les mots hébreux et araméens ayant le même
sens et la même forme (du dictionnaire). Un exemple serait le mot hébreu אֶבֶן , pierre, et
le mot araméen אֶבֶן , pierre, dont nous n'avons
fait qu'une seule entrée, de même que le mot hébreu רוּחַ , esprit, et le mot araméen רוּחַ ,
esprit. Ce choix de mots nous a donné 8706 mots
hébreux et araméens et 5503 mots grecs. Les
leçons variantes viennent s'ajouter à ce total. A
titre d'exemple, le mot βελιάλ , Bélial, (2
Cor. 6:15), choisi par Segond, est inclu et compté,
mais la leçon variante, βελιάρ , Béliar,
apparaissant comme variante du premier, n'est pas
compté.

La présentation de ces mots suit l'ordre
alphabétique, sans tenir compte de l'étymologie.

ENREGISTRMENT DES LEXIQUES HEBREU ET GREC

Nous avons adopté le logiciel DBASE II pour
créer des fichiers de lexiques hébreu et grec.

Dans le but de faire apparaître sur l'écran
les caractères hébreux et les lettres grecques,
nous avons créé les programmes en langage MBASIC
qui les définissent et nous permettent de les
avoir sur l'écran et à l'imprimante, évitant ainsi
la nécessité d'apprendre une série de symboles
pour chaque alphabet. Les limites de grandeur de
matrices, à l'écran et à l'imprimante, nous ont
obligés à mettre, pour l'hébreu, les voyelles
après les caractères, c'est-à-dire à gauche, au

lieu d'au-dessus ou au-dessous, et de mettre,
pour le grec, les accents, les esprits et les iota
souscrits, avant les voyelles, c'est-à-dire à
gauche. Nous tapons les mots hébreux en commen-
çant par la fin du mot, c'est-à-dire de gauche à
droite.

Dans la base de données, le mot hébreu ou
grec occupe un champ. D'autres renseignements
sont casés dans les autres champs: indications
grammaticales (partie du discours, genre), formes
variantes, et sens équivalents en français.

ENREGISTREMENT DES REFERENCES

Pour apparier les mots hébreux et grecs avec
les mots français, il nous a semblé fort avanta-
geux sinon absolument nécessaire, d'apparier préalablement les références (livre, chapître et
verset). Possédant déjà les références des mots
français, il s'agissait d'enregistrer les références des mots grecs et hébreux et ensuite, de
réunir, pour chaque verset de la Bible, les mots
français et les mots de l'autre langue. A partir
de là, une autre opération s'impose, c'est celle
d'apparier les mots grecs et hébreux selon leur
sens avec les mots français du même verset.

ENREGISTREMENT DES SENS

Pour apparier automatiquement les mots hébreux et grecs avec les mots français selon les
sens, il faut attacher préalablement à chaque mot
hébreu et grec un ou des sens (équivalents en

français). Il faut choisir entre deux façons de
le faire: soit en utilisant un dictionnaire ou
son imagination, et en pensant à tous les équivalents susceptibles de se trouver dans la Bible
comme traduction d'un mot donné; soit en trouvant
les références dans une concordance, aller dans le
texte biblique afin de trouver le mot français
effectivement choisi. Nous avons adopté la deuxième façon de procéder, sans pourtant consulter
tous les passages où se trouve le mot en question,
mais en choisissant un nombre représentatif d'occurrences. Nous sommes d'avis que l'augmentation
de travail manuel de cette étape sera compensée
par une diminution du travail manuel plus tard
résultant d'un pourcentage de réussite plus élevé
de l'appariement par ordinateur.

VERIFICATION DE L'APPARIEMENT

Il faudra l'intervention humaine afin d'apparier les mots que l'ordinateur n'aura pas réussi
à apparier. Pour accomplir ce travail de vérification, les mots appariés et non appariés apparaîtront comme dans l'exemple de 1 Corinthiens 4:1
qui suit:

Christ	Χριστός	5427	
Comme	ὡς	5491	
Dieu	θεός	2315	
Dispensateur	οἰκονόμος	3519	
Mystère	μυστήριον	3364	
Regarder			
Serviteur	ὑπηρέτης	5138	
	ἄνθρωπος	0452	Homme
	λογίζομαι	3061	calculer, compter,...

Dans cet exemple, l'ordinateur a réussi à apparier
6 mots grecs avec 6 mots français. Pour les
autres cas, c'est en considérant les sens du mot
grec 3061 λογίζομαι qu'on pourra l'apparier
avec regarder. Comme le travail se fait avec les
textes grec et français sous les yeux, le vérifi-
cateur constate que le mot grec 0452 ἄνθρωπος
a été traduit par un mot exclu de la CONCORDANCE,
le pronom on. C'est ainsi qu'à chaque mot français est rattaché un numéro qui correspond à un
mot grec. La procédure est identique pour le
travail dans l'Ancien Testament.

Le travail va bon train, l'achèvement est
prévu pour le début de 1986. C'est notre désir
que le fruit de ce travail puisse faciliter pour
un grand nombre de personnes l'étude de la Parole,
à la gloire de Dieu.

THE DEVELOPMENT OF A DATA BASE FOR THE PESHITTA VERSION OF THE OLD TESTAMENT

JOHANN COOK

The Project

The Peshiṭta project situated in the Department of Semitic Languages at the University of Stellenbosch, was initiated by the need to utilize the computer for the analysis of textual data. The congress of **IOSCS** held at Salamanca in 1983, in more than one way played a directive rôle in this respect. Papers delivered at this congress in addition to discussions held in the above-mentioned Department paved the way for the establishment of this project[1]. The decisive moment was probably reached through the public call of Prof. McKane, the chairman of the Peshiṭta project of **IOSOT**, at the business meeting[2] concerning the development of a concordance for the Peshiṭta version of the Old Testament.

The development of a Syriac concordance has been a desideratum for quite some time. When the **IOSOT** decided in 1953[3] to tackle the publication of the Peshiṭta version of the Old Testament, they already had this tool in mind. The shortcomings of existing lexica/concordances have been realized all along. The main reason why this much needed tool has been left behind for so long, was the unwillingness of scholars to take on such a time-consuming and encompassing task. The realization that former "tools" were constructed primarily manually should , however, increase our estimation for these endeavours.

Fortunately the computer disposed many of these barriers. Some computer work on the Syriac text of the Old Testament has already been done[4] and are still being done. I am referring to the Göttingen project. Other more encompassing projects using the computer constructively, however, exists and have been successfully extended. The by now well-known **CATSS** project is clearly the best example(this is surely true as far as the use of main frame computers are concerned).

The Data base

Structure of the Data base

The data base has as **textual basis** the Peshiṭta Version of
the Old Testament published under the auspices of the Peshiṭta Institute of Leiden. In those books where this text has
not been published, a consensus has been reached to make use
of Codex Ambrosianus[5]. Variants have not been taken into
account at this stage of the project, as not all the books of
the Peshiṭta version have been published[6]. It will however
be treated on the long run, for the computer can be applied
usefully for the text-critical handling of variant readings
(in the CATSS project much progress has been made in this
respect).

Initially all research in this project was aimed at the
development of a Syriac concordance. However as time went by
and our knowledge of the computer enlarged, it was realized
that the concordance is only one of the secondary, albeit,
important results of a more encompassing endeavour, the computerized Data Base.

The Data Base currently consists of an encoded text of the
first three books of the Pentateuch, as well as a limited
morphological analysis of the first thirty chapters of the
book of Genesis. A concordance has been developed from this
morphological analysis. This concordance is available on
floppy discs and in printed form. The book of Genesis will be
completed shortly and will be published for use by scholars.
In the near future a parallel alignment of the Hebrew and
Syriac will be constructed using the Hebrew text of **CATSS**(cf.
below).

The structure of the Data Base as intended for the near
future is consequently as follows:

1. A Hebrew-Syriac parallel alignment(this alignment differs
from the limited alignment already done in the morphological
analysis, which is lexically oriented)
2. An encompassing morphological analysis of the Syriac text
3. The variant readings to the Peshiṭta text

4. The morphological analysis of the Hebrew text.

Procedures followed in the Construction of the Data Base

Encoding of the Text

The policy followed in the project is to encode the entire text of the Peshiṭta including all the Masora of the Peshiṭta and other sigla(encode what is written).

Transcription system

1.   Transcription alphabet for the Syriac
>->ālaph
B- bēth
G-gāmal
D-dālath
H-hè
W-waw
Z-zain
X-ḥēth
V-ṭēth
J-yūdh
K-kāph
L-lāmadh
M-mīm
N-nūn
S-semkath
<- ʿē
P-pē
Y-çādhè
Q-qōph
R-rēš
C-šīn
T-taw

2.   Diacritical symbols referring to the Syriac text
2.1 Plural (seyame)¨- numeral 1 after the letter upon which the seyame occurs
2.2 The dot above a letter - the numeral 2 after the letter
2.3 The dot underneath a letter - the numeral 3 after the letter

2.4 The colon (:) as Masora in the text - the numeral 4

2.5 The larger dot (.) at the end of a verse - the numeral 5

2.6 The ⁙ - the numeral 7

2.7 The end of a verse - the numeral 6

2.8 Textcritical indications† - the numeral 8

2.9 Verse references - #

2.10 The vertical line | - the numeral 0

2.11 The dot as "Massoretic" sign after a Syriac word - the numeral 9, connected by a hyphen to the word if the word and the dot are written as one.

2.12 Where one word in Syriac is composed of two or more parts of speech, the parts of speech are to be separated by the hyphen. This applies to the pre-morphological phase.

3. Other indications :

3.1 Each chapter commences with a heading (eg. #GEN*). The text commences beneath an open line.

3.2 The numbering of the verses is done according to the Peshitta text. Each is to have a "#" in front of the number.

3.3   Each verse commences in a new line.

3.4 Spaces in those passages where it occurs in the text, as also before and after 0,4,5,7, and 8, and only before a 6 - never after one. Never are two spaces used next to one another.

Encoding procedures

Initially the Peshitta text was transcribed by graduate students and thereafter proofread manually. The next phase, the typing of this transcribed text was done on micro compu-ters(IBM and Olivetti). This text was then printed on an Epson LQ 1500 printer and again proofread. At a later stage advanced computer programmes were developed in order to print Syriac script(examples of these printouts were demonstrated at the **European Science Foundation** congress held in Jerusalem in September 1984).

However, it was soon realized that the computer could be utilized to do the aforementioned work. A comparing programme was written [7] which compared two independently encoded ver-sions of the same passage. All mistakes are denoted and corrected.

3.Description of morphological analysis

At the outset the morphological analysis of the Peshiṭta text was done manually by post-graduates. The encompassing concordance of Payne-Smith **Thesaurus Syriacus** was used as checking source, having the advantage that it could be used as a consistent norm.

The first six chapters of Genesis were completed and a mini-concordance was created by running a concordance programme[8] against the morphological analysis/data base. The results were satisfactory, however, it came about by time-consuming processes. Whereas the morphological analysis was done mainly by hand, further experimentation led to greater computerization. A pre-morphological stage was implemented. Lemmatization was done by hyphenating the pre- and suffixes. Next followed the semi-automatic generation of the morphological analysis. Part of speech, grammatical analysis and the English translation are indicated, with an open field for the Hebrew equivalents which is typed in manually. However, the CATSS Hebrew text has been kindly put at our disposal by Prof. Emanuel Tov[9] and it will be used in the future. The Hebrew equivalents will be inserted programmatically.

The Semi-automatic generation of the morphological analysis is done by running the hyphenated words against the dictionary of words consisting of Genesis 1-6. After each analysed chapter the dictionary is updated, by including all newly generated words. The updating of the dictionary has the advantage that progressively less new words has to be analysed manually.

Problems

Many of the problems encountered in the development of the Data Base have already been touched upon. The main problem is connected with the encoding of the text. Optical character readers seem to have problems in reading Syriac as a result of the fact that it is a flowing script. The Oxford computing centre has been approached in this respect, with no possitive results. Possibly this problem could be solved in the future.

Application of the Morphological analysis

The morphological analysis manipulated correctly, opens various avenues for primary research. It can be used to create various exegetical tools such as concordances, word lists etc.. It is clear, however, that these tools are not the primary object of our research, but the Data Base which is a much more flexible unit for primary research. The Data Base can be used constructively in respect of the analysis of the translation technique, the composition of the Peshiṭta and text-critical issues. Once the data base is completed it can be manipulated by means of appropriate computer programmes in order to find solutions for highly complex questions. The study of the translation technique can inter alia present tenable answers to the age old question whether the Peshiṭta indeed represent a literal translation of its Hebrew **Vorlage**. It will be possible to use representative statistics as basis for conclusions. Concerning the issue of the composition of the Peshiṭta it will be possible to determine what the exact content of the influence of the Targumim, the Septuagint and other exegetical writings were in the transmission and composition of this translation.

Future intensions

1. Parallel Alignment of the Hebrew and the Syriac.
The Stellenbosch Peshiṭta project has gained valuable experience from the CATSS project, as stated already. In addition to the Hebrew text of CATSS being used as equivalents in the morphological analysis, it is also used as basis for a much needed alignment with the Syriac text. In this regard the work already done by Abercrombie[10] acted as useful example. Work on this phase has already begun. A programmer has deleted the Greek column from the parallel alignment and has removed all unnecessary elements from the Hebrew. The remaining Hebrew text will be made completely vertical. The encoded Syriac text will shortly also be arranged vertically. Newly written computer programmes will be used to align the two vertical columns(CATSS and Syriac), which will be checked by a correction programme.

2. As stated already, the morphological analysis will be

extended. The work done in this respect will be extensively computerized.

3.The Hebrew text of CATSS will be inserted programmatically as equivalents in the morphological analysis.

4.Cooperation with scholars in order to speed up the research Endeavours to use existing computer programmes of dr. Sokoloff from the University of Bar-Ilan have failed. The difference between his project and the Peshiṭta project described here, seems to be too great. I have also been contacted by Mr. Joe Wise from the Way International. Prof. Weitzman has agreed to encode the book of Proverbs.

5.Other long term desiderata include the reconstruction of the **Urtext** of the Peshiṭta. This time consuming endeavour can be done quicker with the computer. Patristic quotations and the lectionaries could therefore be included in the Data Base[11].

APPENDIX

Morphological Analysis

1.Abbreviations
Verbs
Pe.perf.3.m.sg.
       3.f.sg.
       2.m.sg.
       2.f.sg.
       1.sg.
       3.pl.
       3.m.pl.
       3.f.pl.
       2.m.pl.
       2.f.pl.
       1.pl.
  impf.
  imp. m.sg.
      f.sg.
      m.pl.
      f.pl.
  inf.
  part. act.m.sg.
      act.m.pl.
      act.f.sg.
      act.f.pl.
      pass.m.sg.
      pass.m.pl.
      pass.f.sg.
      pass.f.pl.

Ethpe.
Pa.
Ethpa.
Aph.
Ettaph.
Shaph.
Eshtaph.
Saph.
Eshaph.
Pal.
Ethpal.

```
Paul.
Ethpaul.
Palp.
Ethpalp.
Pealel
Ethpealal
Paiel
Ethpaial
Pali
Ethpali

Nouns
m.sg.abs.
f.sg.abs.
c.sg.abs.
m.pl.abs.
f.pl.abs.
c.pl.abs.
m.sg.emph.
f.sg.emph.
c.sg.emph.
m.pl.emph.
f.pl.emph.
c.pl.emph.
m.sg.constr.
f.sg.constr.
c.sg.constr.
m.pl.constr.
f.pl.constr.
c.pl.constr.
(   /&): (for proper names)

Pronouns
pers.pron.3.m.sg.
          3.f.sg.
          2.m.sg.
          2.f.sg.
          1.sg.
          3.pl.
          3.m.pl.
          3.f.pl.
          2.m.pl.
```

```
              2.f.pl.
              1.pl.
demon.pron.m.sg.
              f.sg.
              m.pl.
              f.pl.
inter.pron.
(suf.) eg./?3.m.sg).
```

2. Grammatical markers for lemmatization
- is an indication of the separation of words

```
Parts of speech : prepositions !
                  pronominal suffixes ?
                  verbs %
                  nouns &
                  adverbs ~
                  adjectives \
                  numerals +
                  particles $
                  pronouns [
                  copula ]
```

3. Directions for morphological analysis

3.1   verbs:

(root/%,verbal theme, mode, person, gender, number, in the case of participles the state is added){Hebrew equivalent/English equivalent}

3.2   nouns :

(root/&,gender, number, state){Hebrew equivalent/English - equivalent}; nouns are described in terms of the emphatic state(personal names are described without any grammatical description).

3.3 adjectives :

(root/\,gender, number, state){Hebrew equivalent/English - equivalent}; adjectives are described in terms of the absolute state

3.4   adverbs :

(root/~){Hebrew equivalent/English equivalent}

3.5   pronouns:

demonstrative:

(root/[,gender,number){Hebrew/Eng}

3.6 suffixes:

(suffixs/?){Hebrew equivalent/English equivalent}.

3.7 particles :

(root/$){Hebr/Eng}; when more than one particle or adverb combine to form a new adverb or particle the two parts are separated, but the fields of the first left empty, while the first is being represented in the second: e.g MN BTR D-: MN(/){/} BTR(/){/} D(MN BTR D/$){Hebr/Eng}. This also is the case if the particles or adverbs are combined into one word.

3.8 prepositions :

(preposition/!){Hebrew equivalent/English equivalent}

3.9 Hebrew:

The only difference between the Hebrew and the Syriac is in the devision of the noun and the pronominal suffix, where the Hebrew takes the W and/or J of the plural noun with the noun itself(Stephenson has been followed in this regard).

3.10 English:

The English equivalent is that of the Syriac and not of the Hebrew.

3.11 More than one possible analysis:

Where more than one analysis is possible, the secondary analyses are rendered by a OR and the description written out. E.g.

(**/$Pe.part.f.sg. OR noun).

FOOTNOTES

1) I am thinking especially of the paper delivered by E. Tov "Computer Assisted Alignment of Greek-Hebrew Equivalents of the Massoretic Text and the Septuagint".

2) This ultimately lead to the establishment of an editorial committee. Prof. McKane from St. Andrews, chairman of the Peshiṭta project, Prof. M. J. Mulder from the Peshiṭta Institute and the author of this article form this committee.

3) Cf. the General Introduction to the Peshiṭta Edition, **The Old Testament in Syriac according to the Peshiṭta Version,** Leiden, 1972, v.

4) Concerning the Syriac Old Testament work has been done in Göttingen by W. Strothmann and N. Sprenger. Concordances on Kohelet, Psalms and recently the minor prophets have been published. A major difference between the work done in Stellenbosch and this project relates to the textual basis. A review of the last mentioned work by M.J. Mulder will appear in the next issue of **Bib Or.**

5) Prof M.H. Goshen-Gottstein inter alia shared this point of view.

6) According to Prof. M. J. Mulder the Old Testament could be completed within five years.

7) Most of the programming done for the Peshiṭta-project was done by mr. R. Gerber in co-operation with mr. B.A. Nieuwoudt, who are two research assistants at the Dept. of Semitic Languages of the University of Stellenbosch.

8) This programme was developed by Mr. Reggs Dodds from the University of Stellenbosch.

9) I would like to express my thanks to Prof. E. Tov for the constructive proposals made by him and for his willingness to share his vast experience.

10) J.R. Abercrombie, "Computer Assisted Alignment of the Greek and Hebrew Biblical Texts - Programming Background", **Textus** XI (1984), 125-39.

11) At the past Peshiṭta congress held in Leiden, Prof. S.P. Brock suggested that the Syro-hexapla readings be included too.

CODING PROPOSAL SUBMITTED TO "BIBLE ET INFORMATIQUE"

J.C. de Moor

Preliminary considerations:

1) The coding system adopted should enable the user to work with the original alphabets or the customary transliteration / transcription-systems used in advanced Bible studies, both on the input-console and on the output-device.

2) The choice of codes should be such that the normal QWERTY -keyboard provides easy mnemonics for the user who is working with up to 15 fonts at the same time.

3) One code should be reserved to mark a change of font (the Xerox-protocol using two bytes for every character is wasteful and unpractical).

4) Two codes should be reserved to mark an overstrike, one for a single overstrike (e.g. vocalized Hebrew, accented Greek), one for a double overstrike (e.g. vocalized and accented Hebrew).

5) The following proposal has been implemented on a simple CP/M 2.2-system, on which these pages were produced. Documentation on this system can be obtained from prof. J.C. de Moor, Theol. Hogeschool, Kampen.

SEMITIC 1	SEMITIC 2	HEBREW	GREEK	KEY	ASCII-HEX
ʾ (ᵓa)	ʾ (ᵓa)	א	' (ἀ)	'	27
b	b	ב	β	b	62
b (ᵃb)	B	ב	B	B	42
g	g	ג	γ	g	67
ġ (ᵃg)	G	ג	Γ	G	47
ġ	Ċ	'	῀ (ἆ)	῀	22
d	d	ד	δ	d	64
d (ᵃd)	D	ד	Δ	D	44
ḏ	Ḏ	\	\	\	5C
h	h	ח	η	h	68
ḥ (ᵃh)	H	ח	H	H	48
w	w	ו	ω	w	77
w (ᵃw)	W	ז	Ω	W	57
z	z	ז	ζ	z	7A
z (ᵃz)	Z	ז	Z	Z	5A
ḥ	ḥ	ח	χ	x	78
x (ᵃx)	X	ע	X	X	58
ḫ	Ḥ	ַ	¨ (ϊ)	¢	23
ḅ (ᵃḅ)	Ṣ	§	ς	$	24
ṭ	ṭ	ט	θ	j	6A
ṭ (ᵃṭ)	T	ט	θ	J	4A

		Hébreu			
z̧	Z	⸴	ŋ	%	25
y	i̧	ڔ	ψ	y	79
y (aʸ)	Ī	ٮ	Υ	Y	59
k	k	כ	ϰ	k	6B
k (aᵏ)	K	ךּ	Κ	K	4B
l	l	ל	λ	l	6C
l (aˡ)	L	ל	Λ	L	4C
m	m	מ	μ	m	6D
m (aᵐ)	M	ם	Μ	M	4D
n	n	נ	ν	n	6E
n (aⁿ)	N	ן	Ν	N	4E
s	s	ס	σ	s	73
s (aˢ)	S	ס	Σ	S	53
ʿ	ʿ	ע	ʻ (ἀ)	`	60
ġ	Ġ	׃	· (α·)	:	3A
p	p	פ	π	p	70
p (aᵖ)	P	ף	Π	P	50
f	f	ף	φ	f	66
f (aᶠ)	F	ף	Φ	F	46
ḏ	Ḏ	ש	῾ (ἄ)	+	2B
ṣ	ṣ	צ	ξ	⊏	63
ṣ (aṣ)	Ṣ	ץ	Ξ	C	43
q	q	ק	ʼ (ά)	q	71
q (aq)	Q	ק	` (ὰ)	Q	51
ḳ	Ḳ	־	~ (ᾶ)	&	26
r	r	ר	Ρ	r	72
r (aʳ)	R		Ρ	R	52
ś	Ś	שׁ	;	;	3B
š	š	שׁ	Ϝ	v	76
š (aš)	Š	שׁ	^ (α^)	V	56
t	t	ת	τ	t	74
t (aᵗ)	T	ת	Τ	T	54
ṯ	Ṯ	٭	*	⋇	2A
a	a	ـ	α	a	61
a (aᵃ)	Ā	ָ	Α	A	41
e	e	֙	ε	e	65
e (aᵉ)	E	ֺ	Ε	E	45
i	i	֯	ι	i	69
i (aⁱ)	I	ן	Ι	I	49
o	o		ο	o	6F
o (aᵒ)	O	ם	Ο	O	4F
u	u	֒	υ	u	75
u (aᵘ)	U	ו	Υ	U	55

! (a!)	!	!	! (α!)	!	21
? (a?)	?	?	? (α?)	?	3F
´ (á)	´ (á)	ר֜	,	,	2C
` (à)	` (à)	¦	"	¦	7C
¯ (ā)	–	—	" (ǎ)	–	2D
.	.	ר֜	.	.	2E
/	/	/	/	/	2F
(	(	(	(	(	28
)	)	)	)	)	29
<	<	ר	<	<	3C
>	>	ר֜	>	>	3E
[	⌐ (⌐a)	[	[	[	5B
]	¬ (a¬)	]	]	]	5D
{	∟ (∟a)	{	{	{	7B
}	⌐ (a⌐)	}	}	}	7D
=	=	:	ˇ (ǎ)	=	3D
^ (â)	^ (â)	ר֜	. (ą)	^	5E
~ (ñ)	~ (ñ)	.	~ (ã)	¨ (ë)	7E
_ (a̲)	_ (a̲)	_	_ (α̲)	_ (a̲)	5F

Space in all fonts: space-bar (&H20/dec32).

Reserved for change of font: @ (&H40/dec64).
Reserved for single overstrike: &H7F/dec127.
Reserved for double overstrike: none at present (ctrl-code).

ESTI FONT 1: NORMAL PROPORTIONAL

Width proportional. Height 16 dots. For stylish printing.
File-name: NORMP.

SAMPLE TEXTS:

!"#$%&'()*+,-./0123456789:;<=>?ABCDEFGHIJKLMNOP
QRSTUVWXYZ[\]^_`abcdefghijklmnopqrstuvwxyz{|}~

"Language fixes a world that is so much more stable and co-
herent than what we actually see that it takes its place in
our consciousness and becomes what we think we have seen.
And since normal perception works by constant feedback, the
gap between the real world and the socially constructed
world is constantly being reduced, so that what we do 'see'
tends to become what we can say."

(G. Kress - R. Hodge, Language as Ideology, London 1979, 5).

CHR	ASC-HEX	ASC-DEC	WIDTH	LNW-KEY	SHAPE
Space	20	32	16	space-bar	
!	21	33	7	!	!
"	22	34	14	"	"
#	23	35	19	#	#
$	24	36	15	$	$
%	25	37	12	%	%
&	26	38	18	&	&
'	27	39	6	'	'
(	28	40	8	(	(
)	29	41	8	)	)
*	2A	42	17	*	*
+	2B	43	17	+	+
,	2C	44	7	,	,
-	2D	45	15	-	-
.	2E	46	7	.	.
/	2F	47	12	/	/
0	30	48	14	0	0
1	31	49	9	1	1
2	32	50	14	2	2
3	33	51	14	3	3
4	34	52	15	4	4
5	35	53	14	5	5
6	36	54	14	6	6

7	37	55	14	7	7
8	38	56	14	8	8
9	39	57	14	9	9
:	3A	58	7	:	:
;	3B	59	7	;	;
<	3C	60	13	<	<
=	3D	61	16	=	=
>	3E	62	13	>	>
?	3F	63	14	?	?
@	Reserved for change of font.				
A	41	65	22	A	A
B	42	66	20	B	B
C	43	67	19	C	C
D	44	68	19	D	D
E	45	69	19	E	E
F	46	70	19	F	F
G	47	71	19	G	G
H	48	72	19	H	H
I	49	73	9	I	I
J	4A	74	19	J	J
K	4B	75	18	K	K
L	4C	76	18	L	L
M	4D	77	23	M	M
N	4E	78	19	N	N
O	4F	79	19	O	O
P	50	80	19	P	P
Q	51	81	19	Q	Q
R	52	82	19	R	R
S	53	83	19	S	S
T	54	84	19	T	T
U	55	85	19	U	U
V	56	86	20	V	V
W	57	87	29	W	W
X	58	88	19	X	X
Y	59	89	19	Y	Y
Z	5A	90	19	Z	Z
[	5B	91	10	f1	[
\	5C	92	12	sh+f1	\
]	5D	93	10	f2	]
^	5E	94	10	sh+f2	^ (â)
	5F	95	11		(a)
˜	60	96	6	˜	˜ (ã)
a	61	97	15	a	a
b	62	98	16	b	b
c	63	99	14	c	c

d	64	100	15	d	d
e	65	101	15	e	e
f	66	102	9	f	f
g	67	103	15	g	g
h	68	104	16	h	h
i	69	105	7	i	i
j	6A	106	6	j	j
k	6B	107	16	k	k
l	6C	108	7	l	l
m	6D	109	21	m	m
n	6E	110	19	n	n
o	6F	111	15	o	o
p	70	112	16	p	p
q	71	113	16	q	q
r	72	114	15	r	r
s	73	115	16	s	s
t	74	116	12	t	t
u	75	117	16	u	u
v	76	118	15	v	v
w	77	119	19	w	w
x	78	120	15	x	x
y	79	121	16	y	y
z	7A	122	16	z	z
{	7B	123	11	ctr+6	{
¦	7C	124	5	ctr+f1	¦
}	7D	125	11	ctr+7	}
¨	7E	126	8	ctr+2	¨ (ä)

Code &H7F/dec127 reserved for single overstrike.

ESTI FONT 3: HEBREW PROPORTIONAL

Width proportional. Height 16 dots. For classical Hebrew.
File-name: HEBRP.

SAMPLE TEXTS:

פסנמלכטנהגף דצב ךָ רֶשׁ:0123456789/הֻךֶּשׁ*()אַ___§_," .
}[{זיחוֹש תסרקפנמלכטהגף דצב_עַ_}\[\]ן}יקוֹשׁוּתהֹסק

1 בְּרֵאשִׁית בָּרָא אֱלֹהִים אֵת הַשָּׁמַיִם וְאֵת הָאָרֶץ: 2 וְהָאָרֶץ הָיְתָה תֹהוּ
וָבֹהוּ וְחֹשֶׁךְ עַל־פְּנֵי תְהוֹם וְרוּחַ אֱלֹהִים מְרַחֶפֶת עַל־פְּנֵי הַמָּיִם:

CHR	ASC-HEX	ASC-DEC	WIDTH	LNW-KEY	REMARK	SHAPE
Consonants:						
א	27	39	19	′		א
ב	62	98	20	b		ב
בּ	42	66	20	B		בּ
ג	67	103	13	g		ג
גּ	47	71	13	G		גּ
ד	64	100	19	d		ד
דּ	44	68	19	D		דּ
ה	68	104	19	h		ה
הּ	48	72	19	H		הּ
ו	77	119	10	w		ו
וּ	57	87	10	W	consonant	וּ
ז	7A	122	12	z		ז
זּ	5A	90	12	Z		זּ
ח	78	120	19	x		ח
ט	6A	106	19	j		ט
טּ	4A	74	19	J		טּ
י	79	121	10	y		י
יּ	59	89	10	Y		יּ
כ	6B	107	19	k		כ
כּ	4B	75	19	K		כּ
ך	3C	60	19	<		ך
ךּ	2C	44	19	,		ךּ
ךּ	2E	46	19	.		ךּ
ךּ	3E	62	19	>		ךּ
ךּ	66	102	19	f		ךּ
ל	6C	108	19	l		ל
לּ	4C	76	19	L		לּ
מ	6D	109	19	m		מ
מּ	4D	77	19	M		מּ

ם	4F	79	19	O		ם
נ	6E	110	10	n		נ
ן	4E	78	10	N		ן
ך	49	73	10	I		ך
ך	5E	94	16	sh+f2		ך
ס	73	115	19	s		ס
ם	53	83	19	S		ם
ע	60	96	16	`		ע
פ	70	112	19	p		פ
פ	50	80	19	P		פ
ף	46	70	19	F		ף
צ	63	99	19	c		צ
צ	43	67	19	C		צ
ץ	58	88	17	X		ץ
ק	71	113	19	q		ק
ק	51	81	19	Q		ק
ר	72	114	19	r		ר
שׁ	3B	59	25	;		שׁ
שׁ	2B	43	25	+		שׁ
שׂ	76	118	25	v		שׂ
שׂ	56	86	25	V		שׂ
ת	74	116	19	t		ת
ת	54	84	19	T		ת

Vowels:

_	61	97	11	a		ַ (בַ)
ָ	41	65	11	A		ָ (בָ)
ֵ	65	101	11	e		ֵ (בֵ)
ֶ	45	69	11	E		ֶ (בֶ)
ִ	69	105	5	i		ִ (בִ)
ֹ	6F	111	2	o	no overstrike	ֹ (בֹל)
ֻ	75	117	13	u		ֻ (בֻ)
ו	55	85	10	U	vowel	ו
ְ	3D	61	5	=		ְ (בְ)
ֲ	25	37	15	%		ֲ (בֲ)
ֳ	23	35	15	#		ֳ (בֳ)
ֱ	26	38	15	&		ֱ (בֱ)

Numbers:

0	30	48	14	0	0
1	31	49	9	1	1
2	32	50	14	2	2
3	33	51	14	3	3
4	34	52	14	4	4
5	35	53	14	5	5

6	36	54	14	6	6
7	37	55	14	7	7
8	38	56	14	8	8
9	39	57	14	9	9

Other signs:

Space	20	32	16	space-bar	
"	22	34	12	"	"
\	5C	92	12	sh+f1	\
§	24	36	16	$	§
:	3A	58	9	:	:
*	2A	42	14	✳	* (*בּ)
!	21	33	5	!	! (בּ')
?	3F	63	12	?	? (בּ?)
¦	7C	124	5	ctr+f1	¦
⁻	2D	45	16	–	⁻ (בּ⁻)
/	2F	47	12	/	/
(	28	40	9	(	(
)	29	41	9	)	)
[	5B	91	11	f1	[
]	5D	93	11	f2	]
{	7B	123	12	ctr+6	{
}	7D	125	12	ctr+7	}
ˌ	7E	126	2	ctr+2	ˌ (בֱּ)
_	5F	95	16	_	_ (בּ)

```
Free: R (&H52/dec82).
Reserved for change of font: @ (&H40/dec127);
Reserved for single overstrike: &H7F/dec127.
```

ESTI FONT 5: GREEK PROPORTIONAL

Width proportional. Height 16 dots. For classical Greek.
File-name: GREEKP.

SAMPLE TEXTS:

ᵗᵛ˙˙ᵨη.ᵐ'()*ᵞ,''./0123456789·¡⟨ᵞ⟩'ΑΒΞΔΕΦΓΗΙΘΚΛΜΝΟΠ
'ΡΣΤΥ~ΩΧΨΖ[\]_ 'αβξδεφγηιθκλμνοπ'ροτυϝωχψζ{ᶜ}~

'Εν ἀρχῇ ἦν ὁ λόγος, καὶ ὁ λόγος ἦν πρὸς τὸν θεόν, καὶ θεὸς
ἦν ὁ λόγος. οὗτος ἦν ἐν ἀρχῇ πρὸς τὸν θεόν. πάντα δι' αὐτοῦ
ἐγένετο, καὶ χωρὶς αὐτοῦ ἐγένετο οὐδὲ ἓν ὃ γέγονεν.

CHR	ASC-HEX	ASC-DEC	WIDTH	LNW-KEY	REMARK	SHAPE
Alphabet:						
α	61	97	16	a		α
Α	41	65	23	A		Α
β	62	98	15	b		β
Β	42	66	21	B		Β
γ	67	103	16	g		γ
Γ	47	71	19	G		Γ
δ	64	100	15	d		δ
Δ	44	68	21	D		Δ
ε	65	101	14	e		ε
Ε	45	69	19	E		Ε
ϝ	76	118	16	v		ϝ
ζ	7A	122	16	z		ζ
Ζ	5A	90	19	Z		Ζ
η	68	104	14	h		η
η	25	37	14	%		η
Η	48	72	21	H		Η
θ	6A	106	12	j		θ
Θ	4A	74	18	J		Θ
ι	69	105	7	i		ι
Ι	49	73	10	I		Ι
κ	6B	107	17	k		κ
Κ	4B	75	19	K		Κ
λ	6C	108	18	l		λ
Λ	4C	76	23	L		Λ
μ	6D	109	16	m		μ
Μ	4D	77	24	M		Μ
ν	6E	110	16	n		ν
Ν	4E	78	20	N		Ν

ξ	63	99	16	c	ξ
Ξ	43	67	19	C	Ξ
o	6F	111	15	o	o
O	4F	79	19	O	O
π	70	112	17	p	π
Π	50	80	20	P	Π
ρ	72	114	14	r	ρ
P	52	82	19	R	P
σ	73	115	17	s	σ
ς	24	36	15	$	ς
Σ	53	83	19	S	Σ
τ	74	116	17	t	τ
T	54	84	20	T	T
υ	75	117	16	u	υ
Y	55	85	19	U	Y
φ	66	102	16	f	φ
Φ	46	70	19	F	Φ
χ	78	120	15	x	χ
X	58	88	20	X	X
ψ	79	121	18	y	ψ
Ψ	59	89	22	Y	Ψ
ω	77	119	18	w	ω
Ω	57	87	18	H	Ω
'	5E	94	5	sh+f2	. (ϙ)

Accents:

'	71	113	6	q	' (ά)
`	51	81	3	Q	` (ὰ)
᾽	27	39	8	´	᾽ (ἀ)
῾	60	96	8	`	῾ (ἁ)
῀	22	34	12	῀	῀ (ἆ)
῍	2D	45	13	–	῍ (ἂ)
῏	7C	124	13	ctr+f1	῏ (ἃ)
~	7E	126	14	ctr+2	~ (ᾶ)
ῂ	26	38	14	&	ῂ (ᾳ̃)
᾽	2B	43	14	+	᾽ (ᾰ)
῾	3D	61	14	=	῾ (ᾱ)
¨	23	35	12	#	¨ (ϊ)

Numbers:

0	30	48	14	0	0
1	31	49	9	1	1
2	32	50	14	2	2
3	33	51	14	3	3
4	34	52	14	4	4

5	35	53	14	5	5
6	36	54	14	6	6
7	37	55	14	7	7
8	38	56	14	8	8
9	39	57	14	9	9

Other signs:

Space	20	32	16	space-bar	
!	21	33	6	!	! (α')
?	3F	63	11	?	? (α?)
(	28	40	8	(	(
)	29	41	8	)	)
<	3C	60	13	<	<
>	3E	62	13	>	>
[	5B	91	10	f1	[
]	5D	93	10	f2	]
{	7B	123	11	ctr+6	{
}	7D	125	11	ctr+7	}
.	2E	46	7	.	. (α.)
·	3A	58	7	:	· (α·)
,	2C	44	7	,	, (α,)
;	3B	59	7	;	; (α;)
/	2F	47	12	/	/
\	5C	92	12	sh+f1	\
*	2A	42	16	*	* (α*)

| ⌐ | 56 | 86 | 16 | V | | ⌐ (α⌐) |
| _ | 5F | 95 | 16 | _ | | _ (α̲) |

Reserved for change of font: @ (&H40/dec127).
Reserved for single overstrike: &H7F/dec127.

Between Text and Translation

C.T. FAHNER

Computerized coding of the Greek New Testament with respect to translation purposes.

1. Until recently, the main use of computers in the sphere of Bible-translation activities was a parallel of their use in other activities concerned with the Bible.
These other activities include the correction and edition of prepared texts. Once computerized, a given text is easily corrected and printed. Other programmes can be applied to the computerized text as well, reducing to a minimum time-consuming research. A notable example is the preparation of a concordance of a given text; although the edition of e.g. the Concordance of the Institut für neutestamentliche Textforschung in Münster still takes years of preparation, this is far less, and yields far more data, than the generations of work needed to compile e.g. the Dutch 17th century Concordance of Tromnius; the latter work still stands as a masterpiece of accuracy, but hardly mentions any statistical data more than the overall frequency of occurrence of a given lexeme, leaving out of considerance the occurance of special verb forms etc. The work done by the international association Bible et Informatique in Maredsous is another example for the importance of working up textual data with the help of computers.

As said, the use of comparized methods in the sphere of translation reflects the mentioned uses. This means that the computer basically is brought in after the bulk of the translation work is done. Noteworthy in this respect is the work carried on by the Wycliff Bible-translators and its counterpart, the Summer Institute of Linguistics. Members of these organisations, working in a great variety of languages, have computer-facilities at their disposal. At several centres these facilities can be used by the translators; programmes are worked out by staff members, not by the translators generally.

The use of computers concerns especially the correction and checking of the worked-in manuscript. Alterations if considered necessary can be easily brought into the text. When the final decision concerning the quality of the translation is taken, the printing is quickly done, without the great many of misprints made by the former compositors puzzling at the ugly words never seen before. My own experience with the traditional type-setting of two manuscripts, containing the translation of the New Testament and portions of the Old, has been such that the idea of printing-without-errors seems quite attractive; the 1200 pages or so were good for a really long time of repeated proof-reading. Computerized printing could speed up this phase in the translation and editing in a great measure.

Apart from the use of computers in text-correction the commodities are helpful in the making of a concordance of a given text. I do not mean here the check on the concordantial quality of the translation, but the computerized printing out of a concordance or word list indicating the frequency and loci of the items used in the translation.

Whether based a translation of the New Testament or an other corpus of languages materials, such a concordance can be easily reworked into a vocabulary. This in its turn is of great help to newcomers, working in areas where small native languages are spoken.

If I am not wrong, the mentioned uses of computers as word-processor are central in the domain of Bible-translation.

2. Other uses are trinkable however.
Let us first begin to wonder why these are not generally practised.

A first reason might be the fundamental suspicion concerning the possibilities of computers in the translation-process. Even if there has been a beginning enthousiasm in the first stages of the development of computer-linguistics, the expectations were not fulfilled. The redundancy and intricacy of natural languages seemed too expensive, the complexity of their grammars too big for any serious attempt to work out a programme aiming at more than production of some hoaxes; the well-know joke of "The wine is willing, the meat is feeble" can serve as an illustration of this. (By the way, illustration of false translations by traditional translators were easy to give).

In the meantime, over-expectations have been run down. On the other hand, however, the attemps at computer translation of standardized vocabulary in simple sentences, which can be analysed with the help of a contest-based grammar, are increasing. Especially within the boundaries of the European Communities much work in this respect is done.

A second reason, unfortunately, is the restricted position of the original language of the New Testament in many translation projects. Notwithstanding the importance of translation activities on the base of, say, an English or French edition of the New Testament,the occurrence of work without a greek base is to be regretted. Still such a procedure is rather frequent occurring phenomenon, not only in those cases where national or local translators are involved but also in cases where western translators without classical education are at work. Absence of the Greek source means presence of several modern translations, showing a difference which makes computerization nearly impossible.

Since translation involves a process of selection in which some components of the original meaning are retained or stressed, while other are left out, translators probably are hesitating to apply too mechanical a process to the secondary material of a translation as basis for a second translation. The process of choosing and eventually even sifting out some original components of meaning would lead the second translation too far from the Greek source.

The traditional process of translation including the use of commentaries and discussion with translation participants seems to guarantee a more faithful rendering, keeping each particular text or word in its own right and collocation.

As a third explanation of the hesitation to use computers in Bible translation for more purposes than word-processing can be mentioned a kind of prudent conservation often seen when people meet new developments, especially if these entailed some initial frustrations. Often heard in this connection is the argument, that computerization of the translation-process, as a way of automation and thus ruling out the contribution of the human spirit, in fact works to eliminate the work of the Holy Spirit. If even natural man cannot understand the things of the Spirit, how could a mechanical device ?

Evaluation of the three arguments brings out the following in my opinion : in the first place, a computer at present cannot be expected to work out translations of texts in natural languages; decoding and restructuring of languages presupose a programme involving such a big set of diverging rules that it cannot be handled yet within the realm of operations visible for present-day computers. Computer-tasks within the sphere of Bible-translation will be of an other type (cf.sub 6).

Secondly, whatever contribution the use of computers could make to the restoration of the N.T. Greek text unto its proper place, i.e. as the source language, should be favored.

In the third place, this argument should be connected with the first : a computer does not translate. For the rest modern helps can speed up some elements in the complicated process of translation. There is as much, which means as little, spirit in contempory hardware as in the traditional translators pencil.

Considering the above-said, one can envisage implementation of computer assistance in translation activities especially in the sphere of transfer-procedures proper, i.e. in that sphere where no or uncomplicated choices out of alternatives are to be made. Direct tranfer of given elements, which do not have to be analyzed automatically or do not require more than surface decoding, is a good possibility within the outreach of presently available software. Such a transfer of the Greek source text would result in an interlinear rendering in any target language, as far as most of the source lexemes are concerned.

Decoding and transfer of morphological data would not form a part of the procedure. Instead, blockading of the relevant morphological items in the source text would result in a reproduction of the source material in the target rendering.

3. For the transfer procedures meant in sub 2 appropriate programme is needed, which is being worked on, and both a Greek N.T. text and a lexicon. Concerning the software I am not going in details any further in this paper. It falls within the scope of available programmes, although some minor alternations are necessary.

As far as the Greek is text concerned, the first question is : which text? Whilst some would argue for the old Textus Receptus, a majority of Biblical scholars would favor the UBS Greek New Testament 3 th edition, comparable to the Nestlè 26 text. This last edition has already been called the new Textus Receptus. In my opinion, the text entered in a programme as meant should countain both "received texts", the one as main text, the other as a collection of alternatives to be reproduced in their proper places from the data base, if the user wants it so.

A second question concerns the way of coding the Greek text. For all practical purposes it seems advisable that the text be entered, and eventually be reproduced, in Latin characters. Not that the printing of Greek characters as such would raise any problem, — this can be achieved by the use of a radial printing disk or a mean type matrix printer —, but given the general equipment of key-boards and especially the knowledge of a majority of potential users the rendering with Latin characters seems wise. Moreover, such a rendering will not cause any major problem. There are workable conventions in this respect, of which the well-known and internationally recognized transcription in use by the Wycliff Bible translators is to be mentioned. This convention will be used, although in combination with the Greek characters, by the editors of a very ambitious Bible study series, to be achieved by an international evangelical association. A minor technical problem is the rendering of Greek spiritus asper in connection with the lexicon-based heuristic procedure in the transfer programme. This problem arises because of the fact that spiritus asper although semantically distinctive is not given proper attention, sequentially speaking, in Greek dictionaries.

Thirdly, as can be inferred from the above said, an important feature of the source text will be the blockading of several items for the transfer procedure. Reasons for this feature of the text entered are.
A) the fact that there is no sense in making an element accessible for transfer, e.g. in the case of proper names,

B) the fact that particular elements in the Greek text will not
be rendered in an analogous way in a majority of languages,
e.g. personal pronouns, which in non-nominative cases are often
included in the morphological structure of the verb,
C) the fact that the morphological system of Greek verbs differs
vastly from verbal systems in nearly all other languages.
Blockading consequently, is to be provided at least for
          a) proper names,
          b) articles,
          c) personal names,
          d) verb forms.
In the case of the articles, the blockaded element should
contain indication of number and case, which also holds for the
pronouns.
In the case of verb forms, these should be followed by the
blockaded specification of its characteristics (modus, genus,
person etc). and a non-blockaded, i.e. for transfer
accessible, rendering of the verb root.

    Finally, each element in the source text will be separated
from other elements and be identified by specification of Bible
book, chapter, verse and sequential position in the sentence/
verse.

    Concerning the Greek lexicon, which can be composed on the
basis of any complete N.T. dictionary of word-list (question
between brackets, in view of an eventual parallel septuagint-
programme, should this list contain the extra O.T. Greek
items?), it will contain not the proper names, articles,
pronouns and exceptional verb forms, but all other lexemes and
verb roots.

    Starting from the Greek lexicon, a transfer-list in any
desired language should be made, which contains the equivalents
in the target language for preferably all items. For users who
can consult a Greek dictionary rendering of the hapaxlegomena
would not seem necessary. They can fill out the space left
blank after the transfer process and identified by the Greek
item the appropriate equivalent in the course of the
restructuring procedure.

    If a single Greek lexeme, in this case to identify with its
phonological surface, has more than one meanings are to be
attached in the target lexicon. The transfer will result in the
reproduction of all these target language lexemes. In the
course of the restructuring process the non-applicate meanings,
given the context and collationary evidence, will be removed.

4. The procedure described so far is part of a planned project to be undertaken by a church which in English is called the Netherlands Reformed Congregations. This rather small church in its missionary outreach has workers in Indonesia (Central Highlands of the former New Guinea, presently called Irian Jaya, among cultures of Yali — and Mek — groups), Nigeria (Egede and Izi regions) and South-Africa (Bophutatswana), whilst plans are being discussed to extend activities to either a Franco-African or Latin-American country.

One of the policies of the mission of this church is that Bible-translation in the vernacular language is a central objective.

The present writer was involved in the translation of the N.T. and a selection of the O.T. in a Yali-language of Irian Jaya. Translation activities so far have been done in the traditional way, although the computer as corrective instrument is in use now in two translation projects.

Difficulties in obtaining permission for the residence of long-term workers in some cases, on the one hand, and the desire to speed up translation programmes - together with the availability of new software and greater type computer facilities in the central office -, on the other, led the discussion of new translation schedules.

As a form of inter denominational assistance the mission board of the N.C.R. is willing to consider the possibilities of communication of the results to other groups involved in translation and to contribute in this way to the communication of the gospel.

5. To achieve the proposed procedure a seven th phase process between text and translation has been envisaged. The first phase is generic for any language, the others are specific for each language. The seven phases will be discussed below.

A) The programme for the Greek text is developped and the text entered. The factors mentioned above are kept in mind, viz.the blockading of several categories and the addition of a verb-root plus specific information to each verb form.

Some experiments yielded as result the desirability of the following procedure : the text including notable variant lectures is written out and blockading notes added in Latin characters by an expert in Greek; the completed text can be entered consequently by a competent typist and checked. At the same time the Greek lexicon is written out in Latin characters, excluding the proper names, some categories and substituting the verb-root for any possibly in the dictionary. Heavy attention must be given to the exact choice of one or more English (or whatever language the user would prefer) equivalents and collocationary distribution of meaning. Where the meaning of the Greek word evidently has more than one aspect, these should be neatly kept apart and rendered succesively. The lexicon can be entered then and editions printed.

B) Provided with an edition of the lexicon the responsible translator fills out the list with one or more equivalents in the target language for each Greek entry or entailed meaning. The hapaxlegomena can be left out at first. Special attention is to be given to the collocationary meaning of words, eventually mutual exclusions, connotational meaning etc. in the target language.
Implied in the foregoing is the availability of a practical orthography. While working on the lexicon the translator and his informants or co-workers can complete the grammar of the target language. Rules of morphology, syntax and discourse should be exacly specified, as it is the case in any translation project.

   The translator should acquire fluency in the target language, receive a clear notion of the corresponding culture, while at the same time instructing local helpers in the pecularities of the Greek original and the culture of first century Palestine. The results of this phase would be the word-list, filled out as completely as possible, eventually a list with other words, a statement of the grammar of the target language and a description of the culture.
C) The transfer programme is fixed, eventually with minor alterations in view of the target language, and the list target language equivalents entered.
D) The transfer programme is carried out, for the whole or a part of the N.T. The result is a three-linear output, containing
      a) the Greek original,
      b) an interlinear target-language rendering, with blanks for the blockaded items and polyform renderings in cases where the semantics of the Greek induces polyform interpretations,
      c) a blank rule or set of rules to contain the translation.
E) The actual translation is made. This phase probably is the most important in the total procedure. In fact, here, the translation work is done, in the traditional sense. Discussion with informants completely brings out the meaning, denotational and connotational, of the source in the target language. The great difference with the traditional procedures is the fact that the translators have immediate access to the great majority of basic materials, building blocks, necessary in the restructuring process. This availability of basic materials should make up for the gain in time involved.
The outcome of this phase is a completed translation, including morphological intricacies, syntactical features, discourse markings etc, which make the product faithful, fluent and understandable in the target language.
The completed product is entered in a text-processing equipment in the way already practised in translation projects.
F) Proof-reading editions of the translation are brought out for handing out to readers who are to check and control the product in matters of faithfulness, fluency and understandability.

Preferably some editions should be made which are equal to the
product   meant in sub D, however with the finished rendering
produced verse pro verse in the rules left blank in the D
edition .
Eventually corrections can be made, if the proof-reading yields
their desirability.
Generally speaking, checks on concordance are unnecessary, due
to the procedure followed. Let nobody expect a word pro word
translation as the final result of the procedure. The word pro
word rendering is an unattainable ideal in any translation
project, if it is called to be an ideal in fact.
G) The corrected, proof-read translation is printed immediately
from the data-base. Printing-errors are excluded.   Within no
time the translation can be in press. Reprints, eventually with
corrections felt necessary after a longer period of use, can be
made easily.

The seven phases can be worked out for the translation of the
complete N.T.   Given the problem of getting long term visas in
some countries, however, the phases can be passed for only a
part of the N.T.
The phases B, E and F should be carried out in the local
situation anyway. Moreover, a start with only some N.T. books
is prefered in the present experimental stage, in order that the
seven phases procedure can be evaluated within a shorter period
of time and programmatic adaptations made, if necessary.

Short Bibliography

(Paper :   Dr Chris T. Fahner, Between text and translation).
Introductory works are mentioned in the older, but still useful
publication by E.   and K.   Delavenay, Bibliographie de la
traduction automatique, Bibliography of mechanical translation,
The Hague 1960. With respect to Bible translation the stage has
probably been set by E.A. Nida, Toward a science of
translating, Leiden 1964, especially ch.12, Machine translation;
Nida comments : "It is unfortunate thet MT ... has been
overpublicized...   There are certain theoretical limitations of
machine translating which make its use for literary translating
an impossibility" p. 252/253.
S. Ceccato, Linguistic analysis and programming for mechanical
translation, Milano w.y., is more optimistic; since "word-for-
word translation is impossible" he feels : "Hence, the period
must be taken as unit for translation" p. 49.
Ceccato's views concerning the three ways of using mechanical
devices in the translation work (word-for-word, with the
problems of contextual meaning, dictionary plus grammar, with
the problems of structural differences between languages, and
operational grammar plus interlingua, not feasible at that time)
are resumed in F.G.   Droste, Vertalen met een computer,
Groningen 1969, with reference to S.Ceccato, Correlation

analysis and mechanical translation, Amsterdam 1967. For a
proposal and an example of a procedure not dissimilar to the one
proposed in this paper cf. Yngve's approach and a specimen of
German-English conversation (although called translation), p.
311 in E.D. Pendergraft, Translating language, in H. Borko,
Automated language processing, New York, 1967; the result shows
a mix-up of English words with German morphemes, articles etc;
although at first sight the result might seem uneasy to handle
it could be workable and speed up the translators job
considerably. With respect to sentence structure cf. V.H.
Yngve, A framework for syntactic translation, p. 189 ff. in
D.G. Hays, Reading in automatic language processing, New York
1966.
For the handling of morpheme-problem see J. de Kock and and W.
Bossaert, The morpheme, An experiment in quantitative and
computational linguistics, Assen 1978. With respect to
semantics, the following three books can be mentioned, albeit
they aim at much more than the proposal in the present paper :
E. Kelly and Ph. Stone, Computer recognition of English word
senses, Amsterdam 1975, meant "... to endow the computer with a
limited but useful ability to resolve lexical ambiguity, that
is, to discriminate a useful set of senses for some high
frequency words ..."; cf. also V.J. Rozencvejg (ed.), Machine
translation and applied linguistics, Frankfurt a/M 1974, esp.
the reprint of the 1969 article by I.A. Mel'duk and A.K.
Zolkovskij, Towards a functioning "meaning-text" model of
language"; too far-reaching for our present proposal also is
H.C. Bohnert and P.O. Backers, Automatic English-to-logic
translation in a simplified model, p. 165-208 in W.A. Sedelow
and S.Y. Sedelow,computers in language research. The Hague
1979. The following works of general interest are to be
mentioned, although some show a level of sophistication in
automatic translation which I am not aiming at in our case of
restricted text corpus and maximal language differences
pertaining to Bible translation : D.G. Hays, Reading in
automatic language processing, New York 1966, as cited above,
esp. p. 51-73, S.M. Lamb and W.H. Jacobsen Jr., A high speed
large-capacity dictionary system; T. Winograd, Understanding
natural language, Edinburgh 1972; R. Stachowitz,
Voraussetzungen für mascinelle Übersetzung, Frankfurt a/M 1973;
A. Ljudskanow, Mensch und Mascine als Übersetzer,Münschen 1972;
A.G. Oettinger, Automatic language translation, Cambridge 1960;
G. Mounin, La machine a traduire, The Hague 1964; B. Henisz,
Experimental machine translation, p. 57 ff. in W.M. Austin
(ed.), Papers in linguistics in honor of Léon Dostert, The Hague
1964; P.L. Garvin, Machine translation in the seventies, p.
445 ff. in F. Papp and G. Szejse, Papers in computational
linguistics, The Hague 1976.
For a recent discussion of actual problems see A. Neubert,
Translation studies and applied linguistics, p. 49 ff. in Aila
Review 1 (1984), Poznan 1985.
A review of the present state with respect to developments
within the European community gives K. Boumann, Terminologische

databank   en geautomatiseerde informatie en documentatie :
hulpmiddelen voor de vertaler bij de Europese instellingen, p.
128 ff., Summary : Terminology data band, machine translation
programmes and computerized documentation : Three tools used by
European   community   translation   services,   Toegepaste
taalwetenschap inartikelen 1975/1, Amsterdam 1985.

Elektronische Datenverarbeitung als Instrument der Analyse von hebräischen Texten des Alten Testaments

Christof Hardmeier

1. ZIELE UND ALLGEMEINE AUSGANGSPUNKTE

1.1 Hauptziel. Es soll für den Fachalttestamentler ein computergestütztes Analyseinstrument bereitgestellt werden, das — vergleichbar mit den gesteigerten Wahrnehmungsmöglichkeiten von Mikroskopen — das Aufsuchen beliebiger komplexer Strukturen im hebräischen Text ermöglicht.[1] Die Art der gesuchten Textstrukturen muß vom Forscher per Eingabe (in Form von Menüabfragen) sowie ohne besondere Programmierkenntnisse frei definierbar sein und im Dialog rekursiv spezifiziert werden können. Das heißt, die zu entwikkelnden Programme sollen nicht ergebnisorientiert (Lösung einer bestimmten Frage), sondern verfahrensorientiert entwickelt werden (Ermöglichung beliebiger, frei definierbarer komplexer Abfragen).

1.2 Datenbasis. Als Datenbasis genügt ein morphologisch bis zur Wortebene aufgeschlüsselter hebräischer Text, der die graphische Information (mindestens Konsonantenbestand, Vokalisierung wünschenswert) bewahrt. Diesen Erfordernissen genügt der von der Werkgroep Informatica an der Vrije Universiteit Amsterdam per Programm bzw. "von Hand" kodierte Text.[2]

---

[1] Vgl. schon C. Hardmeier, Die Verwendung von elektronischen Datenverarbeitungsanlagen in der alttestamentlichen Wissenschaft. Neue Möglichkeiten der Forschung am Alten Testament: ZAW 82 (1970) 175–185.

[2] Vgl. E. Talstra, Exegesis and the Computer Science: Questions for the Text and Questions for the Computer: BiOr 37 (1980) 120–128, S. 127; ders., The Use of בֹ in Biblical Hebrew. A Case Study in Automatic Text Processing: OTS 21 (1981) 228–239, S. 231f. sowie ders., An hierarchically structured data base of Biblical Hebrew Texts. The relationship of grammar and encoding: masch. (1985).

EDV als Instrument der alttestamentlichen Textanalyse

1.3 Komplexere Strukturen auf Wortgruppen-, Satz- und Textebene sollten aus folgenden Gründen für frei definierbare Abfragen verfügbar gemacht werden und zwar so, daß dabei erzielte (Zwischen-)Ergebnisse ihrerseits wieder zur Basis neuer noch komplexerer Abfragen gemacht werden können.

1.3.1 Forschungspraktische Gründe. Auf diese Weise lassen sich eine Vielzahl von ganz unterschiedlichen Analyseinteressen verfolgen: Z.B. Untersuchung der Valenzabdeckung von Verballexemen und Präpositionengebrauch, Parallelismus-membrorum- und Chiasmus-Erforschung, Wortfeldforschung, Stilanalyse, Satz-und Textsyntaxforschung etc.

1.3.2 Theoretische Gründe. Auf der Morphem-/Lexem- und Wortebene läßt sich vergleichsweise unproblematisch eine definitorische Eindeutigkeit erreichen, die ohne satz- oder texttheoretische Vorentscheidungen eine universelle Anwendung ermöglicht. Demgegenüber ist bereits die Satzbestimmung (Satzgrenzen und -typen) in starkem Maße theorieabhängig und zwar einerseits von bestimmten Satzdefinitionen, andererseits vom Grammatiktypus, der zugrunde gelegt wird (z.B. Subjekt-Objekt- bzw. Phrasenstrukturgrammatik oder Valenzgrammatik). Zudem ist die Satzsyntax des Althebräischen viel zu wenig erforscht und könnte mit Hilfe verfeinerter computergestützter Abfragemöglichkeiten entscheidend vorangetrieben werden.[3] Dies gilt in noch verstärkterem Maße für alle textsyntaktischen Fragen.

---

[3] Vgl. dazu C. Hardmeier, Texttheorie und biblische Exegese. Zur rhetorischen Funktion der Trauermetaphorik in der Prophetie: BEvTh 79 (1978) München, S. 179ff.; W. Richter, Grundlagen einer althebräischen Grammatik. B. Die Beschreibungsebenen: III. Der Satz (Satztheorie): ATS 13 (1980) St.Ottilien und H. Schweizer, Metaphorische Grammatik. Wege zur Integration von Grammatik und Textinterpretation in der Exegese: ATS 15 (1981) St.Ottilien S.21ff. und 40ff. Zur Diskussion im Blick auf Computeranwendungen vgl. E. Talstra, II Kön. 3. Etüden zur Textgrammatik: Applicatio 1 (1983) Amsterdam, S. 3ff. und ders., Towards a distributional definition of clauses in classical Hebrew: a computer-assisted description of clauses and clause types in Deut. 4,3-8: Vrije Universiteit Working Papers in Linguistics 12 (1984) Amsterdam.

EDV als Instrument der alttestamentlichen Textanalyse

2. SPRACH- UND TEXTTHEORETISCHE GRUNDLAGEN

2.1.1 Natürliche Einzelsprachen wie das Althebräische sind virtuell verfügbare Zeichensysteme (Ebene der langue). Diese Zeichensysteme sind in sich strukturiert. Eine begrenzte Zahl kleinster Zeichenelemente (Moneme) und geordneter Relationen zwischen diesen Elementen ermöglicht es kompetenten Sprachbenutzern, dieses Zeichensystem als überindividuelles Kommunikationsmittel in der Textproduktion bzw. -rezeption zu verwenden (Ebene der parole).[4]

2.1.2 Zwischen den Monemen bestehen virtuell zwei Typen von Relationen: syntagmatische Beziehungen, die alle virtuell möglichen Verknüpfungen eines Monems bzw. von Monemsyntagmen mit anderen Monemen bzw. Monemsyntagmen umfassen, und paradigmatische Beziehungen, die in der Gleichartigkeit bestimmter semantischer und/oder syntaktischer Funktionen einer Gruppe von Monemen oder Monemsyntagmen bestehen.

2.1.3 Als überindividuelles Kommunikationsmittel verändert und stabilisiert sich dieses Zeichensystem im Gebrauch durch Konvention und aufgrund von Tradition fortwährend selbst (Sprachwandel als Abfolge von Systemzuständen).[5]

2.2.1 Natürliche Einzelsprachen werden als Zeichensysteme in aktuellen Kommunikationsprozessen eingesetzt zur Herstellung von sprachlichen Kommunikatbasen, d.h. von Texten. Sprache kommt unmittelbar und konkret nur als Text

---

[4] Vgl. grundlegend zum Modell einer strukturalistischen Sprachwissenschaft A. Martinet, Grundzüge der Allgemeinen Sprachwissenschaft (⁵1971) Stuttgart, Berlin, Köln, Mainz, ferner zu einem konsequent aszendenten, von den kleinsten sprachlichen Einheiten ausgehenden Beschreibungsmodell K. Heger, Monem, Wort, Satz und Text: Konzepte der Sprachwissenschaft 8 (²1976) Tübingen.

[5] Vgl. K. Heger, Monem, S. 16ff.

EDV als Instrument der alttestamentlichen Textanalyse

vor, und Sprachbenutzer kommunizieren stets und nur über die aktuelle Herstellung von bzw. über aktuell hergestellte (n) Texte(n).[6]

2.2.2 Texte als einzige Primärvorkommen von Sprache sind Ausgangspunkt aller Text- und Sprachanalyse   insbesondere, wenn es sich um tote Sprachen wie das Althebräische in dem uns überlieferten Textkorpus handelt. Deshalb müssen auch computergestützte Analyseverfahren grundsätzlich von der Textförmigkeit althebräischer Sprachvorkommen und den Elementarbedingungen solcher Textförmigkeit ausgehen.

2.3.1 Erste Elementarbedingung. Alle sprachlichen Minimaleinheiten (Moneme) sind in Texten linear und in unumkehrbarer Reihenfolge angeordnet. Die aktuelle Funktion und Bedeutung dieser Minimaleinheiten werden im Kodierungsprozeß, d.h. mit der Produktion einer linearen Zeichenfolge (= Text) stets durch ihre damit realisierte spezifische Beziehung zu benachbarten Minimaleinheiten festgelegt. Dementsprechend werden Funktion und Bedeutung dieser Minimaleinheiten im Dekodierungsprozeß, d.h. in der schrittweisen rezeptiven Abarbeitung der linearen Zeichenfolge aufgrund ihrer festgelegten Nachbarschaft zu anderen Zeichen der Kommunikatbasis Text wieder entnommen (monosemierende Funktion des Kontextes).[7] In diesem Prozeß der linearen Abarbeitung baut sich für den Rezipienten die Gesamtbedeutung bzw. -funktion des Textes schrittweise auf. Maschinelle Textanalyse muß diesen linearen Abarbeitungsprozeß deshalb in kontrollierbarer Weise selektiv simulierbar machen. Dabei sind Minimaleinheiten in Texten nach Funktion und Bedeutung grundsätzlich stets in doppelter Weise festgelegt: zum einen durch ihren eigenen

---

[6] Zu einem produktionsorientierten Textbegriff vgl. grundlegend S.J. Schmidt, Texttheorie. Probleme einer Linguistik der sprachlichen Kommunikation: UTB 202 (²1976) München, bes. S. 149ff. und ders., Grundriß der empirischen Literaturwissenschaft. Teilband 1. Der gesellschaftliche Handlungsbereich Literatur: Konzeption Empirische Literaturwissenschaft 1 (1980) Braunschweig, Wiesbaden, S. 70ff., ferner zur Rezeption dieses Ansatzes in der alttestamentlichen Exegese C. Hardmeier, Texttheorie S. 52-153.

EDV als Instrument der alttestamentlichen Textanalyse

semantischen und/oder syntaktisch-funktionalen Gehalt, zum andern durch die aktuelle Umgebung, in der sie in einem Text stehen, d.h. durch ihren Vor- und ihren Nachbereich.

2.3.2 Zweite Elementarbedingung. Das Prinzip der Linearität und der Festlegung von Funktion und Bedeutung durch den sprachlichen Zeichenkontext gilt nicht nur für Minimaleinheiten (Moneme), sondern in gleicher Weise für alle komplexen, textuell zusammengesetzten Zeichen (Monemgruppen, bzw. Syntagmen) in ihren Beziehungen zu anderen Monemen oder Syntagmen im Vor- bzw. Nachbereich. Solche zusammengesetzten komplexen Zeichen bezeichnen wir als Strukturen.[8]

2.4.1 Moneme als bedeutungstragende sprachliche Minimaleinheiten sind zu differenzieren in Lexeme und Morpheme.[9] Lexeme sind sprachliche Minimaleinheiten, deren Bedeutungsgehalt keine syntaktischen Verknüpfungsinstruktionen umfaßt. Sie können im Hebräischen de facto mit den Wortwurzeln gleichgesetzt werden und sind wesentlich dadurch gekennzeichnet, daß sie sich auf der Ebene der langue in zahlenmäßig prinzipiell offenen Paradigmen zusammenfassen lassen. Morpheme enthalten demgegenüber auch oder ausschließlich syntaktische Verknüpfungsinstruktionen und treten in prinzipiell geschlossenen, d.h. zahlenmäßig begrenzten Paradigmen auf (z.B. ת als Femininzeichen in unterschiedlichen Nominal- und Verbal-Paradigmen).

---

[7] Vgl. dazu C. Hardmeier, Texttheorie, S. 142-148.

[8] Zu den theoretischen Grundlagen der Beschreibung von komplexen sprachlichen Zeichen als "signifikative Einheiten höherer hierarchischer Ränge" vgl. K. Heger, Monem, S. 40f. und 70ff.

[9] Zu den Definitionen von "Monem", "Lexem" und "Morphem" (bzw. "Grammem") vgl. K. Heger, Monem, S. 74-84.

EDV als Instrument der alttestamentlichen Textanalyse

2.4.2 Im Unterschied zu den Monemen (Lexemen und Morphemen) sind alle Strukturen aus mehreren Minimaleinheiten zusammengesetzt. Sie sind deshalb einerseits durch die Zahl und Art, andererseits durch die Reihenfolge der sie konstituierenden Elemente definiert. Als Elemente können jedoch nicht nur Moneme, sondern auch selbst aus Monemen zusammengesetzte Strukturen geringerer Komplexität auftreten.

3. GRUNDBEDINGUNGEN UND GRUNDLINIEN EINER PROGRAMMENTWICKLUNG

3.0 Gemäß dem unter 1.1 umrissenen Ziel liegt das Hauptinteresse einer instrumentellen computergestützten Textanalyse darin, Strukturen beliebiger Komplexität aufsuchen zu können, die ein Forscher ganz nach seinen Fragebedürfnissen und Analyseinteressen frei definieren kann. Dazu müssen drei Bedingungen erfüllt sein: Er muß 1. die konstituierenden Elementarzeichen und 2. ihre Reihenfolge als Suchmuster eingeben können. Darüberhinaus muß es 3. möglich sein, auch Strukturen geringerer Komplexität ihrerseits als Elemente komplexerer Strukturen einzugeben bzw. bereits aufgesuchte Strukturen zusätzlich so zu kodieren, daß sie bei folgenden Suchprozessen als komplexe Elemente ansprech- und wiederauffindbar werden.

3.1.1 Bei der Eingabe und Definition von Elementarzeichen stellt sich die Frage, ob und inwiefern man puristisch oder pragmatisch verfahren soll. Die z.B. von der Werkgroep Informatica zum Ausgangspunkt genommenen geschlossenen morphologischen Paradigmata von Elementarzeichen enthalten im sprachtheoretisch strengen Sinne nicht nur unteilbare Minimaleinheiten.[10] Z.B. ließe sich das ה als numerus- und genusunabhängiges Zeichen der dritten Person im Pronominalparadigma in der Pluralform noch weiter isolieren von den genus-

---

[10] Vgl. zu den Kodierungsprinzipien oben Anm 2.

EDV als Instrument der alttestamentlichen Textanalyse

und numerusbezeichnenden Morphemen ם und ן, die auch in Kombination mit dem ן der zweiten Person auftreten, das seinerseits in der Verbalflexion (AK bzw. Suffix- und PK bzw. Präfixkonjugation) Entsprechungen hat. םה- und ןה- sind damit bereits komplexe Zeichen, d.h. im Sinne von 2.4.2 "Strukturen". Dennoch ist es zweckmäßig, sich in diesen Fällen an den Paradigmata der herkömmlichen Grammatik zu orientieren und diese Suffixe de facto als Elementarzeichen zu führen, weil die mit ihnen bezeichneten syntaktischen Informationen (Pronomen der dritten Person im Plural maskulin/ feminin) einerseits eindeutig und un-problematisch rekonstruierbar sind und andererseits der Zugriff auf solche Elemente für den mit der traditionellen Grammatik vertrauten Forscher sehr viel einfacher ist. Die Güterabwägung zwischen theoretisch stimmiger Reinheit und benutzerfreundlicher Praktizierbarkeit wird unumgänglich bleiben. Ein pragmatisches, an der Operationalisierbarkeit orientiertes Vorgehen ist unter zwei Bedingungen vertretbar. Zum einen muß ein getroffener Kompromiß oder eine vorgenommene Vereinfachung theoretisch ausweisbar sein und kon-trollierbar bleiben. Zum andern muß es möglich gemacht werden, Suchprogramme und Suchmuster auch auf der rein graphischen Basis des hebräischen Konso-nantentextes aufzubauen und laufen zu lassen, um z.B. die Morphemstruktur des Hebräischen genauer zu erforschen.

3.1.2 Was die Eingabe bzw. die Erstellung von Suchmustern für programmierun-kundige Forscher betrifft, sollten die geschlossenen Paradigmen der morpho-logischen Elementarzeichen auf Wunsch wahlweise als ganzes Paradigma (z.B. AK bzw. Perfekt als Tempusform) und/oder in seinen einzelnen Elementen (z.B. 1.Person sg. und/oder pl.) angeboten werden. Über verschiedene Menüs muß der Forscher die gewünschte Folge von morphologischen Elementarzeichen bzw. von paradigmatisch gekennzeichneten Zeichengruppen in ihrer Reihenfolge anwäh-len können. Demgegenüber sind alle Elemente von offenen Paradigmen, d.h. die Lexeme als Wurzeln einzutippen und müßten per Programm auf Fehler hin über-prüft werden.

EDV als Instrument der alttestamentlichen Textanalyse

3.2.1 Die **Reihenfolge** der für die gesuchte Struktur konstitutiven Elemente kann durch rekursive Hierarchisierung festgelegt werden. Der Forscher muß bei der Eingabe frei festlegen können, welches Element maschinell zuerst aufgesucht werden soll. Von diesem Element aus muß dann bei der Eingabe weiter definiert werden können, welche zusätzlichen Elemente im Vor- und/oder Nachbereich und in welcher Reihenfolge diese Elemente aufzusuchen sind. Das Ganze ergibt eine als Suchmuster definierte Struktur, die maschinell aufgesucht werden soll, die jedoch auch ihrerseits als Element in ein komplexeres Suchmuster und seine Struktur einbaubar sein muß.

3.2.2 Zur Defintion solcher Suchmuster und Strukturen müssen für die Vor- und Nachbereiche prinzipiell **Begrenzungskriterien** angegeben werden. Diese können quantitativer und/oder qualitativer Natur sein. Bei qualitativen Begrenzungen muß das Elementarzeichen bzw. die Struktur angegeben werden, bis zu der im Vor- bzw. Nachbereich zu suchen ist, bei quantitativen Begrenzungen muß der Suchbereich durch die Angabe einer bestimmten Zahl von Worten oder Zeilen definiert werden.

3.3 Es liegt auf der Hand, daß bei schwach definierten Strukturen u.U. eine sehr oder zu große Zahl von Vorkommen bzw. bei starker Definition eine zu kleine Vorkommensmenge gefunden wird. Deshalb muß der Forscher die Suchprozesse bei einer Ergebnisausgabe auf den Bildschirm jederzeit abbrechen und das Suchmuster korrigieren können.

4. PROGRAMMTECHNISCHE UND MASCHINELLE GESICHTSPUNKTE

4.1 Programmtechnisch werden die Suchmuster bei der Eingabe auf Steuerstrings kodiert, auf systematische Widersprüche hin überprüft und gegebenenfalls zur Korrektur erneut am Bildschirm angeboten. Die so erstellten Suchcodes steuern dann die Suchprozeduren gemäß eingegebenem Suchmuster.

EDV als Instrument der alttestamentlichen Textanalyse

4.2 Als Ergebnis werden neben der Struktur die Belegstellen der gefundenen Vorkommen (Bibelstelle + Textausschnitt) wahlweise auf den Bildschirm und/ oder auf den Drucker ausgegeben, so daß im Dialog eine fortschreitende Ver- feinerung und/oder Korrektur der gesuchten Struktur ermöglicht wird in Abhängigkeit von den Such- und Forschungsinteressen des Benutzers.

4.3 Des weiteren muß die Möglichkeit bestehen, gewonnene Ergebnisse zusätz- lich zu speichern und in folgende Suchverfahren als Basisdaten einzubezie- hen.

4.4 Als Programmiersprache eignet sich besonders die sehr anwenderfreundli- che und erweiterbare Programmiersprache ELAN.[11] Sie wurde von der Gesell- schaft für Mathematik und Datenverarbeitung (GMD), vom Hochschulrechen- zentrum (HRZ) der Universität Bielefeld und der Technischen Universität (TU) Berlin mit Unterstützung der Deutschen Forschungsgemeinschaft (DFG) seit Mitte der 70iger Jahre entwickelt, zusammen mit dem darauf zugeschnitte- nen Betriebssystem EUMEL (Extendable multi User Microprocessor ELAN sy- stem). Das EUMEL-Betriebssystem hat folgende besonderen Eigenschaften:[12]
- Als "time sharing"-Betriebssystem kann EUMEL von mehreren Benutzern gleichzeitig benutzt werden.
- Der Sicherheit des Systems und der Daten wird besondere Beachtung ge- schenkt.
- Dateien und individuelle Arbeitsbereiche können mit "passwords" vor frem- dem Zugriff geschützt, andererseits aber auch von mehreren Benutzern ver- wendet werden.

---

[11] Vgl. dazu R. Hahn/ P. Stock, ELAN-Handbuch (²1982) Wiesbaden.

[12] Vgl. dazu R. Hahn, EUMEL Benutzerhandbuch. Version 1.7 (1983) Bielefeld, S. 2-5.

EDV als Instrument der alttestamentlichen Textanalyse

– Entsprechend der Programmiersprache ELAN ist auch das EUMEL-Betriebssystem leicht erweiterbar und erlaubt in hohem Maße die Anpassung an spezifische Anwenderbedürfnisse.
– Das EUMEL-System verwaltet seinen Hauptspeicher nach dem "demand paging"-Prinzip. Es vermag damit optimal auf wechselnde Speicherplatz-Anforderungen zu reagieren, da nur die jeweils aktuell benötigten Systembereiche in den Hauptspeicher hereingeholt werden.
– Das EUMEL-System verfügt über gute Textbe- und -verarbeitungsmöglichkeiten vor allem aufgrund des bildschirmorientierten Editors, der ein "multi window editing" und die Ausführung von beliebigen Kommandos im Editor erlaubt.

4.5 Die Programmentwicklung sollte hardwaremäßig auf Mikroprozessoren (personal computer) mit Festplatte (hard disk) ausgerichtet werden, so daß Institute oder einzelne Forscher unabhängig von Großrechenzentren und ihren z.T. restriktiven Benutzungsbedingungen arbeiten können. Da sich das EUMEL-Betriebssystem in gleicher Weise auch hervorragend zur Verwaltung von Fachliteratur und zum Schreiben von Manuskripten mit komfortablen Editor- und Druckmöglichkeiten eignet, wie der vorliegende Artikel zeigt, kann dem Fachalttestamentler bzw. den verschiedenen Forschungsinstituten ein vielseitig verwendbares, attraktives und erschwingliches Arbeitsmittel zur Verfügung gestellt werden.

Stratégie et perspectives de recherche documentaire informatisée en exégèse biblique (Ancien Testament).
(Abstract)

J.G. HEINTZ

Ex Oriente Lux ! Les sites archéologiques majeurs du Proche-Orient antique — tels que EBLA, MARI, NUZI, UGARIT, EL-AMARNA, NINIVE, QUMRAN, etc, — ont livré une masse de données textuelles (estimée actuellement à près de 500.000 inscriptions) qu'une méthode de recherche documentaire menée individuellement ne peut plus maîtriser, d'autant plus que de nouvelles découvertes en nécessitent toujours à nouveau une mise à jour urgente.

Au terme d'une recherche documentaire informatisée, menée selon une stratégie cohérente fondée sur la notion de corpus, apparaît la possibilité de collecter et de classer toutes les données textuelles fournies par ces corpus sémitiques anciens (en tant que corpus-source(s)) et relatives au corpus canonique de la Bible (Torah ou Ancien Testament, en tant que corpus-cible).

A partir des relations intertextuelles ainsi établies, cette recherche documentaire conduit à une véritable redéfinition du cercle herméneutique de la Bible (hébraïque), ainsi resituée globalement dans son contexte linguistique et historique ambiant.

NOUVELLES ANALYSES ET NOUVEAUX FONCTIONNEMENTS DU TEXTE
DANS UN ENVIRONNEMENT INFORMATISE

Georges WIERUSZ KOWALSKI

Les traitements informatiques du texte biblique n'ont pas suscité jusqu'à présent un très
grand intérêt auprès des exégètes classiques. Une
des raisons me paraît en être l'incapacité, où
nous sommes encore, de déterminer avec précision
en quoi consiste l'originalité de l'instrument informatique utilisé et de mesurer son intérêt potentiel dans la démarche historico-critique.

L'informatique est très souvent perçue comme
simplement un nouvel outil puissant de calcul et
de traitement des textes. Le terme anglais "computer", "calculateur" favorise d'ailleurs ce type
d'approche. Je voudrais proposer une autre façon
de voir les choses. Brièvement exprimée, ma thèse
est que l'informatique est un nouveau medium.
J'utilise ce terme en m'inspirant des théories de
Mac Luhan, mais sans vouloir en rester au flou ar-
tistique du style "cool", plus suggestif que précis, de cet auteur. Par "medium" j'entends un
système réalisé matériellement grâce auquel un
groupe humain, une société, une culture peut objectiver un aspect de ses fonctionnements et par
là rendre possible dans un premier temps une com-

munication entre ses membres et plus fondamentale-
ment, une certaine réflexion, comme dans un miroir, de ses manières d'être au monde. Mac Luhan
a bien vu qu'une telle réflexion est un prolonge-
ment de nos capacités de perception, par lequel
nous prenons mieux conscience des possibilités
d'action que nous avons sur notre milieu. Il nous
a aussi rappelé que le reflet de notre réalité,
ainsi objectivé dans l'ordre matériel, est réduc-
teur. Il nous fascine et par la puissance qu'il
met à notre disposition il tend à masquer les apports de ces dimensions de la sensibilité qui ne
sont pas directement engagés dans le fonctionnement des media dominant une culture.

Les media classiques les plus importants analysés par Mac Luhan sont le medium de l'oralité
exprimant la parole dans un système sonore et le
medium de l'écriture alphabétisée objectivant dans
un système de figures bidimensionnelles les éléments phonétiques de la langue parlée. Une révolution médiatique s'est produite avec l'invention
des moyens de communications électriques. Ce ne
sont plus seulement les capacités linguistiques de
l'homme qui sont objectivées, le réseau des communications électriques tend à se donner comme la
réalisation matérielle du système des relations

inter-humaines (1). Mac Luhan parle de la galaxie Marconi qui succède à la galaxie Gutemberg. Dans ce contexte l'informatique constitue un lieu essentiel lorsqu'il s'agit non seulement de gérer les réseaux, mais encore de les interfacer avec les media classiques de la voix et de l'écriture. On peut cependant chercher à préciser ce qui fait que l'informatique est un medium spécifique et en un sens autonome.

Trois caractéristiques techniques simultanément réalisées me paraissent rendre compte des capacités propres de l'informatique: L'aptitude à exécuter des algorithmes et pas seulement à en garder le souvenir, la possibilité d'accès à des quantités énormes de mémoire, la vitesse d'exécution de ces opérations. Grâce à cet ensemble l'informatique est en mesure de simuler toute une classe de processus, les processus susceptibles d'être adéquatement décrits par un ensemble d'algorithmes. La durée nécessitée pour une telle simulation est dans bien des cas raisonnable et la quantité de mémoire disponible permet la modelli-

----

(1) cf. Georges WIERUSZ KOWALSKI "Chances et risques pour le Christianisme d'un réseau de communications planétaire" in S.BRETON et al. "Théologie et Choc des Cultures" Colloque de l'Institut Catholique de Paris édité par Claude GEFFRE, Paris Cerf 1984 pp. 145-160.

sation avec une précision suffisante. De ce fait les modèles informatiques ainsi réalisés sont suffisamment maniables pour pouvoir être considérés, jusqu'à un certain point, comme l'objectivation de la compréhension que nous avons de certaines classes de phénomènes.

La réflexion épistémologique actuelle n'est pas encore assez poussée pour pouvoir déterminer exactement les possibilitées et les limites de telles modellisations. Dans le domaine de l'exégèse il me semble qu'on pourrait explorer la fécondité de l'approche informatique selon trois pistes de recherche, qui ne s'excluent d'ailleurs pas.

1) Une objectivation du travail exégètique classique d'analyse

Revenons à l'écriture. Celle-ci a la capacité de conserver, dans une certaine indépendance par rapport au temps, le souvenir de données capables d'être transmises par le langage. Cette capacité d'objectivation de la mémoire est à la fois la force et la faiblesse de ce medium. Elle en est la force, et grâce à l'écriture les diverses cultures accèdent à la critique de leur perception naïve de la nature et de l'histoire. L'exégèse classique s'inscrit dans cette ligne. Son projet est la mise en question des représentations reli-

gieuses naïves en revenant au texte de la Bible
considéré comme témoignage structurant de la figure originelle de la foi dans la tradition judéo-
-chrétienne. Mais l'écriture ne garde qu'une mémoire morte, et c'est là sa faiblesse. Elle peut
bien sûr apporter un démenti à telle ou telle lecture, elle ne permet pas d'objectiver le travail
de traitement en mémoire vivante des données écrites et réactualisées. Le conflit des lectures et
des herméneutiques, dont on prend bien conscience
aujourd'hui, en est un signe expressif.

Le propre de l'informatique est la possibilité qu'elle donne de représenter objectivement, non
seulement des données mémorisées, mais encore le
fonctionnement des algorithmes. Sans prétendre
que le travail de lecture puisse se réduire à
l'application d'algorithmes il reste que toute
analyse savante des textes prétend pouvoir se vérifier en explicitant quelques uns des algorithmes
qu'elle met en oeuvre. Cependant il y a loin de
cette prétention méthodologique aux fonctionnements de fait de l'exégèse. L'informatique peut
intervenir ici dans sa force propre en permettant
de simuler la dimension algorithmique du travail
d'analyse du bibliste. L'avantage du modèle informatique est d'obliger à une "mise à plat" rigoureuse des hypothèses de travail utilisées. La
différence de résultats entre le travail manuel et
le travail sur machine peut permettre une vérifi-

cation des présupposés des chercheurs, souvent mal élucidés dans la discussion classique.

Un exemple simple permet d'illustrer cette approche. La concordance est l'un des plus anciens outils de l'exégèse scientifique classique. Les premières concordances datent de la fin du Moyen Age. C'est aussi le besoin de bonnes concordances en langues modernes qui a stimulé l'application de l'informatique au travail biblique. Dans un premier temps les ordinateurs apparaissaient comme de simples outils permettant de faciliter le maniement de fichiers et la préparation du texte à l'impression. Bientôt on s'est rendu compte que le travail fourni pour informatiser l'édition d'une concordance valait pour lui-même et qu'il visait en fait à constituer une base de données bibliques. La concordance n'en était plus qu'un sous-produit possible. Avec ce changement d'objectif il devenait évident que l'on ne pouvait plus se contenter de constituer un fichier donnant les références des lemmes présents dans le texte et considérés comme connus par ailleurs. Il fallait s'intéresser aux procédures grammaticales qui permettaient de dégager les lemmes à partir des données textuelles. Au départ on s'était contenté de faire à la main la liste des racines grecques ou hébraïques et la table des correspondances entre ces racines et les mots du texte. Mais en codant directement pour chaque mot ses caractéristiques grammaticales on dépendait trop de la culture en langues anciennes des opérateurs de saisie et des données bibliographiques prises en compte. On n'avait aucune garantie de l'homogénéité et de l'objectivité des indications grammaticales inscrites dans la base de données. Les vérifications systématiques des fichiers mettaient en évidence des incohérences et des inexactitudes. On a alors essayé, comme p.ex. E. Talstra et son groupe, d'objectiver les grammaires utilisées en les induisant par approximations successives à partir des données du texte par une hiérarchie de programmes. A chaque niveau les données de départ et les règles grammaticales qui allaient contrôler le sur-codage du texte étaient mises en évidence. Un des premiers résultats obtenus était la nécessité d'élargir la notion classique de grammaire, en y incluant des notions qui jusqu'à présent étaient considérées comme des structures stylistique. A partir de là il y avait matière pour un dialogue critique entre les linguistes utilisant les moyens classiques et ceux qui cherchaient à vérifier leurs résultats grâce à l'informatique.

Nous en sommes là pour le moment. Pour aller plus loin il faudra réfléchir sur les résultats qui pourront être obtenus, et pour cela il faut attendre que soient achevés les projets engagés. Cependant dès maintenant ce type d'approche inductive me semble plein de promesses. Deux questions

se posent au sujet des grammaires générées de façon interactive: celle de leur unicité et celle
de leur vérification. On peut poser la question
de l'unicité en termes naïfs de la façon suivante:
En prenant d'autres points de départ ne serait-il
pas possible d'aboutir à une autre grammaire du
texte, et donc à une autre interprétation de celui-ci? Le cas particulièrement intéressant pour
l'exégèse classique serait la comparaison entre
grammaires construites à partir de corpus différents. Est-ce que par exemple une grammaire construite à partir du Deutéronome seul donnerait les
mêmes résultats qu'une grammaire construite à partir d'un ensemble comprenant les livres de Josué,
de Samuel, des Rois, et bien sûr le Deutéronome.
Ou encore quel impact aurait sur le résultat l'addition au corpus du livre de Jérémie? Et dans
chacun de ces cas aurait-on à faire à un sous-sys-
tème grammatical d'une grammaire de la Bible
hébraïque toute entière? Nous sommes loin de pouvoir répondre à ces questions, mais il est important de les voir à l'horizon dès maintenant pour
orienter le travail de façon à ce que les premières recherches puissent être compatibles avec ce
qui en sera un jour le développement.

La question de la vérification est plus complexe. A première vue elle ne se pose pas, puisque le développement d'une grammaire se fait en
observant les singularités du texte que n'intègre

pas un système grammatical donné et en complexifiant celui-ci à mesure pour pour tenir compte des éléments qui paraissent au départ hétérogènes. On aboutit alors à des programmes qui en termes informatiques sont capables de faire le "parsing" d'un texte, c'est-à-dire distinguer les structures conformes à la grammaire donnée des structures qui, dans le système envisagé, seraient grammaticalement incorrectes ou inconnues. La question de vérification se pose lorsqu'on veut utiliser la grammaire ainsi dégagée inductivement dans une opération de traduction, ou de création automatique de texte. On connait ce problème en informatique. C'est celui du passage d'un programme de "parsing" à un programme de compilation. Pouvoir préciser une grammaire contrôlant la génération d'un texte "à la manière du" Deutéronome par exemple serait intéressant pour préciser la notion utilisée souvent en exégèse classique de "style deutéronomique" ou d'"inspiration deutéronomique". C'est seulement en disposant d'ensembles quasi-fermés de textes générés par une grammaire donnée qu'on pourrait se mettre à observer des différences de style ou même de sources, et en tout cas prendre conscience de la richesse et de la souplesse d'un système grammatical.

2) Des visualisations originales du texte

La flexibilité du traitement informatique,

rendue possible par les capacités de mémoire en ligne et la vitesse de calcul, est couramment utilisée pour visualiser tel ou tel aspect d'un objet d'étude: les exemples les plus typiques en sont le traitement des images, la CAO, les tableurs. En matière biblique, les instruments classiques de travail exégétique (concordances ou synopses, des Hexaples à la bible colorée) sont des visualisations mettant en évidence des rapports cachés entre le texte immédiat et son environnement littéraire. Par ailleurs la démonstration exégètique se fait souvent en mettant en valeur sous forme schématique ou graphique tel ou tel rapport structurel inaperçu à la lecture naïve. On peut comprendre les recherches de J.-P. Benzecri en analyse des données comme un effort pour représenter les caractéristiques d'un texte dans un espace statistique à n dimensions, et en analyser les projections bidimensionnelles. On peut penser aussi à des traitements plus simples comme celui, qui, dans la ligne de L. Frey, représenterait des textes synoptiques sous forme de graphe: les péricopes communes en seraient les sommets, un arc entre deux sommets signifierait que les péricopes correspondantes ont le même ordre dans les diverses versions(1). Cet outil de travail serait in-

----

(1) cf. J.N.ALETTI "Problème synoptique et théorie des permutations" Recherches de Science Religieuse. Le fait synoptique. 60, no 4 oct-déc. 1972 pp. 575-594.

téressant pour tous ceux qui font de la recherche sur le phénomène synoptique. Il pourrait aussi servir pour une génération automatique de synopses (1).

On peut d'ailleurs se demander pourquoi la question synoptique n'a pas attiré davantage de chercheurs en matière d'informatique biblique. C'est me semble-t-il à cause d'une difficulté fondamentale qu'on rencontre aussi lorsqu'on veut appliquer à la Bible les méthodes d'analyse statistique. Le problème est de définir une notion de distance entre les éléments d'un texte. Cette notion se rencontre intuitivement lorsqu'on parle de similitude, de parallélisme etc., mais comment en rendre compte quantitativement sans trop s'éloigner des pratiques spontanées de lecture? La distance du Chi-2 utilisée en analyse factorielle semble assez prometteuse, comme on peut le voir sur les études citées dans la communication de J.-P. Benzecri. Elle n'est pas une panacée, comme le remarque souvent cet auteur dans ses publications.

----

(1) cf. G. WIERUSZ KOWALSKI "Le découpage du texte évangélique selon les intérêts des groupes lecteurs" in J.LAUFER et all. "La notion de paragraphe" à paraître aux éditions du CNRS en automne 1985

Des systèmes de comparaison de séquences ont été proposées dans la littérature (1). Il ne s'agit pas nécessairement de métriques ce qui pose certains problèmes de représentation dans un espace graphique. Il serait en tout cas intéressant d'explorer systématiquement ces différentes propositions pour en évaluer l'utilité dans le domaine de la visualisation des distances entre éléments d'un texte. Probablement faudrait-il aussi regarder du côté des systèmes d'apprentissage. La définition empirique d'une métrique donnant de bons résultats en représentation graphique du texte, serait un point de départ intéressant pour mieux comprendre les structures logiques sous-jacentes au travail spontané d'analyse et de comparaison des textes pratiqué par les exégètes classiques.

Quelque soit la méthode utilisée et ses enjeux épistémologiques une recherche systématique de nouveaux systèmes de visualisation des données textuelles me parait être une des lignes de force que devrait explorer en priorité la recherche biblique assistée par ordinateur. Et ceci non seulement pour des raisons utilitaires. Des enjeux théoriques apparaissent lorsqu'on perçoit que les

----

(1) cf p.ex. D.SANKOFF, J.B.KRUSKAL "Time warps, string edits and macromolecules: the theory and practice of sequence comparison" Addison-Wesley 1983.

problèmes posés par la visualisation sont liés à une certaine objectivation de l'acte par lequel les diverses relations du texte sont transformées pour pouvoir être situées les unes par rapport aux autres et à confronter ce processus avec ce qui se passe dans l'acte intuitif de lecture.

3) Une modellisation dynamique de la production du texte

Les études sur la production automatique de texte constituent une part importante de ce que l'on appelle "l'intelligence artificielle". On peut penser à la traduction assistée par ordinateur à la poésie automatique ou à la constitution de systèmes experts. Or l'exégèse historico-critique est aujourd'hui plus intéressée que jamais par les hypothèses sur les systèmes de production du texte biblique: systèmes sociaux et institutionnels, mais aussi systèmes psychologiques. On a déjà signalé, en discutant le problème des grammaires construites inductivement, que cet horizon de production était présent dès qu'on voulait vérifier avec plus d'exactitude la portée du système grammatical développé. Mais on pourrait imaginer aussi des modèles non-grammaticaux de génération du texte. Deux lignes de recherche pourraient être envisagées dans cette perspective. La première chercherait à simuler les mécanismes par lesquels des sources ou des trajectoires idéologiques se trouvent combinées en un texte unique. La

seconde, plus ambitieuse encore chercherait à mo-
delliser un système institutionnel de production
des textes. Dans l'état actuel des matériels et
des systèmes de programmation on ne peut considérer de tels objectifs que comme utopiques. Par
ailleurs il nous manque des hypothèses suffisamment précises pour simplement imaginer de façon
crédible de telles simulations. Il me semble cependant qu'on pourrait avancer dans de telles recherches par certains biais que je voudrais évoquer ici.

Les capacités des ordinateurs de simuler des
mécanismes complexes ont souvent été utilisés dans
des jeux: les jeux de simulation d'interactions
commerciales ("business games") et les jeux de simulation des stratégies militaires ("war games")
sont les plus connues. On pourrait s'ingénier à
inventer des jeux bibliques qui soient autre chose
que des questions de mémoire ou des "Donjon et
Dragon" retraduites en batailles entre David et
les Philistins. Pour cela il est bon de prendre
conscience qu'un jeu de type "jeu de rôles" est en
fait un très simple générateur automatique de textes.

La suite des décisions des joueurs permet de parcourir une base de données qui est une représentation de l'ensemble des stratégies compatibles avec la règle du jeu (1). Le texte généré correspond à la suite des interrogations de la base pour une stratégie déterminée. Dans un jeu biblique on pourrait chercher par exemple à générer un texte qui corresponde à un texte biblique connu. La difficulté de réaliser quelque chose qui ne soit pas trivial est celle d'inventer une règle du jeu qui corresponde jusqu'à un certain point aux règles de comportement historiquement documentés et en même temps suscite l'intérêt des joueurs. Dans les jeux habituels on thématise l'objectif de chaque joueur comme une certaine optimisation des gains ou une minimisation des pertes. Il faudrait s'interroger sur les stratégies possibles des acteurs responsables de la canonisation d'un texte biblique. Il est évident qu'une quantification banale des gains et des pertes ne pourrait pas en rendre compte. On pourrait peut-être chercher plutôt du côté d'objectifs de survie et/ou d'intégration sociale.

----

(1) Sur la théorie des jeux et la différence entre l'espace du jeu et l'espace des stratégies voir G.WIERUSZ KOWALSKI "Calcul, mesure, jeu évolution" Recherches de Science Religieuse Avril-Juin 1980 tome 68 no 2 pp.250-258.

La question qui se poserait alors serait celle de la structuration de la base de données bibliques et culturelles correspondante. Elle est
d'autant plus intéressante qu'elle fait réfléchir
sur la logique structurant les bases de données
bibliques actuellement disponibles: En fonction
de quelles stratégies cherchons-nous à les organi-
ser? En fonction de stratégies d'édition des textes? des stratégies de traduction? de stratégies
de recherche exégétique? Pourrait-on préciser
d'avantage? On voit que la prise en considération
du paradigme du jeu biblique n'est pas pur amuse-
ment, mais perspective structurale permettant de
mieux préciser ce que nous sommes en train de faire dès maintenant.

Une autre recherche qu'il serait intéressant
de pousser consisterait à réfléchir à la façon
dont se fait le couplage de deux systèmes idéologiques.

En ce qui me concerne j'aborde actuellement cette question à partir de la notion de couplage de deux systèmes dynamiques (1). Pour progresser dans cette voie deux questions sont à résoudre. La première touche à la méthode par laquelle on peut associer à un texte un système dynamique spécifique, la seconde à l'interprétation d'un système dynamique donné comme résultat d'un couplage. Les deux questions sont liées dans la mesure où le système dynamique associé à un texte doit pouvoir se prêter facilement à un travail d'interprétation en termes de couplage. Une des pistes de recherche possibles serait de prendre au sérieux l'analogie formelle entre un nuage de points matériels et un tableau de données tirées d'un questionnaire sur le texte. Il resterait à y associer un système dynamique en considérant par exemple que les points matériels sont en équilibre dans un champ de forces.

----

(1) Ceux pour qui cette notion serait totalement étrangère peuvent consulter ce que j'en dis dans mon analyse de la pensée de R.Thom in "Calcul, mesure, jeu, évolution" RSR, tome 68, Avril-Juin 1980 pp.258-270 et dans mes réflexions sur "Chances et risques pour le Christianisme d'un réseau de communications planétaire" in S.BRETON et al. "Théologie et Choc des Cultures" Colloque de l'Institut Catholique de Paris édité par Claude GEFFRE, Paris Cerf 1984 pp. 150-155.

Dans ma propre recherche je suis parti en considérant le texte comme un signal transmis sur plusieurs canaux. Le découpage du texte en unités élémentaires (phrases, versets ou paragraphes) mime un échantillonnage du temps. Pour chaque détermination du texte considérée comme intéressante (mot, thème, forme grammaticale etc.) on définit un canal. En parcourant le texte, une unité après l'autre, on transmet un 1 ou un 0, suivant qu'on trouve ou non l'item considéré. Il s'agit alors, en s'aidant de divers filtrages, de repérer dans l'espace des n signaux les traces de couplages éventuels entre systèmes plus simples que le texte analysé. Des essais préliminaires, non encore publiés, faits sur la première épître de Jean, mettent en évidence des structures en spirale qu'on pourrait peut-être interpréter comme des sortes d'interférences. Faute de temps je n'ai pas pu poursuivre dans cette voie. Peut-être un lecteur plus disponible pourra reprendre cette idée et l'explorer plus avant.

Au terme de ces réflexions je suis très conscient de ce qu'elles peuvent avoir d'incomplet et d'hypothétique. Bien du travail sera nécessaire avant de voir si les suggestions méthodologiques et thématiques que je fais sont réellement dans l'ordre des projets réalisables et fructueux.

Aussi pour finir je voudrai simplement reprendre trois idées force qui m'ont guidé :

1) L'informatique n'est pas seulement un outil puissant. Son usage en matière d'Ecriture ne peut se dissocier d'une réflexion méthodologique et épistémologique fondamentale.

2) La confrontation entre le travail exégétique classique et le travail assisté par ordinateur peut être une occasion particulièrement favorable pour reprendre à la base et réexaminer de près les présupposés des uns et des autres.

3) L'usage immédiat de l'informatique fascine et risque de privilégier des approches de la réalité en termes de logique des classes. Il est urgent de retrouver en matière biblique les capacités de l'informatique de représenter la complexité systémique et la finesse qualitative.

On a dit que l'informatique révèle la dimension mécanique qui est présente dans notre fonctionnement psychique, comme Freud a révélé la composante sexuelle qui est en nous et Marx les intérêts économiques qui nous meuvent plus ou moins consciemment. Je ne sais pas ce qu'il y a de vrai dans ces comparaisons. Il reste que si l'informatique est une puissance de simulation il nous faut redécouvrir avec une nouvelle profondeur la Différence qui est en nous. Nous ne le ferons pas en refusant les objectivations toujours nouvelles de la démarche scientifique, mais en nous appuyant sur elles pour nous obliger à aller plus loin vers ce qui est notre irréductible humain et spirituel. Mais cela suppose que nous apprenions à mieux réfléchir les dynamiques dont la lettre du texte biblique est la trace, et qui se reflètent vraiment dans cette trace.

Mark's inserenda, a key to the early history
   of the synoptic gospels' texts.

L.K. LOIMARANTA

When a statistician reads the Greek New Testament, he is
presented with some strange questions, e.g. why there are fewer
lines of text per page in Mark's gospel than in Matthew's ? The
phenomenon is easily observable in most editions of GNT but
quite obvious in v.Soden's edition (1) with its large apparatus.
In Mark's gospel the apparatus takes 4/5 of the page and only
1/5 remains for the text.   In Matthew the corresponding
relations are 2/3 and 1/3.   In other words, if in Matthew's
gospel the apparatus is twice as large as the text, in Mark's it
is enlarged by a factor of two, counted per line of text. This
is an evident indication that the text of Mark's gospel is more
uncertain than Matthew's text.   We know that in the first
century and the beginning of the second the gospels were not yet
regarded as Holy Scripture and could be copied carelessly, i.e.
without any great attention to single words.   This manner of
copying produced numerous minor variations in the text. Is the
great number of variant readings in Mark's gospel a sign that is
has been copied this way the longest time and is thus the oldest
gospel ? Whatever the facts of the matter, the phenomenon is so
definitive and so consistent that there must exist a special
cause.

Possible alternative reasons for the greater number of text
variants in Mark's gospel may be :
    i. text character, Matthew has more quotations by Jesus,
which have been copied with greater piety.
    ii. text quality. Mark's text is poorer Greek and has
given the copyist more reason for grammatical and stylistic
improvements.
    iii. text harmonization. Matthew's gospel was, in the early
church, the main gospel.   Disturbing differences between the
gospels were removed by changing Mark's text so that it agreed
better with Matthew's text.
    iiii. bias in the sources used. During the last hundred
years Mark's gospel has been at the centre of exegetic interest.
The modern editors of GNT have included in their apparatus
smaller deviations in Mark's text than in Matthew's.

Because the purpose of this paper is to study the earliest
text variants,we must choose the used text so that the influence
of alternative sources above is kept to a minimum. Our solution
to this problem is to consider the inserenda in Mark's gospel
and their synoptic parallels.

An inserendum is a short sentence inserted into a dialogue to
signal a change of speaker or, after narrative part, to initiate
a quotation. Typical inserenda in the synoptic tradition are
1. ὁ δὲ ἀποκριθεὶς εἶπεν αὐτοῖς
2. καὶ εἶπεν ὁ Κύριος πρὸς τὸν δοῦλον
3. ὁ δὲ Πέτρος ἔφη
In an inserendum we can distinguish the following parts
 - a particle joining the inserendum to the main text (καὶ ,δὲ)
 - one or two verbs of saying (ἀποκριθεὶς εἶπεν , εἶπεν , ἔφη)
 - the speaker, a noun or pronoun (ὁ, ὁ Κύριος , ὁ Πέτρος)
 - dative object or πρός + acc. (αὐτοῖς , πρὸς τὸν δοῦλον ,-)
 - some times the inserendum is followed by the word " ὅτι ",
   which can be taken as a part of it.
Of these parts only one verb of saying is necessary; the others
can be omitted.

To choose inserenda as the object of our study seems to fit
well with the aim of keeping to a minimum the effect of the
various sources i. - iiii. above. The text character is
homogeneous . Because similar or identical inserenda are
repeated in all synoptic gospels, the variation in text quality
has no appreciable effect. In the inserenda a difference
between synoptic parallels can hardly disturb the reader, so
they are the last place where might expect text harmonization to
occur. Possible bias in our sources can be avoided by suitable
selection of the counted variants and the MSS used. A further
advantage of the inserenda is that they are essentially a
literary product; in oral tradition inserenda are indefinite
and are not fixed until they are put on papyrus. Last but not
least, inserenda are very stereotyped and reflect the literary
habits of the author. Their task is to mark the beginning of a
quotation or a change of speaker. Any unnecessary variation in
the wording means that they fulfil their task less well. The
stereotyped form on the inserenda also makes them well suited to
statistical analysis.

In a preliminary study we counted a total of 253 inserenda in
Mark's gospel with a mean of 1.6 variant readings per inserendum
compared with a mean of 0.6 in Matthew's gospel. Mark therefore
has 2.5 times as many variants in his inserenda as Matthew. Our
original observation that Mark's text is more uncertain than
Matthew's appears to be reinforced in the inserenda and is also
in a form more readily accessible for further analysis.

Before starting on the statistical analysis of the inserenda,
we must have some idea of the process which produced the variant
readings. We can distinguish two phases in the process : a
copying phase and a comparison or correction phase. The first
phase is the main source of the variant readings. In it the
copyist makes changes in the text to be copied; these may be
intentional or unitentional. The most common unintentional
changes, i.e. copying errors, are misreading and omission.

Copying errors in general lead to an impairment of the text. Intentional changes result from linguistic, theological or other similar motives. They give rise to an improvement in the text at least from the copyist's point of view. The distinction between intentional and unitentional changes is not always evident. This is especially true of cases when the text in the mother MS is unreadable or unintelligible to the copyist. The stereotyped form of the inserenda makes them easy to recognize; theologically and to some extent also linguistically, however, they are uninteresting. We might expect to meet only a few variants of them. Our previous count, giving a mean of 1.6 variants per inserendum in Mark's gospel, shows the opposite. One possible explanation for this is the carelessness of early, inexperienced copyists. Without reading thoroughly the text in the mother MS, an inexperienced copyist writes whatever he considers suitable, method not unknow when copying the main text.

The special character of the inserenda also makes it easier for us to determine the most original text. When choosing between alternative wordings we can use the stereotyped character of the inserenda. That variant which fits best with the habits of the author of the original text is probably closest to the authentic wording. We can take some examples.

Ex. 1. In the inserendum MK 12.1 we have an example of a misreading.

MSS (2)

καὶ ἤρξατο αὐτοῖς ἐν παραβολαῖς λέγειν   Ko C D 038
καὶ ἤρξατο αὐτοῖς ἐν παραβολαῖς λαλεῖν   He W G

The phrase " ἤρξατο λέγειν " is common in Mark's inserenda (7 times, Mk 10.28,32,47, 13.5, 14.19,65,69) whereas " ἤρξατο λαλεῖν " appears nowhere else in the synoptic inserenda. The misreading of "-eg-" to "-al-" is not common but nor is it improbable. The misreading must be early because it occurs not only in the Hesychian MSS but also in Codex Freerianus (W).

Ex. 2. Omission is the natural explanation for the variant reading in Mt 13.33

MSS (2)

ἄλλην παραβολὴν ἐλάλησεν αὐτοῖς λέγων   01 L 038
ἄλλην παραβολὴν ἐλάλησεν αὐτοῖς   Ko B W

The word " ἐλάλησεν " appears in Matthew's inserenda four times (Mt 13.3, 14.27, 23.1, 28.1) always with the participle " λέγων ". It is more credible that an early copyist has missed the participle than that Mattew has omitted is contrary to his habit.

If copying changes were the only changes in the gospels' text tradition, the problem of text criticism would be simple. We could arrange the MSS into a hierarchical genealogical tree with mother-daughter relations and from it derive the most original texts. Unfortunately this is impossible. The important, early MSS cannot be fitted into such a genealogy. They represent a "cross-mixed" text, i.e. if we take three MSS and compare them, sometimes two of them agree against the third, on another occasion a different pair agree against the remaining MS. This kind of triplet can be created when two copyists, idependently of each other, make partially common changes to the original text. Occasional cases of this kind do not prevent a contruction of the genealogical tree.

In the NT texts, specially in Mark's gospel, cross-mixing is the rule rather than the exception and there is no simple way of deciding which of the MSS is closest to the original. This proves that the second phase, comparison and correction, plays an important role in the transmission process.

In the comparison phase two MSS are compared and a third, corrected, MS is formed. We have among the existing MSS several examples how this comparison and correction is done in practice, e.g. MSS Sinaiticus and Epharaemi rescriptus. The new text is written between the lines or in the margin of one of the sources, the mother MS. The purpose of comparison and correction is to produce an improved MS and to homologise the text tradition.
The correction is seldom complete so the result is a mixed MS. One comparison is not enough to produce cross-mixed texts as discussed above. For that at least two comparisons are required. In the course of comparison many criteria influence the choice of the new text, which may even be a compromise, a new variant.

The main text is naturally the primary object of the homologisation process. Discrepancies in the inserenda are easily overlooked and their variants will survive. Nevertheless, a comparison can also create new variants of the inserenda. A good example is Mk 13.5

		MSS (2)
1. καὶ ἀποκριθεὶς ὁ Ἰησοῦς εἶπεν αὐτοῖς		D 038
2. ὁ δὲ Ἰησοῦς ἤρξατο λέγειν αὐτοῖς		He
3. ὁ δὲ Ἰησοῦς ἀποκριθεὶς ἤρξατο λέγειν αὐτοῖς		037

Variant 1., an obvious semitism, is identical with Matthew's parallel inserendum and is probably nearest the original. Variant 2. has the same sense as the first variant but is better Greek (an intentional copying change). In variant 3. the editor has, in the process of comparison, inserted the participle "ἀποκριθεὶς" of the first variant into his text, knowing that omission is a common copying error. The result is a strange, impaired text.

The resistance of the inserenda to changes is nicely demonstrated by Mark's text in the Hesychian (Egyptian) MSS. The main text reveals clear contamination by the Koine text, a sign of comparison, but the inserenda are preserved relatively well. To distinguish the MSS it suffices to look at the inserenda.

In fact, thirteen inserenda, Mk 7.6, 8.28, 9.12,38, 10.5,20,29,
11.29, 12.17,24, 13.2,5, 14.20, are quite enough. In most MSS
these inserenda have "ἀποκριθεὶς εἶπεν" or something similar.
In the eleven MSS 01, 03, 04, 019, 037, 044, 33, 579, 892, 1093,
1342 the verb "ἀποκρίνομαι" is, as a rule, absent. The eleven
MSS are known, with the exception of 1093, to belong the
Hesychian group.   We have found no other MSS where the verb is
omitted more than twice.

We talk of compilation in cases where the editor has used more
than two MSS, presumably of poor quality. Furthermore, there is
no mother MS because he changes the main source during
compilation.   The MSS may also consist of fragments or improper
pericopes.   The inserenda are mostly taken from what was at the
time the momentary main source and a change of it may be
recognizable, even in the inserenda. Compilation produces badly
cross-mixed texts, independently of whether we compare the
compiled text with the source MSS or other compilations.

The last verb in the inserenda is well suited to statistical
analysis. We therefore divided the 253 inserenda in Mark's
gospel and their synoptic parallels into ten categories, mainly
according to the grammatical form of the last verb.   The
categories are given in the Appendix. If the readings of one
inserendum in two MSS fall into the same category, we call it a
coincidence; otherwise, we talk of a discrepancy. As our first
task we counted the discrepancies in each synoptic gospel (3).In
Matthew we found 28 discrepancies, in Mark 163 (sic!) and in
Luke 41.   The figures are not comparable because many of Mark's
inserenda do not have any synoptic parallel. If we take into
account this fact, we get the following frequencies for
discrepancies per inserendum, Matthew : 0.16, Mark : 0.64 and
Luke : 0.29.   The frequency is thus four times as high in Mark
as in Matthew and more than twice the frequency in Luke. If we
examine the MSS that the discrepancies come from, we see that in
Matthew and Mark no single MS has any marked influence on the
frequency but in Luke more than half of the discrepancies
originate from one MS, Codex Bezae Cantabrigiensis.   If we
disregard this MS, the frequency in Luke drops to the same level
as that in Matthew. If our reasoning is correct, that the great
variation in Mark's text is a sign of its old age—our success in
isolating the variation in the inserenda verbs speaks strongly
for it -, an immediate consequence is that the majority of the
variants in the inserenda verbs originates from the time before
Matthew's and Luke's gospels were written. Because the inserenda
are the least interesting part of a text, we can further
conclude that the inserenda were the last object of the
process of homologising Mark's text.   In other words, the
observed variation in the inserenda verbs is a remnant of the
uncertainly about the whole of Mark's text during the first
century.

Next we have calculated the discrepancies between six important Mark's MSS (Appendix, Table I). We see that even both the Hesychian MSS, Sinaiticus and Vaticanus, have relatively many discrepancies (14). Whichever other pair we take, the number of discrepancies is much higher. As already mentioned, the other Hesychian MSS are closely related to Codex Vaticanus (or Sinaiticus). The bulk of the other MSS, the Koine group, resembles Codex Alexandrinus. The three MSS, Bezae Cantabrigiensis, Freerianus and Koridethianus, do not fit any genealogy.

A cross-tabulation of MSS Vaticanus and Alexandrinus (Table II) shows that the most common discrepancies are the omission of the participle "λέγων" after verbs such as "ἐπηρώτησεν" (categories 0 and 4) and of the participle "ἀποκριθείς" before the word "εἶπεν" (categories 3 and 6). Both participles are semitisms and redundant in Greek. Also a change between the present "λέγει" and the aorist "εἶπεν" (categories 1 and 3) is common. All these changes also occur in the variant readings of Matthew's inserenda, as can be seen in Table III. They are more readily explained as occasional copying changes than caused by redactional activity. Cross-tabulation of other MSS of Mark's gospel gives similar results and confirms the assumption that the variation in the inserenda verbs is caused by unsystematic, random, changes in the early copying phase of the transmission process.

As the next step we compared the inserenda in different Mark's MSS with the corresponding inserenda in Matthew's gospel (Tables IV, V). We find again a similar pattern of unsystematic discrepancies, with the modification caused by the difference in total statistics. Our conclusion is that the bulk of the discrepancies between the inserenda in Mark's and Matthew's gospels is not a result of Matthew's redaction, but already existed in the source material used by him.

For Luke the situation is to some degree different. In Luke's inserenda the present form "λέγει" is totally absent, indicating a conscious redactional choice. Other changes fit a random pattern as before.

Our statistical analysis of the inserenda verbs gives the following picture of the early history of Mark's text. The first copyist changed the text at will. The original MS was lost long before and it was not possible to point out among the circulating MSS a good one, close to the original. The MSS chosen by Matthew and Luke differed widely from each other and from the MSS that have been preserved to the present day. The synoptic problem and the text-critical problem of Mark's gospel are interwoven in such a way that they cannot be solved separately, an idea already suggested a hundred years ago (4).

In the title of our paper we suggested that Mark's inserenda provide a key to these problems. It remains to be seen if this key can be used to open such a rusty lock.

Foot-notes

(1) v.Soden, Die Schriften des Neuen Testaments in ihrer ältesten erreichbaren Textgestalt, II Teil : Text mit Apparat, Göttingen 1913.

(2) For the MSS we have used the following abbreviations : HE= Hesychian group, Ko=Koine group, capitals A-Z=Gregory's 02-035, other MSS=Gregory's number.

(3) The used sources are the apparata in Nestle-Aland, NTG, K. Aland, Synopsis Quattuor Evangeliorum 1982, Huck-Greeven, Synopse 1981 and v.Soden ibid. Only variant readings of MSS 01-045 (Alef-Omega) are counted.

(4) See Fr. Neirynck, The Minor Agreements of Matthew and Luke against Mark, BEphThL XXXVII, 1974, pp 17-24.

CODAGE INFORMATIQUE DES LANGUES BIBLIQUES

J. LONGTON

L'enregistrement des textes bibliques sur ordinateur nécessite la création d'un système de codage des langues bibliques. Or cette opération préliminaire a été traitée jusqu'ici de manière assez intuitive, et sans concertation entre les divers centres s'occupant de l'étude informatisée des textes, d'où une prolifération de systèmes de codage, souvent incompatibles, et parfois construits sur des bases contestables.

Pourtant le codage informatique des écritures non-latines est un problème d'une importance capitale : mettant en jeu des niveaux linguistiques complexes, il est appelé, comme tous les codages à devenir un des moteurs principaux de l'histoire de l'écriture et, à ce titre, ses applications concrètes méritent une évaluation. Ce sera le plan de notre exposé, qui abordera les problèmes du codage sous leur aspect théorique, historique et enfin, pratique.

1. L'enjeu théorique : ce que coder les langues bibliques veut dire.

L'opération que nous avons qualifiée jusqu'ici du terme volontairement imprécis de "codage" informatique des langues bibliques recouvre en fait un enchevêtrement de processus linguistiques qu'on ne peut ignorer sans risques de confusion.

Sur ce plan théorique, relevant de la linguistique générale, deux couples de concepts doivent être définis avec soin : le couple antithétique langue parlée - langue écrite et les notions corrélatives de transcription et de translittération.

a. Langue parlée - langue écrite.

La distinction entre langue parlée et langue écrite, fondamentale en linguistique, a parfois été perdue de vue dans les travaux informatisés sur la Bible. C'est ainsi que, en voulant à tout prix refléter une prononciation, c'est-à-dire, en se soumettant à une contrainte de la langue parlée, on a introduit des confusions ou au contraire des distinctions inutiles dans le codage, opération concernant la langue écrite uniquement. Or, faut-il le rappeler, il s'agit de deux réalités bien distinctes, dont la correspondance, quand elle existe, n'est jamais parfaite :

– les éléments de première articulation que sont les graphèmes pour la langue écrite, et les phonèmes pour la langue parlée, ne coïncident presque jamais à la perfection : plusieurs graphèmes peuvent représenter un seul phonème en français, les graphèmes c, k, qu); plusieurs phonèmes peuvent avoir la même représentation graphique (le shin et le sin dans l'hébreu épigraphique ou les lettres de l'alphabet hébreu jouant un rôle tantôt de consonne, tantôt de mater lectionis); certains phonèmes peuvent être dépourvus d'équivalents graphiques, comme les voyelles dans l'hébreu non – vocalisé; enfin, certains graphèmes peuvent ne pas être prononcés : c'est le cas du sewa quiescent;

– de plus, langue parlée et langue écrite évoluant selon leur vitesse et leur modalité propres, les différences au niveau des éléments de première articulation, phonèmes et graphèmes, se doublent souvent de divergences de morphologie, de syntaxe ou de vocabulaire : ainsi, à l'époque du N.T., la koinè littéraire continuait à employer le datif, la proposition infinitive et les verbes comme ἐσθίειν, ὁρᾶν, alors que ces formes, tours et termes étaient en voie de disparition dans la langue parlée;

– langue écrite et langue parlée sont d'ailleurs si peu liées que l'une peut exister sans l'autre : de nombreuses langues n'ont jamais été mises par écrit; à l'inverse, des langues peuvent continuer à être écrites longtemps après avoir perdu leurs derniers locuteurs – c'est le cas de l'hébreu biblique, du sumérien, du latin – et, à la limite, une écriture purement idéographique peut se passer complétement de supports phonétiques propre et convenir ainsi à toutes les langues parlées;des illustrations – imparfaites – en sont l'écriture chinoise, qui permet aux locuteurs du mandarin, du cantonais, voire du japonais, de lire les mêmes caractères dans leurs langues respectives, ou, dans le domaine proche-oriental, les inscriptions pseudo-araméennes de Nisa : les mots araméens, écrits en araméen, qui constituent ces inscriptions semblent bien avoir été utilisés comme idéogrammes, correspondant, dans la lecture à des mots parthes. Si l'on peut ainsi s'exprimer, le divorce entre langue écrite et langue parlée a été poussé jusqu'au "remariage" de l'un des partenaires !

Devant l'importance du fossé séparant les formes graphiques et phonétiques des langues, le codage des textes bibliques, qui, pour être la parole de Dieu n'en ressortissent pas moins sous leur forme actuelle à la langue écrite, devra nécessairement porter sur les éléments de la langue écrite, sur les graphèmes. Bien sûr, le codage peut en outre refléter le phonétisme de la langue biblique, mais à la condition expresse que la fidélité de la transposition des graphèmes n'en soit pas affectée. Nous aurons l'occasion d'y revenir.

b. Translittération - transcription.

Une deuxième distinction permet de démonter le mécanisme du codage informatique, qui combine translittération et transcription.

- La translittération, comme son nom l'indique, consiste dans le passage d'un système de **lettres** à un autre. Cette opération se déroule donc à l'intérieur d'un même l'alphabet. C'est à bon droit que l'on qualifie de translittération le passage, vers le IXè siècle, de l'écriture onciale à l'écriture minuscule en grec : le nombre de lettres de l'alphabet grec et leur valeur n'ont été en rien affectés, seule leur forme a changé. L'histoire de l'écriture offre bien d'autres exemples de translittération - nous en évoquerons certains dans la deuxième partie de l'ex- posé -; citons le passage de l'écriture manuscrite à l'écriture imprimée à la Renaissance, ou l'abandon de l'écriture gothique en Allemagne après la guerre. Même pour les textes en écriture latine, a fortiori pour les textes en écritures non-latines, le codage informatique est une translittération, c'est-à-dire abandon du lettrage du manuscrit ou de l'imprimé de départ pour le lettrage propre à l'ordinateur employé. Pour prolonger la célèbre comparaison de Ferdinand de Saussure, qui assimilait la langue à un jeu d'échecs dont les pièces - les graphèmes pour la langue écrite, qui seule nous occupe - n'ont de sens que dans les relations d'opposition et d'alliance qu'elles tissent sur l'échiquier, on pourrait dire que la translittération consiste à modifier la taille, l'aspect ou la matière des diverses pièces : sauf cas de transformations extrêmes (correspondant, dans notre comparaison, aux types d'écriture extravagants, comme l'écriture mérovingienne), tout amateur d'échecs reconnaîtra son jeu favori et en identifiera aisément les pièces.

- Imaginons par contre que ce même amateur ne disposant pas des pièces du jeu, tente de les remplacer par les pièces d'un jeu de dames ou de dominos, ou tout autre objet : il se tirera d'affaire s'il parvient à rassembler un nombre d'objets égal à celui des pièces d'un jeu d'échecs et à les répartir en autant de catégories que ne le sont les pièces normales. Au début, notre joueur aura peut-être du mal à identifier ses pièces, mais, l'habitude aidant, il peut finir par s'en servir avec autant de facilité que d'un jeu normal. Cet expédient du joueur d'échecs ingénieux, c'est la définition saussurienne de la transcription. Transcrire, c'est passer d'un système d'écriture à un autre.

Dans les langues utilisant ce type d'écriture, l'opération de transcription impliquera nécessairement le passage d'un alphabet à un autre. La deuxième colonne des Hexaples d'Origène ou les quelques phrases de punique qui ouvrent le **Poenulus** de Plaute sont des exemples de transcriptions anciennes. Pour le XXème siècle, on peut citer la latinisation du turc, la latinisation puis la cyrillisation des langues de l'URSS (excepté l'arménien et le géorgien). Le codage des langues bibliques nécessite également une transcription, puisque l'on passe de l'alphabet grec et de l'alphabet hébreu à une forme de l'alphabet latin. Pour des raisons de lisibilité et de coût d'impression, la plupart des revues scientifiques consacrées à la Bible et au Proche-Orient ancien transcrivent les termes hébreux et, dans une moindre mesure, grecs.

D'un point de vue linguistique, le codage informatique des langues bibliques peut se définir comme une opération ressortissant à la langue écrite combinant translittération et transcription.

2. L'enjeu historique : une étape importante dans l'histoire de

l'écriture.

Ainsi défini dans un contexte linguistique, le codage informa- tique vient prendre place dans la longue histoire de l'écriture. Il devient intéressant de le rapprocher des multitudes de translittérations et de transcriptions qui jalonnent cette histoire et en sont le moteur. Trois exemples peuvent illustrer l'importance de ces opérations.

a. Les transcriptions de la LXX.

Pionniers de la traduction de la Bible, les LXX furent aussi les premiers à employer cet expédient bien connu de tous les traducteurs embarrassés que sont les transcriptions. Ces trans- criptions concernent non seulement la plupart des toponymes et anthroponymes, mais aussi des mots rares dont le sens était devenu obscur, notamment dans la terminologie botanique et zoo- logique, et des termes désignant des réalités propres au monde juif, spécialement dans le domaine de la religion et de la métrologie. Pour ce faire, les LXX se limitèrent strictement aux ressources de l'alphabet grec, sans tenter de l'enrichir par divers signes descriptifs, comme le font par exemple les systèmes de transcription adoptés dans les revues scientifiques. En outre, il semble bien que les multiples auteurs, d'époques diverses, qui ont échafaudé la LXX, ne se soient pas tenus à des règles de transcription constantes. Il en résulte de nombreuses incohérences et confusions de lettres : le ח et le כ sont rendus tantôt τ, tantôt θ ; le א, le ע, le ח et le ה restent souvent sans équivalents, tandis que σ transcrivait quatre lettres hébraïques (ס , צ , ט , ש).

Or, tout imparfaites qu'elles fussent, ces transcriptions ont bénéficié de l'extraordinaire diffusion de la LXX et des versions qui en sont dérivées, de sorte que de nos jours, dans la plupart des langues européennes, les fils d'Abraham sont appelés de noms dérivés non de l'hébreu יִצְחָק et יִשְׁמָעֵאל , mais de la transcription grecque 'Ισμαηλ et 'Ισαακ , dans laquelle שׂ et שׂ , ח et ע sont confondus. Ces transcriptions maladroites sont devenues si familières qu'on n'a jamais osé les corriger : ainsi, dans les langues utilisant l'alphabet latin, où, grâce à la survivance du q, la distinction entre כ et ק pourrait être aisément rendue, on a préféré conserver la graphie du grec, et écrire le nom de Jacob avec un c ou un k, mais jamais avec un q.

La qualité d'une transcription n'a donc guère d'influence sur sa diffusion, qui peut dépasser celle des graphies dans l'alphabet original. D'où la nécessité, dans le codage informatique, d'établir avec soin un système de transcription qui soit sans ambiguïté et présente une certaine transparence, de façon à permettre la restitution aisée des graphies originales.

b. Le passage de l'écriture manuscrite à l'écriture imprimée.

Une translittération peut également influer sur le cours de l'histoire des écritures, comme on peut le constater en examinant la dynamique de la translittération qui a accompagné la diffusion de l'imprimerie. Au départ, l'écriture imprimée montre des réminiscences très nettes de l'écriture manuscrite : dans la Bible à 42 lignes de Gutenberg, par exemple, on retrouve les lettrines ornées et les abréviations paléographiques caractéristiques des manuscrits; les incunables grecs tinrent à reproduire les multiples ligatures de l'écriture minuscule, et cet usage, qui gonflait pourtant considérablement le contenu des casses d'imprimerie, est encore attesté au dix-huitième siècle. Bien plus, pour les langues qui n'ont pu accéder que rarement à l'impression, (copte, éthiopien, hébreu samaritain, araméen, mandéen, ...), l'écriture imprimée reproduit fidèlement l'écriture manuscrite.

En revanche, au cours des deux derniers siècles, la tendance s'est renversée : l'écriture imprimée s'est affranchie peu à peu des modèles manuscrits pour évoluer selon ses spécificités propres, en tendant par exemple à diminuer le nombre des ligatures ou des variations dans la taille et la forme des lettres, de façon à simplifier la composition. A partir de ce moment, c'est l'écriture manuscrite qui a subi l'influence de l'écriture imprimée. Ainsi, les capitales contournées de l'écriture anglaise ont été progressivement abandonnées pour celles de l'écriture italique, très proches des capitales imprimées; de même, le grec ou l'hébreu écrits dans l'Occident chrétien ne sont le plus souvent que de simples démarquages de l'hébreu et du grec imprimés, qui ont évincé les écritures cursives grecque et rabbinique.

c. Le passage de l'imprimerie à l'informatique.

Le développement de l'informatique est en passe de provoquer une nouvelle translittération; si, actuellement, les lettrages qui y sont employés se plient encore aux canons de la typographie, il faut s'attendre à l'émergence, dans les prochaines années, d'alphabets dessinés en fonction des seules contraintes de l'informatique et destinés à supplanter les modèles traditionnels de l'imprimerie.

Tout autant que la transcription, la translittération qu'exige le codage informatique des textes bibliques, est un pas important dans l'histoire des écritures. La vigilance des biblistes devra porter sur deux points :
- veiller à ce que les types d'écriture latine propagés par l'informatique restent aptes à la transcription correcte de l'écriture hébraïque et grecque;
- créer, comme cela s'est fait en divers centres de traitement informatique de la Bible, ou sélectionner des polices de caractères hébreux et grecs qui, tout en répondant aux contraintes de l'informatique, gardent une continuité avec les écritures imprimées et manuscrites.

3. L'enjeu pratique : comment s'effectue le codage des langues

bibliques.

Les deux points précédents ont mis en relief la complexité linguistique et l'importance culturelle du codage informatique des langues bibliques; il s'agit maintenant d'examiner :
- les contraintes qui pèsent sur l'opération;
- la façon dont elle a été réalisée jusqu'à présent;
- les critères qui permettraient de l'effectuer au mieux.

a. Les contraintes du codage informatique des langues bibliques.

Dans l'état actuel de la technologie, le traitement informatique des textes bibliques nécessite encore le plus souvent une transcription, c'est-à- dire le passage d'un système d'écriture à un autre. La difficulté de cette opération dépendra du degré de ressemblance entre l'écriture de départ et l'écriture d'arrivée, et du nombre de graphèmes de chacun des deux systèmes, la transcription étant d'autant plus aisée que le nombre de graphèmes de la langue de départ est réduit dans la langue de départ et grand dans l'écriture d'arrivée : ainsi, la transcription en alphabet latin de la dizaine de phonèmes des langues polynésiennes sera nettement plus aisée que celle de la quarantaine de phonèmes que comptent certaines langues caucasiques; inversement, l'alphabet cyrillique, avec ses 36 lettres (dans sa version employée pour le russe), devra recourir à moins d'artifices que l'alphabet latin pour noter les langues slaves.

Dans le cas des langues bibliques, les alphabets de départ sont les alphabets grec et hébreu. Le premier, avec ses 24 lettres, ne comportant qu'un nombre restreint de signes diacritiques (deux esprits, trois accents), présente de nombreux points de contact avec l'alphabet latin et a derrière lui une longue tradition de transcription, grâce aux nombreux termes que le latin, puis les autres langues européennes, ont emprunté au grec. L'hébreu pose davantage de problèmes : 7 des 23 lettres de son alphabet notent des phonèmes laryngaux et chuintants, catégories peu représentées dans les langues notées par l'alphabet latin. En outre, le texte massorétique de la Bible utilise 11 voyelles (y compris le šewa et les šewas "colorés"), plusieurs signes diacritiques (dagesh, mappiq, éventuellement raphé) et une quarantaine d'accents; le tout est encore compliqué par les cas de qeré-kétib, dans lesquels la vocalisation et l'accentuation massorétiques prennent leur indépendance par rapport au texte consonantique.

S'il existe deux alphabets de départ, le grec et l'hébreu, l'alphabet d'arrivée est, lui, unique. En effet, malgré les développements de l'affichage des alphabets non-latins, l'encodage et surtout le traitement informatique des données en langues autres que l'anglais doit encore très souvent passer sous les fourches caudines du codage dans ce que nous appellerons, pour faire bref, l'"alphabet informatique" (1), c'est-à-dire le système d'écriture constitué par la forme de l'alphabet latin notant l'anglais moderne en majuscules (et minuscules), augmentée des 10 chiffres arabes, des signes usuels de ponctuation et de quelques symboles, surtout mathématiques, présents sur les claviers des terminaux d'ordinateur. Cet "alphabet informatique", dont la composition a été déterminée par les origines anglo-saxonnes et scientifiques de l'informatique, présente trois caractéristiques qui limitent sensiblement ses performances pour la transcription d'autres systèmes d'écritures.

- D'une part, il ne compte originellement que 26 lettres, ce ce qui est relativement peu, même par rapport aux écritures des autres langues indo-européennes (24 lettres dans l'alphabet du latin ou du grec, mais 36 lettres pour l'alphabet arménien et 44 lettres pour la forme du cyrillique employée en vieux-slave) et nécessitera le recours à des artifices pour transcrire toute écriture comprenant plus de 26 graphèmes.

----

(1) Certains systèmes de codage ont utilisé les 128 ou les 256 d'équivalence-machine des codages à 7 ou à 8 bits (octets), ASCII-EBCDIC et des propositions de normes internationales voudraient inclure les graphiques de toutes les langues de la planète dans un tableau de codes à 16 ou 32 bits. Voir : Joan M. Smith, Standards for computer-assisted publishing, J.I.P. Vol. 28,4, p.9-16 et Standards dans ALLC Bulletin, Vol. 13, 1985, p. 21-22.

— D'autre part,les lettres de l'"alphabet informatique" étaient dépourvues de tout signe diacritique; or ces postiches se révèlent des plus précieux lorsqu'il s'agit de procéder à des transcriptions. Pour prendre l'exemple du français le c avec cédille, opposé au s, a permis de distinguer dans les transcriptions de la Bible de Jérusalem, le ש du ס , tandis que le jeu des trois accents, grave, aigu et circonflexe, a facilité la transposition du vocalisme hébreu ou grec.

— Enfin, l'"alphabet informatique" a été conçu pour la représentation d'une langue indo-européenne : s'il peut transcrire avec une certaine aisance le grec, il n'est guère adapté à la représentation des langues sémitiques, en particulier des phonèmes interdentaux, laryngaux et, dans une moindre mesure, chuintants, caractéristiques de ces langues.

On le voit, la rencontre de l'alphabet informatique et des langues bibliques, en particulier l'hébreu / araméen, présente de sérieuses difficultés.

b. Procédés actuels de codage informatique des langues bibliques
----

On trouvera en annexe un tableau comparatif des codages employés pour le grec et l'hébreu. Ce document ne vise pas à être exhaustif, mais cherche simplement à comparer quelques procédures de codage utilisées jusqu'ici. Elles sont de trois types, éventuellement combinés.

— Premier type de codage : suivant l'ordre alphabétique.
Cette procédure consiste à apparier les lettres des alphabets de départ et d'arrivée suivant leur ordre d'apparition dans chacun de ces alphabets : à א et à α correspondra A; à ב et à β, B; à ת (23ème lettre de l'alphabet hébreu) et à ω (24ème lettre de l'alphabet grec) répondront respectivement W et X, 23è et 24è lettres de l'alphabet latin. Séduisante par sa rigueur tout arithmétique, cette méthode présente en outre l'avantage de ne recourir qu'aux seules lettres, laissant les autres signes (chiffres, signes de ponctuation et autres symboles) disponibles pour d'autres tâches.
Cependant, ce codage ignore, sauf coïncidence fortuite, les liens historiques ou les analogies phonétiques et graphiques qui unissent nombre de lettres des alphabets grecs et hébreux avec des lettres de l'alphabet latin, de sorte que la lecture humaine des textes codés par ce procédé demande un décryptage analogue à celui qui est nécessaire pour maîtriser l'alphabet Morse.

Il n'est dès lors pas étonnant qu'un type de codage si opaque ne soit guère employé; dans notre tableau, on ne le trouvera à l'état pur que dans le codage "interne" du CATAB; le système de codage du grec utilisé par le LASLA en est une forme mitigée : grâce à l'emploi de deux lettres pour rendre le σ (selon qu'il est en position finale ou non), et à l'omission du P, ce codage laisse apparaître davantage les correspondances "naturelles" entre le grec et le latin (c'est ainsi que R correspond à ρ et S à σ non final), sans pour autant les inclure toutes (ainsi κ est codé J; λ, K; μ, L; γ, M; ξ, O, ce qui est des plus déroutants pour le lecteur).

  – Deuxième type de codage : suivant les analogies phonétiques.
    Ce procédé consiste à apparier les lettres de l'alphabet de départ et de l'alphabet d'arrivée qui représentent le même son. Ainsi, le ב et le ß seront mis en correspondance avec le B parce que tous trois représentent la labiale sonore. La méthode paraît simple et, à première vue, sûre; elle fournit des codages forts "transparents" et peut s'appuyer sur des habitudes de transcription bien ancrées : pour l'hébreu, les graphies des noms propres bibliques, répandues par la LXX via la Vetus Latina, et éventuellement retouchées par Saint Jérôme; pour le grec, l'orthographe des nombreux mots empruntés du latin et des autres langues européennes. Autant de facteurs favorables, qui expliquent la large diffusion de la méthode : si l'on met à part les quelques rares emplois du procédé de codage par correspondance de l'ordre alphabétique, les 13 lettres hébraïques et les 14 lettres grecques (16 si l'on exclu le codage insolite d'Irvine) que tous les centres repris dans le tableau comparatif codent de façon identique, le sont toutes par le procédé de l'analogie phonétique, et celui-ci en outre, majoritaire pour les lettres codées de façon divergente.
    Cependant, ce type de codage est loin d'être irréprochable. Relevons tout d'abord une erreur ponctuelle : le T est donné unanimement pour l'équivalent du ת. Or, depuis l'hébreu mishnique tout au moins, c'est le ט qui correspond phonétiquement au T latin et au grec, comme le montre l'orthographe des mots grecs et latins passés en hébreu : פסלטרין ψαλτήριον, déjà attesté dans le livre de Daniel), לסטיס λῃστής; טבלא, (tabula), ... C'est la transcription scientifique de ט et de ת par ṭ et t qui semble responsable de l'erreur : le t non pointé de la transcription scientifique a été assimilé phonétiquement au t de l'alphabet latin parce qu'il lui était identique graphiquement; tandis que le ṭ, pourtant phonétiquement parent du t de l'alphabet latin n'a pas été perçu comme tel parce que le point souscrit l'en différenciait graphiquement.

Le système de codage par analogie phonétique présente un deuxième défaut : le manque d'homogénéité dans l'origine des symboles et lettres employés. En effet, les équivalents phonétiques choisis pour coder les lettres grecques ou hébraïques relèvent de trois systèmes différents :

. dans la majorité des cas, il s'agit de l'alphabet latin (voir tableau);

. pour quatre lettres de l'alphabet hébreu, on a recouru à des signes de ponctuation ou des symboles visant à imiter les graphies du système de transcription scientifique de l'hébreu : א et ע sont rendus respectivement par le crochet (ou la parenthèse) fermant et ouvrant, dont la forme rappelle celle de l'esprit doux et de l'esprit rude, qui sont la transcription scientifique de ces deux lettres; de même, ש et ש sont codés par les sigles & et $ qui évoquent, de façon plus lointaine, le š et le ś de la transcription scientifique;

. enfin, le codage presqu'unanime de ח par X s'explique par la référence à la prononciation du λ grec, dont par ailleurs le X latin évoque la forme; dans ces deux derniers points, le codage se base sur une combinaison compliquée d'analogie phonétique (ח hébreu et χ grec ; ש et ש hébreux et š et ś de la transcription scientifique) et d'analogie graphique (χ grec et X latin; š et ś et les symboles & et $). Le système est ingénieux mais laisse la porte ouverte à l'arbitraire.

Plus grave, une faiblesse fondamentale affecte l'ensemble du système de codage par analogie phonétique : alors qu'il constitue une opération de transcription, relevant donc de la langue écrite, il se base sur la prononciation, donc sur un élément de la langue parlée; or nous avons vu que la coïncidence langue écrite - langue parlée était loin d'être parfaite. En effet, il est reconnu depuis longtemps que l'évolution temporelle et la diversification spatiale de la langue parlée sont plus rapides que celles de la langue écrite, d'où les distorsions incessantes entre l'écrit et le parlé que nous avons déjà évoquées et qui expliquent les failles du système de codage par analogie phonétique. Deux exemples parmi d'autres.

. Conformément à la logique de l'analogie phonétique, le ׳ hébreu est rendu par Y dans les centres appartenant au domaine linguistique français ou anglo-saxon; le même ׳ est représenté par J à l'université d'Amsterdam , tout aussi logiquement, puisqu'en néerlandais, c'est le J, prononcé comme en allemand, qui est l'équivalent phonétique du ׳.

. Le ו est rendu tantôt par V, tantôt par W. Cette divergence n'est pas due, comme pour le cas précédent, à des différences synchroniques de prononciation des lettres de l'alphabet d'arrivée, l'alphabet latin : en effet, V et W sont, grosso modo, prononcés de façon semblable en anglais, en

français ou en néerlandais. Ici, c'est l'évolution diachronique
(et en partie synchronique) de la prononciation de la langue de
départ qui a joué : le ٦., articulé autrefois W, surtout dans le
domaine aschkenaze, tend de plus en plus à être prononcé V, sous
l'influence de la prononciation israélienne, qui a repris là
l'usage séfarade.

    "Verba volant, scripta manent", l'adage latin trouve ici
une belle application en linguistique : la prononciation des
lettres tant hébraïques que grecques, a pu varier, aussi bien
synchroniquement que diachroniquement, sans que les alphabets
évoluent au même rythme. Il n'est donc guère indiqué de se
baser sur des analogies phonétiques, toujours partielles et
éphémères, pour transcrire des systèmes graphiques qui ont pu
traverser près de trois millénaires sans que leur composition
soit notifiée.

    — Troisième type de codage : suivant les analogies graphiques.

    Dans ce troisième procédé de codage, on apparie les lettres
des alphabets grec et hébreu et les lettres de l'"alphabet informatique" d'après les similitudes de leurs tracés. Ce système
n'est jamais employé de façon exclusive, ni même majoritaire :
tout au plus sert-il à suppléer les déficiences du codage par
analogie phonétique. C'est surtout pour l'alphabet grec que le
procédé est utilisé de manière importante et relativement
constante : ainsi, sur base de l'analogie graphique, η est généralement rendu par H, θ par Q, χ par X, ψ par Y et ω par
W. Pour l'hébreu, les attestations sont plus rares et plus
hétéroclites; on peut citer le codage du CATAB, pour les lettres
א (codé %), ט (codé 6), צ (codé J), ג (codé 3), et ט (codé W).

    Le résultat se caractérise par une certaine transparence —
du moins quand les analogies entre la lettre de départ et son
code sont substantielles — mais aussi par un manque d'homogénéité (on utilise aussi bien des lettres —W, J—, que des
chiffres —6, 3—, ou des symboles —%—) et une part importante
d'arbitraire : la forme des lettres de l'alphabet a connu
autant de variations à travers le temps et l'espace que leur
prononciation, et les analogies ·qu'on peut établir entre leurs
tracés sont encore plus floues que les ressemblances entre les
sons qu'elles représentent; ainsi, s'il y a déjà loin du son
que représente le א au timbre de la voyelle écrite A, le tracé
actuel de ces deux lettres, pourtant soeurs, n'offre plus aucun
point de contact. Ce système de codage ne représente donc pas
une grande fiabilité.

    Pour terminer notre tour d'horizon des systèmes de codage
informatique, il faut encore signaler quelques cas de codage apparemment tout à fait arbitraires, adoptés en désespoir de
cause, après épuisement de tous les autres signes disponibles et
au moment où aucune des trois méthodes précédentes ne pouvaient
être employées : c'est le cas, sauf erreur, du codage du ט par
F, V, + ou /.

Aucune des méthodes employées, sauf la première, très peu pratique et pratiquée, ne donne des résultats entièrement satis-
faisants sur le plan de la cohérence. Bien sûr, tous ces
codages sont opérationnels mais ils présentent le défaut d'avoir
été conçus de façon empirique (1), sans que l'on prête attention
à leur importance dans la grande chaîne de l'histoire de l'écriture, et ils peuvent contribuer à perpétuer et à répandre ambiguïtés et approximations. Or l'accès à la Parole de Dieu en
langue originale est déjà suffisamment compliqué pour que l'on
évite de la crypter une nouvelle fois sous une forme intel-
ligible - et souvent avec peine - aux seuls "biblistes informaticiens". Il est urgent de concevoir un codage transparent et
unifié qui contribue à répandre le texte sacré plutôt qu'à en
faire une chasse gardée pour quelques spécialistes. En effet,
comme cela semble devoir être à moyen terme le cas pour
l'écriture japonaise, il se pourrait que les alphabets grec et
hébreu soient, pour des raisons techniques ou économiques,
évincés par leurs transcriptions informatiques; celles-ci
devraient dès lors posséder toutes les qualités de lisibilité,
de précision et d'esthétique de ces alphabets - dont nous
appelons la survie de tous nos voeux -. Dans un dernier point,
nous allons avancer quelques propositions dans ce sens.

c. Pistes pour un codage rationel des écritures bibliques.

Tant dans la partie théorique que dans la partie pratique de
l'exposé, sont apparues diverses exigences pour la réalisation d'un codage efficace et bien intégré dans la trame de
l'histoire des écritures. Le moment est venu de tenter une
hiérarchisation de ces critères. On propose de les classer
comme suit :

    - Caractéristiques indispensables :
        . "à chaque graphème, un et un seul code";
        . corollaire : pas de représentation des phonèmes en
tant que tels;
        . corollaire : pas plus d'ambiguïté dans le codage que
dans l'original (ex : distinction entre les esprits en grec);
        . corollaire : pas moins d'ambiguïté dans le codage que
dans l'original (ex : pas de distinction entre le waw pointé
voyelle ou consonne redoublée).

----
(1) Certains des codes évoqués ont cependant tentés de suivre,
notamment pour les langues sémitiques, une "logique" autorisée
par la gestion informatique en distinguant les séries d'équivalents codés selon la nature des éléments graphiques de la
langue-source : niveau consonantique, niveau vocalique, niveau
cantilationnel.

  – Caractéristiques hautement souhaitables :
      . homogénéité des signes de codage;
      . homogénéité des méthodes de codage;

  – Caractéristiques souhaitables :
      . lisibilité, transparence;
      . corollaire : liens non équivoques avec les autres
systèmes d'écriture.

En guise de conclusion, nous proposerons (voir appendice 2) une façon de coder qui, sans être parfaite ni malheureusement complète, satisferait à beaucoup des critères énoncés ci-dessus. Au-delà des similitudes graphiques et phonétiques dont nous avons montré le caractère aléatoire, les alphabets hébreu, grec et latin sont reliés par une parenté "génétique" qu'aucune évolution de la prononciation ou du tracé des lettres ne pourra effacer. Pourquoi ne pas baser le codage informatique de ces alphabets sur ces "liens du sang", aussi irrécusables que ceux qui unissent les humains. Ce procédé simple et fondé historiquement permettrait de coder, grâce à 21 lettres de l'alphabet latin, 19 lettres de l'alphabet hébreu et 19 lettres de l'alphabet grec. Malheureusement, en contradiction avec les critères définis ci-dessus, il faudrait recourir à un autre procédé pour coder les 3 lettres hébraïques et les 5 lettres grecques surnuméraires. La confusion des écritures serait-elle aussi désespérée que ne l'est la confusion des langues depuis la tour de Babel ?

APPENDICE 1.a   Comparaison de quelques codages employés
                pour l'hébreu.

HEBREU	CATAB (Lyon)	(codage interne)	CIB (Maredsous)	SDUC (Lampeter)	PARUNAK-WHITAKER (Ann Arbor, Mich.)	VRIJE UNIVERSITEIT (Amsterdam)	ANDERSEN-FORBES (Palo Alto, Cal.)
א	⚡	A	"	'	)	>	)
ב	B	B	B	B	B	B	B
ג	G	C	G	G	G	G	G
ד	D	D	D	D	D	D	D
ה	H	E	H	H	H	H	H
ו	V	F	V	W	W	W	W
ז	Z	G	Z	Z	Z	Z	Z
ח	X	H	X	F	X	X	C
ט	6	I	F	V	+	V	\
י	Y	J	I	Y	Y	J	Y
כ	K	K	K	K	K	K	K
ל	L	L	L	L	L	L	L
מ	M	M	M	M	M	M	M
נ	N	N	N	N	N	N	N
ס	C	O	C	X	S	S	S
ע	J	P	J	E	(	<	(
פ	P	Q	P	P	P	P	P
צ	3	R	Y	C	C	Y	/
ק	Q	S	Q	Q	Q	Q	Q
ר	R	T	R	R	R	R	R
ש	W	U	W	š	š	C	š
שׂ	S	V	S	ś	ś	F	ś
ת	T	W	T	T	T	T	T
◌ָ	A	A			A		A
◌ָֽ	A▯	:A			:A		"
◌ֵ	ⓔ	=			F		ⓔ
◌ֵֽ	ⓔ▯	:=			:F		I
◌ֶ	✱	;			E		E
◌ֶֽ	✱▯	:;			:E		⧉
◌ֹ	E	E			"		⚡
◌ִ	I	I	.		I		I
◌ֺ	ø	.	ś		O		-
◌ֻ	U	U			U		U
◌ְ	▯	:			:		:

APPENDICE 1.b   Comparaison de quelques codages employés pour le grec.

GREC	ALAND (Münster)	MORTON (Edimbourg)	CIB (Maredsous)	COMPUTER BIBLE (Wooster, Ill.)	LASLA (Liège)	TLG (Irvine, Cal.)	GRAMCORD (Deerfield, Ill.)
α	A	A	A	A	A	A	A
β	B	Ʒ	B	B	B	B	B
γ	G	G	G	G	C	G	G
δ	D	D	D	D	D	D	D
ε	E	E	E	E	E	E	E
ζ	Z	Z	Z	Z	F	Z	Z
η	H	H	E	H	G	H	J
θ	@	C	TH	C	H	Q	Q
ι	I	I	I	I	I	I	I
κ	K	K	K	K	J	K	K
λ	L	L	L	L	K	L	L
μ	M	M	M	M	L	M	M
ν	N	N	N	N	M	N	N
ξ	#	Q	X	Q	N	C	X
ο	O	O	O	O	O	O	O
π	P	P	P	P	Q	R	P
ρ	R	R	R	R	R	P	R
σ	S	S	S	S	S,T	S	S
τ	T	T	T	T	U	T	T
υ	Y	U	U	U	V	U	U
φ	F	F	PH	F	W	F	F
χ	X	C	CH	X	X	X	C
ψ	+	Y	PS	Y	Y	Y	Y
ω	W	W	O	W	Z	W	W
)				=		#	2
(	<		H	+		*#	3

APPENDICE 2.

א	α
ב	β
ג	γ
ד	δ
ה	ε
ו	
ז	ζ
ח	η
ט	θ
י	ι
כ	κ
ל	λ
מ	μ
נ	ν
	ξ
ס	σ
ע	ο
פ	π
צ	
ק	
ר	ϱ
ש	
ש	
ת	τ
	υ
	φ
	χ
	ψ
	ω

A Semantic Domain Dictionary

J.P. LOUW

Lexicographical material are being computerized more and more. Yet one just cannot put into your program any entry at random that is found in regular dictionaries. For this purpose a semantic domain dictionary will be very helpful as I now hope to explain.

Bible translators and exegetes often find it difficult to determine what translational equivalent they should use to render a particular Greek or Hebrew word. What one finds in regular dictionaries is often not very helpful since linguistic meaning in intermingled with contextual and cultural references, grammatical and syntactic usages as well as encyclopedic information. For the most part entries in traditional dictionnaries tend to focus more upon usage and reference in terms of individual gloses. For example, κωλύω may be glossed in a regular dictionary as **hinder, stop, forbid**, etc. These three English terms are not equivalent in meaning; **hinder** suggest that an event is in the process of being counteracted, while **stop** pertains to causing an event to no longer continue, and **forbid** involves communicating that something should not begin to happen. Used in certain context, these English terms may be quite appropriate translational equivalents since the contextual reference of the passage may mark the fact that the event concerned is already in progress, or merely envisaged, etc. The danger is that if **hinder** is selected as a rendering for κωλύω , one 's understanding of κωλύω is influenced by the semantic features of **hinder** in English. This becomes even more crucial if a Greek-English lexicon is used to translate a text into Zulu, or, any other language for that matter. We ought to know what is the linguistic meaning of κωλύω in Greek. A semantic domain dictionary would define it as "cause not to happen" a meaning that is more generic in range than **hinder, stop, forbid,** etc.
All the languages of the world are capable of talking about any human experience, yet they do it in different ways by cutting up, as it were, human experience in different configurations along with different associative connotations. For another example we may compare the Greek word παραδίδωμι which may be defined as signifying the event of putting a person into the jurisdiction of some authority to be treated according to the judgment of that authority. This definition explains the linguistic meaning for which παραδίδωμι in Greek is used to verbalize this very meaning. In English one can use **hand over** or **betray** as translational equivalents. In the case of **betray** the English term involves an in-group person being handed over. The Greek term παραδίδωμι does not in itself mark whether an out-group person is concerned.

To cope with these problems, as well as with others for which
time does not allow to explain, the necessity was felt to compile
a semantic domain dictionary for the Bible starting with the NT
just because it is much smaller than the OT. Eugene Nida from
the American Bible Society and myself have been working on the
NT Semantic Domain Dictionary for a number of years and the
results are presently in the press due to appear in two volumes
by the end of this year.

If it is claimed that a translator would find a dictionary
arranged according to semantic domains of far more value than
standard or traditional dictionaries, it inevitably leads to
asking what is special about a semantic domain dictionary.

The most obvious or overt difference between a conventional
dictionary and one based on semantic domains is perhaps also one
of the most basic virtues of the latter. A conventional
dictionary is essentially a list of words in alphabetical order
stating for each word a number of so-called meanings (in fact,
glosses) of that particular word while a semantic domain
dictionary is a list of different areas of meaning along with
the various words or phrases one can employ to give expression
to that particular area of meaning. In short : conventional
dictionaries list the different meanings of individual words by
means of glosses in the target language, while semantic domain
dictionaries list the different words in the source language for
a particular area of meaning.

However, it is important to reaffirm the necessity of
recognizing that meaning in this respect should be understood as
lexical meaning and not as glosses. For example, ἐσθίω may be
glossed as **eat** or **drink**. In Mt 12.1 "they began to pick heads
of wheat and **eat** the grain", eat is a suitable translation, but
in 1 Cor 9.7 "who will tend a flock without **drinking** the milk
from his sheep" **eat** will obviously not fit. The question now
arises as to whether **eat** and **drink** represent two lexical
meanings of ἐσθίω, or merely two translations. That is to say,
should ἐσθίω not be defined as more generic in meaning in the
sense that it includes the consumption of both solid foods and
liquids, and that ἐσθίω consequently means lexically "to consume
food" while in particular contexts the nature of the items
involved may restrict the contextual meaning to what may be
expressed in English by **eat** or **drink**.

By studying all the words,phrases and idiomatic expressions in the Greek NT for activities of eating and drinking we came to the conclusion that among the 52 items we had to consider, two terms were undoubtedly much more generic in their range than the others,namely ἐσθίω and μετέχω . Both mean lexically "to consume food". They differ in meaning in respect to the level of language employed — μετέχω being a more formal term.

These 52 items pertaining to the domain of physiological processes and states are discussed in one chapter by defining their lexical meanings, by listing their general translational equivalents and illustrating these by quoting examples from NT usage. In many instances additional notes are added to alert the translator and the exegete to the fact that some languages make important distinctions which others ignore. For example, in some languages terms for **eating** depend upon whether the eating is done by an adult or by a very small child. Other distinctions may involve the quantities of food, the rapidity with which one eats, the state of what is eaten, the type of food,etc. The data for these notes have been accumulated from some 600 major languages.

This type of dictionary requires the user to read through a whole section in order to become acquainted with the total range before reaching to exegetical conclusions. In the case of terms for **eating** and **drinking** the matter is, naturally, not as complicated as with terms having theological implications. The latter especially requires a semantic domain dictionary to inform the reader as to how much information one can infer from the Greek words as such.

When the Greek project started, computerized material were not yet available, but the Hebrew project which has just begun will surely, I hope, benefit from your work. That is why I am intensely interested in the data you can produce and also informing you about an area where your work can find a very useful application.

The theory and practice of this type of semantic domain dictionary has recently been published in a book **Lexicography and Translation** while the forthcoming dictionary will also have an extensive introductory statement to the same effect. The dictionary will be called a **Greek-English Lexicon of the Greek New Testament based on Semantic Domains** and will be obtainable from any Bible Society in the course of 1986.

The following extract from the chapter on Physiological
Processes and States may be considered as an example of a
semantic domain dictionary :

23 Physiological Processes and States[1]

Outline of Subdomains

A   Eat, Drink (23.1-23.39)
B   Processes Involving the Mouth, Other
    Than Eating and Drinking (23.40-23.45)
C   Birth, Procreation (23.46-23.60)
D   Sexual Relations (23.61-23.65)
E   Sleep, Waking (23.66-23.77)
F   Tire, Rest (23.78-23.87)
G   Live, Die (23.88-23.128)
H   Health, Vigor, Strength (23.129-23.141)
I   Sickness, Disease, Weakness
    (23.142-23.184)
J   Breathe, Breath (23.185-23.187)
K   Grow, Growth (23.188-23.196)
L   Ripen, Produce Fruit, Bear Seed
    (23.197-23.204)
M   Rot, Decay (23.205)

A   Eat, Drink[2] (23.1-23.39)

23.1 ἐσθίω[a]: to comsume food, usually
solids, but also liquids – 'to eat, to drink, to
consume food, to use food.' ἤρξαντο τίλλειν
στάχυας καὶ ἐσθίειν 'they began to pick heads
of wheat and eat (the grain)' Mt 12.1; τίς
ποιμαίνει ποίμνην καὶ ἐκ τοῦ γάλακτος τῆς ποίμ-
νης οὐκ ἐσθίει; 'who will tend a flock without
drinking the milk from his sheep?' or '. . .
without using the milk from his sheep?' 1 Cor
9.7.
    As noted in the contexts of Mt 12.1 and 1
Cor 9.7, ἐσθίω[a] is generic in the sense that it
includes the consumption of both solid foods
and liquids, but ἐσθίω is not employed in
referring to the drinking of alcoholic beverages (see μεθύω[b] 'to drink freely of wine or
beer,' 23.37).
    In some languages an important distinction
is made in terms for 'eating' depending upon
whether the eating is done by an adult or by a
very small child, who in most instances must
be helped to eat. Other distinctions in terminology for eating may involve the quantities
of food (whether small or extensive), the
rapidity with which one eats (gulping or
mincing), the state of what is eaten (raw,
fresh, cooked), or the type of food, for example, meat, cereal, fruit, or leafy vegetable.

23.2 μετέχω[b]: (normally occurring together
with a term specifying the particular food in
question, but also occurring absolutely in contexts relating to food. μετέχω[b] is probably
more formal than ἐσθίω[a], 23.1) to partake of
or to consume food, whether solid or liquid –
'to eat, to eat food, to drink.' εἰ ἐγὼ χάριτι
μετέχω 'if I give thanks for the food I eat' 1
Cor 10.30; πᾶς γὰρ ὁ μετέχων γάλακτος 'every-
one who drinks milk' He 5.13.[3] In contexts in
which μετέχω occurs, it may be important to
select a term for the eating which will go specifically with the type of food in question. For
various types of distinctions made in terms of
eating, see the discussion at 23.1 and footnote
2.

23.3 τρώγω; γεύομαι[b]; βιβρώσκω; βρῶσις[a],
εως f: to consume solid food – 'to eat, eating.'

τρώγω: ἦσαν . . . τρώγοντες καὶ πίνοντες 'people ate and drank' Mt 24.38.

γεύομαι[b]: ἐγένετο δὲ πρόσπεινος καὶ ἤθελεν γεύσασθαι 'he became hungry and wanted to eat' Ac 10.10.

βιβρώσκω: ἐκ τῶν πέντε ἄρτων τῶν κριθίνων ἃ ἐπερίσσευσαν τοῖς βεβρωκόσιν 'from the five barley loaves of bread which the people had eaten' Jn 6.13.

βρῶσις[a]: περὶ τῆς βρώσεως οὖν τῶν εἰδωλοθύτων 'concerning the eating (of meat) sacrificed to idols' 1 Cor 8.4.

23.4 βρώσιμος, ον: (derivative of βρῶσις[a] 'eating,' 23.3) pertaining to what can be eaten – 'eatable.' ἔχετέ τι βρώσιμον ἐνθάδε 'do you have anything to eat here?' Lk 24.41.

23.5 ψωμίζω[a]: to cause someone to eat – 'to feed, to give to eat.' ἐὰν πεινᾷ ὁ ἐχθρός σου, ψώμιζε αὐτόν 'if your enemy is hungry, give him something to eat' Ro 12.20.

23.6 τρέφω[a]; ἐκτρέφω[a]: to provide food for, with the implication of a considerable period of time and the food being adequate nourishment – 'to provide food for, to give food to someone to eat.'[4]
τρέφω[a]: πότε σε εἴδομεν πεινῶντα καὶ ἐθρέψαμεν 'when did we ever see you hungry and give you food to eat?' Mt 25.37.
ἐκτρέφω[a]: οὐδεὶς γάρ ποτε τὴν ἑαυτοῦ σάρκα ἐμίσησεν, ἀλλὰ ἐκτρέφει καὶ θάλπει αὐτήν 'no one ever hates his own body; instead he feeds it and takes care of it' Eph 5.29.

23.20 ἀριστάω[a]; δειπνέω; ἄρτον κλάω (an idiom, literally 'to break bread'): to eat a meal, without reference to any particular time of the day or the type of food involved – 'to eat a meal, have a meal.'
ἀριστάω[a]: ἐρωτᾷ αὐτὸν Φαρισαῖος ὅπως ἀριστήσῃ παρ' αὐτῷ 'a Pharisee invited him to have a meal with him' Lk 11.37.

δειπνέω: εἰσελεύσομαι πρὸς αὐτὸν καὶ δειπνήσω μετ' αὐτοῦ 'I will come into his house and eat a meal with him' Re 3.20.

ἄρτον κλάω: κλῶντές τε κατ' οἶκον ἄρτον 'eating (together) in their homes' or 'having meals (together) in their homes' Ac 2.46. The implication of 'eating together' comes from the total context. ἐν δὲ τῇ μιᾷ τῶν σαββάτων συνηγμένων ἡμῶν κλάσαι ἄρτον 'on the first day of the week we gathered together for a meal' Ac 20.7. No doubt the reference in Ac 20.7 is to the 'fellowship meal,' called 'agape,' which constituted the early Christian form of the 'Lord's Supper.' See 23.28.

In some languages it is impossible to speak of 'having a meal' without indicating the time of day or the nature of the food consumed.

Footnotes

1 The domain of *Physiological Processes and States* includes such events as eating, drinking, giving birth, sleeping, resting, living, dying, breathing, growing, being healthy or sick, and a number of physiological processes particularly characteristic of plants. As in the case of particularly all domains, it is possible to classify some meanings in two or more different ways. This is particularly true of some of the physiological processes and states. For example, the meanings of 'banquet' and 'feast' could be classified under *Festivals* (51). Similarly, certain meanings classified now under *Sensory Events and States* (24) could be regarded as examples of physiological states. These problems of classification simply emphasize the multi-dimensional character of semantic structures. However, the classification conforms to the features of meaning that seemed to be more focal.
2 In some languages a very fundamental distinction is made between terms referring to the consumption of solid foods in contrast with liquids (either beverages or soups). For the most part, however, a term meaning 'eat' is more generic than one meaning 'drink', since the former is frequently employed to describe the consumption of any type of nourishment, while a term meaning 'drink' refers only to beverages or very thin soups or broths.

Still further important distinctions are made in some languages between the consumption of so-called 'cold foods' and 'hot foods.' This distinction is not, however, based upon the temperature of the food itself but upon the physiological effect which such foods are supposed to have upon the body in causing coolness or heat. A further important distinction may be made with respect of terms referring to animals eating in contrast with humans eating.
3 It is possible to interpret μετέχω[b] as simply an instance of μετέχω[a] 'to have a share in' or 'to partake of' (57.7), and in He 5.13 μετέχω could be interpred in this sense. In 1 Cor 10.30, however, μετέχω may be interpreted as being used in an absolute sense and thus meaning 'to partake of food.' But it is also possible that even in 1 Cor 10.30 one should recognize the ellipsis of an expression for food which could be supplied from the wider context.
Note that προσλαμβάνομαι occurs with specific terms for food in Ac 27.36, but in such contexts there is no need to assign a meaning to this verb other than the more general meaning of 'to take hold of' (see 18.2).
4 It is polssible that ἐκτρέφω[a] is somewhat more emphatic in meaning than τρέφω[a], but this cannot be determined from existing contexts.

In the case of 23.3 and 23.6 more than one item are treated in a single entry which means that though the original native speakers may have been aware of some subtle difference in meaning or usage between the terms concerned, the existing data we have did not provide any significant distinction of meaning. Note also in 23.20 how an idiom is treated as a lexical unit and how lexical meaning is distinguished from contextual reference.

The Computer and the Hypothetic Translators of Ezekiel

J. LUST

The entire translation of a biblical book such Ezekiel is not necessarily the work of one hand. A long discussion on this subject was initiated by H.St.J. Thackeray and J. Hermann (1). Independently, they divided the Greek translation of Ezekiel into three parts which they ascribed to two or three translators. It is our contention that the computer data base with the aligned Hebrew and Greek texts constituted an important aid for the evaluation of this thesis.

Moreover it appears that there are possibly several sections within these larger translation units which betray a later hand. They do not seem to belong to the original translation. H.St.J. Thackeray has demonstrated this convincingly for Ez 36,23c–38. The Greek of this passage differs considerably from that of its context and presents a clear case of the influence of a later version, resembling that of Theodotion. The transliteration of **Adonay** is characteristic of the subsection (2). In a similar way, W. Zimmerli has traced a later hand in the translation of Ez 7,6a –9 (=LXX 7,3–6) (3). The completed computer data base may enable us to detect more of these later additions.

The arguments in favor of a multiple and simultaneous trans-latorship may be summarized as follows : it is observed that several Hebrew words and expressions receive a different Greek rendering in Ez 1–27 (Ezα) and in Ez 28–39 (Ezβ). This observation leads to the conclusion that Ezα and Ezβ were the work of different translators. Ez 40–48 (Ez γ) is a case into itself. While one group of scholars, headed by J.St. Thackeray, contend that its Greek translation betrays the same hand as that of Ezα, others, especially J. Herrmann, hold that the Greek of Ez γ is the work of a third translator. The decisive factor in this discussion is the Greek translation of the expression **Adonay Jhwh**. The general argumentation is based primarily on lexicographical data. The number of words and expressions adduced by J. Herrmann, J.St. Tackeray and their followers is impressive. Nevertheless the selection of the lexicographical material is somewhat arbitrary. The computerised data base should multiply the lexicographical data, and eliminate their arbitrary character. Moreover grammatical and other linguistic evidence could be made available.

A clear distinction should be made between the data and the conclusions drawn from them, between facts and their interpretation. Although the computer may draw attention to additional points of difference between the translation of the respective sections in the Ezekiel Book, it does not necessarily support the thesis of the multiple and simultaneous translators.

The hypothesis of a recension in section ß may offer a better interpretation of its data (4).

The following pages present a computer assisted contribution to the discussions concerning the Greek translator(s) of Ezekiel. The first part of the paper will evaluate the import of the data base as such, without any additional programming. The second part will try to demonstrate further possibilities based on relatively simple programs to this subject. Both parts will touch upon the problem of the later additions to the translations.

The data base used for this contribution was the one prepared at the University of Pennsylvania and the Hebrew University of Jerusalem. It gives a parallel alignment of all elements of the MT and LXX. I had at my disposal the text of Ezekiel in a rather elementary stage, without grammatical analysis and variants. A full description of this data base and of the successive steps of its completion can be found in the articles of E. Tov on this subject (5). A sample is provided at the end of this syllabus.

I. Working with the Data Base without further programming

1. Adonay Jhwh

J. Herrmann carefully lists the occurences of the double name **Adonay Jhwh** and of its translations in the major Greek manuscripts of the book of Ezekiel (6). Trusting manuscript B, he finds that sections α,ß and γ translate the Name differently, and he suggests that these differences are due to three different translators. The value of J. Herrmann's argumentation, which was weak to begin with, has been discredited by the evidence found in the ancient and trustworthy Papyrus 967. The parts of this manuscript published in 1936 and 1937 (7) did not cover chapters 40-48. Nevertheless, working with the available material, E.H. Kase could already cast strong doubts on J. Herrmann's thesis (8). Additional pieces of the papyrus, containing ch 40-48 as well as most of the missing preceding chapters were found and published in 1971 and 1972 (9).

E.H. Kase in 1936 and M. Fernandez-Galiano in 1971 presented comparative surveys of the translations of **Adonay Jhwh** in the parts of the manuscript they published. To my knowledge, no one has given a survey which incorporates the data from all of the available sections of this papyrus. Once the data are inserted in the computer data base, the machine easily provides full lists (10) of the renderings of **Adonay Jhwh** (A.J.) in the Septuaginta edition of Rahlfs (which is in this case identical with ms B), comparing them with the data of Papyrus 967. Schematically the results are as follows :

	Total Ez		Ezα(=1-27)		Ezβ(=28-39)		Ezγ(=40-48)	
	Rahlfs	P(967)	R	P	R	P	R	P
KYPIOS/E/OU	110	150	70	67	39	67	1	16
KYPIOS KUPIOS	51		13		38			
KYPIOS ΘEOS	9						9	
KYPIOS O ΘEOS	7	17		11		6	7	
omissions	2	12		5	2	6		1
	179	179	83	83	79	79	17	17

The name A.J. occurs 217 times in the Hebrew text. In the sections of the Hebrew text of which the Greek equivalent in Pap 967 is preserved, it occurs 179 times; 83 of these occurrences are to be found in ch. 1-27, 79 in ch. 28-39 and 17 in ch. 40-48. The survey demonstrates that in Pap 967, the translation of A.J. is very much the same in the three parts of the Book. Most often A.J. is rendered by a simple **KYPIOS** and less frequently by **KYPIOS O ΘEOS**. It should be noted that **KYPIOS O ΘEOS** occurs only in parts α and β of the Book, whereas in ms B, the same expression is said to be one of the special idioms of the translator of part γ.

2. Grammatical Data and Translator's Techniques

Hebrew grammatical constructions can often be rendered in Greek in several ways. Some translators prefer literal renderings, others favour free translations, paying more attention to the target language. Let us give an example. The Hebrew language often used **lamed** followed by the infinitive construct. In these cases the literal Greek translation reads the article **TOY** + the infinitive. A less literal translation may admit variant renderings, using the infinitive without the article, or the substantive, or the participle, thus allowing the translator to write better Greek (11). Moreover, two different translators striving towards a similar degree of literalness or non-literalness in their translation, may have different preferences in their choice of Greek grammatical constructions.

In the book of Ezekiel, subdivided according to the hypothesis of the multiple translators, the data are as follows :

	L + inf.	L + infin. without L +)MR	Greek TOY + inf.	Greek omission	Greek infin.	Other
Total	230	172	108 62,7 %	11	38 22 %	21 12 %
Part α	147	108	73 67,5 %	7	19 17,4 %	13 12 %
Part β	48	29	11 38 %	4	13 45 %	1 3,4 %
Part γ	33	33	22 66,6 %		6 18 %	5 15 %

In the counting of the percentages, the occurence of **L** followed by the infinitive of 'MR were disregarded. The reason being that this expression is always rendered in Greek by the participle; the Greek language hardly allows a translation with **TOY** and the infinitive in this case. Since the expression is very frequent in section α and ß but absent in section ,its admission in the survey would have distorted the countings. The results,disregarding **L + 'MR**, show a definite correspondence between sections α and γ , while section ß is clearly distinguishable. This may point to a different translation technique in ß.

The data base facilitates many more relatively simple tests exploring the techniques of the translators and the degree of literalness of their translation. The 'pluses' and 'minuses' of the Greek text as compared with the Hebrew text can be listed and counted in each part of the book of Ezekiel. The same can be done for the transpositions. Furthermore, the machine can compare which percentage of simple Hebrew words, without prefixes or suffixes, are rendered by one Greek word. It can also check whether all the elements of Hebrew words with their prefixes and suffixes are rendered separately in Greek and whether this is done to the same degree in all the major parts of the Book (12). The results of these tests do not seem to reveal major diffences in the translation technique used in the three major sections of Ezekiel.

By way of conclusion of this first part of our presentation, attention may be drawn to one more example of a Greek rendering of a typical Hebrew grammatical construction : in the Septuagint of Ezekiel the substantive preceeded by the article and followed by 'ŠR is always translated by a substantive preceded by the article and followed by a pronoun : e.g. Ez. 20,14.22 : H/GWYM 'ŠR : τῶν ἐθνῶν ὧν An exception is found in Ez 20,29 : H/BMH 'ŠR : Αβαμα ὅτι . One may be inclined to consider this an anomaly in the translation and to ascribe it to a later translator, or one may be tempted to go one step further and see this as a confirmation of the theory plausible which holds that the Hebrew text of Ez 20,27-29 is a later addition (13). The original translator may not have found it in his Hebrew **Vorlage**. However, one should notice that the Greek translator did not read H/BMH as a substantive preceded by the article. He understood it as a noun of a place **Abama**. Consequently, he interpreted 'ŠR, not a relative pronoun, but as a particle introducing a subordinate clause. The conclusion is that Αβαμα ὅτι in Ez 20,29 can not be considered an exception to the rule described above (14). This example should emphasize that the results obtained with the help of the computer are to be handled with care.

II. A Tracing Program

Searching for a more systematic approach to the problem, special programs can be written. Since one of the major aspects of the problem is the hypothetical difference between Greek part α (= Hebrew part A) and part β (= Hebrew part B) of Ezekiel, the computer was asked to retain only those Hebrew word forms which occur both in part A and in part B and which have a frequency of at least five attestations. It was further asked to give a frequency list of all the Greek renderings of these Hebrew word forms, putting them in six columns according to the three major divisions of the Book, with each division being subdivided into two halves for purposes of control (15). A sample looks as follows :

FRTOT	EZ	B1 VP 920	TRUNC=920 SIZE=1353 LINE=4 COL=40 ALT=25					
			A1	A2	B1	B2	C1	C2
00000	* *	* TOP OF FILE * * *						
00001	(6II	E) POI/HSEN	30I 1.005	16.020I	2.002	0.003I	0.000	0.000I
00002	..	E) POREU/QH	30I 0.005	1.020I	0.002	0.003I	0.000	0.000I
00003	..	KAIς POIH/SOUS I	30I 1.005	0.020I	0.002	0.003I	0.000	0.000I
00004	..	PEPOI/HKEN	30I 0.005	1.020I	0.002	0.003I	0.000	0.000I
00005	..	PEPOIHKO/TAS	30I 0.005	0.020I	0.002	1.003I	0.000	0.000I

```
00006 ..      POI/IISON        301  1.005  0.0201  0.002  0.0031  0.000  0.0001
00007 ..      POIEI=S          301  2.005  1.0201  0.002  0.0031  0.000  0.0001
00008 ..      POIH=            301  0.005  1.0201  0.002  2.0031  0.000  0.0001
00009 (&YM    POIH/SOUSIN       61  0.005  0.0001  1.001  0.0001  0.000  0.0001
00010 ..      POIOU=SIN         61  5.005  0.0001  0.001  0.0001  0.000  0.0001
00011 (&YTY   E) POI/HSA       141  1.009  1.0021  1.001  2.0021  0.000  0.0001
00012 ..      E) POI/HSAS      141  4.009  0.0021  0.001  0.0021  0.000  0.0001
00013 ..      PEPOI/HKA        141  4.009  1.0021  0.001  0.0021  0.000  0.0001
00014 (C      CU/LA            251  0.004  0.0091  0.001  0.0041  1.004  0.0021
00015 ..      CU/LINOI         251  0.004  0.0091  0.001  0.0041  1.004  0.0021
00016 ..      CU/LOIS          251  0.004  1.0091  0.001  0.0041  0.004  0.0021
00017 ..      CU/LON           251  1.004  8.0091  1.001  0.0041  0.004  1.0021
00018 ..      CULI/NOU         251  0.004  0.0091  0.001  0.0041  1.004  0.0021
00019 ..      DE/NDRA          251  0.004  0.0091  0.001  0.0041  0.004  1.0021
00020 ..      DE/NDROU         251  1.004  0.0091  0.001  0.0041  0.004  0.0021
....>                         total    A1     A2     B1     B2     C1     C2
                                                          X E D I T   1 FILE
```

From this basic arrangement, retaining 248 Hebrew word forms
out of a total of 1132 (16), informative data can be derived.
We give two examples here. The first tries to define the degree
of uniqueness of the translation of the respective parts of the
Book. It answers the question to what degree do the different
sections use Greek translations which do not occur in the other
sections. Of a total 1019 Greek word forms in part A, 594 are
exclusive (58%). In B the proportion is 327 of a total of 712
(46%), whereas in the control section A2B1 it is 421 of a total
839 (50%); disregarding section C, the numbers and percentages
are : in A : 651 exclusive word forms, or 64%, in B : 344
exclusive word forms, or 48% and 439 in A2B1, or 52%.

The percentage of word forms which occur exclusively in the
control section, falls in between that of A and that of B. This
undermines the hypothesis that A and B are the work of two
different translators. Indeed in the case of two different
translators, the percentage of exclusive word forms in A2B1
should be lower, since that section consist of parts of the work
of both hypothetic translators. The relatively low percentage
in section B may be explained by the hypothesis of a revisor.
However, the differences between the respective percentages are
not large enough to allow definitive conclusions.

A second example deals with the consistency of the
translation(s). For this test, only those Hebrew word forms
were retained which occur at least twice in section A as well as
in section B and in the control section A2B1. It appeared that
in section A, 30 Hebrew word forms out of 215 or 14% receive a
consistent Greek translation, whereas in part B, 55 or 25,5%
This suggests that part B's translation is more consistent than
that of part A. Again, the differences may not be due to
different translators, but rather to a revisor of part B who was
concerned with a more consistent translation. The number and
the percentage of consistent translated word forms in the
control section (29 = 13,5%) point in the same direction. They
are more or less identical with those of section A. If two
independent translators had been responsible for the translation
respectively of section A and B, then the consistency of the
translation of the control section covering parts of both A and
B should have been lower.

One of the weaknesses of these tests are that the Hebrew word forms, on which the tests are based , are unvocalised and devoid of grammatical analysis. One Hebrew word form in the data base may stand for several different grammatical word forms and homographs. Thus **DBR** covers e.g. the grammatical forms **DaBaR** and **DiBBeR** from the root **DBR** : to speak, as well as the homograph **DeBeR** : plague. Even when **DeBeR** is always translated by θάνατος , the present program will not list this as a case of consequent translation, since it does not distinguish between **DeBeR, DiBeR or DaBaR**. Similarly, all the grammatical forms of a Greek word such as λόγος or λέγειν are treated as different entries . Thus λόγος and λόγον, λόγου etc , are regarded as different translations of DBR. Another weakness is that the total length of A is twice the length of B, which means that the frequency of each Hebrew word in A is in average about twice as large as in B. It should be clear that the translation of a word that occurs only twice is more likely to be consistent than that which occurs four times. Because of these weaknesses, the results of the tests given above should be handled with reserve. Nevertheless, within their own limits they appear to be valid.

Working with similar programs it should be possible to detect those sections where the Greek markedly stands out from that of its immediate context. H.St.J. Thackeray drew attention to Ez 36,23c-38 as one such case. He discovered in it a clear example of the influence of a later version, resembling that of Theodotion (17). Once the variants from the early revisions, especially the Theodotionic ones, will be incorpored into the computer data base, similar anomalous sections — if at all existing — should be traced more easily.

When W. Zimmerli acknowleged a special translation hand in Ez 7,6-9 (LXX Ez 7,3-6), his argumentation was based primarily upon the discovery of particularities in translation which showed remarkable affinity with the Greek of Ez ß and not with that of Ez α in which it is incorporated (18). Similar particularities in other sections should be traceable with the computer. We asked the computer to list all the cases of Greek word forms occurring only once in part α and at least four times in the rest of Ezekiel, always rendering the same Hebrew word form. The answer gives 44 items among which ἐγὼ εἰμί as the exceptional translation of 'NY in Ez 7,9. However, none of these cases are closely grouped in one particular section and several are to be explained in their context. This means that each case should be examined independently.

Since this paper is an interim report, it should be revised once the computer data base has been completed and perfected. Nevertheless, one may already conclude that the data base offers considerable assistance in evaluating the hypotheses concerning the translator(s) of Ezekiel.

Sample of the data base :

```
 EZEKIEL  EZEKIEL  A2  VP 80   TRUNC=80 SIZE=18656 LINE=1742 COL=1 ALT=0
01738 ez 7   4 W/L)                     OU) é8è
01739 ez 7   4 TXWS                     FEI/SETAI é8è
01740 ez 7   4 (YN/Y                    O( O)FQALMO/S MOU é8è
01741 ez 7   4 (L/YK                    E)PIç SE/ é8è
01742 ez 7   4 W/L)                     OU)DEç MHç é8è
01743 ez 7   4 )XMWL                    E)LEH/SW é8è
01744 ez 7   4 KY                       DIO/TI é8è
01745 ez 7   4 DRK/YK                   THçN O(DO/N SOU é8è
01746 ez 7   4 (L/YK                    E)PIç SEç é8è
01747 ez 7   4 )TN                      DW/SW é8è
01748 ez 7   4 W/TW(BWT/YK              KAIç TAç BDELU/GMATA/ SOU é8è
01749 ez 7   4 B/TWK/K                  E)N ME/SWù SOU é8è
01750 ez 7   4 THYYN                    E)/STAI é8è
01751 ez 7   4 W/YD(TM                  KAIç E)PIGNWù/SKHù é8è
01752 ez 7   4 KY                       DIO/TI é8è
01753 ez 7   4 )NY                      E)GW/ EI)MI é8è
01754 ez 7   4 YHWH                     KU/PIOS é8è
01755 ez 7   5 KH                       --- ''
01756 ez 7   5 )MR                      --- ''
01757 ez 7   5 )DNY YHWH                --- ''
01758 ez 7   5 R(H                      --- ''
====>
                                                X E D I T  1 FILE
```

NOTES

(1) **H. ST. J. Thackeray**, The Greek Translators of Ezekiel, JTS
4 (1903) 398-411; **J. Herrman**, Die Gottesnamen im Ezechiel-
texte, in ES R. Kittel (BWAT,13), Leipzig 1913, 70:87; Id.,
Die Septuaginta zu Ezechiel das Werk dreier Uebersetser, in
Beiträge zur Entstehungsgeschichte der Septuaginta (BWAT,
30), Berlin, 1923, 1-19; see also **J. Schäfers**, Ist das Buch
Ezechiel in der Septuaginta von einem oder mehreren
Dolmetschern übersetz ? in Theol. und Glaube 1 (1909) 289-
291; **W. Danielsmeyer** , Neue Untersuchungen zur Ezechiel-
Septuaginta, Diss. Münster (handwritten) , 1936; **E.H. Kase**,
The 'Nomen Sacrum' in Ezekiel, in **A.C. Johnson, H.S. Gehman,
E.H. Kase**, The John H. Scheide Biblical Papyri : Ezekiel
(Princeton Univ. Studies in Papyrology, 3), Princeton, 1938,
p. 48-51; **Id.**, The Translator(s) of Ezekiel, ibidem, p. 52-
73; **N. Turner**, The Greek Translators of Ezekiel,JTS 7 (1956)
12-24. For critical views on the multiple translator
hypothetis, see the articles by **E.H. Kase** and also **J.
Ziegler** , Zur Textgestaltung der Ezechiel-Septuagint in
Biblica 34 (1953) 435-455, esp. p. 440 ff.

(2) Ibidem, p. 408.

(3) **W. Zimmerli** , Ezechiel (Biblischer Kommentar , 13 ,1) ,
Neukirchen, 1969, p. 159-160.

(4) Cpr **E. TOV**, The Septuagint Translation of Jeremiah and
Baruch. A Discussion of an Early Revision of the LLX of
Jeremiah 29-52 and Baruch 1,1 - 3,8, (HSM, 8), Missoula
Montana, 1976, esp. p. 142-151.

(5) **R.A. Kraft and E. Tov**,Computer Assisted Tools for Septuagint
Studies , in Bulletin , IOSCS 14 (1981) 22-40 ; **E. TOV** ,
The Use of a Computerized Data Base for Septuagint Research:
The Greek-Hebrew Parallel Alignment, in Bulletin, IOSCS 17
(1984) 36-47.

(6) See note 1.

(7) Recent surveys of available materials and publications can
be found in : **M . V‖ Spottorno y Diaz Caro** ,
The Divine Name in Ezekiel Papyrus 967, in **N.F. Marcos**,
La Septuaginta Investigacion Contemporanea. (Textos y
Estudios Cardenal Cisneros, 34), Madrid, 1985, p. 214 FF.;
P. Leopold Günther Jahn, Der Griechische Text des Buches
Ezechiel nach dem Kölner Teil des Papyrus 967 (Paryr. Texte
und Abhandlungen, 15), Bonne , 1972 , p. 7 ff.; **D. Fraenkel**,
Nachtrag, in **J. Ziegler**, Ezechiel (Septuaginta, XVI/1), 2.
durchgesehene Auflage, Göttingen,1977, p. 331 ff. (with a
full collation).

(8) See note 1.

(9) For the editions : see note 7.

(10) In this instance the situation is somewhat complicated by the fact that the data base sometimes records 'DNY JHWH on one line and sometimes on two. This seems to contradict the introductory guideline given in nr 29,2 (CATSS2). The problem is probably caused by a certain ambiguity in the basic set up of the data base explained in nr 5.2 of the introduction (CATSS2) : "The point of the departure of the comparison of the Hebrew and Greek is the _Greek_ text, but the basic structure of each line in the comparison is determined by the structure of the _Hebrew_ word" (the cursives are mine). When 'DNY JHWH is rendered by one Greek word, it appears to be taken for one Hebrew phrase; when it is translated by two Greek substantives it is considered to consist of two Hebrew words.

(11) Cp **I. Soisalon-Soininen,** _Die Infinitive in der Septuaginta._ (Annales Academiae Scient. Fennicae B 132, 1), Helsinki, 1965. A computerized analysis of the Greek renderings of Hebrew semiprepositions did not produce relevant differences between the respective translation units. Cpr **R. Sollamo,** _Renderings of Hebrew Semiprepositions in the Septuagint,_ (Annales Academiae Scient. Fennicae. Diss. Hum. Litt., 19), Helsinki, 1979.

(12) For further suggestions : see **E. Tov,** _A computerized Data Base for Septuagint Studies_ (CATSS,2), in press, and his articles referred to in note 5.

(13) For a full argumentation of this theory, see **W. Zimmerli,** _Ezechiel_ (BKAT), Neukirchen, 1969, sub loco.

(14) Other Translations of 'ŠR by ὅτι are to be found in Ez 35,12;36,5-34.

(15) The programming was elaborated with the help of W. Brems,

    A1 = Ez 1-16
    A2 = Ez 17-27
    B1 = Ez 28-33
    B2 = Ez 34-39
    C1 = Ez 40-43
    C2 = Ez 44-48

(16) Of these 1132 Hebrew word forms, 643 occur at least five times only 248 out of 643 occur in both A an B.

(17) **H. St. J. Thackeray,** _The Greek Translators of Ezekiel_, JTS (1903) 408.

(18) See note 3.

Présentation de MEDIUM :
Base de données sur le manuscrit médiéval

C. PELLISTRANDI

Définition :

La base MEDIUM a été créée pour informatiser les renseignements accumulés dans les fichiers de l'Institut de Recherche
et d'Histoire des Textes, laboratoire du C.N.R.S. dont le rôle
est l'étude de la transmission manuscrite des textes de
l'Antiquité au début de l'humanisme. La vocation première de
l'I.R.H.T. est de reproduire pour les chercheurs les manuscrits
répertoriés dans les bibliothèques du monde entier, ce qui
entraîne la constitution d'une filmothèque (30.000 microfilms)
et de sources documentaires concernant l'histoire des
manuscrits. L'I.R.H.T. est divisée en sections latine,
grecque, hébraïque, romane, celte, slave, arabe sans citer les
sections des sciences auxiliaires : paléographie, diplomatique,
codicologie, iconographie, etc. Chaque section, en raison de sa
spécificité, se trouve confrontée à des problèmes d'uniformi-
sation face aux questions posées par l'entrée de textes
bibliques ou parabibliques : il n'y a pas de section biblique
mais chaque section rencontre dans les manuscrits des textes
bibliques et des commentaires qu'elle doit identifier,classer et
répertorier. Le rôle de l'I.R.H.T. est de mettre à la
disposition des chercheurs des renseignements concernant
manuscrit et texte, support et contenu.

Consultation :

Par souci de consultation efficace, la base de données est
structurée en 7 entités : manuscrit – oeuvre – auteur –
microfilm – traducteur – commentateur – hors texte – Chaque
section comprend une liste de caractères spécifiques. Les
informations sont implantées sur les ordinateurs du CIRCE
(Centre de calcul de CNRS situé à la faculté des sciences
d'Orsay).
L'interrogation de la base peut s'effectuer soit par l'intermédiaire de terminaux à écran pleine page type IBM 3270 reliés au
CIRCE par une liaison spécialisée soit par des terminaux
asynchrones reliés au CIRCE via Transpac.

Pratique générale de l'interrogation :

Il n'est pas nécessaire de connaître un langage documentaire.
L'interaction utilisateur-ordinateur s'effectue par l'intermédiaire de MENUS, ce qui permet aux chercheurs d'utiliser
directement la machine sans être rebuté par l'apprentissage d'un
langage. La base de départ du travail est la normalisation des
manuscrits dont l'I.R.H.T. possède le microfilm. Chaque
section organise l'identification des textes : il s'agit donc
avant tout sur le plan scientifique d'un travail de catalogage

qui permet de corriger et de préciser certains catalogues et sur
le plan du service international, la mise en évidence et la mise
à disposition des chercheurs de textes isolés dans les
manuscrits, ce qui est très fréquent pour les textes bibliques.
Par rapport à la Bible, les textes enregistrés sont de trois
types :
- texte biblique surtout dans les manuscrits latins
- commentaires patristiques; gloses
- traduction et apparition des Bibles en langues vulgaires

L'interrogation permet de faire apparaître des manuscrits
bilingues et bibliques selon les exemples suivants :
Exemple 1 : consultation de l'entité manuscrit
Recherche d'un manuscrit dont on connaît la côte : Caen
Bibliothèque municipale 185
MENU 1   Choix de l'entité : manuscrit
MENU 2   Critères de sélection sur manuscrit ⎯⎯⎯⎯⎯⟶ Consul-
              tation des listes d'autorité (lemmatisation des noms
              propres)
MENU 3   Choix des entités : manuscrit et microfilm

J'obtiens : **Regum libri** en hébreu avec traduction latine
linéaire. La machine me donne aussi les renseignements sur le
manuscrit et sa description codicologique concernant l'histoire
de sa transmission.
Exemple 2 : pour répondre à la question posée en août 1984
lors de la préparation du colloque sur la Bible texte ouvert ou
fermé, il est intéressant de faire la recherche sur les mots du
titre suivant : Psaumes de la Pénitence car on reçoit des listes
de manuscrits qui proposent le texte en latin, provençal, langue
d'oc, français et anglais. Sous quelle nomenclature faut-il
enregistrer les textes en langue vulgaire : Bible ou Biblica
dans la mesure où le texte en langue vulgaire est lui-même une
adaptation ? On touche du doigt la difficulté de l'uniformi-
sation dans la désignation des oeuvres. Adapter rigueur et
souplesse afin de faire d'abord apparaître la naissance des
textes bibliques vulgaires : voilà un aspect historique indispensable.

Nous sommes au début du travail : la section romane a enregistré tous les microfilms des bibliothèques jusqu'à la lettre
P, la section latine seulement jusqu'à la lettre C. Quel
rapport avec la Bible ? Grâce à une campagne de photographie
systématique des manuscrits des bibliothèques de France, on peut
espérer répertorier de manière exhaustive des textes bibliques
isolés dans des manuscrits. Le système MEDIUM permet
d'enregistrer au fur et à mesure toutes les données qui
concernent le contenu des manuscrits. Grâce à la souplesse du
système en entités, on enregistre aussi les renseignements
concernant le support et le hors texte. Ainsi l'iconographie et
donc la représentation biblique sont intégrées à ce programme.

Centre Informatique et Bible, Association Internationale
Bible et Informatique, collaboration internationale
et nouvel ordre mondial (1) de la recherche biblique.

Fr. R.-F. POSWICK

Le Centre:Informatique et Bible a présenté, à travers les
contributions de mes trois collègues, certaines recherches
d'intérêt général au plan de la collaboration internationale
dans le domaine qui est le nôtre. Nous n'avons pas cru devoir
revenir, dans ce Colloque, sur l'apport plus spécifique de notre
Centre aux recherches sur le Texte qui se situent principalement
dans l'établissement des relations comparatives et
opérationnelles entre les traductions comtemporaines du texte
biblique et les textes dans leur langue originale
(hébreu/araméen, grec) en, donnant, éventuellement aussi, les
chaînons intermédiaires des grandes langues de transmission
(grec, latin, syriaque, arabe). Ces travaux ont déjà été
décrits abondamment ailleurs. Ce qui manque peut-être encore,
c'est, d'une part, d'en achever la mise à disposition des
chercheurs et utilisateurs et, d'autre part, d'expliciter les
résultats de ces travaux au plan de la linguistique et des
fonctionnements du texte biblique au long de l'histoire de sa
transmission.

Sortant de mon rôle stricte d'organisateur pour reprendre un
moment celui du Directeur du Centre:Informatique et Bible, je
voudrais seulement ouvrir la discussion publique,une fois encore
sur le thème et la motivation première de notre Colloque et
provoquer, je l'espère, les suggestions pour une prolongation de
nos travaux dans une collaboration renforcée, pour les années
qui viennent.

Beaucoup, en effet, lors des deux années de préparation, ont
souhaité que ce Premier Colloque International sur la Bible dans
un environnement informatisé, soit l'occasion de poser les
jalons de ces nouveaux modes de collaboration.

----

(1) Cette expression est reprise au thème du rapport réalisé par
Sean MacBride pour l'UNESCO en 1980 : "Nouvel Ordre Mondial de
l'Information et de la Communication" (NOMIC).

Techniquement et théoriquement déjà, la télématique, les réseaux — à condition qu'on puisse y avoir accès et être en mesure de financer cet accès — nous permettraient d'amorcer ce dialogue permanent que j'ai tenté d'évoquer dans le dernier numéro de notre Bulletin Interface (2)

Si la chose n'est pas effectivement possible pour tous dès aujourd'hui, elle pourrait peut-être faire partie des objectifs de cette part de la communauté scientifique que nous représentons pour les années à venir. L'économie d'un échange d'information basé sur la télécommunication devrait être réfléchie au sein d'un groupe d'experts qui analyserait les pratiques déjà courantes dans d'autres secteurs plus rentables de la recherche (biotechnique, chimie, physique) et tenterait de nous proposer un modèle de convention d'échange qui ne soit pas simplement la loi de la jungle (...fut-elle "académique" !).

Il en résulterait probablement une économie assez considérable dans le domaine des publications périodiques à caractère de recherche.

D'autre part, je voudrais faire justice et rendre hommage à tous ceux qui nous ont aidé à préparer cette rencontre et dont la contribution n'a pu être soulignée par la présence.

On trouvera en annexe, les noms d'une série de personnalités (3) qui nous ont accueilli, aidé de leurs conseils, qui auraient souhaité être des nôtres, qui ont apporté une contibution écrite ou des questions, qui ont participé à la journée de préparation qui s'est tenue à l'université de Leuven le 26 Août 1984 et qui, toutes, souhaitent vivement être tenues au courant du suivi de nos travaux.

Parmi ces contributions, je me dois de mentionner tout particulièrement le professeur RADDAY du Technion de Haïfa (Israël). Il nous a envoyé deux documents de recherche destinés à favoriser la collaboration internationale. L'un concerne la façon d'aborder les différents niveaux de problèmes dans la formalisation informatique du texte massorétique (4). Ce sujet a été abordé ici sous différents angles. L'autre concerne la façon d'améliorer la collaboration internationale dans l'étude du texte biblique (5).

---

(2) R.-F. Poswick, L'Université Biblique de l'An 2000, Interface, n°16-18, Eté 1985, pp. 1-3.

(3) Voir p.5 et 6
(4) Voir, dans ce volume, les textes préparés par Y.T.RADDAY, ci-dessous.
(5) Voir, idem, ibidem.

Dans ce dernier texte, le professeur Radday demande une structuration internationale permanente de la recherche dans notre domaine de travail pour que notre Colloque ne s'arrête pas à la fin de sa célébration.

Pour ce faire, il demandait que chaque Centre exprime plus clairement ses objectifs et tente de les différencier de ceux des autres Centres; il encourageait vivement la création et l'échange permanent (sous forme de Banque de Données) des différents projets, textes, méthodes d'analyse achevés ou en cours avec le détail des options de codage et de formalisation informatique mises en oeuvre dans chaque cas —N.B. : notre projet d'enquête et les autres propositions de mes collègues vont dans ce sens —; le professeur Radday demandait aussi qu'on connaisse la richesse constituée par des approches très diversifiées mais il insiste sur le fait que cette diversité n'est riche que si elle peut être confrontée, rapprochée, discutée entre ceux qui en sont les créateurs. Un lieu d'échange international semblait donc hautement souhaitable. Son voeu me semble exaucé par notre nombreuse et diverse présence ces jours à Louvain-la-Neuve.

Plusieurs autres questions avaient semblé importantes sinon prioritaires à ceux qui s'étaient réunis le 26 Août 1984 à Leuven pour préparer nos journées de cette année (6).

Elles ont parfois été évoquées par l'un ou l'autre exposé ou dans certaines de nos discussions, mais je voudrais les rappeler plus formellement ici, surtout celles qui me semblent avoir été moins prises en considération et qui mériteraient cependant une mention (peut-être en vue d'un examen ultérieur).

1. Le problème de la transportabilité des programmes informatiques appliqués à la Bible. Cela suppose certains choix dans la conception et la réalisation des programmes. Ces choix me semblent appeler encore notre attention dans le futur.
2. Les relations explicites entre la recherche classique sur les textes et la recherche informatisée. On a posé la question de savoir si la mémorisation informatique de tout l'acquis du passé de la recherche n'aurait pas autant d'importance que les possibilités d'innovation et de renouvellement méthodologique que l'informatique ouvre à la recherche.

---

(6) Voir en appendice II les thèmes proposés suite à la journée du 26 Août 1984 à Leuven et un essai de classification, en regard de ces thèmes, des différentes communications contenues dans le présent volume; voir aussi : INTERFACE, n°15, 1984, p.3-4.

3. La définition plus affinée des besoins des chercheurs, dans le domaine du texte et de son utilisation aujourd'hui, pourrait être développée plus systématiquement.

4. La position propre de la recherche textuelle dans le champ biblique par rapport aux recherches de pointe qui se font en critique textuelle, en archéologie, en linguistique, en théorie de la traduction, en informatique (systèmes experts et intelligence artificielle), pourrait aussi faire l'objet d'une prise de conscience plus aiguë qui mènerait à proposer, à travers nos recherches, un laboratoire et un modèle pour d'autres domaines du savoir.

Enfin, quelques questions concrètes pour des échanges internationaux plus systématiques peuvent aussi être posées, que je veux seulement énumérer, en style télégraphique, provocatif et interrogatif pour vous rendre la parole :

- Ne faut-il pas une mention particulière de chacun de ceux qui travaillent avec l'outil informatique dans le nouveau nouveau WHO'S WHO proposé par la Biblical and Archeological Review ?

- Cela ne peut-il se faire par une inscription systématique (et non contraignante) à l'Association Internationale Bible et Informatique ? Vous y êtes cordialement invités !

- Ne pourrait-on créer un mouvement coopératif international pour un service bibliographique/catalographique rapide et complet du domaine biblique en général (service des informaticiens de la Bible à tous les biblistes du monde) ?

- Ne pourrait-on pas songer à une Ecole d'Eté qui, plusieurs années en suivant, confronterait les travaux bibliques assistés par ordinateur et qui pourrait être gérée par la communauté scientifique que nous formons ? Le C.I.B. est prêt à accueillir une telle école une fois ou l'autre, mais d'autres lieux pourraient le faire alternativement sous l'égide de l'A.I.B.I..

- Faut-il songer à une publication spécialisée ? Beaucoup disent : il vaut mieux publier dans les Revues existantes. D'autre part, l'échange spécialisé devrait pouvoir se faire, progressivement, en télécommunication.

- Enfin, à quelle échéance souhaitons-nous une prochaine rencontre et quelles en seraient les priorités ?

APPENDICE I

(3) **Liste des collègues intéressés aux travaux du colloque**

Plusieurs participants potentiels ont exprimé leur regret de ne pouvoir être présents. Nous croyons utile de les mentionner à l'attention des autres chercheurs.

Kurt ALAND, Münster, B.R.D.
Jean-Noël ALETTI, Roma, Italia
Haymard R. ALKER, Jr, Cambridge, U.S.A.
Jean ALLENBACH, Strasbourg, France
F.J. ANDERSEN, St-Lucia, Australia
A.J. BAIRD, Wooster (Ohio), U.S.A.
C.K. BARRET, Durham, U.K.
Jacques BERLEUR, Namur, Belgique
Roman BARTNICKI, Warszawa, Pologne
Jean BERNARD, Nancy, France
G. BUCCELATTI, Los Angeles, U.S.A.
Eugène BORING, Enid, U.S.A.
Roberto BUSA, Galarate, Italia
Jean CALLOUD, Lyon, France
Denyse CATTIN, Paris, France
Y. CHOUEKA, Ramat-Gan, Israël
André CHOURAQUI, Jérusalem, Israël
Aelred CODY, St-Meinrad Archabbey, U.S.A.
Michal CZAJKOWEKI, Warszawa, Pologne
D.P. DAVIES, Lampeter, U.K.
Jean DE BAUW, Bruxelles, Belgique
Caroline de SCHAETZEN, Bruxelles, Belgique
Philippe E. DERRYBERRY, Nashville, U.S.A.
Jan de WAARD, Strasbourg, France
A.I. DICKSON, London, U.K.
Devorah DIMANT, Haïfa, Israël
Daniel DUGAST, Avignon, France
Jacques ELLUL, Bordeaux, France
Daniel ENOCH, Versailles, France
Michael EVANS, Strasbourg, France
Christine GERARD, Aulnois, Belgique
Maurice GILBERT, Jérusalem, Israël
Clément GILBRAUT, Bruxelles, Belgique
René GROLEAU, Montréal, Québec
Suzane M. HOCKEY, Oxford, U.K.
Dezsö KARASSZON, Debresen, Hongrie
Stan KELLY-BOOTLE, Mill Alley, U.S.A.
Heinrich KRAFT, Hamburg, B.R.D.
Robert A. KRAFT, Philadelphia, U.S.A.
Jan LACH, Warszawa, Pologne
Madeleine LE MERRER, Caen, France
M. MACINA, Bruxelles, Belgique
Paul et Monique MASKENS, Opprebais, Belgique
Paul A. MILLER, Wildwood, U.S.A.

G. MINK, Münster, B.R.D.
Peter M.K. MORRIS, Lampeter, U.K.
A.Q. MORTON, Edinburgh, U.K.
E. NIDA, New York, U.S.A.
Sheila O'CONNELL, London, U.K.
J OESCH, Insbrück, B.R.D.
Wilhelm OTT, Tübingen, B.R.D.
Johannes PENTH, Saarbrücken, B.R.D.
J. RABEN, Osprey, U.S.A.
Y.T. RADDAY, Haïfa, Israël
Fr. REFOULE, Paris, France
A. RICHARD, Paris, France
R. Daniel ROBINSON, New York, U.S.A.
Kazimierz ROMANIUK, Warszawa, Pologne
Alan B. ROSENBAUM, Chicago, U.S.A.
Ryszard RUBINKIEWICZ, Lublin, Pologne
Michel SAUDREAU, Le Havre, France
Hubert SPEKKENS, Antigonish, Canada
Alain STUBBS, Sydney, Australia
Vladimir SULYOK, Pannonhalma, Hongrie
Jan SZLAGA, Lublin, Pologne
Shemaryahu TALMON, Jérusalem, Israël
Philippe TALON, Bruxelles, Belgique
Béla TARJANYI, Budapest, Hongrie
François TRICARD, Paris, France
Rémy VAN COTTEM, Wavre, Belgique
H. VAN DIJKE PARUNAK, Ann Arbor, U.S.A.
William WAKE, Dumferline, U.K.

APPENDICE II

Grille des sujets proposés aux contributeurs et contributions effectivement données aux thèmes proposés (les chiffres à côté des noms renvoient aux numéros de la Table des Matières des Actes).

Niveau 1

Saisie des Données

1. Nouvelle approche critique au texte ou nouveau texte critique : principes et méthodes pour le partage international des tâches (domaines : hébreu, araméen, grec, syriaque, latin, multilingue, etc.).
Définition des corpus, définition des méthodes.

1. Towards a new electronic critical text : principles and methods for a distribution of the tasks on an international scale (fields : Hebrew, Aramaic, Greek, Syriac, Latin, multilingual, ...).
Definition of the corpuses, definition of the methods.

1. Auf dem Weg zu einen neuen elektronischen kritischen Text : Richtlinien und Methoden für die internationale Arbeitsteilung (Gebiete : Hebräisch, Aramäisch, Griechisch, Altsyrisch, Lateinisch, mehrsprachig, usw...).
Korpus- und Methodenbestimmung.

R. GRYSON 1; J. LUST 20; R.-F. POSWICK 22; Y.T. RADDAY 23; 24; G.E. WEIL 29, R. WONNEBERGER 30; E. TOV 40.

2a. Liste complète des fonctions graphiques, morphologiques, syntaxiques pour l'analyse de la Bible.

2a. Complete list of the graphic, morphological, syntactic functions for the analysis of the Bible.

2a. Vollständige Liste der graphischen, morphologischen und syntaktisschen Funktionen für die Bibelforschung.

F.I. ANDERSEN and D. FORBES 3; Y.T. RADDAY 23.

2b. Normes Internationales pour les télécommunications et communications de données bibliques.

2b. International standards for telecommunications and biblical data.

2b. Internationale Normen für die Telekommunikation und die biblischen Daten.

J.C. de MOOR 12;J. LONGTON 18; Y.T. RADDAY 23; M.E. STONE 27.

3. Transportabilité des programmes appliqués à la Bible.

3. Communication of the programmes applied to the Bible.

3. Kompatibilität der auf die Bibel angewandten Programme.

J. ABERCROMBIE 39.

4. Règles pour la construction de Banques de données sur le texte de la Bible (saisie, données, programmes).

4. Rules presiding over the building of data banks on the Bible text (entry, coding, data, programmes).

4. Regeln für den Aufbau von Datenbanken vom Bibeltext aus. (Erfassung, Daten, Programme).

J. ABERCROMBIE 2; J. CHMIEL et T. JELONEK 8; W.T. CLAASSEN 9; J. COCHRANE 10; J. COOK 11; Y.T. RADDAY 23; E. TALSTRA 28.

5. Stratégies de la recherche documentaire (informatisée) en exégèse biblique.

5. Strategies for computerized documentary research in biblical exegesis.

5. Strategien zum automatischen Datenretrieval auf dem Gebiet der biblischen Exegese.

J.G. HEINTZ 15; G. SERVAIS 26; J. HEIMERDINGER 31; P.M. BOGAERT 32; A. BOUVAREL 33; S. ARBACHE 34; A. DESREUMAUX 35; B. OUTTIER 36.

Niveau 2

Utilisation des Données.

6. Structures économiques des échanges et partages de données et travaux au plan international.

6. Economic structures of data and work exchanges on an international scale.

6. Wirtschaftliche Austauschstrukturen und Daten- und Arbeitsteilung auf internationaler Ebene.

7. Fonctionnement du texte comme texte (types de textes, structures).

7. Working of the text as a text (kinds of texts, structures).

7. Funktionierung des Textes als Text. (Texttypen, Strukturen).

G.W. KOWALSKI 16; J.P. LOUW 19; H. SCHWEIZER 25.

8. Nouvelles grammaires et nouveaux outils de visualisation des phénomènes textuels.

8. New grammars and new tools for visualisation of textual phenomenons.

8. Neue Grammatiken und neue Hilfsmittel zur visuellen Darstellung der textuellen Phänomene.

W. BADER 4; C. HARDMEIER 14; G.W. KOWALSKI 16; J.P. LOUW 19; S. ARBACHE 38.

9. Intelligence artificielle et systèmes experts appliqués au texte biblique.

9. Artificial intelligence and expert systems applied to the biblical text.

9. Künstliche Intelligenz und auf den Bibeltext angewandte «expert» Systeme.

Y. CHIARAMELLA 7.

10. Le texte biblique et la micro-informatique (recherche grand-public).

10. Biblical text and micro-computers (research for the general public).

10. Bibeltext und Mikro-Informatik (Forscung für ein breites Publikum).

J. ABERCROMBIE 2 ; W.T. CLAASSEN 9 ; F. LEMOINE, R. BENUN, L. MILLER, J. COOK, J.C. de MOOR 39.

Niveau 3

Critique et Méthodologie

11. Relations entre recherche classique et recherche informatisée (créer les organes de communication).

11. Relations between classicl and automated researches (to create communication bodies).

11. Beziehungen zwischen der klassischen und der automatischen Forschung (Erstellung von Kommunikationsmitteln).

C.T. FAHNER 13; G.E. WEIL 29; E. TOV 40.

12. Etudes statistiques et modèles mathématiques adaptés au matériau biblique.

12. Statistical surveys and mathematical models adapted to biblical material.

12. Statistische Studien und mathematische Muster, die dem Bibelstoff angemessen sind.

W. BADER 4; J.P. BENZECRI 6.

13. Définition des besoins des chercheurs; inventaire des options des chercheurs et évaluation de leurs méthodes.

13. Definition of the needs of the scholars; inventory of the options of the scholars and assessment of their methode.

13. Bestimmung der Bedürfnisse der Forscher; Liste der Ansichten der Forscher und Evaluation ihrer Methoden.

14. Répertoire des algorimes, bases et banques, données existantes.

14. Repertory of the algorims, existing data bases and banks.

14. Sachregister der Algorithmen, vorhandene Datenbanken und -banken.

J. BAJARD 5; C. PELLISTRANDI 21; G. FIRMIN 37; C. AMPHOUX 38.

15. Coordination internationale.

15. Co-ordination on an international scale.

15. Internationale Koordination.

R.-F. POSWICK 22 ; Y.T. RADDAY 24 ; J. HEIMERDINGER 31 ; E. TOV 40.

Suggestions for Standardizing Biblical Text Analysis
for eventual Computer-Aided Processing.

Y.T. RADDAY

0.   GENERAL

0.1. The scope of the following suggestions is restricted to those rules that would make analyzed texts usable for the purpose of the CASTLOT (Computer-Aide Statistical Linguistics in the Old Testament) Centre, Haifa, i.e. statistical linguistics especially geared for authorship, homogeneity, vocabulary and cognate studies.

0.2. In order to shorten the necessary number of rules and, consequently, the time needed for discussing them, the admirable Keyword - in - Context Concordance produced by M. Postma, Talstra and Vervenne, Amsterdam, on Exodus will be taken as the point of departure. Rules followed there and not supplemented, abrogated, corrected or otherwise in this proposal shall be assumed to be satisfactory and agreed upon.

0.3. Projects executed by the CASTLOT Centre are in need of the following information not available in the above mentioned Exodus-KWIC : number of syllables, number of phonemes, documentary source, sort-of-discourse, word category (noun, verb, etc.), per word; absolute and construct state for nouns (and adjectives, see below, numerals, participles; conjugation (בִּנְיָן) for verbs ; indication of the definite article, indication of the waw conjuctive and consecutive (separately). The rules submitted for discussion in the following will therefore deal solely with the above mentioned necessary and so far unavailable information.

0.4. Even if instructions for uniformly analyzing the text(s) be ever so detailed, there will always remain dubious cases not covered by them. It is suggested that whenever a sufficient number of such accumulates (e.g. after analyzing a whole book), they should be submitted to a small committee for decision by majority vote. The committee should represent approaches, countries, purposes of research (and possibly religions).

0.5. The decisions of this Committee are to be added to those agreed upon before so that in the course of time a Statutory Book of Standards emerges which is countinuously being updated.

0.6. It should be kept in mind that the purpose of the
Computer Bible is not to supersede or substitute for
conventional grammars and concordances, nor to supply an
exhaustive and complete description of Classical Hebrew and the
Biblical text(s). A decision should be taken regarding what
lies within the terms of reference and purpose of the Computer
Bible and what does not.

0.7. It is advisable to choose one of the conventional
Hebrew grammar textbooks (Gesenius and the like) as a reference
to consult in cases of doubt.

1. THE WORD

1.1. Since the compilation and arrangement of a KWIC are
based on words, this term must be clearly defined. For the
present purpose, a word is a group of letters (consonants in
Hebrew) between two blanks, between the beginning of a verse and
a blank or between a blank and the end of a verse. Exceptions :
composite personal names (e.g. תִּגְלַת פִּלְאֶסֶר) and toponyms (e.g.
בֵּיח־אֵל) as well as numerals from 11 to 19, no matter whether
written continuously or in two parts (with or without maqqef).

2. LEMMATIZATION

2.1. Lemmatization closely connected with determing
parts-of-speech and therefore to be discussed together with the
latter is probably the most important and at the same time the
most difficult task in analyzing a Hebrew text. Deviation from
prescribed rules is bound to distort results in many respects,
especially in vocabulary statistics.

2.2 Relatively few difficulties are met when nouns are
lemmatized. Nevertheless, note : For abstract nouns (and similar
cases) , where in Biblical Hebrew the plural only occurs
(בְּתוּלִים) the plural is the lemma (plurale tantum) and the
songular may not be assumed. However, if the singular appears
to be absent by chance only (e.g. שָׁלוֹחַ), the singular is
preferred as the lemma. אִישׁ and אֲנָשִׁים are one lemma, also אִשָּׁה
and נָשִׁים , מֶלֶךְ and מַלְכָּה are two lemmata , גָּרוֹל and גְּרוֹלָה are one.
Two nouns which differ from each other by vocabularizator,
although (apparently ?) not in meaning, represent two lemmata
(בָּחוּר בָּחוּר). If the same person has two names, each is separate
lemma, except when the difference is in orthography only
(e.g. דָּוִד , דָּוִיד). If two or more persons or places are named
identically, all occurences fall under the same lemma heading.
Whether all occurences of one word יְהוּדָה should be headed by one
single lemma or three (Jacob's son, the tribe, the tribe's place

of habitation), must be decided upon in principle, as well as cases of אֱלֹהִים as a name of Deity and אֱלֹהִים as the plural (attested as such by attribute or predicate) of אֱלֹהַּ .

2.3. Masculine and feminine forms of numerals are separate lemmata. אֶחָד and אַחַת (and is then no autonomous lemma) or a separate noun when it is (e.g. שָׂרֵי עֶשְׂרֹת). מֵאָה אֶלֶף רְבָבָה , fractions and multiplicative (שִׁבְעָתַיִם) are nouns and not numerals and therefore to be treated as such.

2.4. Prepositive and postpositive affixes such as waw the definite article , the letters ב , כ, ל, pronominal suffixes and the like are no separate lemmata. Their occurences are, to be marked in a way to be agreed upon.

2.5. It is tentatively suggested to regard כל as a noun when carrying the definite article or when inflected (בְּכֹל הַכֹּל כֻּלָּנוּ), otherwise (vocalized by holem or qames) perhaps as an adverb (see Gesenius), so that the two represent two separate lemmata.

2.6. Interrogatives can easily be lemmatized so that for them no instruction is necessary. The הֲ interrog. is no lemma, but must be marked and of course distinguished from the article.

2.7. Demonstrative pronouns : הוא is a personal, הַהוּא a demonstrative pronoun, and analogous cases are to be analyzed accordingly (הַהוּא being the lemma). זו is a demonstrative pronoun, זו a conjonction.

2.8. Personal pronouns : no problems.

2.9. Prepositions : The prepositive letters ב , כ , ל , have no lemmata. ב and ל as well as מִן , however,when inflected (מִמֶּנּוּ, בּוֹ, לוֹ , מִפְּנֵי, בְּכֶם, לָנוּ) are to be grouped under the lemma respectively. The lemma of כְּמוֹנִי is כְּמוֹ . Any את , whatever its vocalization, belongs to the lemma group את , if not inflected. If its inflection follows אוֹתְךָ , אוֹתִי , its lemma is אוֹתוֹ , if אִתְּךָ אִתִּי , it is אִתּוֹ . (Most of what is translate as prepositions into other languages (except the above), are in fact nouns (יַד, פֶּה,דֶּרֶךְ,תּוֹךְ קֶרֶב,). It seems advisable, though hardly consistent, to treat all of them as nouns except לִפְנֵי, מִפְּנֵי (but not עַל-פְּנֵי).

2.10. What seems in translation to be an adverb, is often nothing but a verb in infinitive (הֵיטֵב הַרְבֵּה) and should therefore be lemmatized as a verb (see below).

2.11. The hardest decisions to make regarding lemmatization concern certain <u>verbal forms</u>, particulary participles. In general, the first rule to follow is that each conjugation modus (בְּנְיָן) must be seen and lemmatized as a separate verb. Second, the root of a verb must not be confused with the פָּעַל ‑conjugation. Third, a פָּעַל ‑conjugation must not be assumed if not documented in the Biblical text. Finally, verbs of the same root and the same בְּנְיָן , but of widely differing meaning must not be thrown together : for instance, the פִּיעֵל of the root חלל may signify "to initiate, to desecrate, to play the flute" and possibly also "to wound, to pierce". Note e.g. : קָצַר = "to ripe" and קָצַר = "to be short", are two different verbs. With regard to <u>passive participles</u>, when an adjective look only like such one (פָּעוּל) of the פָּעַל ‑conjugation, e.g. בְּרוּךְ it is no reason enough to assume the פָּעַל indeed exists. Matters become still more precarious when it comes to actual mainly <u>active participles</u>, e.g. of the paradigmas נִפְעַל, מִפְעַל, מָפְעִיל , פּוּעַל .Then the question arises whether to view them in accordance with the context and other considerations (e.g. Modern Hebrew which at times serves as a quite reliable guideline) as (a) participles, (b) nouns or (c) adjectives.

Examples of such quandaries are יוֹעֵץ (noun or participle), יָפֶה (adjective or participle). (The choice between noun or adjective will be discussed below). First, if two present participles of different vocalization exist side by side, one may be taken as a noun (גֵּר) or possible (see below) as an adjective (מָהוּר), the other one is a verbal form (גָּר, מָהַר). Verbs such as אָרְכוּ חָכַמְתִּי have no active present participles : חָכָם and אָרוּךְ are nouns or adjectives (see below). There is the problem of words like שׁוֹפֵט (= judge or judging ?), נִפְלָאוֹת (= wonders or astonishing ?), מְבַשֵּׂר (= harbinger or announcing ?) , מַזְכִּיר (= secretary or reminding ?). As in all other respects , uniformity is imperative, but discussing how to achieve it exceeds the limits of this proposal. Benjamin Kedar's article on this matter may be of certain help. Lemmatization of verbs need not recognize more than the most common seven <u>conjugations</u>, the rest to be denoted as no.8 (strange, e.g. הִתְפָּעַל, and formae mixtae), or, such as פּוּלַל , coinciding with פִּיעֵל . The same restriction applies to <u>tenses</u> : perfect and imperfect only need to be marked as such, while the jussive and cohortative may be combined with the imperfect. In general, care must be taken not to make the analysis and subsequently the use of the key for decoding the information too cumbersome.

4. ROOTS

4.1. Roots should be added to verbal forms only.

4.2. The root must not be confused with the פִּעֵל conjugation of a verb.

4.3. Cognate roots must not be taken as one. Hence הֵנִיחַ (root : נוח) and הִנִּיחַ (root : ננח) are two distinct verbs !

4.4 For the sake of uniformity, roots, the third radical of which is ה , must be noted as ל"ה or ל"ו , but not inconsistently. However, there are cases, where the choice is welcome : עָנִיתִי = I replied (root : ענה), עָנִיתִי = I was despondent (root : עני). Analogous : שׁוּר (= see) and שִׁיר (= sing); note the advantage of distinguishing by means of ע"י and ע"ו between לוּן (= to stay overnight) and לִין (to complain).

5. GENDER (optional)

5.1. When in doubt or when Modern Hebrew fails to show a solution, masculine gender is to be noted, for reasons of simplification, instead of "common gender".

5.2. The same rule applies to verbal forms, e.g. 1st person sing. or plur. of both tenses in all conjugations : no matter whether the subject of the verb is masculine or feminine, the form is analyzed as masculine.

6. ADJECTIVES

6.1. If it is at all possible in Hebrew to draw a line between nouns and adjectives, the number of rules necessary is so great that they must probably looked up in every single case. It follows that all adjectives should be considered as nouns. The question of participles fulfilling the roles played in many non-Hebrew languages by adjectives is being dealt with in short elsewhere in this proposal.

7. ADVERBES

7.1. In contradistinction with a number of European languages, a Hebrew word cannot be defined as an adverb by its form (Engl.-ly, French -ment). Falling back on the word's function within the sentence is of little help because the meaning of the sentence may be obscure or interpretable in more than one way. It appears therefore to be practical to decide that nothing may be viewed as an adverb unless falling into a number of categories to be specified or if it is listed an an adverb specifically. The following suggestions wish no more than to show the way of how to proceed and are not exhaustive.

7.2. That a hebrew word may be inflected is no reason to deny it the term 'advreb'. Hence : דַּי, הִנֵּה, לְכָד, עוֹד, אֵין, סָבִיב, יֵשׁ, מְאוֹד, (and a few more) are adverbs. That מְאוֹד occurs as an inflected noun is no obstacle.

7.3. Words ending with a formative ם (not to be confused with the identical pronominal ending) are adverbs. Hence : יוֹמָם, שִׁלְשׁוֹם, חִנָּם, אָמְנָם, רֵיקָם, פִּתְאוֹם etc.

7.4. All other words that fulfill an adverbial function, but may easily morphologically be explained as nouns, numerals, infinitives of verbs, etc. are not adverbs. I am referring here to רַבַּת, בְּרִאשׁוֹנָה, יְהוּדִית, הַשְׁכֵּם , etc.

7.5. Unquestionable adverbs are for instance

פֹּה , אָז , עַתָּה , כְּבָה , גַּם , אֲבָל , אָכֵן , לָכֵן , לֹא , אַל , נָא

חְלִילָה , אוּלָם , שָׁם , אַךְ , טְרָם , אַף , אוּלַי , הַנֵּה

The list must be continued.

8.   CONJUCTIONS

8.1. The most frequent coordinative conjonction is waw (copulative or consecutive). No injustice is done to Hebrew nor investigation into Hebrew Syntax hindered if a few words that may belong in this category (see 7.5.) are defined, together with many others, as adverbs.

8.2. More important is defining subordinative conjunctions. Their number is so small that they can be enumerated here; the list should not be arbitrarily expanded :

אֲשֶׁר, יוּ, שְׁ, יַעַן, אִם, פֶּן, כִּי, אִם

9.   INTERJECTIONS

9.1. They number very few. I can recall only : הוֹי, אִי, אָנָא and אֲשֶׁר - must be discussed ; לְכָה, לְכוּ, הָבָה excluding אֲהָהּ , אָהּ , הֶאָח, אוֹי

10.   NOUNS

10.1. In this proposal, nouns are left to the end of the various parts-of-speech, although they occupy the highest proportion in the text, and that because many rules, instructions etc. applying to this or that part-of-speech in particular and dealt with previously and to some detail, are pertinent also for nouns.

10.2. One piece of information about a noun,though, must not be left out, namely whether it occurs in absolute or construct state.

11. SYLLABLES

11.1. The syllable count proceeds in accordance with classical Hebrew grammar with one exception : The šewa mobile and hatafim are counted as (open) syllables.

12. PHONEMES

12.1. How phonemes are to be counted must clearly be stated and followed. Obviously, the dageš forte, even when inserted for euphonic or other non-grammatical reasons only, marks a gemination and must by consequence be counted as two phonemes.

12.2. When the šewa mobile and the hatafim are counted as syllables, they must a fortiori be counted as phonemes.

12.3. Apart from par.11.1. and 11.2., a detailed list of rules should be drawn up. As long as they are carefully followed and uniformly applied, it makes little difference what they prescribe — de minimis lex non curat.

13. DISCOURSE ANALYSIS

13.1. The sigle N, H, G are to be used for denoting whether the word in question is spoken by the narrator, by a human being or by God respectively. Quotations by a speaker of the words spoken by Y remain X's.

14. SOURCE CRITICISM

14.1. Much as the Computer Bible is bound to be helpful in this field, it lies obviously beyond its capacity and capability to enter into intricacies.
The Encyclopaedia Judaica (s.v. the various books) offers a lucid distribution of the text among the assumed Documentary sources and may therefore be adopted here as a basis. Scholars who find this version too simplified can easily and at any time correct, expand and refine it at will. The conventional sigla J, E, P, D, R, are to be used.

Proposal
Submitted to the Advisory Committee
of the 1985 Louvain Conference on "The Bible and the Computer"

Y.T. RADDAY

1. Holding the Conference is greatly to be welcomed. A Conference on the same subject where I participated took place a few years ago in Ann Arbor, Michigan. In terms of participants it was a huge success despite the short advance notice given, and the level of papers read was remarkably high. Regrettably, there were no common consultations nor any follow-up. A one-day meeting in the field, which I also attented, took place in the early seventies at Claremont, California, between scholars from the States, Europe, Australia and Israel. For lack of proper preparation that meeting came to nothing. Experience thus shows that the success, nay, the raison d'être of the 1985 Conference depends on what will be accomplished by the Advisory Committee beforehand, and this again depends on how well its Session in 1984 is prepared. It is not so much the agenda as the purpose of either event that must be clearly stated in advance.

2. The main purpose of the Conference cannot be presentation of papers alone. International congresses concerning the role computers play in the Humanities have become frequent and in most of them a number of meetings are devoted to Biblical research. Hence, offering another opportunity to listen to papers, be they ever so enlightening, is no sufficient reason for holding the Louvain Conference. This does not exclude that papers might and should be read, of course, however, the paramount objective of the Conference, as I view it, should be to find ways and means how to eliminate duplicate work done in the field as it is the case at present. It is obvious that this objective cannot be achieved at the Conference proper : the latter can, at best, endorse proposals worked out by the Advisory Committee. I therefore consider the task and work of the Committee of by far greater import than the organization of the Conference itself.

3. With regard to the specific inquiry of the circular letter (p.1, par. 4) (1), our local CASTLOT (Computer-Aided-Statistical Linguistics applied to the Old Testament) team, because of my long absence from here and for lack of funds, is currently engaged in one single project only, namely the
_____
(1) To be published by C.I.B.-Maredsous with the results of this inquiry, see above J.Bajard : "Répertoire Analytique des Centres de Traitement automatique de la Bible".

investigation of homogeneity or not of the Book of Exodus along
the lines pursued in the team's Genesis Project.   Particulars
are available at request. I want to point out though, that the
session of the Advisory Committee should not be devoted to an
exchange of information on what is being done, but rather to
establishing a central and uniform data bank (and creating the
preconditions for it).

4. As the proper location of this data bank the Abbey of
Maredsous recommands itself because of its admirable endeavours
and for other reasons so obvious that they need not be stated
here.   I am positive that all other centres where similar work
is being undertaken — as far as my knowledge goes, this
includes, besides our Institute, Ann Arbor, Swansea (?), Lyon,
Amsterdam and MacQuarie University, Australia — will be glad to
cooperate and to leave the guiding role to the Biblical Center
of the Abbey.

5. Computer-aided Biblical scholarship pursued in the above
places differs widely in its aims. The result of this situation
is duplication of efforts, waste of scarce financial resources,
and, even worse, the fact that one team which is interested,
say, in text variants, cannot use the machine-readable Biblical
text prepared by another team because that one's interest lay in
vocabulary studies, in the consequence of which it did not
register variants at all. To find a cure for this absurd state
of affairs is in my opinion the paramount business of the
Advisory Committee and of convening a formal session in the
Summer 1984.

6. The procedure for devising the said cure seems to me to
be the following.

(a) A list of individuals and Institutes engaged in the field
should be drawn up. As it is probably rather short, collecting
the addresses cannot constitute any difficulty.

(b) Each of the adresses garnered should be written to and asked to supply information about which texts are available with it in machine-readable form, and to specify what details about each word are needed for its research. For example, CASTLOT would reply to the last question as follows : part-of-speech; binyan, mode and rote for verbs; state (abs., constr.) for nouns : bound pre-and postpositional morphemes; number, gender; lemma; no. of syllables and phonemes; differentiation between homographs.
(The inclusion of the word as written and reference are self understood).
A detailed and economical code should be submitted by each team (group of interest) and, after receipt at Maredsous, be integrated there into an overall scheme statisfying all needs.

(c) The analysis of the text with regard to a specific interest orientation should be left to the team specializing in it (and be supplied to the data bank for registration) in order to guarantee uniformity.

7. Programs geared to the needs of Biblical scholars might also be stored at and made available from Maredsous.

8. The CASTLOT team of Haifa, which looks back on a sixteen-year experience, believes the diversity of requirements of different research centres to be the most admirable aspect of the work in progress and the lack of coordination between them to be the most formidable on the way toward progress. It offers its cooperation in any case, and enthusiastically so, should the above guidelines be adopted.

Haifa, 7.11.1983

Elektronische Datenverarbeitung und Textinterpretation

Harald Schweizer

Nach den ersten Jahren des Computereinsatzes in der Erforschung des biblischen Textes mit vielfältigen Ergebnissen z.B. im textkritischen Bereich, in der Textedition, der Erstellung von Konkordanzen, Buchstaben-, Silben-, Wort-, Satzstatistiken, Textvergleichen, auch schon morphologischen Abspeicherungen bzw. Analysen, scheint mir die Zeit reif für eine weitergehende, die bisherigen Grundlagen z.T. aber auch revidierende Fragestellung zu sein. Angesichts des hier beschränkten Raumes will ich zunächst in einigen Thesen und dann in einer etwas genaueren Übersicht ein theoretisches Konzept zur sprachlichen Analyse von Texten zur Diskussion stellen, das - wie mir scheint - sprachlogisch abgesichert genug ist, um in ein differenziertes EDV-Programm übersetzt zu werden.

1. Thesen

<u>Kritik 1:</u> Der EDV-Einsatz auf der Ebene von Konkordanzen, Texteditionen o.ä. ist wichtig, kann aber nur als Einstiegsschritt begriffen werden. Eigentlich sprach- und textanalytische Schritte müssen folgen.

<u>Kritik 2:</u> Die Zugrundelegung der gängigen Grammatiken, deren Konzept von der Antike ererbt ist, führt bei morphologischen Analysen zwangsläufig in Sackgassen. Die <u>beiden Hauptdefizite</u> sind:

- die beiden Ebenen: realisierter Ausdruck vs.
 logisch-kommunikationstheoretisches   System

werden nicht getrennt, was unweigerlich zu
Konfusionen und Blickverengungen führt;[1]
- oberste Beschreibungsgröße ist der Satz,
allenfalls eine Satzreihe, jedoch nicht der
Text.[2]

Kritik 3: Aus den Defiziten folgt zwangsläufig, daß
traditionell mit einem für präzise Analyse unbrauchbaren
Satz- und Textbegriff gearbeitet wird.[3]

Kritik 4: Die traditionelle Grammatik berücksichtigt
methodisch nicht konsequent genug, daß die zu erklärenden
sprachlichen oder literarischen Phänomene immer auch
Ausdruck außerliterarischer Ziele, Bedingungen, Faktoren
sind. Die Fiktion, Sprachanalyse könne rein innersprach-
lich betrieben werden, ist aufzugeben.[4]

Ziel 1: Da Kommunikation in Texten zu geschehen pflegt,
ist auch bei der Bibelinterpretation der Text als oberste
Beschreibungs-Größe zugrunde zu legen.

Ziel 2: Das setzt nach unten hin einen klareren "Satzbe-
griff" voraus[5], nach oben ein methodisch geklärtes Verhältnis zu weiteren literarischen Schritten (Redaktion,
Komposition).

Ziel 3: Terminologie und methodische Ebenentrennung sollen
einerseits der Vielschichtigkeit und oft auch Doppelbödig-
keit sprachlicher Äußerungen gerecht werden; andererseits
sollen - zur Erhöhung der Transparenz - die Ebenen möglichst aufeinander bezogen werden können.

Ziel 4: Das Untersuchungsinstrumentarium muß mit den

Grundeinsichten von Zeichen- und Kommunikationstheorie explizit übereinstimmen.

<u>Ziel 5:</u> Der Computer soll dabei nicht nur - statisch - als differenzierte Datei fungieren, die schnellen Zugriff und die Kombination einzelner Gesichtspunkte erlaubt, sondern er soll - <u>auf den jeweiligen Text bezogen</u> - Verlaufskurven der Befunde (möglichst auch mehrerer Einzelebenen zusammen) ausdrücken, um so dem Interpreten eine dynamische Aufarbeitung vorzulegen, die diesem gesicherte Rückschlüsse auf z.B. die Intention des Senders bzw. die Wirkung beim Empfänger ermöglichen.

<u>Ziel 6:</u> Unter statischem Aspekt würde der Computer das defizitäre Sprachgefühl jedes heutigen "non-native-speaker" bezüglich des biblischen Hebräisch abzubauen helfen:

- Von einem reinen Ausdrucksphänomen her gefragt, liefert der Computer, was sich an oft vielschichtigen Bedeutungen im biblischen Hebräisch damit verbindet;
- Von einer speziellen inhaltlichen Kategorie her gefragt, liefert er die oft vielfältigen Ausdrucksphänomene.

Es liegt im "arbitraire"-Sein sprachlicher Zeichen begründet, daß beide Schritte nicht auf einen reduziert werden können. - Unter dynamischem Aspekt würde der Computer dazu beitragen, die Texte zum Sprechen kommen zu lassen, neben den Inhalten auch die im Akt des Schreibens sich manifestierende subjektive Individualität des Autors zu erkennen. Damit wäre über die differenzierte und aufwendige <u>literarische</u> Analyse ein entscheidender Beitrag dazu geleistet, nun die literarische Ebene zu verlassen und weitere - außerliterarische - Fragen zu stellen.

2. Bausteine eines computerfähigen Grammatiksystems

Das Adjektiv "computerfähig" will nur beanspruchen, daß die Grundentscheidungen, die hier vorgestellt werden, nach sprachlogischen und methodologischen Aspekten durchdacht und praktisch erprobt sind. Damit ist der aktuellen EDV-Programmierung - die noch nicht vollzogen ist - der Boden bereitet.

2.1 Wenn es schon elementares Kennzeichen der Zeichendefinition ist, daß ein signifiant arbiträr auf ein signifié zugeordnet ist, so muß diese scharfe Dichotomie auch jede nachfolgende Analyseprozedur kennzeichnen. Ich bezeichne die methodische Ebene, die die akustische oder optische Seite der signifiants, der Ausdrucksformen, untersucht, als Ausdrucks-SYNTAX (=im Kontrast zum üblichen Syntaxbegriff!). Dagegen beschäftigt sich mit den signifiés die SEMANTIK (bzw. ein Teil der PRAGMATIK, insofern er SEMANTIK auf Textebene ist, s.u.).

2.2 Wenn Zeichen nur in der Verwendung von Benutzern Zeichen sind, so ist der Aspekt des "Handelns mit Zeichen durch Benutzer" hinzuzunehmen. Das hat mehrere Konsequenzen:

2.2.1 Wann und wodurch wird aus der Äußerung von mehreren signifiants für die Benutzer eine sinnvolle Aussage? Das ist die Frage nach der Prädikation und zugleich die nach dem Satz: eine semantische Frage.

2.2.2 Die Kehrseite: die Praxis zeigt, daß viele signifiants nicht in einen Satz eingebunden sind. Sie sind eine nicht-satzhafte, aber doch selbständige Äußerungseinheit, mit einer beschreibbaren, positiven Funktion im Text (z.B. Erregung von Aufmerksamkeit).

2.2.3 Innerhalb des Satzes, dem - per definitionem - eine Prädikation zugrundeliegt, gibt es Kernelemente der Prädikation (hier benannt: Prädikat + Aktanten) und freie Zusatzbeschreibungen dieser Kernelemente (hier benannt: Prädikatoperatoren + Adjunktionen).

2.2.4 Aber unabhängig davon, ob die Prädikation in einem Satz durch freie Zusatzbeschreibungen (z.B. Adverb als Prädikatoperator; Attribut als Adjunktion) erweitert ist, gilt in jedem Fall für die Prädikation selbst, daß sie unter drei Aspekten zu betrachten ist:

- vom ausgesagten Sachverhalt her: was ist die hier vorliegende Grundbedeutung des Prädikats? Welche und wieviele Aktanten fordert logisch zwingend diese Grundbedeutung (ob diese alle im Satz realisiert sind oder nicht)?
- von der Haltung des Sprechers her: das Problem des Sprechaktes:
  = ist er auf den Sachverhalt ausgerichtet (=darstellend)?
  = ist er auf den Angesprochenen ausgerichtet (=auslösend)?
  = ist er auf sich selbst hin orientiert (=Gefühlskundgabe)?
- bezüglich der Frage, in welchem Verhältnis der sprachlich ausgesagte Sachverhalt zur außersprachlichen Wirklichkeit steht (Problem der

Modalitäten. Der große Bereich kann durch
Einführung von 7 Feldern gegliedert werden).

Sprechakte und Modalitäten dürfen nicht nur nicht verwech-
selt werden, es darf auch nicht der eine Bereich auf den
andern reduziert werden. Es gibt immer wieder sprachliche
Beispiele, wo die Bestimmungen beider Ebenen auseinan-
derdriften.[6]

2.2.5 Oft können nicht-satzhafte Äußerungseinheiten zwar
nicht innerhalb eines Einzelsatzes, aber doch im Zusammenhang mit mehreren Äußerungseinheiten nach dem Muster der
Prädikation verstanden werden.

Hier zeigt sich ein Zweifaches:

- die inhaltlichen Beschreibungskategorien lassen sich auf mehreren Ebenen anwenden: in der
  einzelnen Äußerungseinheit und auch bei der
  Beschreibung des Zusammenhangs mehrerer Äußerungseinheiten. Hier kommt also der literarische Kontext ins Spiel.
- das fügt sich zur obigen Erkenntnis, daß
  Menschen ohnehin nicht mit Einzelzeichen,
  Einzelsätzen zu kommunizieren pflegen (vor
  allem nicht bei literarischen Produktionen),
  sondern in "Texten".

2.3 Das Verhältnis von einzelnen Zeichen und einem ganzen
Text ist nur ein quantitaves Problem: der Text ist ein
Makro-Zeichen. Die theoretischen Erkenntnisse zum Zeichen
gelten genauso für den Text (Dichotomie von Ausdruck und
Bedeutung; Verwendungsaspekt).[7]

2.4 Ohne von individuellen freien Konnotationen zu reden,

die sprachanalytisch nicht erfaßt werden können (im Gegensatz zu den geprägten und damit gezielt eingesetzten Konnotationen), ist ja schon der antiken Rhetorik bekannt, daß die Bedeutungsebene oft mehrschichtig ist: Sprecher können eine Bedeutung wörtlich-explizit aussagen, aber etwas ganz anderes unausgesprochen (vielleicht mit Kontextindizien) meinen. Eine Sprachanalyse darf nicht das eine auf das andere reduzieren, sondern sie soll beide Bedeutungsebenen herausarbeiten und damit ihre Differenz deutlich machen. So erst kann sie Phänomene beschreiben wie Humor, Überraschung, Kreativität.

2.5 Diese vorläufige Sichtung ergab folgende Hinweise:

- die Untersuchung der Ausdrucksseite eines Textes kann völlig inhaltsfrei geschehen (s.u.). Die materielle Seite des Textes mit ihren spezifischen Wirkungen (z.B. Lautmalerei, Leitwörter) muß endlich in ihrer Eigenständigkeit auch textanalytisch gewürdigt werden.

- Die Untersuchung der Bedeutungsseite eines Textes

= hängt stark vom Begriff der "Prädikation" und weiteren damit verbundenen Begriffsfeldern ab;

= dieser Zentralbegriff segmentiert zugleich den Text in unterschiedliche Größendimensionen (Nicht-Satz; Satz; Zusammenhang von mehreren Äußerungseinheiten);

= diese unterschiedlichen Segmente wiederum können eine wörtliche und eine u.U. ganz andere 'eigentliche' Bedeutung haben;

= es deutete sich an, daß eine Begriff-
lichkeit, die zum Zentralbegriff der
"Prädikation" und seinem Umfeld entwickelt
wird, nicht nur auf Satzebene angewandt
werden kann, sondern noch auf weitere Dimen-
sionen des Textes.

2.6 Eine Einschränkung ist noch zu machen: Es kann zwar
bei diesem Grammatikkonzept ein fester Terminologieblock
mehrfach zur Anwendung kommen (nur eben je auf verschieden
definierte Kategorien von Textsegmenten angewandt), aber
daneben gibt es doch auch Untersuchungsfelder (vor allem
im fortgeschrittenen Bereich der Pragmatik), die ihr
eigenes Instrumentarium benötigen (z.B. Dialogbeschrei-
bung).

3. Zusammenschau

Anhand des Übersichtsschemas (vgl. folgende Seite) sollen
die bis jetzt genannten Impulse überschaubar geordnet
werden: Es liegt im hohen Alter unserer Texte begründet
und natürlich im Wunsch, textanalytisch zu arbeiten, daß
als Einstieg nur "literarische Methodenschritte" in Frage
kommen. Oben wurde oft vom "Text" gesprochen, so als stehe
diese Größe fest. Tatsächlich aber muß das spätere Unter-
suchungsobjekt erst konstituiert werden, d.h. die synchro-
ne Schicht im Textbildungsprozeß ist zu wählen, die untersucht werden soll (Textkritik), der Text ist von anderen
abzugrenzen (Literarkritik), er ist in Sinneinheiten zu
gliedern (Äußerungseinheiten). Dann erst kann der differenzierte Bereich der "Textinterpretation" folgen. Zwi-

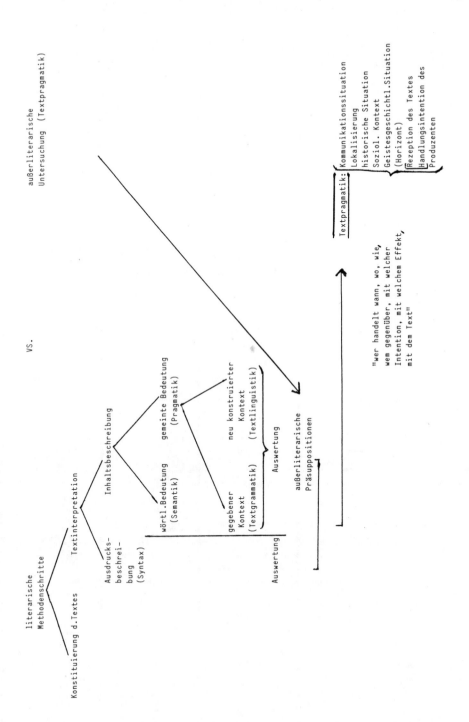

schen beiden Schritten, der "Konstituierung" und der
"Textinterpretation" besteht ein spiralenförmiges Verhältnis (unzureichend: die Rede vom "Zirkel"), d.h. eine neue
Erkenntnis im Sprachverständnis auf der einen Ebene, hat
Veränderungen auf der anderen zur Folge. Die Verlockung/
Verheißung "objektiver Erkenntnis", die vom Computer
ausgeht, kann nur gültig bleiben, solange man sich damit
begnügt, mechanisch Ausdruckselemente zu registrieren.
Sobald mit inhaltlichem Verstehen gearbeitet wird, speist
der Interpret sein Verstehen mit ein (wenn immer möglich
abgesichert durch überindividuelle Regelhaftigkeiten).
Die "Syntax" ist - wie angedeutet - als reine Ausdrucks-
analyse verstanden. - Die "Inhaltsbeschreibung" muß die
differenzierten, literarisch noch faßbaren Schichtungen
eines Textes berücksichtigen: die "Semantik" analysiert
die einzelne Äußerungseinheit (meist = Einzelsatz) in
ihrer unmittelbar wörtlichen Bedeutung, - auch wenn der
Satz z.B. eine floskelhafte erstarrte Metapher bietet, die
jeder spontan zu "übersetzen" pflegt. - Diese beiden
Beschränkungen baut die Pragmatik allmählich ab: die
"Textgrammatik" bleibt noch bei der Wörtlichkeit; die Untersuchung erstreckt sich nun aber auf den literarischen
Kontext. Die Kategorien der Semantik (≙einzelner Satz)
dienen nämlich auch dazu, den Zusammenhang mehrerer
Äußerungseinheiten logisch zu konstruieren (vgl. Objekt-
satz, Attributsatz, Koordinierungen usw.). - Die "Textlinguistik" entledigt sich der weiteren semantischen Restrik-
tion, d.h. sie fragt, welche Bedeutungen hinter dem wört-
lich Ausgesagten anzunehmen sind. Das kann u.U. umfangreiche Revisionen zur Folge haben. Wurde z.B. semantisch

eine Prädikation gebildet auf der Basis von Personalisie-
rung (=rhetorische Figur) und Nominalisierung/Abstrahie-
rung ("Das Gewissen ist eine Hure"), so deckt die Textlinguistik erstens diese sprachlichen Künstlichkeiten auf
(und entdeckt dabei einiges zur Intention des Sprechers)
und zweitens ist sie dadurch gezwungen, den vorgefundenen
Wortlaut probehalber so zu formulieren, daß jene Künstlichkeiten vermieden sind ("Ein mir unbekannter Mensch
behauptet generell zu wissen: Kein Mensch könne frei und
verantwortet handeln" - ich hoffe, daß die ad-hoc-Umset-
zung einigermaßen akzeptabel ist). Hier wäre auch der Ort,
z.B. den Gedankenfortschritt, den Argumentationsgang eines
Textes nachzuzeichnen. Anhand des Konzeptes "Thema- Rhema"
und seiner Kriterien[8] erscheint mir dies durchführbar.
Weitere Analysegesichtspunkte, die hier wichtig wären,
lassen sich - aus meiner Sicht - noch nicht richtig
fassen.

Damit wurden über aufwendige Analyse 3 Inhaltsebenen des
Textes beschrieben (je nach Texttyp können sie, aber sie
müssen nicht, divergieren). Damit kann die rein literarische Analyse abgeschlossen werden: die Ergebnisse der
Ausdrucks- und der Inhaltsbeschreibung werden zusammengefaßt. Dabei ergibt sich über logische Operationen (z.B.
Negationen), welche unausgesprochenen Präsuppositionen **im**
Text mitschwingen, quasi als Kehrseite dessen, was explizit formuliert ist.

Ein weiterer und letzter Schritt betrifft den ganzen, nun
differenziert beschriebenen Text: die "Textpragmatik" versucht die ganze Kommunikationssituation zu erschließen,
von der der literarische Text nur ein Teil ist.

4. Schluß

Mir ist klar, daß dieses Konzept längere Zeit bis zur Ver-
wirklichung braucht, daß auch viele Einzelheiten noch diskutiert werden müssen. Aber immerhin: die praktische Er-
probung der (hier nicht vorgestellten, umfangreichen) Ein-
zelterminologie läuft seit mehreren Semestern, ebenso wie
das Durchspielen der verschiedenen Einzelschritte (vor-
nehmlich an Texten der Josephsgeschichte). Die "Konstituierung" ist zu 7 Kapiteln durchgeführt. Die vielfältigen
Möglichkeiten der Ausdrucksbeschreibung wurden gesichtet
und an Beispielen erprobt.[9] Zur Semantik wurden die Daten
zweier Kapitel komplett gespeichert (technisch noch unzureichend). Textgrammatik und Textlinguistik wurden in
Seminaren an je verschiedenen Kapiteln durchgeführt und
ausführlich diskutiert. - Dies soll nur andeuten, daß das
vorgestellte Konzept nicht mehr nur "Vision" bzw. "Verheißung" ist.

Anmerkungen

1 Vgl. SCHWEIZER (1981) 44-50.

2 Vgl. SCHWEIZER (1984a) 121.

3 Vgl. SCHWEIZER (1984b) 167.174ff.

4 Vgl. das Modell von KALVERKÄMPER: SCHWEIZER (1984b)
   172ff.

5 Hier (und an vielen weiteren Stellen) ist die Rückbe-
   sinnung auf die Philosophie (Logik) notwendig. Vgl. zu
   "Satz, Aussagessatz, Aussage, Urteil": TUGENDHAT (1983)
   Ziff.2. SCHWEIZER (1981) 110ff.

6   In der Differenzierung dieser drei Bereiche liegt m.E.
    ein entscheidender Fortschritt der Sprachwissenschaft
    der letzten Jahre. Schon die Sprechakttheorie brach die
    Vorliebe der traditionellen Logik für Aussagesätze auf.
    Es muß aber ein weiterer Schritt folgen: die separate
    Notierung der Modalitäten. Letztere sind in SCHWEIZER
    (1981) unter den verschiedenen "Codes" erfaßt.

7   Vgl. die thesenartige "Elementare semiotische Text-
    theorie" in GÜTTGEMANNS (1983) 313-340; Thesen
    Ziff.1-4.

8   Vgl. SCHWEIZER (1981) 294ff.

9   Vgl. als ein Beispiel den Beitrag von W. BADER in die-
    sem Band.

Literaturverzeichnis

GUETTGEMANNS, E. fragmenta semiotico-hermeneutica. Eine
                 Texthermeneutik für den Umgang mit
                 der Hl.Schrift. Forum theologiae lingui-
                 sticae 9. Bonn 1983.

SCHWEIZER, H.   Was ist ein Akkusativ? - Ein Beitrag zur
                Grammatiktheorie: ZAW 87 (1975) 133-146.

SCHWEIZER, H.   Metaphorische Grammatik. Wege zur Integra-
                tion von Grammatik und Textinterpretation
                in der Exegese. ATS 15. St. Ottilien 1981.

SCHWEIZER, H.   Das seltsame Gespräch von Abraham und Jah-
                we (Gen 18,22-33): ThQ 164 (1984) 121-139.
                Abk: (1984a)

SCHWEIZER, H.   Wovon reden die Exegeten? Zum Verständnis

der Exegese als verstehender und deskripti-
ver Wissenschaft: ThQ 164 (1984) 161-185.
<u>Abk:</u> (1984b)

SCHWEIZER, H.   Rezension von: Ferenc Postma - Eep Talstra
- Marc Vervenne, Exodus. Materials in
automatic textprocessing (Instrumenta Biblica 1), Part I+II. Amsterdam 1983: ThQ 165
(1985) 64-66.

TUGENDHAT, E.   Logisch-semantische Propädeutik.
WOLF, U.   Stuttgart 1983.

Bible et Informatique : Bibliographie 1981 - 1985

G. SERVAIS

Les pages qui suivent constituent un complément à la bibliographie Bible et Informatique collationnée par Mme Cathy
Vanhove-Romanik et publiée en fin 1981 dans la brochure de présentation des activités du CENTRE :   INFORMATIQUE ET BIBLE.

La bibliographie de 1981 déborde le domaine biblique : elle
reprend des ouvrages théoriques et de méthodologie sur l'application de l'outil informatique aux textes littéraires en
général. Le présent complément se limite d'une façon à peu près
absolue au champ biblique. Les notices sont classées selon
l'ordre alphabétique des auteurs. Les différentes publications
d'un auteur sont disposées dans l'ordre chronologique.

Une bibliographie "Informatique et Bible" se heurte à des difficultés méthodologiques de plusieurs ordres.

- Doit-on ou non élargir l'enquête à des ouvrages généraux sur
informatique et linguistique, informatique et sciences religieuses, informatique et sciences humaines ?

- Faut-il exclusivement citer les travaux liés fondamenta-
lement à l'utilisation de l'informatique, ou bien tous ceux pour
lesquels l'informatique apparaît comme outil technique ?

Une difficulté majeure vient de la transformation radicale
du matériau résultant d'un traitement automatisé : la donnée
informatique est éminemment plastique, polymorphe. Le 'listing'
d'ordinateur ne constitue qu'un état figé d'un traitement : il
ne témoigne que très rarement d'un résultat définitif. D'autre
part, quelle place faut-il accorder aux logiciels qui n'appartiennent en aucune façon au domaine de l'écrit ?

Les travaux utilisant l'informatique sont normalement pris en
charges par des équipes pluridisciplinaires. La responsabilité
intellectuelle des recherches bibliques utilisant l'ordinateur
est à partager entre biblistes, informaticiens (analystes, pro-
grammeurs), philologues,... Or, il faut bien avouer qu'il est
parfois malaisé de refléter cette réalité dans une notice
bibliographique.

Aussi la bibliographie classique devra-t-elle progressivement
céder la place à des enquêtes polyvalentes intégrant une
description des centres producteurs de l'information, des
données, des programmes, du matériel utilisé, des organigrammes
mis en oeuvre, des modalités d'accès à l'information (mention du
serveur documentaire, du langage de recherche, etc.).

La brochure présentant les données et services du Centre : Informatique et Bible de Maredsous éditée en 1981 et le Répertoire analytique des Centres de traitement informatisé de textes bibliques présenté à l'occasion de ce colloque se situent, croyons-nous, dans ce renouvellement méthodologique.

ABREVIATIONS UTILISEES.

ALLC	Association for Literary and Linguistic Computing Bulletin.
BibO	Biblica et Orientalia.
BLitE	Bulletin de Littérature Ecclésiastique.
BT	Bible Translator.
CETEDOC	Centre de Traitement Electronique des Documents, Louvain-la-Neuve.
CIB	Centre : Informatique et Bible, Maredsous.
CHum	Computers and the Humanities.
CSRB	Council on the Study of Religion Bulletin.
GRESA	Groupe de Recherches et d'Etudes Sémitiques Anciennes. Strasbourg.
HLCB	Hebrew Computational Linguistics Bulletin.
IOSCS	International Organization for Septuagint and Cognate Studies.
JBL	Journal of Biblical Literature.
JJS	Journal of Jewish Studies.
LASLA	Laboratoire d'Analyse Statistique des Langues Anciennes, Liège.
NTS	New Testament Studies.
OTS	Oudtestamentische Studiën.
RecSR	Recherches de Sciences Religieuses.
RHPR	Revue d'Histoire et de Philosophie Religieuse.
RHText	Revue d'Histoire des Textes.
RTL	Revue Théologique de Louvain.
VT	Vetus Testamentum.
SBL	Society of Biblical Literature.
SCS	Septuagint and Cognate Studies.
TEXTUS	Textus. Annual of the Hebrew Univ. Bible Project.
ThQ	Theologische Quartaeschrift.
ZAW	Zeitschrift für die Alttestamentliche Wissenschaft.

ABERCROMBIE, J.R., "Computer Assisted Alignment of the Greek and Hebrew Biblical Texts — Programming Background", in Textus, 11 (1984)   125 — 139.

ABERCROMBIE, J.R., Computer Programs for Literary Analysis. Philadelphia : University of Pennsylvania Press, 1984, 203 pp. + 1 disquette IBM — PC.

ABERCROMBIE, J.R., ADLER, W. , KRAFT , R.A., TOV , E., Computer Assisted Tools for Septuagint Studies. vol.1, Ruth.

ADLER, W., "Computer Assisted Morphological Analysis of the Septuagint", in Textus. 11 (1984)   1 — 16.

ALLENBACH, J., et al., Biblia Patristica : Supplément : Philon d'Alexandrie. Paris : CNRS, 1982, 94 pp. (Centre d'Analyse et de Documentation Patristique).

AMPHOUX, C.-B., "Les manuscrits grecs de l'Epître de Jacques d'après une collation de 25 lieux variants", in RHText, 8 (1978, paru en 1980) 247 — 276.

AMPHOUX, C.-B., "Note sur le classement des manuscrits grecs de I Jean", in RHPR (1981, 2) 125 — 135.

AMPHOUX, C.-B., "L'analyse factorielle au service de l'édition des textes anciens : application à un texte grec du Nouveau Testament, l'Epître de Jacques", in Pratique de l'Analyse de données, t. 3. Linguistique et Lexicologie. éd. J.-P. Benzecri, etc. Paris : Dunod, 1981, pp. 185 — 295.

AMPHOUX, C.-B., "Quelques témoins grecs des formes textuelles les plus anciennes de l'Epître de Jacques : le groupe 2138", in NTS, 28 (1981 — 1982)   91 — 115.

ANDERSEN, F.I., and FORBES, A.D., " 'Prose Particle' Counts of the Hebrew Bible ", in the Word of the Lord Shall Go Forth. Essays in Honor of David Noel Freedman in Celebration of His Sixtieth Birthday. ed. Carol L. Meyers and M. O'Connor. Philadelphia : ASOR, pp. 165 — 183.

ANDERSEN, F.I., and FORBES, A.D., " Orthography and Text Transmission ", TEXT 2 (in press).

ANDERSEN, F.I., and FORBES, A.D., " The Vocabulary of the Pentateuch ", in Proceedings of the International Conference on Computer — Assisted Study of Ancient Languages. ed. H.V.B. Parunak. Ann Arbor : University of Michigan (forthcoming).

ANDERSEN, F.I., and FORBES, A.D., " Spelling in the Hebrew Bible ". Rome : Pontifical Biblical Institute (forthcoming).

ARBACHE, S., "L'informatique et l'étude des langues sémitiques", in Interface, 1 (1981) 3 - 4.

BAJARD, J., " Comparaison des textes et compréhension de la Bible ", in Interface, 1 (1981) 2.

BAJARD, J., "Traductions multilingues et typologie des langues", in Interface, 2 (1981) 2 - 3.

BAJARD, J., " Bilan de 12 années du C.I.B ." in Interface, 18, supplément (1985) 4.

BAJARD, J., " Computer Comparaison of a Text with its Translation. The Case of the Hebrew Bible v.s. Revised Standard Version ", in Proceedings of the International Conference on Computer - Assisted Study of Ancien Languages. ed. H.V.D. Parunak. Ann Arbor : University of Michigan (forthcoming).

BASTIAENS, J., BEUKEN, W.A.M., POSTMA, E., Trito - Isaiah. An exhaustive Concordance of Is. 56 - 66 , especially with reference to Deutero - Isaiah. An example of computer assisted research. Applicatio, 4. Amsterdam, 1984.

BENZECRI, J.P., et collaborateurs, Pratique de l'Analyse des Données en linguistique et lexicologie, Paris : Dunod, 1981, X + 565 pp.

BURNARD, L.D., C.R. de " Proceedings of the International Conference on Literary and Linguistic Computing ", Tel - Aviv, Israël : Zvi Malachi, 1979, in CHum, 15, 2 (1981) 118 - 120.

BURTON, D.M., "Automated Concordances and Word Indexes : the Fifties", in CHum, 15, 1 (1981) 1 - 14.

BUSA, R., "Trente ans d'analyse informatique de textes : Où en est-on ? Et après ?" in Congrès International Informatique et Sciences Humaines, Liège, LASLA, 1981, pp. 755 - 768.

CENTRE INFORMATIQUE ET BIBLE, Concordance de la Bible de Jérusalem. Paris - Turnhout : ed. du Cerf - Brepols , 1982 , ix + 1229 pp.
C.R. de : PONTHOT, J., " A propos de la publication de la 'Concordance de la Bible de Jérusalem' ", in RTL, 13 (1982) 345 - 348.
et de : RINALDI,G.,"La 'Concordance de la Bible de Jérusalem'", in BibO, 24, 133 (1982) 187 - 188.

CENTRE INFORMATIQUE ET BIBLE, A Concordance of the Apocrypha-Deuterocanonical Books of the R.S.V. Grand Rapids - London : Eerdmans - Collins, 1982, 479 pp.
C.R. de HUNT, J.I., in CBQ, 42, 2 (1984) 305 - 306.

CHOUINARD, G., COCHRANE, J., Concordance de la Bible. D'après
la traduction de Louis Segond (1910) revue en 1975, dénomée
'La Nouvelle Edition de Genève'. Sherbrooke, Québec : Distributions évangéliques du Québec, 1980, 959 pp.

CHOUINARD, G., COCHRANE, J., Index de la Bible, Index français,
grec et hébreu. Sherbrooke, Québec : Distributions évangéliques
du Québec, 1000 pp., à paraître.

COCHRANE, J., " L'élaboration par ordinateur d'une concoradance
de la Bible en français ". Communication présentée au Colloque
sur le Traitemnt Automatique des Textes (CTAT), Halifax, 1981.

COLE, P., LEBOWITZ, R., HART, R., " Teaching Hebrew with the Aid
of Computers : The Illinois Program ", in CHum, 18, 2 (1984)
87 - 99.

COOK, J., TOV, E., " A Computerized Database for the Qumran
Biblical Scrolls ", in JNSL, 12 (1984) 169 - 174.

COOK, J., " A New Syriac Concoradance ", VT (forthcoming).

DAVISON, M.E., " Computer Analysis of Verb Forms in the Greek
New Testament ", in ALLC, 11, 3 (1983) 68 - 72.
C.R. in CHum, 18, 1 (1984) 64.

FORBES, A.D., "Syntactic Sequences in the Hebrew Bible", in The
Enjoyment of the Bible : Essays and Poems in Honor of Francis
Ian Andersen's Sixtieth Birthday. eds. Edgard W. Conrad and
Edward Newing. Winona Lake : Elsenbraums (forthcoming).

GOODRICK, E.W.,KOHLENBERGER, J.R., The NIV Complete Concordance.
Grand Rapids : Zondervan, 1981, XII + 1044 pp.
C.R. de PARUNAK, H.V.D., in CHum, 16, 2 (1982) 122 - 124.

GROSSFELD, B., Concordance of the First Targum to the Book of
Esther. SBL Aramaic Studies, 5. Chico : Scholars, 1984.

HEINTZ, J.G., et collaborateurs. INDEX DOCUMENTAIRE DES TEXTES
DE MARI,Tome 1 : Liste / Codage des textes - Index des ouvrages
de référence. Archives Royales de Mari < = A.R.M.T. vol. XVII/
I >. Paris : Ed. Librairie Orientaliste P. Geuthner, 1975,
52* + 343 pp. (Publication du GRESA).

HEINTZ, J.G., et collaborateurs, INDEX DOCUMENTAIRE d'EL-AMARNA
< = IDEA >, Tome 1 : Liste / Codage des textes - Index des
ouvrages de référence , Wiesbaden : O. Harrassowitz , 1982 ,
xxxiv + 419 pp. (Publication du GRESA).

HEINTZ, J.G., et collaborateurs, INDEX DOCUMENTAIRE d'EL-AMARNA
< = IDEA >,Tome 2 : Bibliographie indexée, de 1950 à nos jours.
20* + 350 pp., en préparation (édition provisoire disponible au
GRESA).

HEINTZ, J.G., " Bible et Orient : Pour de nouvelles perspectives
de recherches et d'Analyse documentaire en exégèse biblique
(Ancien Testament) " in Lectures   Bibliques, Colloque de
Bruxelles, 11 novembre 1980.   Bruxelles : Publications de
l'Institutum Iudaicum, 1982.

HUGHES, J.J., " Bits, Bytes and Biblical Studies ", Nashville,
Tenn. : Nelson (forthcoming).

ITO, T., " La recherche sur la Bible grecque " < en Japonais >,
Recherche par ordinateur sur les correspondances entre le voca-
bulaire hébreu et grec, A.T. (Hexaples inclus) et N.T., in
Studies in Philosophy, Tsukuba (Japon), 8, 1982.

KENNY, A., " Some Observations on the Stylometry of the Pauline
Epistles ", in Actes du Congrès International Informatique et
Sciences Humaines, Liège, LASLA, 1981, pp. 501 - 512.

KOWALSKI, G., " Calcul, Mesure, jeu, évolution ", in RecSR, 68,
2 (1980) 225 - 270.

KRAFT, R.A., TOV, E., " Computer Assisted Tools for Septuagint
Studies ", Bulletin, IOSCS, 14 (1981) 22 - 40.

KRAFT, R.A., " In Quest of Computer Literacy ", in CSRB, 15, 2
(1984) 41 - 45.

KRAFT, R.A., " Offline : Computer Research for Religious
Studies ", in CSRB, 15, 3 (1984) 89 - 90.

KRAFT, R.A., " Offline : Computer Research for Religious
Studies ", 2" , in CSRB, 15, 4 (1984) 127 - 129.

KRAFT, R.A., " Offline : Computer Research for Religious
Studies ", 3" , in CSRB, 15, 5 (1984) 158 - 160.

LEMOINE, F., " L'édition électronique ", in Interface , 14
(1984) 1.

LEMOINE, F., " L'ordinateur et les alphabets ...", in Interface,
16 (1985) 3.

LEVINE, B.A., " Major   Directions in Contempory Biblical
Research ", in JJS, 30, 2 (1979) 179 - 191.

MORTON, A.Q., MICHAELSON , S. and THOMPSON , J.D., A Critical
Concordance to the Letter of Paul to the Galatians. The
Computer Bible, 21. Ann Arbor , Mich. : Biblical Research
Associates, 1980.

MORTON, A.Q., MICHAELSON , S. and THOMPSON , J.D., A Critical
Concordance to the Letter of Paul to the Ephesians. The
Computer Bible, 22. Ann Arbor , Mich. : Biblical Research
Associates, 1980.

MORTON, A.Q., MICHAELSON , S. and THOMPSON , J.D., A Critical
Concordance to the Letter of Paul to the Philippians. The
Computer Bible, 23, Ann Arbor , Mich. : Biblical Research
Associates, 1980.

MORTON, A.Q., MICHAELSON , S. and THOMPSON , J.D., A Critical
Concordance to the Letter of Paul to the Collossians. The
Computer Bible, 24. Ann Arbor , Mich. : Biblical Research
Associates, 1981.

MORTON, A.Q., MICHAELSON , S. and THOMPSON , J.D., A Critical
Concordance to the Pastoral Epistle : I, II Timothy, Titus,
Philemon. The Computer Bible, 25. Ann Arbor, Mich. : Biblical
Research Associates, 1982.

MORTON, A.Q., MICHAELSON , S. and THOMPSON , J.D., A Critical
Concordance to I, II Thessalonians. The Computer Bible, 26.
Ann Arbor, Mich. : Biblical Research Associates, 1983.

MORTON, A.Q., " The Annals of Computing : The Greek Testament ",
in CHum, 14 (1980) 197 - 199.

MURAOKA, T., A Greek - Hebrew / Aramaic Index to I Esdras.
SBLSCS, 16. Chico : Scholars, 1984.

PARUNAK, H.V.D., Linguistics Density Plots in Zachariah. The
Computer Bible , 20. Wooster , Ohio : Biblical Research
Associates. The College of Wooster, 1979.

PARUNAK, H.V.D., Linguistic Density Plots in Ezekiel. The
Computer Bible, 27 - a. Ann Arbor, Mich. : Biblical Research
Associates, 1984.

PARUNAK, H.V.D., Linguistic Density Plots in Ezekiel. The
Computer Bible, 27 - b. Ann Arbor, Mich. : Biblical Research
Associates, 1984.

PARUNAK, H.V.D., " Prolegomena to Pictorial Concordances ", in
CHum, 15 (1981) 15 - 36.

PARUNAK, H.V.D., " Translational Techniques in the Bible ", in JBL, 102 (1983) 525 - 548.

POLLATSCHEK , M., RADDAY , Y.T. , " Vocabulary richness and Concentration in Hebrew Biblical Literature ". in ALLC, 8, 3 (1981) 217 - 231.

PORTER, S.E., " The Adjectival Attributive Genitive in the New Testament : A Grammatical Study " , in Trinity Journal (Derfield, Illinois) 4, 1, 3 - 17.

PORTNOY, S.L., PETERSEN , D.L., " Genesis , Welhausen and the Computer : A Response ", in ZAW , 96, 3 (1984) 421 - 425.

PORTNOY, S.L., PETERSEN, D.L., " Biblical Texts and Statistical-Analysis. Zechariah and beyond " in JBL, 103, 1 (1984) 11-21.

POSTMA , F., TALSTRA , E., VERVENNE , M., Exodus. Material in Automatic Text Processing. Part I : Morphological, Syntactical and Literary Case Study. Part II : Concordance. Instrumenta Biblica,1. Amsterdam - Turnhout : V.U. Boekhandel - Uitgeverij-Brepols, 1983. C.R. de SCHWEIZER, H. in ThQ, 165 (1985) 64-66.

POSWICK, R.-F., " La Concordance de la Bible : Français, Hébreu, Grec , Latin , Anglais ", in La Traduction de la Bible en français : Colloque Table Ronde du CNRS et Université de Nancy-II, 10 - 12 Octobre 1977.

POSWICK, R.-F.," La Bible dans le Scriptorium électronique ", in La Champagne bénédictine. Contribution à l'année Saint Benoît (480 - 1980). Travaux de l'Académie Nationale de Reims, 160 (1981), pp. 133 - 145.

POSWICK,R.-F.,"Concordances et dictionnaires bibliques récents", in Interface, 3 (1981) 4.

POSWICK, R.-F.," Recherche biblique et ordinateurs aux U.S.A. ", in Interface, 3 (1981) 4.

POSWICK, R.-F., FROIDCOEUR, J.M., BAJARD, J., " Au-delà du mot : la comparaison multilingue comme source d'étude de la structure des langues ", in Actes du Congrès Informatique et Sciences Humaines, Liège, LASLA, 1981, pp. 755 - 768.

POSWICK, R.-F., " L'Université Biblique de l'an 2000 ", in Interface, 18 (1985) 1 - 3.

POSWICK, R.-F., BAJARD, J., " Comparer des textes multilingues : La Bible à Maredsous ", in Proceedings du Colloque de l'Institut d'Etudes Médiévales, avril - mai 1982 , Montréal (à paraître).

POSWICK, R.-F., "Informatique et Bible, 1985 ", in 12 th International ALLC Conférence, Nice 5 - 8 juin 1985 (à paraître).

RADDAY , Y.T., " The homogeneity of Genesis ", in Actes du
Congrès Informatique et Sciences Humaines, Liège, LASLA, 1981,
pp. 795 - 803.

RADDAY , Y.T., SHORE , H., POLLATSCHEK , M.A., WICKMANN , D.,
" Genesis, Welhausen and the Computer ", in ZAW, 94, 4 (1982)
467 - 481.

RADDAY, Y.T., C.R. de WEIL, G.E., RIVIERE, P., SERFATY, M. Concordance de la cantilation du Pentateuque et de Cinq Megillot,
Paris, 1978, in CHum, 16, 1 (1982) 48 - 50.

RADDAY, Y.T., SHORE, H., Genesis : An Autorship Study in
Computer-Assisted Statistical Linguistics. Analecta biblica,
103. Rome : Biblical Institute Press, 1985.

RICHARDS, W.L., " Manuscript Grouping in Luke 10 by Quantitative
Analysis ", in JBL, 98, 3 (1979) 379 - 391.

ROBERTS, L., "KAI - Configurations in the Greek New Testament",
in Actes du Congrès International Informatique et Sciences
Humaines, Liège, 1981, 815 - 830.

ROBINSON, D., and ROWLEY, L.J., Concoradance to the 'Good News'
Bible, The Bible Societes, 1983.
C.R. in ALLC, 13, 1 (1985) 29 - 30.

SIM, J.R., and KORHONEN, E., " Frequency of Verbs : Is our
Translation Natural ", in BT, 35 (1984) 224 - 229.

SOLAGES, B. de, VACHEROT, J.M., " Le chapitre XXI de Jean est-il
de la même plume que le reste de l'Evangile ? ", in BLitE,
(1979, 2) 96 - 201.

TALSHIR, Z., First Esdras, Origin and Translation, unpubl. diss.
Hebrew University, 1984.

TALSTRA, E., " Exegesis and the Computer Science : Questions
for the Text and Questions for the Computer ", in Bibliotheca
Orientalis, 37, 3/4, (1980) 121 - 128.

TALSTRA, E., " The Use of Ken in Biblical Hebrew. A case Study
in Automatic Text Processing ", in Remembering all the way ...,
OTS 21, Leiden, 1981, 228 - 239.

TALSTRA, E., Towards a distributional definition of clauses in
classical Hebrew : a computer-assisted description of clauses
and clause types in Deut. 4, 3 - 8.
Preliminary published as 'Vrije Universiteit Working Papers in
Linguistics', 12, Amsterdam, 1984.

TALSTRA , E., POSWICK , R.-F., TOMBEUR , P., " Journée d'Etude 'Bible et informatique', 26 août 1984 à Leuven ", Interface, 15 (1984) 2 - 3.

TALSTRA, E., " Context an Part of Speech. Concordance production from a textgrammatical database " in HCLB (forthcoming).

TOMBEUR, P., " Bilan des travaux et des recherches du CETEDOC, Laboratoire d'informatique en sciences humaines de l'Université Catholique de Louvain ", in Informatique et Sciences Humaines, 61 - 62 (14e a.) 77 - 91.

TOMBEUR, P., " Propositions nouvelles pour une lemmatisation unifiée du latin ", in Proceedings of the Workshop ' on the Possibilities and Limits of the Computer in Producing and ublishing Dictionaries ', Pise, mai 1981.

TOV, E., " The Use of a Computerized Data Base for Septuagint Research. The Greek-Hebrew Parallel Alignment ", in IOSCS, 17 (1984) 36 - 47.

TOV, E., " Computer Assisted Alignment of the Greek - Hebrew Equivalents of the Massoretic Text and the Septuagint ", in La Septuagint en la investagation contemporanea, V Congresa de la IOSCS, Madrid 1985. ed. N. Fernandez Marcos.

TOV, E., and WRIGHT, B.R., " Computer Study of the Criteria for Assessing the Literalness of Translation Units in the LXX ", in Textus, 12 (1985) 149 - 187.

VERVENNE, M., " Een toepassing in het domein van de Bijbelwetenschap ", in Computaal, 14 (1980) 4 - 28.

VERVENNE, M., " Een Bijbeldatabank ? Het samenspel van Bijbel en Computer ", in Vlaamse Bijbelstichting : informatie, 13, 1 (1982).

WAL van der, A.J.O., TALSTRA, E., Amos. Concordance and Surveys. Applicatio 2. Amsterdam, 1984.

WEIL, G.E., RIVIERE, P., SERFATY, M., Concordance de la cantilation des Premiers Prophètes, Josué, Juges, Samuel et Rois. Documentation de la Bible, 2. Paris : CNRS, 1982.

WONNEBERGER,R., SCRIPTOR. Ein Text - Editions - System. Skriptum des Rechenzentrums der Universität, Im Neuenheimer Feld 293, 6900 Heidelberg. Heidelberg, 1976.

WONNEBERGER, R., " A Generative Syntax of Greek and its Use in Interpretaion, Stylistics, and Electronic Data Processing ", Paper at the Computer in Linguistic and Literary Research. Forth International Symposium. Oxford, April 5 - 9, 1976.

WONNEBERGER, R., " Computer Analysis of Greek and Advanced Stylistics ", Paper at Third Conference on Compugting in the Humanities. Waterloo, Ontario, Canada, August 2 - 5, 1977.

WONNEBERGER, R., " L'exégèse biblique et l'ordinateur ", in Actes du Congrès International Informatique et Sciences Humaines, Liège, LASLA, 1981, pp. 911 - 924.

WONNEBERGER , R., " Generative Stylistics. An Algorithmic Approach to Stylistic and Source Data Retrieval Problems based Generative Syntax ", in Bedeutung, Sprechakte und Texte. Akten des 13. Linguistischen Kolloquiums , Gent 1978. eds. W. VANDEWEGHE and M. Van de VELDE. Bd 2, pp. 389 - 399. Tübingen : Niemeyer, 1979. Linguistische Arbeiten, 77. ISBN 3-484-10343-4.

WRIGHT, B.G., " A Note on the Statistical Analysis of Septua-gintal Syntax ", JBL, 104, 1 (1985) 111 - 114.

COMPUTER IMPLEMENTATION OF ARMENIAN

Michael Edward Stone

1.0   INTRODUCTION

The problems of computer implementation of Armenian may be
divided into the following: a. encoding; b. keyboard
layout; c. output; d. input. The following paper describes
the steps that have been taken in each of these areas. In
addition a special section is added on Microcomputer
implementations of Armenian, and another on the Leiden
Armenian Data Base.

2.1   ENCODING

In order for a document which has been entered into the
computer to be sorted, the characters must be represented in a
fixed order which is equivalent to that of the alphabet.
Sorting is an essential element of almost all applications of
literary analysis except "word processing" of the simple
type. Accordingly an encoding was prepared for Armenian
using as its basis the "American Standard Code for
Information Interchange" (ASCII). The ArmenianSCII was
published in the BULLETIN OF ARMENIAN COMPUTING in the
NEWSLETTER of the Association Internationale des Etudes
Armeniennes, No. 3. See Appendix A.

2.2.   SPECIFIC PROBLEMS IN ENCODING

The chief problem in encoding Armenian is the relatively
large number of letters in the Armenian alphabet.   There are
38 letters, both majuscule and minuscule.   Of these, one can
be treated as equivalent in majuscule and minuscule (No. 89).
This produces an alphabetic set of 74 characters and the no.
89, making a total of 75.   According to normal ASCII
structure characters 32 (SP) to 127 are available for
alphanumeric sets, the remainder being reserved for control
codes.   With 85 taken up by the alphabet, together with the
numerals, a mere ten remain.   ASCII 32 is used for a blank
space, seven codes are reserved for punctuation, and two
round brackets are included.   In the set for Classical
Armenian, ASCII 38 is given as an asterisk, while in the set
for Modern Armenian, it is given as an apostrophe.   As these
characters (ASCII 32-41) are not used for sorting, some
flexibility in this respect is possible.   See further
Appendix 1.

2.3   ARMENIAN STANDARD CODES (ArmenianSCII)

As mentioned above, ArmenianSCII was published in the
NEWSLETTER of AIEA and it has been accepted as standard by
AIEA.   I have also made it public through the ONLINE
BULLETIN of the University of Pennsylvania Facility for

Computer Analysis of Texts. I am not aware of any other coding proposed for Armenian.

2.4 ENCODING AND TRANSLITERATION

The question of encoding is quite apart from that of transliteration. On the latter issue, there are various systems current, the two chief ones being that adopted by the Library of Congress and that used by the *Revue des Etudes Armeniennes*. The former is problematic from a computer perspective since it often represents one Armenian character by more than one Latin character. It avoids all diacritical points and can be typed on a standard English typewriter, The latter system uses numerous diacritical points and only uses the *spiritus asper* as a second character in some instances. The Leiden Data Base Project is currently developing a one-for-one transliteration for online records. Because of the limitations of terminal displays, this may have to use some non-alphabetic signs to represent letters. Eventually a special display driver will be written. The advantage of one-for-one transliteration is that it will be easily interchanged with direct Armenian encoding.

3.1 KEYBOARD LAYOUT

The keyboard layout is, of course, largely a matter of convention. We have decided to follow the predominant` typewriter layout, that of the Olympia typewriters which is standard. This has been adapted, in the example given in Appendix 2, to the exigencies of the keyboard of the Apple //e computer. Other layouts are possible. Each layout demands its own encoder which can be in either hardware or software, so that the file finally produced is encoded according to ArmenianSCII. There are advantages, in a microcomputer environment, to a hardware encoder, since then individual Armenian words embedded in the context of another language will be properly encoded and can be printed by a standard printer. (This problem can also be solved in software, but the solution is complex.)

4.1 OUTPUT

Output will be dealt with under two categories, CRT and other video terminals and hardcopy output.

4.2 VIDEO OUTPUT

In the case of the Apple// series, special video chips have been developed for Armenian display. The Apple Macintosh is discussed below. On mainframes, a variety of possibilities exist, none of which is yet known to have been implemented. One is to develop a special video-chip. Another is to use a graphics terminal and to program the display. Still further possibilities of software modification of the display exist.

4.3   HARDCOPY OUTPUT

There are, once more, two basic possibilities at present
being used. The first is downloading a character set to a
printer with this capability. The second possibility in this
field is the preparation of a special character generator
chip for the printer which can be hard or soft switched with
the standard one. We have used both methods and find the
latter to be most satisfactory for use with a micro-computer.
Professor R.A. Kraft tells me that he has had great success
mixing scripts using downloading, but from an IBYCUS mini-
computer and an IBM PC. On bit mapping and the Apple
Macintosh, see below. There are more sophisticated Armenian
printing facilities available through the laser printer, such
as used by the Oxford University Computing Centre and other
computer typesetting of Armenian is being developed by Dr. L.
Markosian of Stanford University. Such facilities move all
the way from new, relatively inexpensive laser-printers
such as the Hewlett-Packard LaserJet to· full computerized
Armenian typesetting. Our own attention has been focused on
solutions not requiring a heavy hardware investment. No
Armenian daisy-wheel is known to exist.

5.1   INPUT

Input in Armenian characters is possible once the display is

modified so as to facilitate the correct input in Armenian
script via a keyboard.   In the Leiden Armenian Data Base we
have also been using input via a Kurzweil Data Entry Machine.
This has proved satisfactory, although not as efficient as
had been initially hoped.   The difficulties arise in the
software of the KDEM and it is to be hoped that newer
versions of the software will speed up the work.   At present
about ten pages, e.g. of Cox's edition of Deuteronomy, can be
entered and corrected in an hour's work.

6.1   MICROCOMPUTER APPLICATIONS

As far as is known, Armenian has so far been fully
implemented on an Apple //e and on an Apple Macintosh.
Clearly it can be implemented on other microcomputers, in
each case the methods employed being dependent on the
characteristics of the computer.

6.2   APPLE //e

I myself have been responsible for development of the
HAY-Soft System which modifies in hardware both the display
and the keyboard encoder of the computer.   When the switch is
placed in the Armenian position, the screen display turns to
Armenian and any information entered is encoded according to
ArmenianSCII and may be so saved on disk.   If the switch is
placed in the English position, then the screen display

changes to English and the file is encoded in ASCII. The
HAY-Soft system also offers Hebrew and Greek options. For
them, the encoders and the screen displays switch in a manner
similar to that described for Armenian.

The second part of the HAY-Soft System is a module which is
installed in any version of the Epson FX-80 , FX-80+, FX-100
or FX-100+ printers. This offers, in its full form, five
possible options. They may be installed singly or a
combination of them may be installed and accessed in any
given printing session by use of control characters.

Option 1: original Epson,   1-127   ASCII,   128-256   Italics

Option 2:   1-127   ASCII,   128-256   Armenian

Option 3:   1-127   Hebrew, 128-256   Greek

Option 4:   1-127   ASCII,   128-256   Greek

Option 5:   1-127   Hebrew, 128-256   ASCII.

Hebrew has also been developed for the Apple Imagewriter and
Armenian could also be implemented on this printer.

The necessary software is at our disposal for developing
displays and printing in other scripts, subject to the
limitations of the hardware involved.

6.3   APPLE MACINTOSH

It is known that Armenian fonts have been developed for this

computer by Dr. Michael Connolly of Boston College. His
Eznik (10pt) and Mesrop (12pt) fonts are currently
available in release 3, and release 4 will be available in
January 1986.

Niari Company of Millis, MA have also developed three
Armenian font files (Niari/Kharput sans-cerif), Ani, Mashdotz
(48/72 pt) and an Armenian clipboard album for the Macintosh.

These will be easily printed using the bit-mapping techniques
that this computer employs.

6.4   OTHER MICROCOMPUTERS

Armenian is, in principle, easy to installed in all computers
that generate their display characters in software and to
print on printers that work in the same fashion. The sort of
hardware adaptation used by the HAY-Soft System should also
be possible on certain other microcomputers.

6.5   FURTHER CONSIDERATIONS

What should be stressed is the following. The problem is not
really the production of Armenian characters on the display
or even the printing of Armenian characters on a printer that
can be programmed by downloading. I see the chief problems
to be:

a.   Producing the screen display in such a way that it can be used with sophisticated word-processors and in such a way that different scripts can be mixed at will and fairly simply.   The HAY-Soft System is compatible with all Apple // software under all the operating systems that run on those computers (including Prodos and CP/M).   The scripts can be printed mixed on the Epson.   The same compatibility is true of the Macintosh which can easily access the Armenian fonts, mix the with other fonts and used them with the word processors available and print them mixed on the Imagewriter or other MAC-compatible printer.

b.   For literary and linguistic studies the encoding of the files produced is a *sine qua non*.   The files produced by HAY-Soft are encoded using a standard ArmenianSCII.   As far as we can determine the Macintosh produced files are not encoded by a standard system, but receive the coding of the English letter on the key with which they are entered.   If this is so, then files produced on the MAC will have to be put through a software encoder program before they can be used with sort, concordancing, indexing, database and other programs requiring alphabetical sorting.

c.   We do not have information about this issue as it relates to other microcomputers.

7.1   THE LEIDEN ARMENIAN DATA BASE

This project, headed by the writer and Dr. J.J.S. Weitenberg
of the University of Leiden, plans to develop a substantial
body of texts in Classical Armenian on line at Leiden
University Computing Centre.   Input is being achieved by
keyboarding using HAY-Soft and by use of the Kurzweil DEM as
noted above.

7.2   ENCODING AND DISPLAY

All texts entered are encoded by ArmenianSCII or in a one-
for-one transliteration.   Since the character set for
Armenian is so large (see 2.2 above) the transliteration
involves some signs that are not strictly alphabetical, such
as ^.   The plan is eventually to have programs for display of
data that will show such signs by letters with diacritical
points.   By adhering to a one-for-one system, all our files,
whether input in Armenian script and ArmenianSCII or through
the KDEM are easily compatible.

APPENDIX 1

ASCII CODES FOR ARMENIAN

ASCII	ARMENIAN		ASCII	ARMENIAN		ASCII	ARMENIAN	
32	'		65	A		98	b	
33	!	.	66	B		99	c	
34	"	.	67	C		100	d.	
35	‡	:	68	D		101	e	
36	$	`	69	E		102	f	
37	%	~	70	F		103	g	
38	&	*	71	G		104	h	
39	'	–	72	H		105	i	
40	(	(	73	I		106	j	
41	)	)	74	J		107	k	
42	*	0	75	K		108	l	
43	+	1	76	L		109	m	
44	,	2	77	M		110	n	
45	-	3	78	N		111	o	
46	.	4	79	O		112	p	
47	/	5	80	P		113	q	
48	0	6	81	Q		114	r	
49	1	7	82	R		115	s	
50	2	8	83	S		116	t	
51	3	9	84	T		117	u	
52	4		85	U		118	v	
53	5		86	V		119	w	
54	6		87	W		120	x	
55	7		88	X		121	y	
56	8		89	Y		122	z	
57	9		90	Z		123	{	
58	:		91	[		124	|	
59	;		92	\		125	}	
60	<		93	]		126	~	
61	=		94	^		127		
62	>		95	_				
63	?		96	`				
64	@		97	a				

APPENDIX 2

KEYBOARD LAYOUT

In addition to the Armenian "ASCII" codes , essential for proper communication between different systems, the Jerusalem team working on the Apple II a adaptation has developed the following keyboard layout, adapted from the Armenian typewriter layout. It is proposed that this become standard.

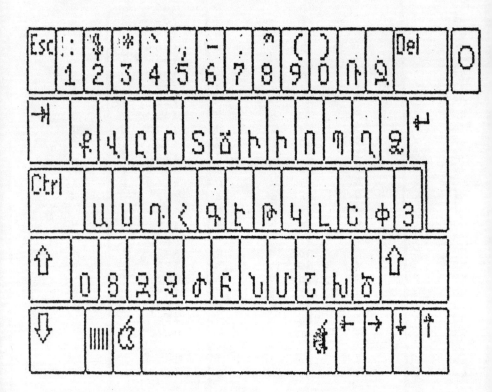

AN HIERARCHICALLY STRUCTURED DATA BASE OF BIBLICAL HEBREW TEXTS.

The relationship of grammar and encoding.

1. Introduction

2. Levels of questioning the texts

3. Linguistic level and part of speech

4. Levels of preparing the texts

E. TALSTRA

An hierarchically structured data base of Biblical Hebrew Texts. The relationship of grammar and encoding.

1.Introduction

Every scholar working in the field of computer-assisted biblical research will experience from time to time that biblical scholars seem inclined to accept computerized methods only if by using them relativ- ely easy solutions in questions of socalled "higher criticism" could be found. Thus one may be requested to collect quickly sufficient materials and criteria to solve Pentateuchal source criticism, or to identify the unity in authorship of certain texts with the help of word level statistics, or to devise a relative chronology of the texts of Deutero- and TritoIsaiah or of the Aramaic parts of the Bible. It is my general impression that biblical scolars tend to neglect computermade linguistic results as important exegetical tools and instead are inclined to demand direct exegetical results. In my opinion computer-assisted research of biblical texts on its own never will be decisive in matters of "higher criticism". It can and will be very useful, however, in testing the effectiveness of the criteria used or being developed in source criticism or redactional criticism and, of course, in the grammatical research of the languages used in the texts of the Ancient Near East. It is of importance, therefore, that biblical scholars when using computerized methods do not have too many pretensions in doing so and also that they are fully aware of the fact that when working with automatic procedures of searching and selection, the "raw materials" they are dealing with consist only of language. This implies that one also has to be aware of the linguistic features of the questions one puts to the texts. The questions of philologists and exegetes belong to various linguistic levels. To be able to formulate them correctly and to estimate the value of any answer a computer program produces, one has to be clear about the linguistic level of one's question. Corresponding to this difference in the levels of questioning the texts, the computer-readible texts and the searching procedures should be organized in an hierarchy of linguistic levels. In order to demonstrate the hierarchical nature of the "questions to the texts" I have taken some verses of Deut. 7 to formulate some of the questions these verses might evoke and the level of linguistic analysis they presuppose. Next I will argue for a hierarchically organized data base of biblical texts whose structure should correspond to the linguistic hierarchy of exegetical and grammatical research. Some grammatical procedures that I am using to build such a data base consisting of Hebrew texts are demonstrated.

2.Levels of questioning the texts

2.1. level: lexeme; part of speech; grammatical word functions

Deut.7,17   אמר + ב + לבב

A first command to the machine here could be to collect other texts
containing the same lexical combinations. This requires the program to
be able to isolate lexemes correctly from the words actually used in
the text. For instance, אמר should be recognized in both
Deut.7,17 כי תאמר בלבבך and
Deut.8,17 ו. אמרת בלבבך.
The next operation could be then to collect other cases of a verb+
לבב+ב, if one would try to establish more exactly the meaning of the
idiom אמר+ב+לבב in comparison with other expressions that substitute
the verb אמר by e.g. זעק (Hos.7,14); עשה (I Sam.2,35); ברך
(Deut.29,28) or בטח (Prov. 28,26) which appears to affect the function of the preposition ב . The latter procedure requires more then
the previous one, because the computer should be able now to identify
the part of speech of the lexemes in a text. Otherwise the substitut-
ion of words from the same paradigma would be impossible. A third type
of a word level question is the request for cases with identical
grammatical functions: אמר+ב+לבב with the verb in second person
singular as in the examples mentioned above, or in third person
singular, etc.

2.2. level: phrase

Deut.7.17   מן +nounphrase+ רב

If one is searching for other texts using this expression, one again
will need the identification of lexemes and parts of speech.
To find the case of Deut. 4,38 for instance, not the lexeme, but the
part of speech is required in the searching instruction, because רב
is replaced by גדול .
But more is needed here, even if one were only to ask for constructions with רב . First, the simple question רב +noun+ מן would not
work: The word גוים in our text is followed by האלה and not by
מן . Second, if one compares the wording of vs. 17 with the expression in vs. 1 it will be clear that the same instruction would also
miss the case of vs. 1 because of its reversed word order.
Deut. 7, 1   גוים רבים ועצומים ממך
Deut. 7,17   רבים הגוים האלה ממני
Deut. 4,38   גוים גדולים ועצומים ממך
At this point, therefore, one has to make a decision concerning the
linguistic level of searching. If one does not want to go beyond the
word level preparation of the computer texts and programs, one will be
obliged continually to formulate rather complicated word-level searching instructions. Concerning the example given: if phrases are not
identified, one has to accept a certain distance between the words one

is looking for, i.e. the combination of רב and מן . This creates
the problem how many words in between could be accepted without
passing into another clause (cf. Dtn.2,21). Moreover one has to repeat
the searching instruction with a revised word order to find all
grammatically acceptable cases. The transition from word level to
phrase level can give a solution to the problem of the acceptable
distance between words in a number of cases. If a program could
recognize both ועצומי רבים in vs.1 and האלה הגוים in vs. 17 as
noun phrases, the instruction "NP: רב + NP + מן and its reversed form
would work. This leaves the problem of word order as well as several
remaining cases of the distance problem to be solved at the next
level.

2.3. level: clause

The identification of phrases should be followed by a move into the
next level, the clause 1.).When the clause boundaries are given, it
would be possible to instruct a program to search for clauses that
contain, in any order, a nounphrase, a noun phrase consisting of the
adjective רב and a preposition phrase with מן . This solves both
the word order and the distance problem: Once the clause boundaries
are known it will be sufficient to let a program search for the
phrases requested. It would only have to test whether the phrases
found are part of one clause or not.

2.4. level: sentence; text

The searching for occurrences of a simple construction such as NP +
NP: רב + מן can even make it necessary to move to the level of
compound sentences and of the textual hierarchy of clauses in order to
find all grammatically correct clauses. For, if a text is substituting
phrases by embedded relative clauses, as in Jud.16,30, a clause level
searching program would not find such cases:

    Jud.16,30   בית המית אשר[מ רבים[... אשר[מ המתי   compare:
    Deut.20, 1   ממך רב   עם

In concluding this section it may be stated that exegetes mostly
formulate questions at a rather high and abstract linguistic level.
One does not demand for occurrences of רב +noun+ מן only, but one is
asking for'Nominal Clauses'that contain, in any order, NP, NP: רב and
a PP: מן . It is this level of questioning which demands a highly
structured data base.

----

1. Utterances with maximally one predication I define as clauses.
   See F.I. Andersen, The Sentence in Biblical Hebrew (Janua Lingua-
   rum, Series Practica, 231) The Hague,Paris,New York, 1974. p. 22f.

3.Linguistic level and part of speech

A problem wich is closely connected with the hierarchical structure of
language is the phenomenon of words changing their part of speech
depending on the level of their grammatical function.
Illustrative is Deut.7,9:

בי יהוה אלהיך הוא ואל הנ.אמן

שמר הברית והחסד לאהבי ו ולשמרי מצותי ו . .

One finds here four cases of the participle being used in three
different grammatical functions:
נ.אמן functions as a phrase level adjective;
שמר functions as a clause level predicate;
אהב and שמר function as phrase level nouns, embedded in preposition phrases. These variations of linguistic level and function have to
be dealt with when constructing a data base. Otherwise its grammatical
information on lexeme, phrase and clause level will be incorrect in
giving all of these four participles the clause level status which
belongs to only one of them.

An inventory of such problems touched upon here has been given by
Y.T.Radday in a paper submitted to the committee preparing this
congress 2.). In that paper scholars preparing any type of data base
of Hebrew text are quite correctly reminded of the fact that lemmatization, though closely connected with the determination of part of
speech, is not identical with it, and that lemmatization "is probably
the most important and at the same time the most difficult task in
analyzing a Hebrew text" 3.). Radday mentions such cases as תוך and
קרב , i.e. nouns being used as prepositions; verbs(participles) being
used as adjectives or nouns;verbs (infinitives) being used as adverbs,
etc.
In my opinion many, it maybe possible that all of the problems Radday
mentions can be solved if a computer program could be given enough
grammatical information to determine the linguistic level of a syntactic construction in which a word X is being used, to determine what
the position of word X is within that construction and to determine
then whether word X has changed its part of speech there. In this way
also the problem of the shift of word classes can be dealt with in
terms of distributional rules of various linguistic levels.
Combining the statements of section 2 and 3, it may be concluded that
the necessity of distinguishing separate linguistic levels as well as
the problem of the shift of word classes create a need for formal
grammatical rules to be used in building a data base. This makes the
construction of a linguistic data base the product of grammatical
programs as well as the tool needed for further linguistic research.

----

2. "Suggestions for standarizing biblical Hebrew Text Analysis for
   eventual computer-aided processing, submitted to the Session of
   the Advisory Committee of the 1985 Conference on 'The Bible and
   the Computer'" (Leuven, august, 1984)
3. art.cit. p.3

4.Levels of preparing the texts

To demonstrate what I have in mind when speaking of a hierarchically organized data base of Hebrew text, I give now an overall scheme of the linguistic levels to be distinguished and the sets of grammatical rules and programs applicable to them.
Most important in this scheme is the definition of grammatical rules valid for each individual level. All rules are based on distributional information. Lexical information, when used, is strictly distinguished from morpho-syntactical information.

Morpheme	Lexeme	Phrase	Clause	Sentence/Text

```
input:
1.markers of the morphemes
program:
2.rules decide upon gramm. function
  of morpheme combinations and identify
  the lexemes.
output:      ---> input:
                  1.lexemes and grammatical functions
                  2.from a lexicon:
                    wordclasses of the lexemes where
                    these cannot be derived from morphemes
                    (prep.,adverb,etc.)
                  program:
                  3.rules decide upon the combination of
                    words to phrases.
                  output:  ---> input:
                                1.phrases, including
                                  a revision of word classes
                                program:
                                2.rules decide upon the combination
                                  of phrases to clauses.
                                output: ---> input:
                                             1.clauses or parts of
                                               them in case of embedding
                                             program:
                                             2.rules decide upon the
                                               hierarchy of clause re-
                                               lationships.
                                             output:  ---> 1.compound
                                                              sentences;
                                                           2.direct speech;
                                                           3.formal structure.
```

Morpheme	Lexeme	Phrase	Clause	Sentence/Text

The general rule valid for this scheme is: a set of rules applies to the data of one level only and will produce the data that consti-

tute the next level.
I will give now some examples of these rules at each level, used to prepare a computer readible text at all formal linguistic levels.

4.1. morpheme → lexeme

Basic to this level of analysis is a system of morpheme markers which is used to create a first stage encoded text. This is not the place to go into the details of this system of encoding 4.),because it is the application of grammatical rules that is important here. A program reading a computer text consisting of words with coded morphemes will fill a matrix with the morphological information of each word. For instance:

	-pref.	vb.stem	lexeme	-vb.end	nom.end	-suffix
Dt.7,19 יעשה	J		<FH	0		
Dt.7,20 נשארים		N	C>R	0	JM	
Dt.7,22 נשל			NCL	0		

Morphological rules decide then about grammatical functions:
e.g.: verbal zero morpheme and preformative 'J' mean:
    Ipf. Qal. 3 sing. Masc. Verb: יעשה ;
This example also demonstrates the effectiveness of morphological encoding: the marking of two morphemes produces both the identification of the lexeme and of six grammatical functions.
- verbal stem morpheme 'N' means: Niph'al;
   Verbal zero morpheme and nominal morpheme 'JM' mean
   Partic. 3 plur. Masc. Verb: נשאר
- verbal zero morpheme and absence of any preformative morpheme:
   Perf. Qal. 3 sing. Masc. Verb: נשל .

This information is <u>added</u> to the word it belongs to. That rule is valid for all levels. No linguistic information is replaced by information deduced from it 5.). Such new data always are added to the

---

4. Some remarks on it have been made in:
   E. Talstra, "The Use of כן in Biblical Hebrew. A Case Study in Automatic Textprocessing", Oudtestamentische Studiën 21 (1981) 228 - 239.
   Also special arrangements needed to encode words where characters have been inserted or assimilated to others are not discussed here.
5. Cf. P.M.K. Morris and E. James, Acritical Word Book of Leviticus, Numbers, Deuteronomy (=The Computer Bible VIII), 1975;
   E. Talstra, "Exegesis and the Computer Science: Questions for the Text and Questions for the Computer." Bibliotheca Orientalis 37 (1980) p.126

existing. This procedure garantees that afterwards searching for
linguistic data will remain possible at each separate level.
The principle of working with a matrix of distributional information
can be applied at all linguistic levels.

4.2. lexeme — phrase

At this level a program collects both lexemes and their grammatical
functions in a matrix in order to construct phrases from words.
At each word the program will ask whether this is the beginning of a
new phrase. I take some examples of the definite article ה .

	+2	+1	0	-1	-2
Dt. 7,17	אלה -	ה -	גוים -	ה - רבים -	-
cf.29,17	הם -	ה -	גוים -	ה - אלהי -	את -
Dt. 7, 9	-	-גדלות	ה - מסות-	ה	-
Dt. 7,15	-	רעים -	ה - מצרים-	מדוי -	בל

A first test is applied to the part of speech of the word preceding
ה (pos.-1). If it is an independent adjective, then a new phrase
begins with this ה - . If it is a noun, the next question has to be,
whether the word coming after ה - is a noun or an adjective. Dependent on the outcome of some tests on suffixes, construct state, and
preceding noun (7,15) it can be decided whether ה - is the beginning
of a new phrase or not.

Phrase level rules also decide upon the change of word classes. This
can be illustrated from the use of the participle in Deut.7. In each
case the immediate context produces sufficient argument to let the
program decide upon a change to noun or adjective. Some examples:

	+1	0	-1	-2	-decision
Vs. 1	-	בא	pron: אתה -	-	verb
Vs. 9 NP: הברית-	-	שמר	-	-	
Vs.11	-sf:	מצוך	pron: אנכי -	-	
Vs. 9	-sf: ו	אהבי	prep: -ל-	-	noun
Vs. 9 NP: מצותו -cs:		שמרי	prep: -ל-	-	
Vs.15	-sf:	שנאיך	בל -	prep: -ב-	
Vs.20	-	נשארים	art: ה-	verb -	
Vs. 9	-	נאמן	art: ה -	NP: אל +-ה-	adject.
Vs.24	- ברוך -	pass -	-	-	
Vs.21	-	נורא	cj :ו -	-Adj: גדול	-

The categories distinguished here are illustrative of some of the
distributional rules applied. In the sequence 'pers.pron. - ptc.' the
participle remains a verb. In the sequence 'prep. - (noun -) ptc. -

(noun →) sfx.' it is the head of a noun phrase. The third group
consists of three different cases of a participle functioning as an
adjective. Especially שמר הברית in vs. 9 deserves further discussion. Because הברית is not preceded by the nota accusativi את , one
could argue that הברית is not an accusative, but a genitive, and
that שמר therefore should be considered a noun. It is clear, however, that the use of את , though restricted to determinated nouns,
is not obligatory in such cases 6.).To let a program make decisions
here, one should let it check whether some prep.Ph. follows the NP. In
Deut.7,9 this is לאהביו.
Compare.. עשה הרע בעיני (Num.32,13) and
.. עשים הרע בעיני (Jer.32,30).
In those cases the participle will keep its verbal function 7.).
But, no doubt, a number of distributional rules can only be found and
refined when a linguistic data base is completed. Here one should be
reminded of the fact that a data base as the one which I am preparing
is both a product of grammatical research and a tool for continuing
grammatical research.

4.3. phrase → clause

When phrases have been isolated they in their turn can be put into a
similar matrix to identify the clause boundaries.
It appears that some hierarchy is governing the words and phrases that
could start a new clause. For instance, a clause could begin with a
verb, unless the verb is preceded by a negative. Conjunctions, however, have priority over negatives, and prepositions when preceding
directly have priority over conjunctions. Compare again Deut.7,17f.:

	verb	adj.	adverb	neg.	conj.	prep.	interr.
17a.	תאמר				כי		
17b.		רבים			0		
17c.	אוכל						איכה
17d.	הורישם					ל	
18a.	תירא			לא	0		
18b.	תזכר		זכר		0		
18c.	עשה				אשר	את	

The infin. זכר in verse 18b already has been revised to adverb by
phrase level rules. Thus it fits now into this matrix in the same way
as for example כן (vs. 19: כן יעשה).
According to the word order accepted in this matrix, clause boundaries

---

6. Gesenius-Kautzsch, Hebräische Grammatik, Leipzig, 1909-28. § 117.a.
   and P.Joüon, Grammaire de l'Hébreu Biblique, Rome, 1965-2. §
   125.f.
7. Texts like II Sam.3,39 do not violate such a rule. Apart from the
   vocalisation used, the combination of ל and participle determine
   that it has been nominalized. The following Prep.Ph. belongs to
   ישלם not to עשה . II Sam.3,39 ישלם יהוה לעשה הרעה
   כרעתו

can be identified.
One main difficulty remains, however: the case where none of these
'clauseopening' words is present and a clause begins with a noun
phrase not even preceded by a conjunction -ו. Compare Deut.7,3. Up
to this point I have not been successful in establishing sufficient
distributional evidence to let a program decide all such cases.
Initially these cases will be separately decided. Eventually one hopes
to find distributional evidence in the data base for the formulation
of more grammatical rules. Special tests are needed to determine in
which cases the conjunction -ו functions at clause level (connecting
phrases) or at sentence level (connecting clauses). In the case that
the two words surrounding -ו are of different parts of speech no
problem exists. Otherwise the program has to compare the prepositions
and the suffixes of the phrases connected by -ו. Compare Deut.7,19.
The undivided text consists of an array of phrases:ציגירⁿ   ואר...
הזואתּ_והמפתים_והידִ_החזקה_והזרע_הנטויה. The program has to
decide upon four cases of -ו here. Only the first one appears to be
a clause connecting use of -ו.

prep	nounphrase	nom.end	sfx	W	prep	nounphrase	nom.end	sfx.
0	ציⁿ	ⁿ -	ן -	ו	0	ה-את	ח -	0
0	ה-את	ח -	0	ו	0	ה-מפת	ⁿם -	0
0	ה-מפת	ⁿם -	0	ו	0	ה-יד ...ה	ה -	0
0	ה-יד ה..	ה -	0	ו	0	ה-זרע ה..	ה -	0

cf. verse 9: ... מצות. ולשמרⁿ לאהבⁿ ו

| ל | אהב | ⁿ - | ⁿו | ו | ל | שמרⁿ מצ+ה | ת - | ⁿו |

These examples demonstrate some of the distributional rules used:
The nominal endings are registered to determine whether one is dealing
with nouns only or not. Otherwise a different set of rules has to be
used, e.g.: Verb +sfx.+W+ NP +identical sfx.
The prepositions and the suffixes appear to be dicisive. The NP's
should have identical prepositions, or identical suffixes, or both. (A
few exceptions such as את +NP +W + 0 +NP and   מⁿן +NP +W + צⁿ +NP
should be defined separately.)
Results made by rules at lower levels are of course presupposed:
The participle הנטויה has been revised to adjective and the participles אהב and שמו to nouns. Thus clause level rules have to deal
only with phrases and not with individual words.

4.4. clause -- sentence and text

The hierarchy of clauses can also be established on the basis of
distributional data in a way comparable to the lower linguistic
levels. A matrix registers in a systematic way the phrases used in
each clause. First, the clause modifiers 8.), such as interrogative,

8. See W.Richter, Grundlagen einer althebräischen Grammatik. B. Die Beschreibungsebenen. III Der Satz (Satztheorie). ATS 13. St.Ottilien,
1980. p 57-60

conjunction + prep,etc. Second, the noun phrases and prepositional
phrases including their suffixes that precede the verb. Third, if
present, the verb itself. Fourth, the noun phrases and prepositional
phrases that come after the verb. The registration of these data is
used by a large number of syntactical procedures in order to check
whether these 'clause parameters' are sufficient reason to establish a
formal relationship between a clause and one of its predecessors. Some
examples:

```
כי תאמר בלבבך  DEUT07,17 ------------------------------
                              <999>            !
רבים הגוים האלה ממני  DEUT07,17 --!            :
                              <107>            !
איכה אוכל  DEUT07,17 --!                       :
                              <162>            !
להורישם  DEUT07,17 --!                         :
                                         <103>
לא תירא מהם  DEUT07,18 ------------------!
                              <103>
זכר תזכר  DEUT07,18 --!
                              < 12>
את אשר עשה יהוה אלהיך לפרעה ול"  DEUT07,18 --!-------------------!--
                              <222>                        :
המסת הגדלת  DEUT07,19 --!----!---               !
                              < 12>  !          :
אשר ראו עיניך  DEUT07,19 --!    :                :
                              <222>             !
והאתת והמפתים והיד החזקה והזרע"  DEUT07,19 -------!               :
                              < 12>             !
אשר הוצאך יהוה אלהיך  DEUT07,19 --!               :
                                          <126>
כן יעשה יהוה אלהיך לכל העמים  DEUT07,19 ------------------------!
                              < 17>  !
אשר אתה ירא מפניהם  DEUT07,19 --!    :
                              <201>
וגם את הצרעה ישלח יהוה אלהיך ב"  DEUT07,20 -------!
                              <169>  !
עד אבד הנשארים והנסתרים מפניך"  DEUT07,20 --!    :
                              <103>
לא תערץ מפניהם  DEUT07,21 -------!
                              <551>  !
כי יהוה אלהיך בקרבך אל גדול ונ"  DEUT07,21 --!
                              <321>
ונשל יהוה אלהיך את הגוים האל מ"  DEUT07,22 -------!
```

Verse 17a-b: 1. אמר in 17a. is a quotation verb. (here, therefore, some lexical information is used);
2. 17b. has no conjunction אשר or ו ;
3. 17b. has no verb (it is not a לאמר -clause, for instance);
  --> this is a case of relationship ⟨999⟩, which is used as a code for: start of direct speech.

Verse 17b-c   1. 17b. is a nominal clause;
2. 17c is a verbal clause, imperfect;
3. congruency in person,number and gender exists between a suffix in one clause and the verb in the other (the test is always made in two directions);
  --> code ⟨107⟩ (asyndetic imperf. clause connection)

Verse 17c-d   1. 17d has an infin.constr. + ל
  --> code ⟨162⟩

Verse 17d-18a 1. No congruency can be found between verbs or verbs and suffixes in verse 18a and 17d, c, b;
2. Congruency of verbs exists between 18a and 17a;
3. 18a. has a negative לא ;
  --> code ⟨103⟩ (asyndetic imperf. clause connection, admitting a לא in one of the two clauses.cf 18a-b)

The effect here is that the section of embedded direct speech in Verse 17 has been isolated now from the text of Moses' speech. The introductory clause in 17a is continued by 18a. This isolation of narrative, direct speech, or embedded direct speech, as well as the establishment of main clauses and dependent clauses is of great importance for various types of exegetical research. I do not enter into this here, because I am dealing now with the grammatical prerequisities for computer assisted textual analysis only 9.).

An example of stilistics (one could also call it redactional activities) interfering with grammar can be found in verse 24 and 25. All clauses of 24 use morphemes refering to the second person singular (suffix ך - , and verbal forms of perfect and imperfect). The first clause of 25, however, changes into second person plural: תשרפון , whereafter the second clause changes back to singular.

```
ונתן מלכיהם בידך      DEUT07,24 --!--
                                      <202>
והאבדת את שמם מתחת השמי ם  DEUT07,24 --!----------!----!--
                                      <112>      !   !
לא יתי צב אי ש בפני ך    DEUT07,24 --!             !   !
                                      <169>      !   !
עד השמדך אתם      DEUT07,24 --!             !   !
                                              <101> !
פסילי אלהיהם תשרפון באש   DEUT07,25 ------------!   !
                                              <112>
לא תחמד כסף וזהב עליהם   DEUT07,25 ------------------!
```

━━━━━━━━━━━━━━━━━

9. See, "Context and Part of Speech. Concordance production from a text grammatical data base", forthcoming in: Hebrew Computational Linguistics, Ramat Gan (Israel), 1985

The program uses the code <112> to mark the transition from perf. 2
sing. to imperf. (congruency with the verb or with a suffix). The
next clause connection is marked by code <169> (infin.constr.+ צד).
Then the first clause of verse 25 is connected with 24b. The code used
<101> refers to Perf.+ ־ו and asyndetic clause with a word order noun
phrase+imperf. (This code is based on a combination of verbal tenses
and word order; in such cases there is no sufficient congruency
available, based on verbs or suffixes.) Now the next clause, 25b,
could have been connected with 25a (both verbs are in second person
sing/plur), or with 24c (both verbs are in imperfect singular; congruency of person and number exists between a verb and a suffix), if the
plural verb in clause 25a had not been interfering. Connecting with
24c is made impossible, because the program does not accept that
clause relationships could be crossing each other. So, once 25a has
been connected to 24b the clause 25b is no longer allowed to connect
with any clause within that range. It has to connect further back. In
this case it does so with verse 24b.
Should one, however, change the plural in 25a to a singular, 'normal'
relationships would be restored, as the text may show.

```
ונתן מלכיהם בידך   DEUT07,24   --!--
                                <202>
והאבדת את שמם מתחת השמים   DEUT07,24   --!
                                <112>
לא יתיצב איש בפניך   DEUT07,24   --!-----!---
                                <169> !
צד השמדך אתם   DEUT07,24   --!    :
                                <103>
פסילי אלהיהם תשרף באש   DEUT07,25   --------!
                                <103>
לא תחמד כסף וזהב עליהם   DEUT07,25   --!    :
                                <321> !
ולקחת לך   DEUT07,25   --!    :
                                <801>
פן תוקש בו   DEUT07,25   --------!
                                <551>
כי תועבת יהוה אלהיך הוא   DEUT07,25   --!
```

Thus it can be demonstrated that a change from singular to plural, as it is so often found in the book of Deuteronomy, really affects the textual hierarchy. It also appears that the use of a computer program that analyses texts up to this linguistic level may prove to be a useful tool to describe such phenomena.

No doubt this type of formal description of textual relationships is a linguistic result only. It does not explain the text. As a linguistic result it should be used by exegetical methods. Because it establishes a certain hierarchy governing a text, one might say that it contribut-es to a synchronically orientated stilistic analysis of the text by demonstrating that. the text in its actual form does make 'sense'. On the other hand, in registering the effects of a sudden change from singular into plural, this type of formal text description also could be used as a contribution to a diachronically orientated method such as redactional criticism. I would not claim much more here and empha-size once again my contention that the use of a computer in itself never will be decisive in textual analysis: it is the linguistic and exegetical theory that counts.

To conclude:
- It is possible to meet much of the linguistic and of the exegetical questions to the texts, if one builds a data base that is strictly hierarchically organized with the help of distributional grammatical rules.
- It is a fact, that the higher the linguistic level of data prepar-ation is, the greater the risk will be of being more dependent on grammatical theory than on distributional data.

  If one takes care, however, to leave the data of . each linguistic level untouched by the decisions made at the next level, no data will disappear.

  Everything will remain available for revision and for the testing of grammatical rules at any level.
- This implies that a linguistic data base to be used in biblical studies is both a product of textual research as well as a tool used in such research.

MASSORAH, MASSORETES ET ORDINATEURS

LES SOURCES TEXTUELLES ET LES RECHERCHES AUTOMATISEES

Gérard E. Weil

1. Le Textus Receptus et la Bible Massorétique

Nous voulons évoquer une fois encore ici, parce qu'ils ne sont pas neutres, les problèmes fondamentaux que pose en matière du choix des sources le traitement automatique des textes de la Bible sur ordinateur. Comme il existe une dangereuse interchangeabilité des termes, il nous faut définir avant que de parler devant un public spécialisé dans les études vétéro et néotestamentaires, ce qu'est la Bible dont nous nous occupons. Nous avons inscrit le champ de nos recherches dans les limites de la Bible hébraïque massorétique. La Bible hébraïque dont nous nous préoccupons est l'ensemble des ouvrages de la Bibliothèque du Peuple juif, dont le canon fut définitivement fixé au cours de l'assemblée plénière des Académies de Palestine à Yavné à la fin du Ier siècle de notre ère et dont le texte fut transmis à travers les siècles et jusqu'à nous sous le contrôle de la Massorah. La Base de Données à laquelle nous nous référons est donc la Base de Données textuelles de la Bible Hébraïque Massorétique (BDBHM) saisie et corrigée automatiquement au CATAB (Unité Associée 1071 du CNRS) entre 1964 et 1974.

Lorsque l'on parle de textus receptus en faisant référence aux manuscrits bibliques, nous sommes, toujours avec cette dangereuse interchangeabilité des termes que nous avons évoquée, en présence de codex qui sont à la fois semblables et dissemblables. Les codex manuscrits de la Bible présentent des textes consonantiques anciens reçus par la tradition, qui furent dotés graphiquement et globalement dans la suite des temps d'un système vocalique exprimant les modalités de la langue qui est intuité à la lecture et d'un système cantilatoire qui distribue les mots du verset en fonction du sens pour la meilleure expression orale traditionnelle du texte écrit. Pour permettre d'automatiser les recherches sur les Bibles massorétiques, il a semblé nécessaire, lorsque le texte a été saisi sur un support magnétique, d'observer trois niveaux de saisie indispensables pour représenter sans risquer des confusions fâcheuses les trois niveaux de signifiants fondamentaux tels que nous venons de les exprimer et tels qu'ils figurent dans les textes massorétiques. Comme aide à la recherche on a ajouté un métatexte d'analyse et l'on a complété la saisie par ce que l'on est convenu de nommer les qereī-ketīb, c'est-à-dire les variantes textuelles traditionnelles.

2. Finalité et Potentialité d'une Base de Données Textuelles Bibliques Hébraïques

A partir du moment où l'on saisit un texte sur un support magnétique, se pose le problème de la finalité et de la potentialité de la Base de Données Textuelles Bibliques Hébraïques Massorétiques. Selon notre expérience, une base de

données bibliques doit avoir été créée avec comme visée la potentialité maximale de recherches automatisées appréhendables dès le
départ par le chercheur pour l'avenir de la recherche. C'est ce
que nous avons tenté de faire lorsque nous avons saisi, il y a
20 ans et durant 10 années, le texte du manuscrit biblique B 19a
conservé à la Bibliothèque Publique Saltykov-Schchedrin de
Léningrad, qui avait servi au préalable à préparer nos éditions
de la Massorah parva et de la Massorah magna dans l'édition de la
Biblia Hebraica Stuttgartensia ou en complément à cette édition.

2.1. Problèmes posés par le Choix du Texte de Base

Il est avéré que la Bible hébraïque de Stuttgart ne
peut malheureusement pas être considérée comme un ouvrage de
référence suffisamment représentatif du texte du manuscrit de
Léningrad et acceptable pour servir de base à la saisie du texte
massorétique à cause du nombre élevé de fautes qui se trouvent
dans son texte. Dans ce domaine, l'édition du Ta"Nakh pour grand
public faite par le Professeur Aaron Dotan de l'Université de
Tel-Aviv est infiniment plus représentative du texte du manuscrit
de Léningrad et, plus encore, sa deuxième édition corrigée, où il
demeure cependant encore quelques divergences avec le texte du
manuscrit.

Quel que puisse être le niveau de qualité d'une édition
critique, le chercheur qui veut automatiser ses recherches pour
les poursuivre sur un corpus manuscrit ne peut subir la loi de
l'éditeur du texte. Nous nous sommes donc refusés, du moins pour
le texte hébreu, à suivre cette loi, en saisissant le texte à
partir du manuscrit lui-même et en générant de façon parallèle de
nouvelles Bases de Données textuelles représentatives d'autres
manuscrits, par correction du texte de la BDBHM sur les textes
des manuscrits parallèles et non sur les textes d'autres
éditions.

Nous n'imposons pas non plus à ceux qui utilisent notre
Base de Données bibliques de conserver la forme du texte proposé,
parce que, en dernière analyse, chaque chercheur est libre de
corriger ou de changer ce qui, selon lui, est une variante du
texte ou une faute dans la lecture du manuscrit.

Le corpus textuel de la Bible hébraïque selon le manuscrit B 19a de Léningrad dit (BDBHM) est mis par le CATAB gratui-
tement à la disposition des centres de recherche qui le
souhaitent, sous condition du copyright et d'un contrat de coopération scientifique valant licence d'utilisation.

2.2. Méthodologie de la Mise au Point de la BDBHM

Pour éviter au maximum les fautes de saisie et corriger
automatiquement l'orthographe formelle des Bases de Données textuelles, le CATAB a mis au point toute une série de chaînes de
programmes permettant la vérification de ces fautes d'orthographe
formelle.

- Pour le Système Consonantique, grâce à des index
verborum quantifiés permettant la mise en évidence des hapax.

- Pour la **Vocalisation**, grâce à des règles de phonétique ou de morphologie hébraïque qui ont été formalisées dans les programmes de test.

- Pour la **Cantilation**, un programme d'analyse des règles de la grammaire de la cantilation a été spécifiquement rédigé. Pierre Rivière, qui en est l'auteur et qui fut informaticien au CATAB, a parfaitement décrit ces règles fondées sur le principe des grammaires génératives dans sa thèse de Doctorat d'Etat de Mathématiques consacrée à ce sujet. Il a décrit l'ensemble des règles de la grammaire de la cantilation des Livres en Prose à partir d'un automate d'état fini, qui ne diverge que sur cinq points d'avec la cantilation du manuscrit de Léningrad et assure une correction à 100 % du système de la cantilation des livres en prose.

- Pour le **Métatexte d'Analyse**, un certain nombre de programmes d'analyse ont fait ressortir au cours des recherches des disfonctionnements dans le codage du métatexte, qui demeure pour les chercheurs une zone de travail fondée sur des hypothèses retenues lors de la codification et qui sont corrigées au fur et à mesure que les analyses qui ont été poursuivies au sein du groupe de recherche font évoluer les concepts linguistiques morphologiques ou sémantiques.

2.3. Les Critères du Choix du Texte de Base en Fonction des Finalités de la Recherche

C'est en fonction de la situation que nous avons créée en fondant cette discipline de recherche il y a plus de 20 ans, que nous allons tenter de mettre en évidence les différents niveaux d'analyse ou les différentes écoles d'analyse.

Le texte consonantique seul, tel que nous le présentons, est très amplement suffisant pour ce que j'appellerais les recherches des écoles reconstructionnistes ou de haute critique qui tentent de trouver l'introuvable Urtext en proposant de problématiques Vorlage. Le texte massorétique peut servir par ailleurs aux recherches comparées sur les sources des traditions anciennes massorétiques et paléographiques. Le texte doté de la codification massorétique permet, lui aussi, un certain nombre d'analyses fondamentales concernant les différentes écoles massorétiques occidentales et orientales, Ben Asher et Ben Naphtali. A partir de la BDBHM peuvent être analysés les problèmes que posent, chaque fois que l'on saisit un texte biblique, les divergences qui existent entre les écoles de tradition massorétique babylonienne, tibérienne, palestinienne ou de tradition scribale, qu'elles soient ashkenazes ou sépharades, orientales ou françaises. Il est donc nécessaire de voir si l'on peut définir par l'analyse les critères de choix à propos des textes qui vont servir de base à la saisie, et dans quelle mesure l'on peut automatiser l'analyse de ces critères.

Comment peut-on définir autrement que d'une façon subjective les critères du choix appliqué à des échantillons ? Il est possible de définir ces critères par une méthode hypothético-déductive et déclarer : "Tels sont les critères que l'on impose à un texte !", critères d'analyse générale que le chercheur projette en quelque sorte sur le texte. Là nous nous trouvons devant un problème qui nous a toujours gêné et qui est tout naturellement le fruit des catégories intellectuelles qui sont les nôtres et dont nous avons du mal à nous départir en fonction de notre formation culturelle gréco-latine, catégories que nous sommes tentés de projeter sur un texte sémitique.

La plus grossière erreur que l'on puisse commettre, erreur que les écoles critiques tout au long du XIXe et du XXe siècle n'ont cessé de commettre, est d'analyser les structures d'un texte sémitique à travers les catégories de la pensée gréco-latine. Dans une certaine mesure, comme l'a affirmé ici l'un de nos collègues, "la critique biblique a particulièrement évolué dans le milieu universitaire allemand, dont elle tire la rigidité et la systématique rigoureuse" que nous sommes tentés de rejeter, pour notre part, pour son manque de nuances. Les textes sémitiques, qu'ils soient hébreux, qu'ils soient araméens ou qu'ils soient arabes, sont marqués au plan de l'architectonique des temps par une notion de durée que l'on ne retrouve pas dans le découpage du temps gréco-latin marqué particulièrement par l'atomisation du temps. Les catégories de nos concepts linguistiques concernant la personne, le genre et le nombre sont à l'opposé des concepts indo-européens parce qu'ils sont propres à des peuples qui observent depuis toujours le tutoiement de Dieu, alors que la pensée gréco-latine est marquée par une forme différente de la hiérarchie, de la personne, du genre et du nombre. Il n'est donc pas possible d'appliquer aux textes sémitiques les mêmes critères d'analyse linguistique que nous appliquons aux textes en langues européennes. Lorsque nous nous contentons d'appliquer les catégories de notre formation première de chercheurs scientifiques européens aux textes sémitiques, les résultats ne peuvent être considérés comme validés, car ces catégories n'ont rien de commun particulièrement avec l'expression de la durée du temps et la notion de chronologie qui sont exprimées dans les textes sémitiques.

Je voudrais à ce sujet donner un exemple : celui de l'expression du présent, qui n'existe pas en hébreu biblique. Ce temps existe peut-être en hébreu moderne, par imitation des langues modernes qui furent les langues maternelles des fondateurs de l'hébreu moderne et dont l'existence sous-jacente est sensible dans la formation du néo-hébreu israélien. L'hébreu biblique, lui, possède un mode nommé : beynonī - participe présent ou forme progressive - qui se rapproche de l'expression du présent sans jamais l'exprimer temporellement. C'est un mode intermédiaire qui n'est pas un temps et qui peut exprimer tout aussi bien un verbe duratif qu'un substantif lexicalisé. Le même problème se pose pour les formes volitives exprimées formellement dans la conjugaison de l'inaccompli, où la première personne du volitif est exprimée par un cohortatif, la deuxième personne n'existe ni temporellement ni formellement et la troisième personne est exprimée par un jussif. C'est l'impératif, qui lui est un mode conjugué à la deuxième personne, qui supplée l'absence de la deuxième personne du volitif, faisant d'un mode un temps et une personne du verbe. On doit admettre cet important hiatus qui existe entre les catégories de la pensée du chercheur moderne et l'expression de la pensée sémitique telle qu'elle s'exprime dans les textes. Il faut donc être attentif à la différence qui existe entre notre forme de pensée de chercheurs scientifiques de formation indo-européenne et la pensée du texte sémitique, et pour cela tenter de définir les étapes de la recherche en définissant les critères du choix propres aux textes sémitiques.

3. Finalités des Recherches

Peut-on définir des critères de choix sur la qualité du texte que l'on va saisir afin de l'analyser ? En fait tout réside dans les finalités auxquelles est destiné ce texte, et par principe nous excluons par avance tout texte saisi à partir d'une édition critique. Ce choix pose naturellement de très gros problèmes pour nos collègues qui étudient les textes de la <u>Septante</u>, les textes syriaques, le <u>Targum</u> araméen et autres textes présentant des traditions multiples qui n'ont pas été dotés du considérable appareil traditionnel dont la Massorah a muni le texte hébreu de la Bible. Le choix d'un manuscrit massorétique comme texte de base pose beaucoup moins de problèmes. Nous disposons d'un certain nombre de textes massorétiques qui sont des manuscrits de référence connus. On ne peut cependant négliger les problèmes importants au niveau de la recherche que pose déjà la comparaison des manuscrits massorétiques entre eux.

Lorsque l'on entreprend la comparaison automatique des principaux manuscrits massorétiques de référence, l'on observe de nombreuses différences dont il est nécessaire de faire apparaître l'origine, particulièrement lorsqu'il s'agit du manuscrit aujourd'hui lacunaire de la <u>Torah</u> daté de la moitié du IXe siècle et attribué, en fonction des notes marginales explicites, à l'école de Ben Asher l'Ancien de Tibériade, conservé à la British Library sous la cote <u>Or. 4445</u>, ou du manuscrit des <u>Prophètes du Caire</u> copié par Moïse Ben Asher de Tibériade en 895, ou du manuscrit de la <u>Bible d'Alep</u> copié par Salomon b. Buya'a, corrigé et doté de la vocalisation et de la cantilation par Aaron b. Moïse Ben Asher <u>ca</u>. 930, dont les trois quarts furent sauvés du pogrome d'Alep en 1947, ou enfin du manuscrit de la <u>Bible de Léningrad</u> copié à Fostat, le Vieux-Caire, en 1009, par Samuel b. Jacob à partir d'archétypes issus de la main ou de l'école de Aaron Ben Asher de Tibériade. Ainsi sur le plan des meilleurs manuscrits de référence on constate qu'il n'y a pas deux manuscrits massorétiques isomorphiquement semblables et que de l'existence de ces variantes l'on peut, par une analyse exhaustive possible sur ordinateur, faire apparaître les différences des approches philologiques des écoles massorétiques précédant directement les oeuvres des lexicographes et des grammairiens hébreux.

Est-il possible, une fois le texte hébreu saisi, de le soumettre à n'importe quels types de recherches automatisées ? Bien qu'il soit difficile de définir tous les axes de recherche possibles par avance, la science avançant à petits pas, la structure de la saisie telle qu'elle a été envisagée au CATAB et qu'elle est en usage chez nous ou dans d'autres Centres qui utilisent la BDBHM, semble montrer que la Base de Données textuelles du CATAB donnait accès dès le départ à un très large champ de recherches potentielles, sans avoir jamais eu à changer depuis vingt ans la structure de la Base de Données.

4. Les Champs de la Recherche

Revenant à ce que nous disions précédemment, nous avons tenté de proposer comme premier axe de recherche l'étude du <u>texte consonantique</u>, qui peut servir à des recherches sur les sources et les écoles de la transmission, ainsi que sur la formation du texte. A ce sujet Dom Froger avait fait un travail de pionnier tout à fait remarquable sur les <u>stemma</u> dans la transmission des

textes anciens, qui peut servir de modèle à ce type de recherche.
Pour notre part nous avons utilisé les 85 mots les plus fréquents
du texte d'Isaïe pour les soumettre à une série d'analyses multi-
dimensionnelles ou d'analyses des correspondances, qui ont fait
apparaître dans le texte quatre divisions typologiquement diffé-
renciées (1-35; 36-39; 40-55; 56-66).

Le texte massorétique avec ses interponctuations est
destiné, lui, à un travail de recherche philologique. La distinction à ce niveau est assez facile à établir : il s'agit de
prendre en compte le texte biblique à partir du moment où le
texte est canoniquement clos, admis et transmis. Là déjà apparaissent des axes de recherche nouveaux et importants si l'on
considère les variantes qui existent entre les écoles massorétiques des Ben Asher et des Ben Naphtali. Le premier travail
auquel nous nous sommes consacrés fut de mettre en évidence dans
quelle mesure les manuscrits de référence dits de l'école de
Ben Asher sont représentatifs de cette école.

Parmi les travaux que nous avons publiés ou que nous
sommes en train de publier, l'on doit signaler la récente thèse
de Doctorat de Mathématiques de Pierre Rivière, dont le titre
est : Un Langage de Contrôle Antérieur au VIe siècle : une description logique de la Cantilation de la Bible en Prose. L'auteur
a pu démontrer par son analyse que le système de la cantilation
est l'oeuvre d'une école unique, dont les maîtres connaissaient
l'algorithmique arabe et étaient conscients des notions que nous
appelons aujourd'hui "ensemble vide" et "loi de la récursivité".
Grâce aux analyses automatiques conduites par P. Rivière sur la
BDBHM du CATAB, il a pu établir que le système de la cantilation
est antérieur au VIe siècle de notre ère, c'est-à-dire qu'à
l'époque où Aaron Ben Asher écrivait le Diqduqeï ha-Te'amïm,
depuis très longtemps déjà on avait oublié l'origine du système
de la cantilation. On connaissait encore l'usage du système au
point de le fixer graphiquement, mais on ne connaissait plus les
sources du système et on en percevait mal le mécanisme tel qu'il
a pu être décrit grâce aux recherches poursuivies au CATAB sur le
texte même du manuscrit de Léningrad, et non sur le texte saisi à
partir des éditions qui sont toutes plus ou moins fautives à ce
sujet.

Il existe dans l'analyse automatique des textes des
niveaux d'analyse que l'on peut mettre en évidence et bien définir, et qui sont très largement destinés à servir ou à être
servis par les recherches automatisées. Il est donc nécessaire
d'opérer dès l'abord des choix entre les textes qu'il faut saisir. Je dirais que nous avons choisi au CATAB de travailler sur
le textus receptus. Nous n'avons pas travaillé sur les manuscrits
de Qumran, qui sont réservés à un autre champ d'analyse. Nous
n'avons pas travaillé sur le texte samaritain. Nous n'avons pas
tenté de travailler particulièrement sur un problématique Urtext.
Notre recherche à ce niveau a porté sur l'analyse critique du
texte vu au plan de sa tessiture linguistique plus qu'au plan
sémantique, afin de définir des outils mathématiques propres à
servir les recherches typologiques.

En plus du texte hébreu, nous avons travaillé sur un
seul texte des Targum, celui que l'on appelle Targum d'Onqelos et
que nous appelons : Targum araméen de Babylone. Les recherches
conduites sur l'hébreu ont été conduites sur le texte araméen
avec le souci particulier de mettre en évidence les méthodes de

la paraphrase grâce aux concordances bilingues, afin de définir la proximité du texte de la paraphrase avec le texte source hébreu, ainsi que la stratégie ou les finalités recherchées par les traducteurs.

Nous avons tenté cette année une série d'expériences quantitatives et philologiques qui, je le crois, nous conduisent vers une certaine réussite. Le problème posé était de trouver les critères d'analyse nécessaires pour mettre en évidence les éléments des différents archétypes à partir desquels a été copié le manuscrit de Léningrad, car à l'analyse il apparaît bien que ce manuscrit n'est pas issu d'une source uniforme, ainsi que l'annonçait dès 1009 dans l'un de ses colophons le scribe Samuel ben Jacob, son copiste. Le manuscrit de Léningrad, issu de la main d'un seul copiste, qui est le plus ancien manuscrit de la Bible hébraïque complet, daté, que nous possédons aujourd'hui, est en fait un manuscrit constitué à partir d'un certain nombre de manuscrits issus de l'école massorétique dite de Ben Asher ou pseudo-Ben Asher, que nous tentons de faire apparaître.

Il est donc possible d'informatiser de façon utile après un énorme travail de préparation une ou plusieurs bases de données textuelles bibliques en hébreu, afin de rendre possible la constitution automatique des index verborum, ce qui a été réalisé au CATAB depuis 1978, mais qui demeurera à l'état de Base de Données documentaires consultable automatiquement, puisque d'autres ont repris exactement notre projet largement annoncé pour le réaliser à leur profit. De la même façon a été achevée la Concordance de la Cantilation des Livres en Prose telle que nous l'avons réalisée et publiée, parce que dans ce difficile domaine nous n'avons pas rencontré de concurrence. En cette année 1985 vient de commencer la préparation pour l'édition et les recherches sur le système de la Cantilation des Textes Poétiques dont la publication de la Concordance suivra aussitôt que sera achevée d'imprimer la première série des Concordances de la Cantilation des Livres en Prose.

Parallèlement vont être publiés les lexiques spécifiques, tel le Lexique des Cooccurrences des Particules confronté au lexique des listes de la Massorah, qui constitue une recherche systématique sur les concaténations des particules telle que les massorètes l'avaient entreprise. Grâce au programme spécifique rédigé dans ce but, il a fallu huit jours pour éditer en hébreu avec les références toutes les concaténations des particules auxquelles s'étaient particulièrement intéressés les massorètes. Le nombre considérable de listes obtenues par l'extraction automatique des chaînes des particules était irréalisable à la main, et ce nombre dépasse de beaucoup les listes des concaténations des cooccurrences des particules du texte biblique établies par les massorètes. Il nous est apparu comme extrêmement intéressant et important de découvrir quelles étaient les préoccupations et les critères des massorètes qui avaient constitué les premières listes et de comprendre pourquoi ils ont mis en évidence tel élément d'une liste plutôt que l'autre. Leur préoccupation était-elle de privilégier la qualité et l'authenticité du texte qu'ils transmettaient ou bien leurs préoccupations en constituant ces listes étaient-elles d'ordre cantilatoire, philologique ou exégétique ? L'on s'est aperçu qu'il y avait dans ce domaine de nombreux plans très différents les uns des autres, qui apparaissent ainsi et qui avaient été à la source des préoccupations des massorètes, plans que nous sommes en train de mettre en évidence et que la seule consultation des listes massorétiques, sans comparaison avec la totalité des concaténations existant réellement dans les textes, n'aurait jamais fait apparaître.

Les analyses linguistiques automatisées sont possibles sur le texte massorétique dans la mesure où elles intéressent l'étude de la phonétique, de la morphologie, de la syntaxe, de la sémantique et les études synchroniques et diachroniques du texte massorétique. Nous avons remarqué qu'au niveau purement massoré- tique se posaient déjà des problèmes de synchronie et de diachro- nie qui n'étaient pas négligeables et qui, s'ils existent entre les textes, intéressent l'histoire de la grammaire hébraïque et de la phonétique sémitique avec leurs prolongements dans les études phonétiques et morphologiques des langues sémitiques mo- dernes. Le tableau de la phonétique de l'hébreu biblique a été réalisé à partir de l'analyse quantifiée des digrammes dans les racines verbales. Cette analyse est poursuivie aujourd'hui en confrontant les digrammes des racines verbales aux digrammes des mots du texte en situation discursive, qui représentent deux réalités fort différentes et permettent de mettre en évidence les dissimilations des digraphonèmes impossibles effectuées mentale- ment par les lecteurs lorsqu'ils les rencontrent.

Peut-on fixer les limites des recherches automatisées ? L'idéal serait de pouvoir, à partir du texte ou des textes mis sur ordinateur, faire une édition critique des textes massoré- tiques. Que veut dire édition critique dans ce cas précis ? Nous excluons la création d'un texte moyen constitué à partir de la comparaison des informations tirées des différentes sources, mais nous tentons au contraire de définir un texte de base assez représentatif de la Massorah des Ben Asher de Tibériade, qui sera muni en apparat des différentes variantes apportées par les différents manuscrits. Comme nous savons qu'il n'y a pas d'iso- morphisme absolu entre les différents manuscrits massorétiques, il y a donc là un très long cheminement et une très large possi- bilité d'analyses qui nous sont donnés et que nous tentons d'ex- ploiter au maximum. Il est possible de penser que ce manque d'isomorphisme qui existe déjà au niveau purement consonantique est la résultante de ce qui est apparu lors de la découverte des manuscrits de Qumran et des variantes qu'ils présentaient par rapport au texte massorétique. Il semble à nos yeux que le nombre très élevé des leçons pleines découvertes dans les textes bi- bliques de Qumran représentait l'une des premières tentatives parmi les plus anciennes de vocalisation des textes à partir d'une introduction plus empirique que systématique de matres lectionis. Il est donc intéressant de tenter de faire apparaître déjà pour les textes massorétiques s'il existe une loi sur les résidus de ces méthodes de vocalisation, peut-être inspirées de l'alphabétisme grec, grâce à la comparaison des différentes Bases de Données massorétiques consonantiques, et de savoir si des stemma peuvent faire apparaître leur proximité ou leur éloigne- ment d'une école ancienne qui aurait tenté de vocaliser ainsi les textes antémassorétiques. A cette étape de la recherche nous consacrant aux recherches sur le texte massorétique de la Bible, nous n'avons pas saisi les textes bibliques de Qumran, mais nous disposons déjà des Bases textuelles établies sur les manuscrits de Londres et du Caire, et bientôt sur celui d'Alep.

En matière d'analyse purement massorétique, nous dispo- sons grâce aux travaux de P. Rivière d'une méthode d'analyse de la cantilation des livres en prose. D. Karsenti, après avoir

terminé une étude complète sur la cantilation des leçons parallèles, a défini un principe suivi par les massorètes qu'il nomme
principe d'identité et qui veut que les massorètes ont toujours
doté, dans la mesure permise par les règles de la grammaire de la
cantilation, les mêmes éléments des textes des versets des mêmes
signes de la cantilation. Depuis cette année, D. Karsenti a pris
en charge la description du système de la cantilation des Livres
Poétiques à partir des mêmes méthodes d'analyse. Dès qu'il sera
publié, l'automate d'état fini exposé par P. Rivière pourra être
programmé par chacun des chercheurs intéressés par ce type de
recherche sur les systèmes particuliers dont ils disposent, à
partir de l'analyse qui est décrite dans cet ouvrage à paraître
en 1986. Nous avons actuellement deux recherches qui sont en
cours sur les rapports de la cantilation et de la syntaxe biblique. Il ne semble pas à priori qu'il y ait de très grands
rapports entre la cantilation et la syntaxe telles que nous les
entendons ordinairement ni entre la cantilation et l'histoire de
la musique. La cantilation a des rapports étroits avec la distribution des mots en fonction de l'accent sémantique du verset pris
au sens rhétorique du terme. Par contre, une recherche doit être
conduite au niveau massorétique sur l'accent sémantique de sens
dans les deux parties du verset qui sont quasi isomorphes : la
clause de l'ʾatnah et la clause du silluq. Là sont apparues un
certain nombre de lois qu'il était possible d'exposer et un
certain nombre de données fondamentales sur un essai de critique
de l'oeuvre massorétique.

Il reste un point très important qui est envisagé pour
le proche avenir et que nous avons déjà tenté de faire apparaître
entre deux manuscrits de référence, c'est une recherche automatique systématique sur le meteg ou gaʿyaʾ, car ce système qui
semble peu cohérent dans les manuscrits les plus anciens a été
entièrement refondu au XIIIe siècle par le naqdan Yequtiel
ben Yehudah Zalman ha-Kohen de Prague, que l'on appelle quelque-
fois Zalman ha-Naqdan. Voyant les difficultés qui apparaissaient
à son époque à propos du meteg, Zalman de Prague a refondu complètement la notation de ce signe, et ceci semble avoir marqué la
presque totalité des manuscrits massorétiques après son époque,
pour le monde ashkenaze.

Un domaine de recherche particulièrement intéressant
que nous avons entrepris consiste dans l'étude comparée du texte
hébreu et du texte de la paraphrase araméenne dite d'Onqelos.
Dans ce domaine l'analyse automatique, en quantifiant les données, représente la seule méthode d'analyse objective en évitant
au chercheur de s'immiscer lui-même dans le détail de la comparaison des textes au niveau sémantique. Nous avons choisi de
limiter notre recherche au seul texte de la paraphrase araméenne
qui fut mis au point par les maîtres des Académies de Babylone,
dont je publie personnellement par ailleurs les listes massorétiques particulières retrouvées dans les fragments anciens. Considérant que le texte du Targum avait été fixé en même temps que
le texte biblique sur le plan massorétique, nous pensons pouvoir
comparer deux ensembles cohérents. Si même les manuscrits du
Targum présentent des divergences nombreuses, on peut considérer
que le texte du Targum représente de par son usage culturel et
synagogal un texte bien relu, bien travaillé, face au texte de la
Torah qui a servi depuis le départ de la formation canonique à la
lecture synagogale.

Le P. Gryson qui m'a précédé à cette tribune a fait référence, sans l'avoir évoqué nommément, à une notion très importante, c'est celle de la canonisation dynamique. Cette notion de canonisation dynamique est une des données qui nous semblent essentielles dans la recherche critique sur le texte biblique, car depuis le moment où Moïse, pour nous, ce que je crois d'une foi profonde quel que soit mon niveau d'analyse critique, a rédigé le code de la Loi, et quel que puisse être le niveau d'apport historique sur le texte canonique, je pense que la notion de canonisation dynamique a été un garde-fou perpétuel pour le texte lui-même. Cela a permis de promulguer des textes deutéro-canoniques ou des textes apocryphes, par rapport naturellement à la pensée juive fondamentale, qui est celle dans laquelle je me place.

5. Retour sur la Définition des Critères pour les Choix des Textes Sources

Faisons un retour, si vous le permettez, afin de définir ce que doit être le choix du texte source. Le critère qui doit permettre de choisir un texte source est donc fonction du plan d'analyse que l'on se donne dans l'avenir. Il n'y a pas de texte "tout terrain", il n'y a pas de recherche "tout terrain" à proprement parler, pas plus qu'il n'y a de logiciels universels et universellement portables. Je ne voudrais pas jeter par là un discrédit sur nos collègues qui travaillent sur des textes multilingues. Nous nous sommes trouvés nous-mêmes limités dans notre aire et notre univers culturels à deux formes de texte : le texte biblique et les paraphrases araméennes. Il nous a toujours paru très difficile de travailler sur un texte multilingue dans lequel on n'aurait pas fait apparaître les données des textes pris à la source et dont on aurait comparé les sources entre elles. Il nous a toujours paru très difficile de travailler sur un texte auquel on aurait raccroché par la suite les différentes valeurs sémantiques dans les différentes langues dans lesquelles le texte aurait été traduit.

Pour terminer ce rapide exposé, ce qui nous apparaît comme le plus important en quelque sorte, c'est plutôt le non-dit que ce qui a été réellement dit, c'est ce qui est entre les lignes de ce que j'ai exposé ici très rapidement. L'analyse critique de la formation du texte consonantique est un terrain sur lequel ont travaillé depuis deux siècles au moins nos devanciers. Automatiser ces recherches, c'est ouvrir les portes toutes grandes aux abus les plus divers, alors que le texte ne s'y prête pas vraiment. Pour notre part, l'analyse critique de la formation du texte massorétique est notre domaine de recherche sur le plan paléographique, philologique, linguistique et historique, et nous nous cantonnons aux recherches sur le texte massorétique dans les différentes sources que l'on possède. Nous tentons, par la comparaison de ces diverses sources entre elles, de dater les différentes strates que l'on voit apparaître dans l'oeuvre massorétique. Nous pouvons dire aujourd'hui d'un coeur très léger qu'aussi bien pour l'**'Adat Deborīm** de Joseph de Constantinople, daté de 1200, qu'a publié R. Pérez cette année dans le cadre du CATAB, que pour le **Diqduqeī ha-Teʾamīm** d'Aaron Ben Asher, qui est très légèrement antérieur, dans l'un et dans l'autre cas, sont des strates tardives qui se superposent à l'oeuvre massorétique antérieure. Cette oeuvre massorétique a débuté très tôt, dès avant l'époque du second Temple, et a été fixée, en tous les

cas   pour   la   cantilation,   avant   le   VIe   siecle   de   notre   ère,   et
ceci   sans   être   dépendante   ni   de   l'école   syriaque   ni   de   l'école
des grammairiens alexandrins.   Enfin je mentionnerai la recherche
qui   nous   intéresse   particulièrement   sur   les   _stemma_   de
transmission des textes hébreux de la Bible.

Pour conclure   ce très rapide exposé   en me référant   à
Langlois et Seignobos(1), qui, citant Renan,   écrivent que

> "... C'est l'excès de critique qui aboutit, aussi bien que l'ignorance la plus grossière, à
> des méprises. C'est l'application des procédés de la critique à des cas qui n'en sont pas
> justiciables. L'hypercritique est à la critique ce que la finasserie est à la finesse. Cer-
> taines gens flairent des rébus partout, même là où il n'y en a pas. Ils subtilisent sur
> des textes clairs au point de les rendre douteux, sous prétexte de les purger d'altéra-
> tions imaginaires. Ils distinguent des traces de truquage dans des documents authentiques.
> Etat d'esprit singulier ! à force de se méfier de l'instinct de crédulité, on se prend à
> tout soupçonner.
>
> Il est à remarquer que plus la critique des textes et des sources réalise des progrès po-
> sitifs, plus le péril d'hypercritique augmente. En effet, lorsque la critique de toutes les
> sources historiques aura été correctement opérée, le bon sens commandera de s'arrêter.
> Mais on ne se résignera pas : on raffinera, comme on raffine déjà sur les textes les
> mieux établis, et ceux qui raffineront tomberont fatalement dans l'hypercritique. "Le
> propre des études historiques et de leurs auxiliaires, les sciences philologiques, dit
> E. Renan, est, aussitôt qu'elles ont atteint leur perfection relative, de commencer à se
> démolir(2)". L'hypercritique en est la cause..."

je   crois   qu'il faut se garder d'aller trop loin   en matière   de
recherches   critiques et demeurer dans des modèles acceptables de
recherches didactiques à partir du texte lui-même,   sans projeter
dans le texte trop de subjectivité.   Je crois qu'il faut demander
au texte objectivement de nous fournir la totalité de l'information   et penser,   dans la mesure où un scientifique peut le dire
lorsqu'il appartient à une Université française, que le texte est
parole de Dieu,   que   parole de Dieu passée dans le niveau du
message, il est message et soumis à la loi du message, mais qu'il
reste quand même une part extrêmement importante d'impondérable,
qu'aucune   école   reconstructionniste   ne   pourra   jamais,   nous
semble-t-il, faire apparaître à aucun niveau.

----

(1) Ch.V. Langlois et Ch. Seignobos, Introduction aux études
     historiques, Paris, 1898, p. 107.
(2) E. Renan, L'avenir de la science, Paris, 1898, p. XIV.

ÜBERLEGUNGEN
zu einer maschinenlesbaren Neuausgabe der
Biblia Hebraica Stuttgartensia

R. WONNEBERGER

Generelles

Im folgenden sollen einige Gesichtspunkte diskutiert werden, die für eine Ausgabe der Biblia Hebraica (**BH**) von Belang sind, die nicht nur wissenschaftlichen Zwecken dienen soll, sondern auch mit EDV bearbeitet werden kann. Um der leichteren Verständigung willen wollen wir diese Ausgabe als **Biblia Hebraica Operabilis (BHO)** bezeichnen.

Über eine neue Ausgabe der **BH** nachzudenken ist aus mehreren Gründen angezeigt : i) Die **Biblia Hebraica Stuttgartensia** (BHS) hat zwar eine ganze Reihe von Fortschritten gebracht, vieles erscheint aber auch eher als Rückschritt oder als verbesserungsbedürftig. ii) Die elektronische Satztechnik ist inzwischen so weit fortgeschritten, daß die Realisierung einer so schwierigen Aufgabe, wie es der Satz der **BH** ist, in Reichweite gekommen ist. iii) Mehrere Forschungsprojekte haben maschinen-lesbare Fassungen der **BH** hergestellt oder von anderen übernommen, so daß ein gewisser Wildwuchs entstanden ist. iv) Die Entwicklung der Eigenrechner (Personal Computer, PC) ist schon so weit fortgeschritten, daß man heute schon auf einem solchen Gerät mit der **BH** umgehen kann, also nicht mehr auf einen **Großrechner (mainframe)** angewiesen ist. Da es beim Umgang mit der BHO vor allem auf schnellen Zugriff ankommt, genügt es nicht, den Text der BHS in sequentieller Form zur Verfügung zu haben. Er muß vielmehr Mithilfe interner Datenstrukturen aufbereitet und wohl auch durch externe Deskriptoren angereichert werden. Den Text in dieser Form wollen wir in Anlehnung an den Begriff **Datenbank** als **Textbank** bezeichnen.

Die wesentlichen Unterschiede zwischen BHS und BHO liegen auf folgenden Gebieten :
   a) Bei der **Herstellung** soll der Satz aus der Textbank so weit wie möglich automatisch erzeugt werden.
   b) Bei der **Anwendung** tritt neben die manuelle Benutzung einer gedruckten Ausgabe die Benutzung auf dem Groß- oder Einzelrechner.
   c) **Vertrieb** und damit auch **Finanzierung** ändern sich dadurch, daß die Benutzung auf dem Rechner immer auch die Möglichkeit zur Vervielfältigung einschließt, oder daß bei der Benutzung auf dem Großrechner ein Exemplar von vielen gemeinsam benutzt wird. Dies verringert einerseits die Abhängigkeit von zentalen Verteilern und schafft andererseits Copyright- und Finanzierungsprobleme.

Alle für eine BHO benötigten Techniken sind nicht nur im Bereich der Informatik verfügbar, sondern werden auch schon in biblisch-theologischen Projekten verwendet, wenn auch noch nicht im deutschsprachigen Raum. Das Problem einer BHO ist also nicht technischer, sondern organisatorischer und konzeptioneller Art. Konzeptionell ist es, weil die eigentliche Leistung einer BHO darin liegt, einen Kompromiß zwischen den Gegensätzen von Vollständigkeit und vertretbaren Umfang, wissenschaftlichem Anspruch und Benutzbarkeit zu finden. Organisatorisch ist es, weil entweder ein Institut neu geschaffen werden müßte, das es bisher bekanntlich ja nur für das Neue Testament gibt, oder weil eine Zusammenarbeit der verschiedenen bestehenden Projekte organisiert werden müßte.

Auch die Grundvoraussetzung einer BHO, ein maschinenlesbarer Text, ist längst erfüllt, und das Problem liegt heute eher umgekehrt in der Vielfalt der verschiedenen Texte. Es deutet sich an, daß die Rezensionsarbeit der Masoreten von ihren modernen Nachfolgern noch einmal getan werden muß !

Trotz dieser schon erfüllten Voraussetzungen sind wir von einer solchen BHO noch sehr weit entfernt. Der wichtigste Grund dafür liegt m.E. in dem chronischen Mangel an einer Diskussion der Algorithmen und linguistischen Hintergrundtheorien bei den bestehenden Projekten, und ich werde versuchen, durch Hinweis auf einige Konzepte, die ich in anderem Zusammenhang veröffentlicht habe, einen Schritt in diese Richtung zu tun (1).

Wissenschaftliche Anforderungen

Alle wissenschaftlichen Anforderungen, die bisher an eine gedruckte Ausgabe zu stellen waren, werden bleiben. Andere kommen hinzu.

2.1 KOMPATIBILITÄT

So muß die BHO auf jedem Fall mit der BHS kompatibel sein; dh. es muß sich um die BHS selbst als die maßgebliche Studienausgabe handeln, oder die neue Ausgabe muß BHS als solche Studienausgabe ablösen **und** der maschinenlesbare Text in exegetischer Hinsicht derselbe sein wie der Buchtext. **Der Student muß denselben Text benutzen wie das Forschungsprojekt.**

Dieser Forderung ist weniger trivial als sie auf den ersten Blick klingt. Um sie zu erfüllen, bedarf es zahlreicher Vorbedingungen bei der Editionsgestaltung, der Programmierung und dem Vertrieb.

----

(1) Die Konzepte zur Operationalisierung der Textkritik finden sich in meinem "Leitfaden zur Biblia Hebraica Stuttgartensia" (englisch : "Understanding BHS"; die Konzepte zur Textnormierung finden sich in meinem Aufsatz "Normaltext und Normalsynopse", die Konzepte zur Syntax und Stilistik in dem Aufsatz "Generative Stylistics — An algorithmic approach to stylistic and source data retrieval problems based on generative syntax", und in meinem Buch "Syntax und Exegese".

2.2 VORZÜGE UND GRENZEN DER BHS

Im folgenden wollen wir die einzelnen Komponenten der BHS daraufhin betrachten, was beibehalten, geändert werden sollte.

2.3 TEXT

Das Verfahren, als Ausgangstext ·L· zu wählen, ist nicht weiter zu beanstanden. Auch bei den offensichtlichen Irrtümern von L an der diplomatischen Wiedergabe festzuhalten erscheint mir dagegen nicht sinvoll, wenn die Korrektur im Apparat eine **Klassenbezeichnung** erhält.

Es ist allerdings für einen Studienausgabe nicht mehr zu rechtfertigen, den Codex Aleppo (·A·) zu ignorieren, der ja nun immerhin als Faksimile allgemein zugänglich ist.

2.4 TEXTKRITISCHER APPARAT

Die bisher an BHS geübte konzeptionelle Kritik konzentriert sich vor allem auf den Apparat (2). Viele Kritikpunkte finden ihren Grund darin, daß es sich um wenig auf einander abgestimmte Einzelapparate handelt. Dies wiederum ist eine unmittelbare Folge des institutionellen Umfeldes. Wo ein eigenes Textinstitut fehlt, bleibt eben nichts anderes übrig, als die Arbeit aufzuteilen. Unterstellt man, daß eine solche Kooperative auch für BHO beibehalten würde, dann kann doch immerhin die EDV dazu genutzt werden, größere Konsistenz dadurch zu erzielen, daß ein elektronisches **Inventar** der Apparatsprache geführt und ständig aktualisiert wird (3). Das setzt freilich voraus, daß Ansätze zur Operationalisierung des Apparates aufgenommen werden, wie sie sowohl in der Einleitung von BARTHELEMY CRITIQUE als auch in WONNEBERGER LEITFADEN entwickelt worden sind.

Ein solcher Ansatz ist sowohl für den Benutzer wie für den Programmierer unverzichtbar. Dem einen hilft er, einen Überblick über die Möglichkeiten des Apparates zu gewinnen, für den anderen bildet er die notwendige Theorie zur automatischen oder halbautomatischen Erschließung des textkritischen Materials.

Es ist in diesem Zusammenhang kritisch anzumerken, daß das Bewußtsein für linguistische Theoriebildung und Algorithmisierung als Vorstufe der Theoriebildung weithin fehlt, und wir werden auf dieses Problem unten noch zurückkommen.

(2) Die wichtigsten Punkte sind in WONNEBERGER LEITFADEN zusammengestellt.

(3) Dazu WONNEBERGER LEITFADEN.

Da die at.liche Textkritik zum Großteil auf Versionen beruht, ergeben sich hier zugleich neue Chancen durch die EDV. Ich denke dabei an die Zuordung von MT und LXX in dem von Robert A. **Kraft** und E. **Tov** unternommenen Projekt **CATSS** (Computer Assisted Tools for Septuagint Studies).

Auch hier wird es erforderlich sein, die schon erwähnten Ansätze zur Operationalisierung auszubauen und auf die Relationen auszudehnen, die zwischen übersetzungstexten bestehen. Während der Vergleich im Bereich der Wortebene weitgehend automatisch durchgeführt werden kann, braucht man für die Zwecke der Exegese auch den Vergleich größerer Einheiten. Anknüpfen ließe sich dabei an die synoptischen Relationen, die in WONNEBERGER NORMALTEXT formuliert sind.

Da einige Versionen ebenfalls in maschinenlesbarer Form zur Verfügung stehen, zeichnet sich als zusätzliche Möglichkeit für BHO ab, den Grad der textkritischen Unterstützung zu erhöhen und zu der jeweils untersuchten Stelle den Apparat automatisch zu einer Version-Synopse zu dekondensieren, ein Schritt, der bisher aus arbeitsökonomischen Gründen häufig unterbleiben muß.

2.5 BEIGABEN

Bei den Beigaben ist die Erschließung des masoretischen Apparates ein wichtiger Fortschritt, doch ist die Benutzung durch das Verweissystem und den separaten Listenband umständlich. Hier wäre zu überlegen, ob nicht wenigstens die Stellenangaben in den masoretischen Randapparat oder auch in den Zwischenapparat integriert werden können.

Zu wünschen wären ferner Querverweise, wie sie etwa im NESTLE/ ALAND TESTAMENTUM längst selbstverständlich sind. Dabei wären in einem ersten Schritt wenigstens die echten Paralleltexte auszuweisen. Im übrigen wären die Verweise nach den semantischen und pragmatischen Relationen der Texte zu klassifizieren, wobei wiederum an die schon erwähnten synoptischen Relationen angeknüpft werden könnte. Bei elektronischer Benutzung könnten diese Angaben sehr viel ausführlicher werden, und es könnten auch die masoretischen Listen unmittelbar gezeigt werden.

Schließlich sollte wohl auch die Arbeit der Masoreten nicht nur tradiert, sondern auch fortgeschreiben werden. Dabei kann die bei EVEN – SHOSHAN CONCORDANCE vorgenommene Gruppierung der Stellen als Ausgangspunkt dienen.

Druckausgaben der BHO

Eine maschinenlesbare Textbank hat auch für die gedruckten Ausgaben tiefgreifende Konsequenzen.

3.1   KONVENTIONELLE AUSGABEN

Die neu herausgekommene Taschenausgabe der BHS ist lediglich auf fotomechanischem Wege verkleinert (4). Hier besteht nicht nur die Möglichkeit, nach den Regeln der Druckkunst eigene Schriften zu verwenden, sondern auch, die Taschenausgabe inhaltlich anders zu gestalten.

Bei zweisprachigen Ausgaben wie der BHK hebräisch-deutsch hat man sich bisher ebenfalls mit Fotomontage geholfen.

Schießlich sind noch die Einzelbände zu erwähnen, die die Chance bieten, in einer ausführlichen Einleitung die textkritische Situation des betreffenden Buches und die Überlegungen der Herausgeber darzulegen.

3.2 NORMIERTE AUSGABEN

Ein maschinenlesbarer Text kann leicht mit weiteren Informationen angereichert und dann entsprechend formatiert werden. Damit bietet sich die Chance, den Text graphish stärker zu präparieren, z.B. nach den Regeln für Normaltexte (5), wie dies z.B. in allen bei mir geschriebenen Proseminararbeiten geschieht. Die Erfahrung zeigt, daß dadurch der Zugang zum Text und das eigene exegetische Beobachten sehr erleichtert werden.

Dieses Verfahren schließt auch die Herstellung von Synopsen ein; es wird von der **Hamburger Arbeitsstelle für Prophetenforschung** (Prof. Dr. Klaus Koch) bei der Herstellung der **Daniel-Synopsen** verwendet. Im Zusammenhang mit BHO wäre dann ein Sonderband mit den synoptischen Texten des Alten Testaments in Reichweite (6).

(4) Es wäre sehr zu wünschen, daß Druckfehler nicht einfach stillschweigend bereinigt, sondern auch veröffentlicht werden, damit man auch ältere Ausgaben entsprechend korrigieren kann. Einige Fehler sind in WONNEBERGER LEITFADEN zusammengestellt.

(5) Siehe WONNEBERGER NORMALTEXT

(6) Also den Paralleltexten aus **2.Rg** und **Jer**, aus **Dtr** und **Chr**, aus dem **Psalter** (Ps 14 = Ps 53 ; Ps 40,14 - 18 = Ps 70; **Ps 57,8 - 12** und **Ps 60,7 - 14 = Ps 108**) , aber auch den Dubletten wie etwa der **Gefährdung der Ahnfrau** (Gn 12; Gn 20; Gn 26).

Die Realisierung setzt voraus, daß eine einheitliche Textbank aufgebaut wird, die konditional verarbeitet wird (7).

Auch für die Gegenüberstellung der AT - Zitate im Neuen Testament mit ihren Vorlagen empfiehlt sich das Verfahren der **Normalsynopse** (8). Hier bietet sich die Chance, an einer begrenzten Aufgabenstellung in Zusammenarbeit mit den bestehenden Projekten zu klären, wie sich diese Aufgabe mit EDV-Hilfe lösen läßt.

Zum Stand der maschinenlesbaren Texte

4.1   ÜBERSICHT ÜBER DIE MASCHINENLESBAREN TEXTES

Das **Centre Informatique et Bible** unter der Leitung von F. **Poswick** hat eine Dokumentation der verschiedenen Projekte zusammengestellt, aus der sich auch ergibt, mit welchen Texten gearbeitet wird. Ohne auf die Einzelheiten einzugehen, läßt sich sagen, daß sich die Verbreitung eines Textes vor allem nach der Kooperationswilligkeit und - möglichkeit der Herausgeber richtet. Bei den Möglichkeiten geht es vor allem um die Frage, ob der betreffende Text die Kosten wieder einspielen muß, die zu seiner Herstellung aufgewendet worden sind. Bei der Bereitschaft zur Weitergabe steht natürlich immer die Frage im Hintergrund, ob man dem andern Startbedingungen schenken soll, in die man selbst Jahre der Arbeit und Mühe investiert hat.

Faktisch stellt sich die Situation so dar, daß die am häufigsten benutzten Texte oft nur den Konsonantentext und allenfalls noch die Vokale enthalten, während die vollständigen Texte aus den einen oder anderen Gründen bisher wenig Verbreitung gefunden haben.

---

(7) Eine einfache Form von **conditional processing** ist z.B. in IBM DCF realisiert; ich habe sie bei der Herstellung der englischen und deutschen Ausgabe meines Buches zur BHS benutzt : der Quellentext enthält nur-deutsche,nur-englische und gemeinsame Bestandteile, die aufgrund vorher gewählter Bedingungen ausgewählt oder aber übersprungen werden.

(8) Prof. Hans **Hübner** hat mir mitgeteilt , daß er bei der geplanten Neuausgabe dieses Verfahren zugrundelegen wird.

4.2   ZUGANG ZU EINEM MASCHINENLESBAREN TEXTES

Anders als bei einem Buch genügt es nicht, einen solchen Text einfach nur zu lesen. Durch die Umsetzung der hebräischen Zeichen in einen bestimmten EDV – Code (9) und vor allem auch die Umsetzung der graphischen Anordnung in einen Zeichen – Vektor oder eine Zeichen – Matrix und schließlich durch die Einfügung von **Metainformationen** wie etwa grammatischen Klassifizierungen wird ein Text erst durch entsprechende Programme lesbar.

Was die Technik angeht, so ergeben sich folgende Möglichkeiten:
1.   die schriftliche oder telefonische Anfrage;
2.   die Nutzung eines bestehenden Zentrums mittels Datenfernübertragung.
3.   die Installatation am eigenen Rechenzentrum;
4.   die Benutzung auf dem eigenen PC.

Letztere ist anzustreben, weil nur sie es dem Forscher ermöglicht, Fragen in Realzeit zu beantworten.

4.3   CODIERUNGSVERFAHREN

Die wichtigste Vorraussetzung einer künftigen BHO ist also eine geeignete interne Repräsentation des Textes, die aber so lange wertlos bleibt, wie sie nicht auch von den entsprechenden Zugriffsverfahren begleitet wird. Ich zitiere aus dem Manuskript meines Forschungsberichtes.

4.4   CODIERUNG UND METASPRACHE

Die Eigenheiten der EDV und der Textbenutzung machen es erforderlich, nicht an einer wie auch immer gearteten Codierung zu kleben, sondern eine Metasprache zu entwickeln, die es erlaubt, die versehiedenen Informationsebene präzise zu unterscheiden und neue Informationen hinzuzunehmen.

Eine solche Metasprache ist aber nur sinnvoll im Zusammenhang mit Programmen, die sie verarbeiten können. Was die Probleme solcher Metasprachen angeht, so kann man sicher von den Macro-Sprachen der Satzprogramme und den Deskriptor-Sprachen der Datenbanken einiges Generelle lernen, aber eben nur das Generelle.

---

(9) 7 bit entspr. 128 Zeichen bei **ASCII**; 8 bit entspr. 256 Zeichen bei **EBCDIC**.

Zwecke eines maschinenlesbaren Textes

Bisher waren die Anwender eines maschinenlesbaren Textes meist zugleich auch die Hersteller, so daß die Frage nach dem Wozu von vornherein klar war. Die Fragen des Zwecks sind aber eng mit denen des Zuganges verknüpft.

5.1 STATISTIK

Beginnen wir mit dem, wofür EDV bisher häufig eingesetzt wurde, nicht zuletzt deshalb, weil es das ist, was der Rechner am besten kann, nämlich das Zählen. Zwar gibt es eine Reihe von statistischen Projekten, in denen seriöse Statistiker zu seriösen Ergebnissen kommen. Aber leider werden statistische Verfahren immer wieder auch mißbraucht, um bestimmte exegetische Positionen zu untermauern. Solche Arbeiten aus dem Statistik-Bereich haben eher das Gegenteil von dem gezeigt, was sie zeigen wollten :

1. aus literarkritischen Gründen kommt kaum je eine ausreichende Signifikanz zustande;
2. die Fragestellung wird vielfach durch eine fundamentlistische Zwecksetzung diskreditiert;
3. es gibt keine klassischen und auch keine modernen exegetischen Fragestellungen, bei denen Statistik eine wichtige Rolle spielen würde.
4. überdies hat die moderne Linguistik einen nicht-statistischen Stilbegriff entwickelt, der für die Exegese erheblich fruchtbarer ist (10).

5.2 ZITIEREN

Wichtigster, weil für alle Forschungsrichtung notwendiger Zweck ist die Zitierung des Textes in den wissenschaftlichen Veröffentlichungen. Diese Zweck ist m.E. bisher nie ernsthaft untersucht worden, wird aber jetzt aktuell, weil die Zahl der mit EDV hergestellten Texte zunimmt (11). Dieser Zweck setzt voraus, daß das Textsystem Hebräisch verarbeiten kann. Bei der Textbank wird nur ein simpler Zugriff nach konventionellen Zählungen verlangt.

Dazu gehört als nächster Schritt die Möglichkeit, Texte graphisch zu manipulieren, z.B. für Synopsen und spezielle Tabellen.

---

(10) Literatur dazu in meinem Aufsatz WONNEBERGER STYLISTICS

(11) Eine Übersicht in meinem Forschungsbericht WONNEBERGER ORDINATEUR.

5.3   ASSOZIATIVER ZUGRIFF

Die wichtigste inhaltliche Aufgabe ist der assoziative Zugriff. Der aber stellt solche Anforderungen, daß er m.W. noch nicht realisiert worden ist. Einerseits bedarf es einer Auswahllogik, die ja schon zum Standard von Datenbanken gehört. Andererseits ist die Sache aber nur praktikabel, wenn nicht nur nach Zeichenketten gesucht wird, obwohl schon das wegen der matres lestionis und der Vokalisierung schwer ist, sondern wenn zur Einschränkung auch syntaktische Muster gegeben werden können, z.B. "x-AK hitp". (AK = Afformativkonjugation = Perfekt).

Dann aber stellt sich sogleich die Frage, ob diese Informationen der Textbank von Hand eingegeben werden oder durch automatische Erkennungsprozeduren ermittelt werden sollen, ein Streit, der ja schon seit geraumer Zeit zwischen den Projekten ausgetragen wird.

Einen wirklich durchschlagenden Vorteil kann ein solches System aber erst bieten, wenn die Suchkriterien dynamisch verändert werden können. Ob hier die derzeitigen PCs noch mithalten können, wäre noch zu untersuchen.

5.4   KONKORDANZ - MUSTER

Das Pendent zur dynamischen Suche ist das Vorhalten von Konkordanz-Mustern, also Stellengruppen mit ähnlichen Merkmalen, wie es etwa in EVEN - SHOSHAN CONCORDANCE oder ALAND KONKORDANZ, realisiert ist. In der Erarbeitung solcher Muster liegt der wissenschafliche Wert einer solchen Konkordanz, und wenn sie schon nicht vollautomatisch gewonnen werden können, so doch mit entsprechend automatisierten Vorarbeiten.

Lösungsansätze

Der wesentliche Unterschied zwischen normaler und EDV - Benutzung liegt darin, daß die normalen Benutzungsweisen zwar irgendwann und irgendwie erlernt werden, aber nicht genau beschrieben sind. Eine solche Beschreibung ist aber für jede Automatisierung Voraussetzung.

Leider besteht bei der Anwendung von Computern die Tendenz, die Ebene der Algorithmisierung zu übergehen und sogleich spezifische Lösungen für die ei++ne Problemstellung zu implementieren.

6.1 EIN SCHICHTENMODELL DES TEXTES

Als Beispiel für einen Algorithmisierungsansatz möchte ich ein einfaches Schichtenmodell entwickeln :

1. Schrift-Ebene : Graphem, der Buchstabe Schin ohne Punkt
2. Phonetische Ebene, der Buchstabe Schin im Unterschied zu Sin; aber auch die Akzentuierung.
   Zwar stehen die Akzente über bestimmten Buchstaben, sie beziehen sich aber eher auf Silben.
   Dieser Ebene wird generell wenig Beachtung geschenkt, weil Bibelhebräisch eine tote Sprache ist. Jede Sprach-beschreibung muß aber primär bei der Sprache und erst sekundär bei der Schreibe ansetzen. Schon hier treten Probleme auf, weil die Unterscheidung von **kamez** und **kamez chatuf** schon die Kenntnis der phonetischen Struktur des Wortes voraussetzt.
3. Wortebene : Hier treten die bekannten Abgrenzungsprobleme auf, die nicht nur die **Maqqef** – Verbindungen betreffen, sondern auch die Prefix – und Suffix – Verbindungen und die Gruppe der festen st.cs. – Verbindungen.
4. Zugriffsebene : Sortierrelation eines Phonems;
5. Überlieferungsebene : Konsonantenebene vs. Vokalebene;Matres lectionis; obwohl diese Unterscheidung von der Sprache selbst her gesehen wenig besagt, muß sie beachtet werden, weil die beiden Ebenen unterschiedlich sicher überliefert worden sind.
6. Grammatikebene : Wurzelrelevanz; da fast alle Hilfsmittel auf dem Wurzel – Prinzip aufbauen, setzt jede automatische Operation eine zumindest morphologische Analyse voraus.
7. Syntaxebene; So gut wie keine Konkordanzfrage kommt ohne syntaktische Voraussetzungen aus. Schon das Auffinden von bestimmten Tempora impliziert Muster wie "x – AK".

6.2 EIN SCHICHTENMODELL DER TEXTBANK

In dem folgenden Schichtenmodell sind die Schichten ungefähr nach ihrem Überlieferungswert geordnet.

1. Konsonantentext;
2. Vokalisierung;
3. Akzente;
4. Textkritische Informationen;
5. Masoretische Angaben;
6. Traditionelle Einteilungen;
7. Moderne Einteilungen.

Der von Gérard E. **Weil** erarbeitete Text ist nach einem solchen Schichtenmodell strukturiert :

B Konsonantentext;
C Vokalisierung;
A Akzentuierung;
D Deskription;

E Varianten;
F Paleographie, Kodizes;
G Stilistik, Semantik.

In Wirklichkeit ist ein solches Modell natürlich viel komplexer, weil die hier genannten Schichten recht unterschiedliche Teile haben. Ein möglichst differenziertes Modell ist aber Voraussetzung für eine Textbank.

6.3 LINGUISTISCHE THEORIE

Es hat mich immer wieder erstaunt, daß in EDV - Projekten so gut wie keine linguistischen Kenntnisse vorhanden sind, obwohl das algorithmische Denken z.B. der Syntaxforschung und das der EDV eng verwandt sind. Als Beispiel möchte ich das Projekt **GRAMCORD** anführen, das auf der Basis von BLASS / DEBRUNNER / REHKOPF GRAMMATIK entwickeit wurde, obwohl seit Chomskys bahnbrechender Syntaxbeschreibung algorithmische Systeme zur Syntaxbeschreibung vorliegen. Ich selbst habe schon 1979 eine generative Syntax zum Griechischen veröffentlicht (12). Sie enthält einen Algoritmus zur Beschreibung griechischer Sätze,der ohne Weiteres zur Grundlage entsprechender Programme gemacht werden können.

Ein positives Beispiel sind hingegen die Arbeiten der **Werkgroep Informatica,** in denen nicht nur versucht wird, linguistische Ansätze in die Arbeit einzubeziehen, sondern auch umgekehrt linguistische Beschreibungen mit den Mitteln der EDV erarbeitet werden.

Satzprogramme

Während die meisten Projekte sich ihre Forschungsziele viel zu hoch setzen, scheint mir ein Ansatz bei der Ausgabe viel wichtiger zu sein. Da jede exegetische Erkenntnis nach Veröffentlichung strebt, ist das Satzprogramm der große Trichter, in den alles einmündet. Betrachten wir drei Beispiele aus den Bereichen Universität, Kommerz und public domain.

7.1.1 DIE TÜBINGER SATZPROGRAMME

Ab Rechenzentrum der Universität Tübingen sind von W **Ott** umfangreiche Satzprogramme entwickelt worden, mit denen eine hervorragende Qualität erreicht wird. Der entscheidende Nachteil liegt jedoch darin, daß diese Programme nur in Tübingen benutzt werden können.

----

(12) WONNEBERGER SYNTAX.

7.1.2   EIN KOMMERZIELLES PROGRAMM : SCRIPT

Ein kommerzielles Satzprogramm ist das von IBM entwickelte SCRIPT (13) das für den Druck von Griechisch und Hebräisch entsprechend erweitert wurde (14). In dieser erweiterten Form hat es sich schon bei der Herstellung von Büchern mit gemischtem Satz bewährt (15).

7.1.3   PUBLIC DOMAIN : TEX

Im Bereich der public domain, einem Bereich also, in dem Programme frei zugänglich sind, möchte ich auf das Programm TeX (sprich : Tech) von Donald E. **Knuth** Programm hinweisen(16), das im Augenblick zwar noch kein Hebräisch setzen kann, aber als gelungenes Beispiel der Algorithmisierung und als Beispiel für bestimmte Organisationsstrukturen bedenkenswert erscheint.

Es wäre zu prüfen, ob sich dieses Programm nicht als gemeinsamer Standard für die biblischen EDV – Projekte und damit auch als Ausgangsbasis für BHO eignen würde.

PC – Probleme

Einige Probleme ergeben sich durch die Verwendung von PCs oder werden durch sie erst gravierend.

8.1   SPEICHERPLATZ UND RECHENGESCHWINDIKEIT

Man kann sagen, daß es hier kaum prinzipielle Einschränkungen gibt. Selbst ein so umfangreiches Programm wie TeX ist inzwischen für einige PCs eingerichtet worden.

Allerdings ist das im einzelnen eine recht diffizile Aufgabe, die meist nicht auf der bloßen Betriebssystem – Ebene bleibt, sondern auch die Hardware einbezieht.

---

(13) IBM DCF

(14) Die Erweitungen und ein Verfahren zur Herstellung eines Hebräischen Vektor – Fonts sind in WONNEBERGER EXEGESE beschrieben.

(15) WONNEBERGER UNDERSTANDING ; WONNEBERGER LEITFADEN ; zur Methode des **conditional** processing s.o..

(16) KNUTH TEXBOOK , vgl auch die Zeitschrift **TUGboat** , das Mitteilungsblatt der TeX Users Group.

Dies führt letztlich zu der Frage, ob es möglich und zweckmäßig ist, sich für die BHO auf einen bestimmten PC-Typ oder wenigstens ein Betriebssystem festzulegen, und dann, welches ? CP / M ? , MSDOS ? , UNIX ? , EUMEL ? , um nur ein paar davon zu nennen.

8.2 DISTRIBUTION

Eine BHO muß jedem Altestamentler zu Hause zugänglich sein, wenn sie ihre Aufgabe erfüllen soll.

Im Falle von TeX wird die Distribution über die TeX Users Group abgewickelt, aber erstens hat diese Gruppe noch andere Einkünfte, und zweitens besteht sie zum Großteil aus Mainframe - Experten, Voraussetzungen, die für die BHO nicht gegeben sind.

Deshalb ist hier die Distribution ohne professionellen Service nicht zu schaffen, und es wäre sicher die beste Lösung, wenn diese Aktivitäten auch beim Verleger der Druckausgabe lägen, d.h. also bei der **Deutschen Bibelstiftung.**

8.3 UPDATES

Durch die breite Streuung bedarf es besonderer Organisations-formen, um einen gleichmäßigen Stand der Versionen zu erreichen.

Zur den Intitutionellen Voraussetzungen

Daß durch die neuen Techniken eine Reihe intitutioneller Fragen aufgeworfen werden, liegt auf der Hand.

9.1 VERHÄLTNIS ZUR ETABLIERTEN WISSENSCHAFT

Ein noch nicht gelöstes Problem ist die Integration in die alttestamentliche Wissenschaft. Denn wer als Nachwuchsforscher in einem EDV - Projekt arbeitet, kann sich nicht gleichzeitig im Bereich der klassisehen Exegese qualifizieren. Noch schlimmer aber ist, daß es kaum Berührungspunkte in der Fragestellung zwischen den EDV - Projekten und der herkömmlichen Wissenschaft gibt.

9.2   ARBEITSKREIS

Neben den üblichen wissenschaflichen Voraussetzungen, wie sie z.B. durch einen Kreis von Herausgebern abgedeckt werden können, bedarf es der langfristigen Vorbereitung der technischen Seiten der BHO. Schon aus technischen Gründen wäre es sicher gut, eine Zentrale zu haben, die z.B. in Form eines **DFG - Projektes** geführt werden könnte. Bei den Vorbereitungen zu einer solchen Gründung und der Koordination der wissenschaftlichen und technischen Aspekte könnte die **Wissenschaftliche Gesellschaft für Theologie** und insbesondere ihre Sektion Alte Testament die Initiative ergreifen. Diese Zentrale könnte sich auf die Koordination beschränken, wenn die bisher schon bestehenden Projekte Teilbereiche der Arbeit übernehmen.

Für die Kommunikation bietet das kürzlich aufgebaute **EARN - Netz** eine wichtige Voraussetzung.

9.3   PUBLIKATION

Entscheidend scheint mir aber zu sein, daß ein Organ eingerichtet wird, in dem die technischen Einzelschritte auf dem Wege dieses Projektes publiziert werden, also nicht, wie bisher immer angestrebt, Ergebnisse mit alttestamentlichem Anstrich, sondern überlegungen zur Algorithmisierung und vor allem auch Programmcode. Erst wenn über die Programme wissenschaftlich debattiert wird, wird der gegenwärtige Zustand überwunden, bei dem jedes Projekt immer wieder von neuem dieselben Probleme in derselben ad-hoc-Manier programmiert.

Der Herausgeber eines solchen Organs müßte ebensowohl international Verbindungen wie auch die nötige Unabhängigkeit besitzen und über verlegerische Mittel verfügen. Aus diesen Gründen hielte ich es für naheliegend, wenn sich das **Pontificum Institutum Biblicum** in **Rom** dieser Aufgabe annähme.

Literatur

1. Aland Konkordanz : Aland K. / Riesenfeld H. / Rosenbaum H.U. et all.(eds.). Vollständige Konkordanz zum griechischen Neuen Testament.Unter Zugrundelegung der modernen kritischen Textausgaben und des Textus receptus. Arbeiten zur neutestamentlichen Textforschung IV. Berlin / New York 1975 ff.> Bachmann / Slaby Konkordanz<
2. Barthélemy critique : Barthélemy Dominique (ed.). Critique textuelle de l'Ancien Testament. 1. Josué , Juges , Ruth, Samuel, Rois, Chroniques, Esdras, Néhémie, Ester. OBO 50,1. 1982. C V d 1

3. Even - Shoshan Concordance : Even - Shoshan Abraham.   A New
   Concordance of the Bible.   Thesaurus for the Language of the
   Bible, Hebrew and Aramaic, Roots, words, Proper Names,Phrases
   and Synonyms.   Jerusalem 1981 (Hebrew).   selbst
4. IBM DCF : International Buisiness Machines Corporation (ed.).
   Document Composition Facility : User's Guide.Program Product-
   Program Number 5748 - XX9.   IBM Publication SH20 - 9161 - 1.
   2nd edition April 1980.
5. Knuth TeXbook : Knuth Donald E.. The TeXbook. Reading, Mas-
   sachusetts / Menlo Park , California / London / Amsterdam /
   Don Mills, Ontario / Sydney : Addision - Wesley 1984. DESY C
   Knu.
6. Vandeweghe / van de Velde : Vandeweghe Willy / Van de Velde
   Marc. Bedeutung , Sprechakte und Texte. Akten des 13.
   Linguistischen Kolloquiums. Gent 1978 Band 2. LA 77. 1979.
   >Sökeland Beitrag< > Wonneberger Stylistics<.
7. Wonneberger Exégèse : Wonneberger R. L'exégèse biblique et
   l'ordinateur. Actes du Congrès international informatique et
   sciences humaines. Liège 18-19-20-21 novembre 1981. (Louis
   Delatte, ed.). Laboratoire d'Analyse Statistique des Langues
   Anciennes, Liège (1983). selbst
8. Wonneberger Leitfaden : Wonneberger R.. Leitfaden zur Biblia
   Hebraica Stuttgartensia Göttingen : Vandenhoeck & Ruprecht
   1985.
9. Wonneberger Normaltext : Wonneberger R.. Normaltext und
   Normalsynopse. Neue Wege bei der Darstellung alttestament-
   licher Texte. Zeitschrift für Sprachwissenschaft 3 (1984)
   203 - 233.
10.Wonneberger Ordinateur : Wonneberger R.. L 'ordinateur et
   l'Ancien Testament. Compte rendu de la recherche (en préparation).
11.Wonneberger Stylistics : Wonneberger Reinhard. Generative
   Stylistics. An algorithmic approach to stylistic and source
   data retrieval problems based on generative syntax.
   Vandeweghe / Velde Bedeutung 389 - 399.
12.Wonneberger Syntax : Wonneberger Reinhard.Syntax und Exegese.
   Eine generative Theorie der griechischen Syntax und ihr
   Beitrag zur Auslegung des Neuen Testamentes, dargestellt an
   2.Korinther 5,2f und Römer 3,21 - 26. BET 13. 1979. > WS < A
   1980 / 2543.

10.1 LITERATUR

A
-
Aland Konkordanz 9

B
-
Barthélemy Critique 4
BSH 1
Blaß / Debrunner / Rehkopf
  Grammatik 11

E
-
Even - Shoshan Concordance
          5.9

I
-
IBM DCF 6,11

K
-
Knuth TeXbook 12

N
-
Nestle / Aland Testamentum 4

W
-
Wonneberger Normaltest 2
Wonneberger Exégèse 11
Wonneberger Leitfaden 2,3,4,5,11
Wonneberger Normaltext 4,5
Wonneberger Ordinateur 8
Wonneberger Stylistics 2,8
Wonneberger Syntax 2,11
Wonneberger Understanding 2,11

10.2   TERMINI UND SYMBOLE

A
-
A 3

L
-
L 3

10.3   STICHWöRTER

A
-
ASCII 7

B
-
BH 1
BHO 1
Biblia Hebraica
  Operabilis 1
Biblia Hebraica
  Stuttgartensia 1

C
-
CATTS 4
Centre Informatique
  et Bible 6
conditional 11

H
-
Hamburger Arbeits-
  stelle für
  Prophetenforschung
  5
Hübner 6

I
-
IBM 11
Inventar 4

K
-
Kamez chatuf 10
Kamez 9
Klassenbezeichnung
  3
Knuth 12
Kraft 4

P
-
Pontificum
  Institutum
  Biblicum
  14
Poswick 6
Psalter 6

R
-
Rom 14

S
-
SCRIPT 11

T
-
Textbank 2
Tov 4
TUGboat 12

D
—

Daniel-Synopsen 5
Datenbank 2
Deutsch Bibelstif-
  tung 13
DFG — Projekt 13
Dtr 6

E
—

EARN — Netz 14
EBCDIC 7

G
—

Gefährdung der
  Ahnfrau 6
GRAMCORD 11
Großrechner 1

M
—

mainframe 1
Maqqef 10
Metainformationen 7

N
—

Normalsynopse 6

O
—

Ott 11

W
—

Weil 10
Werkgroep
  Informatica 11
Wissenschaftliche
  Gesellschat für
  Theologie 13

10.4   STELLENANGABEN

Gn
————

12. .6
20. .6
26. .6

Jer
————

. .6

Ps
————

14. .6
40.14-18. .6
53. .6
57,8-12. .6
60,7-14. .6

70. .6
108. .6

2.Rg
————

. .6

IMBED TRACE
————————————

Page 0 $PROF
Page 0   PROFH DSN 'BO3WBG.FMACLIB (PROFH)'
Page 0 $SYM
Page 0 $FRONTM
Page 0   TITLE
Page 1 $BODY
Page 1   BERG
Page 14 $APPEND
Page 14 $BACKM
Page 14   LIT

III

LES MANUSCRITS

DE

LA BIBLE

Manuscrits des versions anciennes de la Bible.   (Abstract)

J. HEIMERDINGER

   Un compte rendu des travaux actuels et des projets futurs en pays anglophones présentant pour chacune des versions les personnes qui y travaillent ainsi que les recherches qu'elles poursuivent. De cette façon on décrira la direction que prennent actuellement les recherches en langue anglaise et on identifiera les domaines où il reste des travaux à faire.

Iventaires des manuscrits bibliques grecs (LXX) et latins

P.M. BOGAERT

Les recherches sur les manuscrits bibliques grecs sont, à beaucoup d'égards, plus avancées que celle touchant les manuscrits bibliques latins. Tant pour la Septante (LXX) que pour le N.T. grec des inventaires existent depuis longtemps; c'est d'eux qu'il faut partir, c'est eux qu'il faut perfectionner et compléter. Le cas des manuscrits bibliques latins est tout différent. Le nombre très élevé de Bibles et de parties de Bible décourage l'énumération, et aucun objectif assez important ne paraît justifier le déploiement des forces requises pour aboutir. Je ne traiterai ici que de l'Ancien Testament grec et des manuscrits bibliques latins, seuls domaines où mon information est à jour.

I. La Septante

Pour la Septante, l'ouvrage de base demeure le **Verzeichnis der griechischen Handschriften des Alten Testaments**, de Alfred Rahlfs, paru en 1914. Il regroupe en fonction de son sujet propre deux types de documents, relevant de disciplines parentes mais distinctes. Il y a, d'une part, les manuscrits transmis de manière continue dans les bibliothèques depuis le moyen âge et arrivés jusqu'à nous le plus souvent en bon état. Cela va du **Sinaiticus** ou du **Vaticanus** jusqu'aux manuscrits sur papier du XVIè s. copiés pour les humanistes , mais il s'agit principalement de manuscrits médiévaux en écriture minuscule sur parchemin. Il y a, d'autre part, découverts principalement dans les sables d'Egypte depuis plus de cent ans, des fragments (rarement plus d'une colonne ou d'un folio) de papyrus, de parchemin, des tablettes, des ostraca, etc. Les premiers relèvent de la paléographie traditionnelle, d'ailleurs grandement perfectionnée de nos jours, et les byzantinistes peuvent nous éclairer sur l'histoire des bibliothèques et des manuscrits. Les seconds relèvent de la papyrologie (au sens large).

La partie "médiévale" et "moderne" du **Verzeichnis** de Rahlfs n'a pas été mise à jour systématiquement. Elle ne bénéficie d'ailleurs que rarement des travaux plus avancés faits pour le Nouveau Testament, car les Bibles complètes sont rares en grec. Une mise à jour comporterait au moins les tâches suivantes :
  1. Il y a des manuscrits -- peu sont importants -- que Rahlfs n'a pu connaître : nouvelles acquisitions des grands fonds, petits fonds inconnus, catalogues imcomplets.

2. Certains fonds ont fait l'objet de catalogues détaillés et très compétents depuis la date où Rahlfs les a étudiés. Ses descritions devraient être revues, précisées, parfois corrigées.

3. La localisation des témoins a parfois changé :le lieu de dépôt n'est plus le même, la cote a été modifiée. Certains témoins ont été détruits ou ont disparu.

4. Dans la description des manuscrits, il y aurait lieu de faire attention plus que jadis aux éléments qui encadrent le texte biblique, prologues,**capitula**, divisions, stichométrie,etc.

5. Les progrès faits en matière de paléographie et de codicologie joints aux indications de parenté textuelle mises en lumière dans les éditions critiques de Cambridge et surtout de Göttingen devraient permettre de préciser l'histoire des témoins.

Sur ces divers points, les volumes parus de la **Septuaginta** de Göttingen apportent implicitement ou explicitement une partie des corrections nécessaires.

L'inventaire des fragments relevant de la papyrologie a été fait par plusieurs spécialistes (O. Montevecchi, J. O'Callaghan, E.G. Turner et surtout par Kurt Aland et Jean van Haelst). Le **Repertorium der griechischen christlichen Papyri. I. Biblische Papyri** (Patristische Texte und Studien, 18) paru à Berlin en 1976 par les soins de K. Aland et de son équipe ne correspond que partiellement à notre requête, puisqu'il se limite aux papyrus au sens strict. Le **Catalogue des papyrus littéraires juifs et chrétiens**, de Jean van Haelst, paru à Paris la même année, est à peu près exhaustif; il est continué par le bulletin de Kurt Treu dans la revue **Archiv für Papyrusforschung**. La **Bibliografia metodica** (sections 340 et 341) et les **Testi recentementi pubblicati** de la revue **Aegyptus** rendent aussi de précieux services à qui veut suivre le mouvement.

Deux systèmes de numérotage rendent des services. Celui du répertoire de J. van Haelst, continué par K. Treu, se limite à la papyrologie; il ne pourra donc jamais couvrir tout le champ des témoins grecs de la Bible; il est très utile toutefois pour identifier les témoins non encore numérotés dans le système suivant. Celui-ci, le système de Rahlfs dans le **Verzeichnis** continué par la **Septuaginta-Unternehmen** de Göttingen, est tout à fait approprié. Les biblistes pourraient s'en contenter si l'Institut de Göttingen se donnait pour tâche de publier régulièrement la liste des numéros attribués aux témoins nouvellement découverts. Il serait utile aussi d'étendre la numérotation aux manuscrits d'Aquila, de Symmaque, etc.

L'informatique peut évidemment rendre des services dans le maniement de ces multiples données. Le **Centre : Informatique et Bible** a créé pour cela un programme.

II. La Bible latine

L'inventaire et la description des Bibles latines manuscrites sont des tâches gigantesques. Pour les besoins de l'histoire du texte, le chercheur ne peut d'ailleurs s'arrêter là; il doit inclure les Psautiers, les évangéliaires et lectionnaires de toute sorte. Même à s'en tenir à des Bibles complètes, ce qui aurait sens, les chiffres font peur avant d'être connus. Et inventorier n'est rien. Lorsqu'il s'agit d'examiner le livre de près, de noter les préfaces, les sommaires, l'ordre, les singularités, il y a de quoi renoncer ou, du moins, se réfugier dans l'empirisme. Heureusement, diverses catégories de chercheurs s'intéressent aux manuscrits bibliques latins.

1. Les spécialistes de l'enluminure. Les ouvrages consacrés à cette matière, par région ou par époque, comportent toujours des données intéressantes sur les manuscrits bibliques, et leurs conclusions peuvent préciser ou corroborer des datations, des localisations, des parentés. Il arrive que de tels ouvrages comportent des répertoires.

2. Les paléographes. Les Bibles sont étudiées par les paléographes au même titre que les manuscrits. Mais ils ont créé des instruments de travail particulièrement utiles. Qui ne connaît les douze volumes in-folio des **Codices Latini Antiquiores** (1934-1971) de Elias Avery Lowe ? L'auteur y décrit les caractéristiques paléographiques de tous les manuscrits latins antérieurs à 800. En principe donc -- et si l'on fait l'abstraction des difficiles problèmes de frontière chronologique --, tous les témoins bibliques antérieurs à 800 y sont répertoriés, et une bibliographie accompagne la description paléographique. Pour le IXè s., on dispose des excellents travaux de B. Bischoff, plus dispersés malheureusement.

3. Les liturgistes. Les manuscrits bibliques sont assez souvent accompagnés de notes liturgiques. L'ordre des livres dans les Bibles est parfois celui de la **lectio continua** au choeur. Mais il y a surtout les innombrables lectionnaires, évangéliaires (en allemand **Evangelistar**), épistoliers missels pléniers, etc. On notera ici les descriptions de V. Leroquais et les deux volumes des **Codices liturgici latini antiquiores** (Fribourg, 2ème éd., 1968) de Klaus Gamber, mais d'autres seraient à mentionner.

4. Les biblistes. Les travaux des philologues biblistes et patristiciens visent à donner une édition critique des diverses formes de la Bible latine, de la Vulgate, et de la **vetus latina** dans le vocabulaire d'aujourd'hui. Edition du texte et histoire de la tradition sont étroitement mêlées. On mentionnera ici trois grandes entreprises : l'édition du Nouveau Testament selon la Vulgate à Oxford, oeuvre de John Wordsworth, de Henry Julian White et de Hedley F.D. Sparks, aujourd'hui achevée (1889-1954); l'édition de l'Ancien Testament selon la Vulgate par les bénédictins de Rome, presque achevée, et l'édition en cours de la **vetus latina** par le **Vetus Latina Institut** de Beuron. On peut rappeler l'**Itala** des Evangiles éditée par A. Jülicher et ses successeurs, achevée.

L'effort d'heuristique préparant et accompagnant ces entreprises a été considérable et il se continue, mais il n'a pas pu être totalement systématique. C'est en cours de route que la méthode s'est précisée, que les témoins les meilleurs ou les plus importants se sont révélés tels, que l'intérêt d'autres témoins est apparu.

De ce travail gigantesque, peu d'inventaires sont sortis. Les travaux de dom Quentin et de Samuel Berger ne laissent pas deviner tout ce qui les a préparés. Il n'y a à mentionner de spécifique que le **Vorläufiges Verzeichnis des Hss der VL** de dom Bonifatius Fischer dans la première édition du **Verzeichnis der Sigel** de la nouvelle **Vetus Latina** (Freiburg, 1949, p.11-42). Cette liste comporte, sauf erreur, 337 numéros répartis de 1 à 453 (avec des numéros non attribués),dont 154 sont des psautiers ou des manuscrits assimilés (bréviaire mozarabe, par ex.); elle n'inclut que des manuscrits bibliques ou liturgiques (non patristiques) qui offrent un texte non vulgate d'au moins tel livre ou telle partie de livre de l'Ancien et du Nouveau Testament. Les écrits non canoniques, tel 3 Esdras qui paraît bien avoir fait partie de la **vetus latina**, ne sont pas retenus.

Cette liste n'a pas été rééditée comme telle depuis 1949. Des numéros ont été attribués aux manuscrits ou fragments nouvellement découverts,tel le Psautier du Sinaï, mais ils n'ont été rendus publics qu'occasionnellement. Il apparaît aussi de plus en plus que, pour les livres non traduits par saint Jérôme (le Nouveau Testament, sauf les Evangiles;les deutérocanoniques, sauf Tobie et Judith), la frontière entre Vulgate et **vetus latina** est difficile à fixer. Aussi les éditeurs du **Vetus Latina Institut** utilisent-ils des témoins vulgates pour lesquels un système de sigle a été élaboré. Le directeur scientifique de l'Institut, H.J. Frede, prépare une nouvelle liste accompagnée de descriptions qui inclura les deux types de témoins utilisés.

Si l'on voulait dépasser ce stade et examiner un plus grand nombre de manuscrits bibliques à la recherche de perles rares, il y aurait alors à procurer aux auteurs de catalogues de manuscrits un manuel leur suggérant des règles précises pour décrire le contenu des Bibles et attirant leur attention sur un certain nombre d'endroits où de bonnes surprises sont possibles. Ce manuel serait de toute façon utile si l'on songe aux innombrables pièges posés sur la route des catalographes, s'ils ne sont pas des biblistes chevronnés. Toute entreprise systématique, si elle voyait le jour, devrait se fixer des objectifs, fussent-ils purement statistiques, dont l'utilité serait reconnue et le réalisme testé.

Fragments coptes-sahidiques du nouveau testament à la
        Bibliothèque Nationale de Paris.

A. BOUVAREL-BOUD'HORS

En 1976, lors du 1er Congrès International d'études coptes au Caire, K. Aland, définissant les exigences d'une nouvelle édition critique du Nouveau Testament en copte sahidique et en copte bohaïrique (1), insistait sur la nécessité d'un rassemblement préalable de tous les documents : "It must be stressed with all possible emphasis that the undertaking of these editions, in whatever manner they are constructed, will only be possible after the registration, arrangement and classification of our existing stock of coptic manuscripts of the New Testament" (2). Je voudrais ici d'une part apporter une contribution à cette exigence d'exhaustivité documentaire en signalant l'existence de fragments encore inconnus du Nouveau Testament sahidique et en suggérant pour eux une méthode de classement, d'autre part montrer sur un exemple que l'étude de tels fragments, à condition qu'ils soient classés de manière précise et appropriée, n'est pas sans intérêt pour l'histoire du texte sahidique.

La Bibliothèque Nationale de Paris est riche en fragments sahidiques du Nouveau Testament. Ils proviennent des restes de la bibliothèque du fameux Monastère Blanc de Moyenne-Egypte, fondé par le moine Chenouté (3). Les plus importants de ces fragments (un ou plusieurs feuillets) ont été répertoriés dans les listes de fragments données par G. Horner (avec un certain nombre d'erreurs cependant). Mais les plus petits, très hativement ou pas du tout étudiés, ont été regroupés, bibliques et non bibliques mêlés, les uns en trois volumes intitulés **Fragments divers non identifiés**, les autres dans des sous-verre par affinités d'écriture (grâce à des rapprochements effectués par L. Th. Lefort). Cela représente au total plus de 1800 fragments de parchemin, parfois très peu lisibles et de taille très réduite : pour un texte biblique on lit dans les meilleurs cas les bribes de 4 ou 5 versets, et dans les pires deux ou trois mots. Le premier travail était d'isoler les fragments du Nouveau Testament : il s'en est trouvé plus de 200, sans compter les lectionnaires ni les citations. Deux classements me semblaient alors s'imposer pour chaque fragment :
    - un classement selon le texte identifié, ce qui ajoute pour chaque passage une leçon supplémentaire.
    - un classement paléographique et codicologique, car la plupart des fragments identifiés se rattachent à d'autres fragments déjà connus de la BN ou d'ailleurs, et viennent compléter un des manuscrits de la liste d'Horner (4).

Restait à savoir si, une fois classés, ces fragments pouvaient servir à autre chose qu'à figurer dans des listes et s'ils présentaient des variantes dignes d'intérêt. Or le premier fragment auquel je me suis arrêtée m'a entraînée beaucoup plus loin que je ne le pensais. Voici les faits :

Il s'agit du fragment coté 1324 f.312, classé "non identifié"; il contient en réalité au recto Marc 9,18-19, au verso Marc 9, 39-42. L'écriture, une onciale de taille moyenne, régulière, légèrement penchée à gauche, présente certains caractères qui font sans hésitation rattacher ce fragment au manuscrit n°18 de la liste d'Horner, manuscrit dont il reste surtout des passages de Matthieu, quelques uns de Marc et un seul de Luc (5). D'autre part pour ce passage de Marc 9, Horner n'avait à sa disposition qu'un seul fragment (conservé à Manchester et appartenant au n°120 de sa liste, daté par lui du 12è siècle); nous disposons maintenant de l'édition faite par H.Quecke d'un manuscrit complet de Barcelone (6) , daté par lui de la fin du 5e siècle, édition dans laquelle il donne les variantes d'un autre manuscrit complet appartenant à la collection Pierpont Morgan (M 569) daté du 9e siècle. Revenons au fragment de la BN : le texte du verso présente au moins deux détails intéressants :

— le premier est un fait proprement copte, au verset 9,41 : c'est la présence d'une forme pronominale fayoumique (THNOY) très peu courante en sahidique (qui a la forme THYTN); cette forme fayoumique se trouve également dans le P. Palau 182, mais non dans le M 569 ni dans le texte d'Horner. Quecke en repère trois occurences, signale que c'est la forme habituelle en fayoumique et qu'on la rencontre dans les plus anciens manuscrits sahidiques, en particulier le codex V de Nag-Hammadi (op.cit. p.39); la trouver dans un manuscrit daté par Horner du 9è siècle n'est donc pas dénué d'intérêt.

— le second est une variante qui consiste en la présence ou l'absence d'un mot au verset 9,42; voici d'abord le texte grec (7) :

$$\kappa \alpha \grave{\iota} \ \ \delta\varsigma \ \ \mathring{\alpha}\nu \ \ \sigma\kappa\alpha\nu\delta\alpha\lambda\acute{\iota}\sigma\eta \ \ \mathring{\epsilon}\nu\alpha \ \ \tau\tilde{\omega}\nu \ \ \mu\iota\kappa\rho\tilde{\omega}\nu \ \ \tauο\acute{\upsilon}\tauω\nu \ \ \tau\tilde{\omega}\nu$$
$$\pi\iota\sigma\tau\epsilon\upsilon\acute{ο}\nu\tauω\nu \ \ \kappa\alpha\lambda\acute{ο}\nu \ \ \mathring{\epsilon}\sigma\tau\iota\nu \ \ \alpha\mathring{\upsilon}\tau\tilde{\omega} \ \ \underline{\mu\tilde{\alpha}\lambda\lambda ο\nu} \ \ \epsilon\mathring{\iota} \ \ \pi\epsilon\rho\acute{\iota}\kappa\epsilon\iota\tau\alpha\iota \ ...$$

Voici maintenant le texte d'Horner qui est aussi celui de M 569 :

ⲁⲩⲱ ⲡⲉⲧⲛⲁⲥⲕⲁⲛⲇⲁⲗⲓⲍⲉ ⲛⲟⲩⲁ ⲛ̅ⲛⲉⲓⲕⲟⲩⲓ ⲉⲧⲡⲓⲥⲧⲉⲩⲉ
ⲉⲣⲟⲓ. ⲕⲁⲛⲟⲧⲥ ⲕⲁϥ ⲉⲛⲉⲧⲛ̅

Voici enfin le texte du fragment BN (Horner 18, que nous abrégerons en H. 18) qui est aussi celui de P Palau 182 :

ⲁⲩⲱ ⲡⲉⲧⲛⲁⲥⲕⲁⲛⲇⲁⲗⲓⲍⲉ ⲛⲟⲩⲁ ⲛ̅ⲛⲉⲓⲕⲟⲩⲓ ⲉⲧⲡⲓⲥⲧⲉⲩⲉ
ⲉⲣⲟⲓ. ⲕⲁⲛⲟⲧⲥ ⲕⲁϥ ⲛ̅ⲟⲩⲟⲧⲟ ⲉⲛⲉⲧⲛ̅

Horner dans son apparat ne signale pas la variante que donne son texte; elle existe pourtant : dans un manuscrit vieux-latin du 4è siècle (it a). Quecke la signale en disant que P Palau 182 s'oppose là aux deux autres témoins du passage (M 569 et Horner 120); complétons cette constatation : nous avons sur ce point comme sur le précédent deux témoins contre deux, Horner n'en avait qu'un seul.

Intriguée par l'accord de ces deux manuscrits sur deux points très différents, j'ai décidé de comparer systématiquement le texte de P Palau 182 et celui des fragments déjà connus du manuscrit H.18, c'est-à-dire un autre fragment de la BN (129 f. 28) qui contient Marc 2,12-18 et 3,4-10, et un fragment de Leyde (51 chez Horner, ce qui correspond au MS Insinger 9 dans le catalogue de V. Pleyte et P. Boeser : **Manuscrits coptes du Musée d'Antiquités des Pays-Bas à Leide**, 1897), qui contient Marc 7,30-37 et 8,1-26. Pour ces passages, le texte d'Horner s'appuie à chaque fois sur quatre témoins au moins : Marc 2, 12-18 se trouve dans un papyrus du 4è siècle (Horner g), et dans trois manuscrits de parchemin du Monastère Blanc, portant chez Horner les numéros 52,73,114, datés respectivement par lui du 9è, 10è et 13è siècle. Marc 7,30-37 et 8,1-26 se trouvent dans quatre manuscrits du Monastère Blanc qui portent les numéros 8,64,74,114, et sont datés du 7è, 10è et 13è siècle respectivement. Voici les résultats de cette comparaison (8) :
Marc 2,16 : P Palau 182 et H.18 présentent une variante semblable (om. $\mathring{o}$ $\delta\iota\delta\acute{a}\sigma\kappa\alpha\lambda o\varsigma$ $\acute{v}\mu\tilde{\omega}\nu$) (9). Le sahidique est ici divisé conformément au type égyptien (10) : la présence de $\mathring{o}$ δ. $\mathring{o}$. attestée par Horner et M 569 est une sous-variante égyptienne ($\aleph$ L Δ) ayant peut-être une origine palestinienne (69 1071).

2,17 : H.18 est le seul à présenter la variante qui consiste à ajouter $\epsilon\iota\varsigma$ $\mu\epsilon\tau\acute{a}\nu o\iota\alpha\nu$; c'est une variante difficile à interpréter : elle peut être palestinienne (f[13] 1071 it[a] = syp[al] geo[2]) (11), mais aussi plus ancienne et reparue tardivement en Egypte.

7,31 : le texte d'Horner (qui a ici un témoin de plus que ceux déjà cités : manuscrit n° 108 daté par lui du IIè siècle) donne la variante $\kappa\alpha\grave{\iota}$ $\Sigma\iota\delta\tilde{\omega}\nu o\varsigma$, en signalant la variante $\delta\iota\grave{a}$ $\Sigma\iota\delta\tilde{\omega}\nu o\varsigma$ qui se rencontre dans deux de ses témoins, 108 et justement 18, auxquels nous pouvons ajouter P Palau 182 et M 569. La première est une variante palestinienne (P[45] W f[1] f[13] 28 1071 geo arm) et byzantine (pler. minusc. gr.), la seconde une variante à la fois prérecensionnelle (D it), palestinienne (θ 565 700 syp[al]) et égyptienne ($\aleph$ B etc.).

7,35 : en omettant $\epsilon\dot{v}\theta\dot{\epsilon}\omega\varsigma$, P Palau 182 et H.18 présentant une variante à la fois prérecensionnelle (D it) et égyptienne (B etc.), alors que M 569 et Horner donnent la variante palestinienne (P45 W θ f¹ f¹³ 28 565 700 1071 geo arm

8,3 : P Palau 182 est le seul à présenter la variante qui consiste en l'omission de $\epsilon\dot{\iota}\varsigma$ $o\dot{\iota}\kappa o\nu$ $a\dot{v}\tau\tilde{\omega}\nu$. C'est encore une variante difficile à interpréter : elle se retrouve dans le type palestinien (θ 565 700), mais celui-ci présente une rédaction de la phrase très différente, alors que cette rédaction dans P Palau 182 est plus proche du type courant. La variante est probablement proto-égyptienne.

P Palau 182 et H.18 présentent la variante $\epsilon\dot{\iota}\sigma\iota\nu$, sous-variante égyptienne (B L Δ), alors que le texte d'Horner et M 569 ont $\ddot{\eta}\kappa a\sigma\iota\nu$, variante palestinienne (W θ f¹ 28 565 700 1071) et plus généralement admise (D א pler. Minusc.).

8,8 : P Palau 182 et H.18 omettent $\pi\lambda\eta\rho\epsilon\tilde{\iota}\varsigma$ (je crois qu'on peut l'affirmer avec une quasi-certitude pour H.18, bien que le texte présente une lacune à cet endroit : il n'y a pas assez de place pour écrire ΠΛΗΡΕΙ⊂), ce qui est la variante commune Horner et M 569 ont avec la présence de $\pi\lambda\eta\rho\epsilon\tilde{\iota}\varsigma$ une variante palestinienne (f13 1071).

8,9 : P Palau 182 et H.18 ont la variante égyptienne om. $o\dot{\iota}$ $\phi a\gamma\acute{o}\nu\tau\epsilon\varsigma$ (א B etc.), Horner et M 569 la variante palestinienne (W θ f¹ f¹³ 28 565 700 1071 geo) d'ailleurs plus commune (D it sy* al. pler.).

8,10 : P Palau 182, H.18 et M 569 ont la variante la plus commune : $\epsilon\dot{v}\theta\dot{v}\varsigma$ $\dot{\epsilon}\mu\beta\dot{a}\varsigma$. Le texte d'Horner est proche de celui de B : $\epsilon\dot{v}\theta\dot{v}\varsigma$ $\dot{\epsilon}\mu\beta\dot{a}\varsigma$ $a\dot{v}\tau\acute{o}\varsigma$; il peut aussi se rapprocher, par la forme verbale ⲁⲩⲁⲗⲉ , de certains témoins palestiniens : $\epsilon\dot{v}\theta\dot{v}\varsigma$ $\dot{\epsilon}\nu\dot{\epsilon}\beta\eta$ θ, 565, 700, geo⁰¹. C'est une variante difficile à interpréter et peu concluante.

8,12 : $\epsilon\dot{\iota}$ suivi du futur, variante commune, est donnée par P Palau 182 et H.18; $o\dot{v}$ suivi du futur, variante palestinienne (W f¹³ 1071 geo), est donnée par Horner et M 569.

8,14 : P Palau 182 et H.18 ont la variante commune $\dot{\epsilon}\pi\epsilon\lambda\dot{a}\theta o\nu\tau o$ sine add.; Horner et M 569 ont $o\dot{\iota}$ $\mu a\theta\eta\tau a\dot{\iota}$ $a\dot{v}\tau o\tilde{v}$, c'est-à-dire une variante palestinienne (W P45 f¹³ 1071).

8,17 : encore une fois P Palau 182, H.18 et M 569 ont la variante la plus commune $\delta\iota a\lambda o\gamma\acute{\iota}\zeta\epsilon\sigma\theta\epsilon$ sine add. ; le texte d'Horner a en plus $\dot{o}\lambda\iota\gamma\acute{o}\pi\iota\sigma\tau o\iota$ (comme geo¹) : c'est une variante qui se rattache aux variantes de type palestinien $\dot{\epsilon}\nu$ $\dot{\epsilon}a\nu\tau o\tilde{\iota}\varsigma$ $\dot{o}\lambda\iota\gamma\acute{o}\pi\iota\sigma\tau o\iota$ (W P45 f¹³) et $\dot{\epsilon}\nu$ $\tau a\tilde{\iota}\varsigma$ $\kappa a\rho\delta\acute{\iota}a\iota\varsigma$ $\dot{v}\mu\tilde{\omega}\nu$ $\dot{o}\lambda\iota\gamma\acute{o}\pi\iota\sigma\tau o\iota$ (θ 28 565 700 geo² arm).

Les tableaux qui suivent récapitulent la situation en établissant le nombre de points d'accord de chacun des deux groupes de manuscrits avec les différentes branches de la tradition. Dans le premier tableau, qui concerne les variantes données par Horner et M 569, les témoins palestiniens sont classés selon le degré d'indépendance qu'ils ont par rapport aux variantes byzantines, c'est-à-dire selon le degré d'intérêt qu'ils présentent pour notre démonstration. Ainsi le groupe le plus intéressant pour nous est celui formé par f^{13}, 1071, W, P^{45} geo qui présentent respectivement 4,3,3,2 et 2 variantes paraissant pas dans la tradition byzantine. Les manuscrits θ, 28, 565, 700, arm, qui n'en présentent qu'une, forment un second groupe. Quant à f^1, toutes les variantes qu'il donne sont aussi des variantes byzantines. (Pour sy^{pal} la situation n'est pas toujours précisée dans l'apparat de Legg.). Dans le second tableau, qui concerne les variantes données par P Palau 182 et H.18, les témoins égyptiens sont en tête et l'ordre est renversé.

Les variantes difficiles à interpréter n'ont pas été intégrées dans ces tableaux; mais elles n'empêchent pas de tirer les conclusions qui s'imposent : il existe, pour les passages de Marc examinés, deux traditions différentes du texte sahidique : d'un côté un texte de type palestinien donné par l'édition d'Horner, à partir de fragments certes, mais désormais avec l'appui, pour la plupart des variantes, du manuscrit complet M 569; de l'autre un texte de type égyptien, très peu mis en évidence jusqu'ici, dont nous avons au moins deux représentants, P Palau 182 et H.18. Le texte de M 569 est intéressant, car s'il s'accorde pour la majorité des variantes avec le texte d'Horner, il présente aussi certaines divergences, étant en quelque sorte contaminé par le texte égyptien.

Le texte établi par Horner correspond donc au type le plus ancien, ce qu'il ne pouvait savoir au moment où il l'établissait. Il faudrait vérifier qu'il en est de même pour tout l'évangile de Marc, puisque les fragments utilisés proviennent de manuscrits différents. Il faudrait également reprendre tous les témoins du texte et déterminer s'ils se rattachent à l'une ou l'autre des traditions, ou encore à une troisième. Je crois qu'il y aurait beaucoup à tirer d'une telle étude.

Tableau 1 : nombre de points d'accord de Horner et M 569 avec les différentes branches de la tradition.

N.B.   Quand la variante de M 569 n'est pas la même que celle d'Horner, un M indique avec quels manuscrits elle se range.

	témoins du type palestinien												type "occidental"		type égyptien				type syro-byzantin
	f^{13}	1071	W	P^{45}	geo	θ	28	565	700	arm	f^1	sy^{pal}	D	it	ℵ	B	L	Δ	Byz
2,16		I											I		I	I			
7,31	I	I	I	I	I	M	I	M	M	I	I	M	M	M	M	M	M	M	I
7,35	I	I	I	I	I	I	I	I	I	I	I	I							I
8,3		I	I			I	I	I	I		I		I		I	I			I
8,8	I	I																	
8,9	I	I	I			I	I	I	I		I		I	I					I
8,12	I	I	I		I												I		
8,14	I	I	I	I															
8,17	I	M	I	I	I	I	I	I	I	I	I	M			M	M	M	M	M
Horner	7	8	7	4	5	4	5	4	4	3	4	0	2	2	2	0	1	2	4
M 569	5	8	5	2	3	4	3	4	4	1	4	2	3	3	4	2	3	4	4

Tableau 2 : nombre de points d'accord de P Palau 182 et H.18 avec les différentes branches de la tradition.

	type égyptien				type syro-byzantin	type "occidental"			témoins du type palestinien									
	ℵ	B	L	Δ	Byz	D	it	sy^pal	f^1	arm	700	565	28	θ	geo	P^45	W	1071	f^13
2,16		I			I	I	I	I	I	I	I	I	I	I	I	I	I		I
7,31	I	I	I	I		I	I	I		I	I			I					
7,35	I	I	I	I		I	I												
8,3		I	I	I															
8,8	I	I	I	I	I	I	I	I	I		I	I	I	I	I	I	I		
8,9	I	I	I	I															
8,12	I	I	I	I	I	I	I		I	I	I	I	I	I	I	I			
8,14	I	I	I	I	I		I	I	I		I	I							
8,17	I	I	I	I	I			I	I			I						I	
	7	9	8	8	5	5	6	5	5	3	5	5	3	4	3	3	2	1	1

NOTES

(1)   Rappelons brièvement que le sahidique et le bohairique sont les deux dialectes principaux de la langue copte. Traditionnellement le premier est originaire du sud de l'Egypte, l'autre de la région du Delta, mais certains travaux - en particulier ceux de P. Kahle et de R. Kasser - voudraient montrer que les deux dialectes sont probablement nés dans le nord du pays. A côté d'eux existent plusieurs dialectes dits mineurs (dans l'ordre de descente de la vallée du Nil : akhmîmique, subakhmîmique ou lycopolitain, moyen-égyptien et fayoumique, ce dernier étant originaire du Fayoum, oasis situé au sud-ouest du Caire). Le sahidique s'est d'abord imposé comme langue nationale, du 3è au 10è siècle environ, puis le bohairique a pris la prépondérance et reste encore aujourd'hui la langue liturgique. Des traductions de la Bible ont vraissemblablement été faites dans chacun de ces dialectes, on n'en a que des fragments pour les dialectes mineurs, mais on a tous les textes pour les deux principaux. Il est probable encore une fois qu'une version sahidique et une version bohairique sont nées à peu près en même temps, après plusieurs essais plus ou moins désordonnés, vers la fin du 3è ou le début du 4è siècle; la version sahidique a dominé jusqu'à ce qu'à partir du 10è siècle la version bohairique prenne le relai comme version officielle.

Celle qui nous intéresse ici est la version sahidique du Nouveau Testament, et plus particulièrement des évangiles. Il en existe une édition critique, The coptic version of the New Testament in the southern dialect, vol.1 (Oxford, 1911), faite par G. Horner. Malgré son utilité incontestable, cette édition est à refaire absolument car, outre le fait qu'elle contient beaucoup d'erreurs et d'indications incomplètes, en particulier sur le plan paléographique, elle est faite de fragments de manuscrits différents mis bout à bout pour obtenir un texte complet. Or depuis cette première édition un progrès décisif a été accompli par la découverte de plusieurs manuscrits complets contenant un ou plusieurs écrits du Nouveau Testament (plus de 15 manuscrits), et par la publication de plus de 150 fragments nouveaux, sans compter tous ceux qui sont encore inédits.

(2)   Le texte de cette communication a été repris dans A tribute to A. Vööbus, Chicago, 1977, p. 3-12.

(3)   La cachette où se trouvaient les manuscrits de la bibliothèque fut découverte par G. Maspero à la fin du siècle dernier. La Bibliothèque Nationale de Paris est, avec plus de 4000 feuillets ou fragments de feuillets, la plus richement lotie, mais une quantité au moins égale de fragments se trouve dispersée dans toutes les collections du monde; il n'est pratiquement pas un fonds copte qui ne possède quelques fragments en provenance du Monastère Blanc. Ce fait a pour conséquence déplorable qu'un même manuscrit peut avoir été

partagé entre plusieurs bibliothèques, tel feuillet se trouvant à Paris, tel autre à Londres, tel autre encore à Vienne, etc.

(4) Cette méthode s'inspire bien évidemment des travaux de P. Nagel sur l'Ancien Testament : rassemblant tous les fragments de l'Ancien Testament sahidique en vue d'une édition critique de la Septante, il s'applique aussi à reconstituer les manuscrits originaires du Monastère Blanc, à partir des fragments de la collection Borgia. cf. "Studien zur Textüberlieferung des sahidischen Alten Testaments. Teil I : Der Stand der Wieder- herstellung der alttestamentlichen Kodizes der Sammlung Borgia (Cod. I - XVI)". Zeitschrift für ägyptische Sprache 110, 1983, p. 51 - 74.

(5) Horner date ce manuscrit du 9è siècle; pour ma part je le crois plus ancien d'au moins un siècle; mais ce n'est pas ici le lieu d'en débattre et la datation des manuscrits coptes reste très hasardeuse.

(6) E. Quecke : Das Markusevangelium saïdisch. Text der Hand- schrift P Palau 182. Barcelone - Rome. 1972. Nous le dési- gnerons ici par P Palau 182.

(7) Pour le texte grec et l'apparat critique, j'ai utilisé à la fois la 26è édition du Novum Testamentum graece de Nestle - Aland (Stuttgart, 1979) et, l'ouvrage de C.E. Legg, Novum Testa- mentum graece Evangelicum Secundum Marcum, paru à Oxford en 1935, dont l'apparat critique est souvent remarquablement clair.

(8) C'est volontairement que je m'intéresse ici seulement aux différences enter les témoins sahidiques, et non à leurs points d'accord par rapport à un type de texte grec (voir note 10) : mon idée est en efffet de montrer qu'il y a sans doute plusieurs traditions de la version sahidique de Marc.

(9) Horner ne la signale pas, ce qu'il donne pour le n°18 est erroné.

(10) On ramène d'ordinaire à quatre branches principales la tra- dition textuelle du Nouveau Testament : trois types de texte, l'égyptien (ou alexandrin), le syro-byzantin (ou antiochien), et le palestinien (ou césarien), et le "texte occidental". Le rapport entre ces quatre parties de la tradition est toujours discuté. Nous avons opté pour l'idée que les variantes du codex de Bèze (D) sont prérecensionnelles.
    Le type palestinien est le plus récemment mis en évidence : il ne l'était pas lors de l'élaboration des principales théories d'histoire du texte, celle de Wescott-Hort (1881) et celle de von Soden (1902 - 1910); il a été décrit d'abord pour Marc (cf. K. Lake, R. Hlake et S. New, The Caesarean Text of the Gospel of Mark, Harvard Theological Review 21, 1988, p. 207 - 404), à partir de quelques manuscrits grecs (θ f^I f^{13} 28 565 700 0188

(=Berlin P.13416) 1071 1424 et W), de certaines versions (geo arm sy^{pal}), et des citations d'Origène et d'Eusèbe. Vraisemblablement ce type est, dans sa partie caractéristique la plus ancienne, antérieur à 200. C'est de ces témoins, ainsi que de P^{45}, que nous sommes partis pour attribuer certaines variantes au type palestinien.

Voici les sigles utilisés pour les autres branches de la tradition :
- type occidental : D, it, sy^{s}.
- type égyptien : $\aleph$, B; L et Δ quand ils sont cités en même temps qu'un des deux précédents.
- type byzantin : al. pler. Minusc.

Sur ces questions difficiles, n'étant pas spécialiste de critique textuelle, j'ai travaillé en collaboration avec C. Amphoux à qui j'avais soumis les variantes mises en lumière : il m'a indiqué leur intérêt, les instruments de travail à utiliser et les moyens de les classer.

(11)   Il existe deux versions géorgiennes anciennes : l'une est celle du codex Adis (fin 9è siècle),l'autre celle des manuscrits du 10è siècle.

Les anciens textes bibliques arabes.
Recherches appuyées par l'informatique.   (Abstract)

S. ARBACHE

La communication porte sur un projet de recherche en cours visant à réunir pour les étudier les plus anciens textes arabes de la Bible.

     1- Collecte des sources.
     2- Examen des substrats (grec, syriaque, copte, latin).
     3- Un chantier pilote : une version faite à partir du grec.
     4- Premières conclusions.

Grâce à l'outil informatique, l'approche des anciens textes bibliques dans leur diversité, se trouve en quelque sorte facilitée à toutes les phases de la recherche.

INVENTAIRE DES MANUSCRITS BIBLIQUES SYRO-PALESTINIENS.

A. DESREUMAUX

On possède actuellement plus d'une centaine de manuscrits en araméen dit " syro-palestinien " ou " christo-palestinien " d'ampleurs diverses puisque presque tous sont fragmentaires et beacoup même sont palimpsestes. Dans ce lot aujourd'hui dispersé du Sinaï aux USA, en passant par Jérusalem, Léningrad, la Grande-Bretagne et l'Allemagne, on compte un nombre important de manuscrits contenant des textes bibliques; on peut, semble-t-il, déjà y déceler d'une part les traces d'environ 10 recueils vétéro-testamentaires et de 12 recueils néo-testamentaires (la question d'une Bible "complète" se pose encore) et d'autre part des traces d'environ 12 lectionnaires et rituels; il faut ajouter à cela une dizaine de textes bibliques trop fragmentaires pour être classés à coup sûr dans l'une ou l'autre catégorie. Signalons au passage qu'il manque (on s'en sera douté) beaucoup de textes et que certains livres bibliques sont totalement absents en syro-palestinien (par exemple, pour le Nouveau Testament, on n'a rien de 1Pi, 2 et 3Jn, Jude, Ap).

En tout cas, nous avons pu inventorier environ 300 péricopes de l'Ancien Testament et près de 1100 du Nouveau, de tailles diverses, pouvant aller de 1 verset à plusieurs chapitres.

On peut donc envisager d'allonger (et de modifier légèrement) la liste de 13 numéros de Gregory (Bd II, p. 523-4 et III, p. 1303); celle-ci étant parue en 1902 - 1903, il faudra y ajouter nombre de textes découverts et édités depuis. La tâche est assez simple, étant donné le petit nombre de recueils, mais elle se révèle un peu délicate du fait de la dispersion des folios et des cahiers des codices. Telle que se présente la documentation, la première étape est donc codicologique. L'informatique peut se révéler une aide précieuse pour ordonner l'ensemble des caractéristiques matérielles des, documents pour ce faire, nous mettons en chantier un programme utilisant simplement un logiciel de fichier multi-critères. En première approche, d'ailleurs, un catalogue des manuscrits a été ébauché (thèses de M. Bar-Asher, Jérusalem, 1977 et de A. Desreumaux, Paris-X, 1979).

Ensuite, il est tout-à-fait probable que l'informatique soulagera les travaux de classement et de traitement textuel de toutes ces péricopes, dans un domaine où le lexique et la grammaire sont encore assez mal connus.

" V E T U S   I B E R I C A "
Un projet d'édition critique des vieilles versions géorgiennes

B. OUTTIER

Les premières versions géorgiennes de la Bible remontent au Vè s. de notre ère, à une époque où existent déjà les grandes vulgates (grec, latin, syriaque). Les premiers manuscrits en géorgien datent de la fin du IXe s., à l'exception de l'un d'eux et de quelques fragments, remontant au VIe ou VIIe s. Ces documents, ainsi que les citations patristiques géorgiennes, attestent qu'au moins deux versions ont été entreprises, avant les "recensions athonites" des XIe et XIIe siècles, qui se rapprochent davantage du modèle grec byzantin.

L'intérêt de ces versions tient aux variantes que conservent les plus anciennes d'entre elles : faites à partir d'un modèle de type de texte palestinien, dont on discute la langue (arménien, grec ou syriaque), elles ont parfois des leçons plus anciennes que celles du NT grec actuellement édité.

L'édition exemplaire de " Vetus Latina ", entreprise depuis 40 ans à Beuron (Allemagne Féd.) et qui paraît peu à peu, dispose le texte des versions latines en plusieurs types superposés, accompagnés du texte grec et de ses variantes également attestées en latin. Un apparat complet des citations latines accompagne celui des témoins. Au total, sous réserve de la pertinence de la disposition en plusieurs types, le lecteur a sous les yeux un excellent outil de travail pour comprendre l'histoire de la traduction en latin et représenter les variantes les plus anciennes.

Avec une documentation plus réduite, c'est le projet que nous envisageons de réaliser, avec le Centre de Documentation sur les manuscrits de la Bible, à Montpellier. Le texte géorgien sera édité en lignes supperposées, accompagnées, chacune, d'une traduction aussi littérale que possible en latin et surmontées du texte grec avec les variantes attestées en géorgien. Les citations figureront dans l'apparat. Le travail est déjà bien avancé, pour les Epîtres Catholiques. Il comprend un dépouillement complet des manuscrits les plus anciens et quelques représentants de chaque recension athonite. Le dépouillement patristique est moins avancé.

Une banque de données sur les manuscrits de la Bible

G. FIRMIN

Pour éditer un texte ancien, selon les exigences philologiques actuelles, il faut avoir consulté, en principe, l'ensemble des manuscrits transmettant ce texte. Pour la Bible, il s'agit encore d'une impossibilité, vu le nombre de documents (près de 30.000 manuscrits, toutes langues confondues, et plusieurs millions de citations patristiques), leur dispersion et le manque d'outil méthodologique permettant de traiter directement une si grande masse d'informations. Plusieurs projets d'éditions ont vu le jour, depuis 40 ans; ils n'ont guère abouti. Il faut donc décomposer la difficulté et utiliser les ressources de l'informatique pour rassembler en un même lieu, consultable à distance, les données utiles concernant les manuscrits : c'est le projet, à terme, de la banque de données que constitue le Centre de documentation sur les manuscrits de la Bible, à Montpellier, en étroite collaboration avec l'Institut de Recherche et d'Histoire des Textes, à Paris et Orléans.

Le projet n'est pas celui d'une édition; d'autres centres, en Allemagne et aux Etats-Unis, en particulier, se sont équipés pour cela. Il vise, dans un premier temps, à rassembler sur chaque manuscrit des données externes (=codicologiques), nécessaires pour reconstituer l'histoire des manuscrits et atteindre, par ce biais peu utilisé, l'histoire de la tradition manuscrite et l'histoire du texte biblique. A priori, tout manuscrit peut présenter de l'intérêt. Il ne faut donc en exclure aucun, d'avance. Même s'il est probable qu'on tirera moins parti des plus récents d'entre eux (= après le XVIe s.).

Nous avons donc constitué une grille de questions et commencé à enregistrer des descriptions plus ou moins normalisées de quelques centaines de manuscrits. Les collaborations qui se sont offertes à nous ont permis d'avancer en grec, grâce à Dom Julien Leroy, en éthiopien, grâce au Père Joseph Trinquet, en géorgien, grâce à Bernard Outtier, notamment. Du point de vue scientifique, la documentation déjà rassemblée ne manque pas.

Sur le plan informatique, en revanche, les choses vont moins vite. Un premier essai d'enregistrement au C.N.U.S.C. (Montpellier), en 1984, n'a pas abouti, faute de matériel. Mais une structure de bases de données a été constituée. Nous avons, cette année, enregistré au C.I.R.C.E. (Orsay) la description de quelques 500 manuscrits, sous forme de fichier séquentiel, avec un logiciel qui permet surtout d'éditer des données. Il est prévu qu'en 1986 ces données soient (en partie) transférées dans une base de données, non encore performante pour ce que nous voulons obtenir.

La base de données principale vise à être, en somme, un an-
nuaire des manuscrits de la Bible, classés et répertoriés par
Testament, par langue, par version (le cas échéant).   Plusieurs
bases secondaires contiendront les informations complémentaires
non normalisables.   La base de données, dans un second temps,
peut devenir un outil de travail pour l'histoire du texte.   Cela
suppose qu'on puisse faire du traitement de texte et prendre en
compte certaines variantes anciennes.   Mais cette tranche,
scientifiquement réalisable, est encore perspectve lointaine,
pour nos possibilités informatiques.

POUR UN REPERTOIRE DES MANUSCRITS DES VERSIONS ANCIENNES DU NOUVEAU TESTAMENT.

C. AMPHOUX

Caspar René Gregory a publié, de 1900 à 1909, à Leipzig, trois gros volumes intitulés **Textkritik des Neuen Testamentes.** Le premier volume est un répertoire des manuscrits grecs alors recencés (env. 2800 pour tout le NT), selon une numérotation ancienne (par corpus); le second répertorie les manuscrits des versions anciennes, par langue, au besoin par version, et toujours par corpus (soit, en tout, quelques 3500 manuscrits, dont 2500 pour le latin et un millier pour neuf autres langues : syriaque, copte, éthiopien, arménien, géorgien, perse, arabe, gothique et slave). Le troisième volume complète ces premiers répertoires par de nombreux nouveaux manuscrits (plus de 1000, rien qu'en grec) et introduit, surtout, une nouvelle numérotation, qui porte désormais le nom de son auteur et repose sur le principe : un manuscrit par numéro, un numéro par manuscrit. Pour les manuscrits grecs, E. von Dobschütz, puis K. Aland ont pris le relai : la liste compte, aujourd'hui, plus de 5000 manuscrits. Pour les vieilles latines, le Vetus Latina Institut, de Beuron (Allemagne Féd.), a proposé une numérotation qui suit le principe de Gregory. Pour les versions orientales, en revanche, il reste à établir, langue par langue (voire pour chaque version) un tel répertoire de manuscrits dont les numéros soient désormais adoptés et utilisés par tous. L'un des projets du Centre de Documentation sur les Manuscrits de la Bible, à Montpellier, est d'y contribuer.

Sans doute ne sommes-nous ni les seuls ni les premiers à penser à ce répertoire. Notre projet est donc, en même temps, un appel à la concertation de tous ceux qui travaillent dans ce sens. Au Centre de Montpellier, c'est en éthiopien que le répertoire est le plus avancé, grâce au concours du P. Joseph Trinquet et de la Hill monastic microfilms Library, de Collegeville (USA). Les manuscrits éthiopiens bibliques sont plusieurs milliers : Gregory en répertorie seulement 101. Cela donne la mesure du travail qui reste à accomplir, dans la plupart des langues. Chaque liste numérique sera établie par langue (ou, dans quelques cas, par version) et restera ouverte, prête à recevoir de nouveaux numéros, en fonction de nouvelles découvertes, notamment dans les bibliothèques orientales, souvent peu accessibles.

Quel est l'intérêt d'un travail si spécialisé ?   Pour le phi-
lologue, il est la première tâche indispensable, avant que
soient entreprises les éditions critiques des versions, elles-
mêmes préparatoires à une grande édition critique de la Bible,
toujours à entreprendre.   Mais ce répertoire concerne aussi
l'utilisateur du texte biblique :   nos traductions modernes
dépendent du texte grec que nous suivons, en préférant les
variantes de tel manuscrit plutôt que de tel autre. Or, les
versions anciennes ont parfois conservé des variantes qui
représentent un état de texte plus proche de l'original. Le
pluralisme de la lecture ancienne, un élargissement du contenu
théologique de tel ou tel passage, tel est, à terme, l'enjeu de
ce travail sur les manuscrits des versions anciennes de la
Bible.

IV

SESSION

ORDINATEURS

La Foire aux Logiciels

F. LEMOINE

Un des objectifs du Colloque international "Bible et Informatique : le texte" est de rassembler quelques uns des projets informatisés en cours de développement, tant dans le domaine scientifique que dans le domaine pédagogique.

Aussi la session de l'après-midi du 4 septembre 1985 est-elle consacrée à des présentations et à des démonstrations de logiciels sur micro-ordinateurs : elle permettra aux participants du Colloque de constater " de visu " l'état des recherches et le niveau de qualité atteint.

Citons en particulier :

R. BENUN (Mikrah Computer Research Systems, New York, USA) qui présente un éditeur hébreu-anglais performant et qui permet une recherche instantanée sur les mots et les références des deux versions (matériel IBM PC-XT ou AT). Signalons que ces textes ont été encodés et analysés au Centre:Informatique et Bible.

J. ABERCROMBIE (Philadelphia, USA) qui a réalisé un remarquable générateur de caractères non-latins (grecs, hébreux, syriaque, arabe) sur IBM-PC.

W.T. CLAASSEN (Stellenbosch, Afrique du Sud) dont la base de données interactive en hébreu se manipule aisément grâce à une souris et à un écran graphique (IBM-PC-XT).

L.H. MILLER (Computer Bibles International, USA) a réalisé pour le Nouveau Testament un logiciel d'affichage et de recherche fonctionnant sur IBM-PC.

U. GLESSMER (RFA) possibilités offertes par les sorties programmées sur imprimantes à laser.

Le Centre:Informatique et Bible (Maredsous, Belgique) avec son logiciel d'interrogation du texte des 4 Evangiles : DEBORA – MICROBIBLE (version de la Bible de Jérusalem, sur Apple II).

D'autres logiciels, orientés vers l'éducation, seront également présentés : des programmes de contrôle des connaissances bibliques par questions / réponses, l'histoire de Jonas racontée aux enfants, des programmes utilisant les possibilités musicales des micro-ordinateurs, le tout sur Apple II, COMMODORE 64 ou SINCLAIR SPECTRUM.

Il ne faut toutefois pas oublier que ces réalisations nécessitent une réflexion préalable importante.J. COOK (Stellenbosch,
Afrique du Sud) présentera les principes généraux de son projet
de Concordance Syriaque tandis que J.C. de MOOR proposera aux
participants quelques considérations pratiques sur le codage des
caractères.

Cette **foire aux Logiciels**, par son ampleur et sa diversité,
constitue sans doute une première. Grâce à la confrontation de
réalisations différentes et à la présentation concrète des
résultats obtenus, souhaitons qu'elle puisse insuffler une
énergie supplémentaire à la recherche biblique.

V

CONFERENCE

DE

CLÔTURE

A New Generation of Biblical Research*

Emanuel Tov

At the beginning of my paper I have to make two confessions. First, I shall be talking more about the Old than the New Testament, since I am more at home in that area. Second, since I am a Bible scholar and not a computer expert, there certainly are recent developments of which I am unaware. In what follows I present to you my ideas on what I consider to be "a new generation of biblical research".

For this purpose I could start off with the marvels of the computer, the achievements of the past and plans for the future. However, such a lecture should be aimed at a public which is not yet convinced of the cause. Indeed, in the past I have given a few such missionary lectures, and there is a real need for all of us to enter as missionaries into the academic jungles. However, as far as I know, the present audience is already convinced. We know what the computer can do. So we are the ones who also have to talk about what the computer **cannot** do.

Indeed, we shall soon ask ourselves what the computer has and has not yet done, and for that purpose we must elevate the discussion for a moment beyond software and hardware, and see what the computer developments of the last thirty years have meant for biblical scholarship, and what they will mean for that area in the next decades. One thing is clear, biblical scholarship will not be the same any more because of the development of the new tools. Enormous shortcuts in research methods can now be made, and new research possibilities have been made available. These innovations are probably more extensive than I realize, since my knowledge on technical data is limited. I do not know, for example, to what extent the so-called artificial intelligence will effect biblical studies, if at all.

One of the issues that need to be stressed is that there is a vast gap between biblical scholars who are not (yet) committed to the computer and the growing community of scholars which **is** committed. Those who have been initiated to the secrets of the computer become more and more convinced, while those who have not been initiated become increasingly suspicious of the machine, and less and less convinced. There is a growing gap between the initiated and the uninitiated, and this is partly our own fault, because we have not explained sufficiently to the outsiders what it is all about. Furthermore, our communications have become more and more technical, and this specialistic shop-talking frightens the outsiders, just as is the case with textual criticism, though to a smaller degree. Now, this lack of explanation is not a mere oversight; the reason for this situation is that **we ourselves** are not always clear about the overall aims of computer-assisted studies. I donot think that in this conference there has been sufficient awareness of this issue. It **therefore** pays off to abandon for a moment specialistic talk and to try to see the overall picture. It is this aspect that I want to address at the beginning of my paper.

We **must** get beyond the excitement about the strength and speed of the computer, its storage capabilities, and about the versatility of the various concordancing and printing programs. In fact, for a moment we must try to talk not only about **possibilities**, as we do so often, but also about the actual use and applications of the tools

we are creating. Databases have been prepared and
are being prepared, tools have been created,
concordance packages are now used, several
morphological analyses have been prepared and are
now used. However, what impact do these tools
have on those who are not involved in one of the
computer projects? It seems to me that in the
case of the O.T. so far the impact is **very scanty**,
while for the N.T. the influence is slightly
larger through the use of the **GRAMCORD** package[1].
Now is this lack of use of the databases due to
problems of copyright and access rights, that is,
reluctance of scholars to grant others the right
to use the databases? Yes, this problem certainly
exists, but it exists more for those who are
involved in the projects, and I do not think that
this is a major stumbling block for the outside
world. The major difficulties are of a different
nature. Uninitiated scholars who in principle
could use the databases are simply afraid of
mainframes, of computer programs, of "editors" and
of opening budgets (accounts) at computer centers.
All of them think that you have to be a computer
expert in order to use the facilities. I, for one,
am not an expert. This problem will not be solved,
as far as I can see, so that the only solution
appears to be to download the databases into

hardware which is more easily accessible than mainframes, viz., microcomputers. Those micros should contain not only the database, but also one or more types of concordance (necessarily based on a lemmatization file or program) as well as search programs and other accessing programs. This trend of making the data available in more user-friendly microcomputers has already started, probably more so than I am aware of. One of the most interesting new developments shown at this conference is the powerful "Mikrah database", used on an IBM PC. Furthermore, I know that the morphological analysis of the Hebrew Bible which Claassen prepares in Stellenbosch[2] will be presented to the users on microcomputers, the **Centre: Informatique et Bible** prepares a "bibliographical package" and our own project, **Computer Assisted Tools for Septuagint Studies**[3] will be downloaded into diskettes in one or two years. This trend, it seems to me, should be strongly encouraged, as the future of our projects depends on it.

However, once the problem of access has been solved, we meet a much more difficult problem, that of the use and applications of the databases we are composing. If we do not clarify in our minds what to do with the databases, outsiders

will be increasingly sceptical. They are not
going to solve our problems; they are, in fact,
waiting for our suggestions. The question thus is
what should be done with the databases we have
created and are in the process of creating. The
type of database we are talking about is a running
text of the N.T. in Greek[4], or that of the O.T.
in Hebrew[5], with all its information, or a running
text of one of the ancient versions, such as the
Septuagint, Vulgate, Peshitta, and Targumim of the
O.T. and the Syriac and Arabic versions of the
N.T., all of which either are available or are
being prepared[6], or running texts of some of the
modern translations which are now easily
available, both on mainframes and on diskettes[7].
All these databases contain single running texts,
while other ones contain combinations of two
running texts, such as the alignment of the MT and
LXX in the CATSS project[8] and the alignment of MT
and the Peshitta in Cook's project[9]. Again other
databases contain a running text together with a
large apparatus of morphological information, such
as for the MT[10], the LXX[11], the Peshitta[12] and the
N.T.[13], an apparatus often so large that the texts
can hardly be called running texts any more, but
they actually still are.

Since we have to clarify to ourselves what to do
with these databases, let us first ask ourselves
what has and has not done in the past. First of
all, most databases have not been made available
to the general public. Scholars know about the
databases from descriptions of projects and
published samples. In fact, the published samples
have become the main source of information, and
among those published samples the so-called
Computer Bible series is the most well-known[14].
That series consists of a number of monographs on
individual books exemplifying the concordancing
systems applied to them. Their biblical text has
been morphologically coded, so that the output
could be arranged according to morphological
categories, as well as according to word
frequencies, roots, word families, and in one case
according to "linguistic density plots"[15]. Even
though internal differences between the volumes
cast doubts on the series as a whole, the material
itself is very impressive, as it shows the
strength of classifying material according to
morphological and semantic categories as well as
according to frequencies. The various
possibilities of morphological, syntactical and
literary analysis have also been illustrated very
well in a sample volume of Exodus published by

Postma, Talstra and Vervenne[16]. This volume provides a wider range of samples than the **Computer Bible**, but the scope of the samples is often limited. Another sample of a database is contained in the texts of the modern translations printed by the **Centre: Informatique et Bible** straight from their database[17]. Again another example is the classified concordance of the Masoretic cantillation systems published by Weil[18]. The system of the CATSS project is illustrated by a sample volume containing the database of the book of Ruth as well as a description of the various methods used in the project[19].

So far regarding that which **has** been done - with excuses to those enterprises I omitted erroneously. This list implies that we are still at the stage of showing samples to our colleagues. A word of criticism is in order at this point. Samples are helpful, first of all for those involved in the project itself, secondly for its sponsors, and only in the third place for the general public. With regard to the latter, one wonders into what extent the published samples have been used and are going to be used at all. For one thing, samples do not show the strongest

side of the computerized databases. After all,
these databases are extremely dynamic as opposed
to the static nature of printed books. If from
these dynamic databases we create once again a
static product in the form of a printed book, its
usefulness is bound to be very limited. For such
static products contain helpful information for
some scholars, but not for others. The usefulness
of the printed samples differs from one case to
the next. Thus printed samples of running texts
are of limited use, except for those of aligned
corpora (e.g., MT-LXX). Concordances are of
limited use as well, since there exist excellent
printed ones, again except for those of MT
together with a translation. Likewise,
concordances or lists of morphological or
grammatical analyses such as published in the
Computer Bible can be very helpful, but here we
touch on a major problem. Scholars have different
needs, and in view of the wide variety of
information included in the biblical text itself
as well as in a database, it is simply impossible
that a conventionally printed form of the results
will cater to the needs of all interested
scholars. To give just one example, some scholars
are interested in morphological lists of one book
only, while others prefer combinations of two or

more books, and **again** others prefer lists for all
books. Again other scholars are interested in
morphological lists for a particular literary
stratum such as the deuteronomistic sections of
Joshua and Judges, for the different strata in
Jeremiah, or in the Pentateuch. In short, needs
of scholars differ widely and, in fact, are not
predictable. Therefore, what our colleagues need
is not so much printed products produced by
databases, but the databases themselves in order
to obtain from them the specific type of
information they are interested in. This allows
them to gather information on small biblical units
or large ones, on running and non-running texts,
to disregard categories of information and even to
add new ones. Furthermore, obviously the databases
themselves show the strongest aspects of most
projects as opposed to printed products, and since
these projects have been started in order to
advance scholarship, we cannot avoid the
conclusion that the databases themselves have to
be made available. However, this brings us back
to two issues mentioned earlier, that of
accessibility and copyright. First of all, if the
database as a whole has to be made accessible to
the scholarly world, it should probably be
presented on microcomputers which are more user-

friendly than mainframes and which soon will have capacities comparable to those of microcomputers. Second, the problem of copyright as well as international cooperation has to be solved satisfactorily. Some projects are more reluctant than others to share their data. I can speak only for our own project, CATSS, which already has deposited the complete Greek-Hebrew alignment with the Oxford University Computing Centre, from which parts of the database can be obtained by any scholar agreeing to the terms of use. In this regard I should also like to mention the "Mikrah database" which is now available to the general public, though only on a commercial basis.

Our vision for the future thus amounts to partial publication on paper of parts of the database, but more so to the unconventional distribution or publication of data by electronic means. This idea is not an invention of my own; rather, my associate in Philadelphia, R.A. Kraft, has often propagated this idea. Likewise, J.A. Abercrombie, also connected with the project, actually included a diskette containing computer programs in his monograph on the use of computers in the humanities[20]. At the same time, from my own conversations with publishers I have realized that most publishers are not yet ready for this type of publishing.

It seems to me that the distribution of the databases themselves together with concordancing and accessing programs will make the uninitiated more interested through the simple process of do-it-yourself searching. Another way of making our colleagues more interested is through the (conventional) publication of studies which use computerized data in order to solve traditional problems in the study of the O.T. and N.T. These are **applications** of computer studies, and although I probably missed some of the published works, I nevertheless feel that in the publication of applied studies we are much behind, considering the richness of the databases now available. One could object to this by saying that the databases themselves are not yet ready for use in applied studies. However, only through such applied studies, even if partial, we learn about the ways in which the databases need to be perfectioned; more importantly, our colleagues often recognize the importance of the databases only through applied studies of traditional problems and not through abstractly presented databases or sample volumes.

Of the applied studies known to me I mention first the area of authorship criticism in which we have seen a flood of studies in recent years, pro and contra, of which I mention especially the ones by Radday in favor, and by Portnoy and Petersen against the method[21]. Biblical books which have been submitted to authorship criticism are Genesis, Judges, Isaiah and Zechariah, and in this regard I mention especially Radday's 1985 book-length study of Genesis[22]. A similar crop of studies has been published for the N.T., especially by Morton[23]. In the area of textual studies I only know of Weil's study of the length and position of words and sentences in MT, compared with the Masoretic notes[24], a study by B.G. Wright and myself on the literalness of translation units in the LXX[25], and one by P. Lippi on LXX revisions[26]. To these I should now add the studies by Forbes and Andersen on orthography and of Lust on multiple authorship in the LXX which have been presented in this conference.[26a] For the N.T. we should mention the numerical taxonomy studies by Griffith[27]. In the linguistic-semantic area there is an important study by Weil on the bi-radical base of tri-radical roots in biblical Hebrew[28], studies by Van

Dyke Parunak and Bajard on semantic fields[29], and a study by Tuke-Eisenklam on the word **selah**[30]. On syntax analysis we know the works by Andersen and Azar on the O.T. and those of Martin on the LXX[31].

I hope that the actual list of applied studies is larger than the ones known to me, but if it is not, before long it ought to be expanded much[32]. When looking into the future, I shall not list again the areas to which the computer can contribute nor shall I talk about the possibilities of the computer. This has been done very eloquently by others such as Weil, Chenique, Talstra, Hardmeyer, Borchgrave-Poswick and Claassen for the O.T. and Fischer for the N.T[33]. Rather, I shall limit my remarks to two areas in which in my view the use of the computer is the most obvious and logical, given the excellent databases which are already at our disposal. I refer to the areas of linguistic study and textual criticism. Once again I limit my remarks to the O.T.

Recognizing that we have now available at several computer centers a full text of the Hebrew O.T. as well as a very detailed morphological analysis, it is actually surprising that linguists make very little use of these research possibilities, if at all. Most of the linguistic areas which so far have been studied manually can now be studied much better with the aid of machine readable texts and morphological analyses. I say that this is surprising, but I have recognized that actually it is not so surprising. To those of us who have gradually become accustomed to the new techniques over a period of several years the very use of these techniques is obvious and self-understood. To others, however, it is not so natural and they have to actually learn that you donot have to be a computer expert in order to use the computer. The tools are available, but the mind has to get used to the idea of using machines. I always stress that with the computer we analyze among other things the very same problems that have been studied previously without computers. Scholars who are very well trained in linguistic studies find it hard to recognize the importance of the computer for their own needs or even to **define** topics which can be studied with the aid of the databases and morphological analyses. So it becomes our task to help these scholars in defining the possible uses of the new tools. Let me therefore stress that in the area of linguistic studies a great amount of information can already be obtained from the existing morphological analyses such as prepared by a few centers, with the exception of syntactical information. However, the "Werkgroep Informatika" of the Vrije Universiteit of Amsterdam even includes such syntactical information. If the morphological information refers to data encoded by a number or letter in a fixed position, it can be extracted easily from the database by a simple program. In this way we can list, e.g., all the **hiph`il** forms of the verb in a given biblical book, or all the construct forms of nouns or all pronominal suffixes. A similar program can be written for more complex information occurring in two different columns, such as **hiph`il** forms together with a certain preposition, or construct forms followed by the preposition **min**. Much of this type of information is now available on the aforementioned database of "Mikrah". Another application would be to generate partial concordances serving specific research needs, such as concordances of the running text or morphological analysis of the so-called late sections of the Bible, or of the Psalms or the Prophets. In another area, that of the study of orthography, Andersen-Forbes have begun to explore the various research possibilities(see n. 26a).

The orthography of specific words and grammatical patterns can now be studied easily with the aid of the database, both in individual units and in the O.T. as a whole so that in due course scholars donot have to generalize any more about orthography. The same applies to the study of the Masoretic vocalization. Patterns of vocalization can now be studied in the whole Bible, on the basis of the running text or the morphological analysis. E.g., segolates can be isolated by a search of the pattern XeXeX, etc. Pausal forms can be isolated as well.

I could continue talking about possible applications in the area of linguistic research, but I should probably dwell at greater length on textual studies, since I have done some work in that area. First of all, the text of MT existing in several computer centers can actually be used as a basis for composing additional databases for the study of the text. The existing text contains codex Leningrad as in the **BHS** edition. To that text any other text can be added and with the programs for textual comparison found at several centers the differences between two texts can then be highlighted. Bar-Ilan University has already started with such a comparison, since it possesses in addition to the machine readable text of codex Leningrad also that of the Aleppo codex. With the new technology of optical readers additional manuscripts can now be read easily into the computer, provided that they have appeared first in printed editions. Furthermore, the present author, together with Dr. Cook has formulated an outline for the construction of new databases for the study of the Qumran manuscripts and the Samaritan Pentateuch, and Dr. L. Vegas Montaner will also work in the same area. New databases can easily be created by adding texts to the existing database of the MT[34]. By the same token scholars can now create any number of databases around the MT.

The CATSS project of Philadelphia and Jerusalem constitutes such a database structured around the text of MT. The same applies to the one on the Peshitta, now in preparation[35]. Any number of new databases on the versions of the Bible can now be structured around the MT.

As for the LXX, the applications of the CATSS database have been described in our monograph **A Computerized Database for Septuagint Studies, The Parallel Aligned Text of the Greek and Hebrew**

Bible[36], both in the sections on the applications of the database and in sections devoted to "ideas for further research"[37]. All words in the CATSS database can be searched with the aid of two additional files which are kept separately, viz., the morphological analysis of all the Hebrew and Greek words of the MT and LXX. With the aid of these files we are now able to do searches of all Hebrew and Greek **dictionary words** and to obtain information regarding the actual Hebrew and Greek **text words**, together with all the data concerning the equivalence of the MT and LXX. On the basis of this logic we are now writing programs for full concordances based on the dictionary words, rather than the text words, as in OCP. At this stage we have completed the alignment of all books of the MT with the Greek versions, in some cases involving more than one Greek version, such as in Joshua, Judges and Daniel. A distinction is made between two types of equivalents. Col. a of the Hebrew records the so-called formal equivalents between the LXX and MT, that is, as if the LXX was translated from MT. This type of recording creates the most objective base for further research, even if we know that the LXX has not been translated from MT. At the same time, since we know that the LXX has been translated from a different Hebrew text, our insights on the real equivalents of the LXX, that is the reconstructed parent text of the Greek translation, have been included in col. b of the Hebrew. That column thus contains subjective notes on select retroverted Hebrew readings as well as more objective notes on categories of differences between the MT and LXX in matters of translation technique. This col. b is still being prepared by the Jerusalem team, while some books have already been completed. Scholars can decide to turn only to col. a or to col. b, or to both.

I shall not enter into the details of our recording of the equivalence of the MT and LXX, which at times is quite complicated since we denote the equivalents of **all** the words of both texts. This practice differs from the concordance of Hatch-Redpath which does not record all words and for the words recorded it denotes only the equivalences of the Greek **main** words with Hebrew **main** words. It is precisely this feature which makes the database attractive for research on the translation technique of the LXX, an area which in the past has suffered from generalizations and imprecisions due to lack of precise information. I shall thus list some of the special features of the database which can now be searched separately (for a full list see the appendix): asterized words, relation between the LXX and the **ketib/qere** words, differences in sequence of verses between the LXX and MT, two types of transpositions of words in the LXX (those possibly reflecting a different Hebrew text and stylistic/grammatical transpositions), minuses and pluses of the LXX, doublets, words occurring once in the translation, but referring to more than one Hebrew word, elements repeated in the translation, Greek preverbs representing Hebrew prepositions, prepositions added in the LXX in accordance with the rules of the Greek language or translational habits, the infinitive absolute, transliterations of Hebrew words, differences between the MT and LXX in prepositions and in the active/passive voice of the verb, differences in number, etymological exegesis, differences in vocalization, all reconstructed differences between the MT and LXX, reconstructed interchanges of consonants between the MT and the presumed Hebrew parent text of the LXX (such as **daleth/resh**) as well as other scribal phenomena. In addition to all these, the morphological analysis of the Hebrew and Greek can also be employed for the study of translation technique.

A study along these lines would start with the morphological analysis of either the Hebrew or Greek from where it would access the file of the aligned Greek-Hebrew text. In this way it is possible to examine all Greek renderings of a Hebrew pattern or construction, such as the **hiph`il** or the construct state for the Hebrew and the genetive absolute for the Greek.

These are only some of the obvious features which can now be analyzed with the aid of the **CATSS** database, and obviously the very use of the database places LXX research on a different level. We ourselves have only begun to analyze select features. In the meantime I refer to an article on criteria for assessing the literalness of translation units and another one on the study of the LXX revisions[38], while another two on transpositions and the infinitive absolute are under way. Furthermore, one dissertation has already been written in connection with the database, while other ones are being written now[39].

Finally, I hope that in this short time I have been able to demonstrate that we are indeed entering into a new era of biblical research if we will succeed in introducing the new tools to others. At the same time, one should never exaggerate, since much will remain the same. The introductions to the biblical literature will look the same, and so will most of our commentaries. Biblical research will not and should not shift its directions. Scholars should be encouraged to continue the research they would have carried out without the computer. However, if the computer can be used in order to speed up research, in order to obtain more precise results, and results that cannot at all be obtained manually, there is no reason to disregard the new tools. The existence of the new tools will be felt especially in the areas of linguistic research and textual criticism, and through these fields also in exegesis. Those who have occupied themselves with the preparation of these tools must do their best to make them available to the general public and to make them as accessible as possible.

NOTES

* The text of the paper was prepared prior to the meeting, but references to some recent developments were added in the course of the meeting itself.

1. Produced by P.A. Miller of Deerfield. See the **Gramcord Reference Manual** (1979).

2. Described by his paper in this volume. See also an unpublished memorandum "The Morphological Analysis of Biblical Hebrew - The Approach Followed at the University of Stellenbosch" (July 1985).

3. For a general description, see R.A. Kraft and E.Tov, "Computer-Assisted Tools for Septuagint Studies", **Bulletin of the International Organization for Septuagint and Cognate Studies** 14 (1981) 22-40. See further the monograph mentioned in n. 19.

4. Prepared by A.Q. Morton on the basis of the 1966 edition of the U.B.S.

5. The major texts available have been prepared by G. Weil (Lyon), the **Centre: Informatique et Bible**(Maredsous) and R. Whitaker (Ohio). Of the latter one there exists much legal and illegal offspring. Likewise, the various volumes of the

Computer Bible are based on machine readable texts of the individual books of the Bible as prepared by the authors of these volumes. For details on all these texts, see the relevant sections in **Centre: Informatique et Bible, Bible Data Bank, List of Data and Services** (Maredsous 1981), to be quoted below as **Centre**, and the updated bibliography included in this volume. See further below, n. 14.

6. The original text for the **CATSS** project (above, n. 3) was prepared by the **Thesaurus Linguae Graecae**. For the Peshitta, parts of the text have been encoded in Go"ttingen by N. Sprenger (see **Centre**, p. 133) and other parts are being prepared by J. Cook (see the paper in this volume). The Peshitta of the N.T. has been produced by **The Way International** as well as by the **Centre :Informatique et Bible**. Targum Jonathan has been encoded by E.G. Clarke, for which see his **Targum Pseudo-Jonathan of the Pentateuch, Text and Concordance** (Hoboken, NJ 1984), while the Fragment Targums and codex Neofiti have been encoded by M.Sokoloff and Targum Onqelos by G.E. Weil. A text of the Vulgate has been prepared as the basis for the concordance by B. Fischer, **Novae concordantiae bibliorum sacrorum iuxta Vulgatam**

versionem criticae editam (Stuttgart 1977). An Arabic version of the N.T. has been encoded by the **Centre:Informatique et Bible**. See also the paper by S. Arbache in this volume.

7. Several modern translations have been prepared in machine readable format by the **Centre: Informatique et Bible** and some of them have been published both as texts and concordances: **RSV** (concordance: Grand Rapids - London 1982), **La Bible de Jérusalem** (published 1981-82, concordance: Paris-Turnhout 1982), **La Sainte Bible...Maredsous** (published 1978), **La Sainte Bible...L. Ségond, Traduction Oecoménique de la Bible** (published 1979). For exact bibliographical references, see **Centre**, pp. 35ff. The Bible Research Systems of Austin issued the text of the King James Version on diskettes under the name of **The Word Processor**. See also the bibliographical supplement in this volume.

8. See notes 3 and 19.

9. Described in this volume.

10. For the volumes of the **Computer Bible**, see n. 14. For the bibliographical and morphological

analyses by Weil and the **Centre: Informatique et Bible**, see **Centre**, index. For that of Claassen, see n. 2; that of Whitaker has not been documented in a publication. For the analysis of Talstra, see the monograph mentioned in n. 16, and further see **Centre**, index, and "Exegesis and the Computer Science", **BiOr** 37(1980) 121-28.

11. See W. Adler, "Computer Assisted Morphological Analysis of the Septuagint", **Textus** 11 (1984) 1-16.

12. See the description in this volume.

13. See P. Miller (n. 1). For yet another system, see T. and B. Friberg, **A Computer-Assisted Analysis of the Greek New Testament Text**, in: P.C. Patton, R.C. Holoien (eds.), **Computers in the Humanities** (Aldershot, Hampshire 1981) 15-51.

14. So far volumes have been produced of Gen. (vol. 18, Radday - Leb), Lev.-Deut. (8, Morris-James), Pent. (17, Morris-James), Jud. (11, Radday - Leb - Natzits), Is. (2, Radday), Jer. (14, Andersen - Forbes), Min. Proph. (6,10 Andersen - Forbes), Hagg, Zech. and Mal. (4, Radday), Five Scrolls (16, Radday - Leb), Ruth-Jon. (9, Andersen

- Forbes).

15. Vol. 20 (H. Van Dyke Parunak, **Linguistic Density Plots in Zechariah**).

16. F. Postma, E. Talstra, M. Vervenne, **Exodus, Materials in Automatic Text Processing,** Instrumenta Biblica I (Amsterdam-Turnhout 1983).

17. See n. 7.

18. G.E. Weil, P. Rivière, M. Serfaty, **Documentation de la Bible, 1. Concordance de la cantillation du Pentateuque et des cinq megillot** (Paris 1978); vol. 2: ...**Premiers Prophetes, Josue, Juges, Samuel et Rois.**

19. J.R. Abercrombie, W. Adler, R.A. Kraft and E. Tov, **Computer Assisted Tools for Septuagint Studies**, vol. 1, Ruth (in press).

20. J.R. Abercrombie, **Computer Programs for Literary Analysis** (Philadelphia 1984).

21. For the studies of Radday, see **Centre**, pp. 103-4. For recent studies by S.L. Portnoy and D.L. Petersen, see "Biblical Texts and Statistical

Analysis: Zechariah and Beyond", **JBL** 103 (1984) 11-21; "Genesis, Wellhausen and the Computer: A Response", **ZAW** 96 (1984) 421-5.

22. Y.T. Radday, H. Shore, **Genesis, An Authorship Study   in   Computer-Assisted   Statistical Linguistics**, Analecta Biblica 103 (Roma 1985).

23. See **Centre**, p. 103.

24. "Les décomptes de versets, mots et lettres du Pentateuque selon le manuscrit B19A de Leningrad", in : P. Casetti, O. Keel, A. Schenker, eds., **Mélanges D. Barthélemy**, OBO 38 (1981) 652-703.

25. "Computer Assisted Study of the Criteria for Assessing the Literalness of Translation Units in the LXX", **Textus** 12 (1985) 149-87.

26. P. Lippi, "The Use of the Computerized Data Base for the Study of Septuagint Revisions", **Bulletin, IOSCS** 17 (1984) 48-62.

26a. See the papers in this volume.

27. See **Centre**, p. 125.

28. "Triliteralité fonctionelle ou biliteralité fondamentale des racines verbales hébraiques", **Revue d'Hist. et de Phil. Rel.** 3-4 (1979) 281-311.

29. Van Dyke Parunak, unpublished paper. The paper by Bajard has been prepared for the 1984 meeting of the E.S.F. in Jerusalem: R.F. Poswick - J. Bajard, "Multilingual Automatical Comparison as Methodology to Biblical Semantics, II. Application to the Study of Semantic Fields".

30. See **Centre**, p. 141.

31. See **Centre**, p. 105.

32. One should, of course, not forget studies, especially dissertations, which are still being written.

33. See **Centre**, pp. 91-94 and further: F. Chenique, **Principes et Méthodes de l'Étude de la Bible Massorétique sur les calculateurs électroniques**, unpubl. diss. Strasbourg 1967; W. Claassen, "Computer-Assisted Methods and the Text and Language of the Old Testament - An Overview", in: **Text and Language, Studies in Honour of F. Charles Fensham**, in press.

34. E. Tov - J. Cook, "A Computerized Database for the Qumran Biblical Scrolls", **Journal of Northwest Semitic Languages** 12 (1984) - in press.

35. See the paper in this volume.

36. **CATSS**, vol. 2, in press.

37. Section 71.

38. See notes 25 and 26.

39. The Lucianic text of 1 Samuel (B. Taylor, HUC, Cincinnati), the Lucianic text of 2 Kings (P. Lippi, Hebrew University), studies in the vocabulary and translation technique of Sirach (B.G. Wright, Univ. of Penn.), the text-critical use of the LXX of Joshua (L. Mazor, Hebrew University), the representation of prepositions and particles in the LXX of the Pentateuch (F. Putnam, Dropsie College). See also the diss. of Z. Talshir, **First Esdras, Origin and Translation**, Hebr. Univ. 1984.

Appendix

Symbols used in the Greek-Hebrew alignment of the CATSS data base

{#}	Asterized passage (in Job).
{g}	Reference to difference between the text of Rahlfs and that of the relevant Göttingen edition.
..a	Word included in one of the Aramaic sections - see 4.1.1.
*	**Ketib** - see 4.3.1.
**	**Qere** - see 4.3.1.
[ ]	Reference to number of verse in LXX, different from MT - see 4.5.1.
[[ ]]	Reference to number of verse in MT, different from the LXX - see 4.5.4.
--- {x}	Apparent **minus** or
--+ {x}	apparent **plus** created by lack of equivalence between long stretches of text in the LXX and MT - see 5.1.
{...}	Equivalent reflected elsewhere in the text, disregarded by indexing program - see 6.
~	Difference in sequence between MT and LXX, denoted both after the first Hebrew word and before the second one - see 7.
~~	Equivalent of the Hebrew or Greek word(s) occurring elsewhere in the verse or context (transposition) - see 7.
{..~}	Stylistic or grammatical transposition - see 7.6.
---	In the Greek column: Hebrew counterpart lacking in the LXX (minus in the LXX) - see 8.
--+	In col. a of the Hebrew: element 'added' in the Greek (plus in the LXX) - see 8.
' '	Long minus or plus (at least four lines) - see 8.1.
{d}	Reference to doublet (occurring between the two elements of the doublet - see 9.
{..d}	Distributive rendering, occurring once in the translation but referring to more than one Hebrew word - see 10.
{..r}	Notation in Hebrew column of elements repeated in the translation - see 11.
?	Questionable notation, equivalent, etc. - see 12.
{p}	Greek preverb representing Hebrew preposition - see 16.3.
{..p}	Preposition added in the LXX in accordance with the rules of the Greek language or translational habits - see 16.5.
{!}	Infinitive absolute - see 17.5.

~

{s}	Hebrew M/, MN (comparative, superlative) reflected by Greek comparative or superlative - see 19.
{t}	Transliterated Hebrew word - see 21.
#	Long line continuing in next one, placed both at the end of the line running over and at the beginning of the following line in the opposite column (see 31).
=	Introducing col. b of the Hebrew - see 50.
{v}	The reading of the main text of the LXX seems to reflect a secondary text, while the 'original' reading is reflected in a variant - see 50.2.
=%	Introducing categories of translation technique recorded in col. b - see 54.
=%vap	Change from active to passive form in verbs - see 54.2.1.
=%vpa	Change from passive to active form in verbs - see 54.2.1.
=%p	Difference in preposition or particle - see 54.2.2.
=%p+	Addition of preposition or particle - see 54.2.2.
=%p-	Omission of preposition or particle - see 54.2.2.
=;	Retroversion in col. b based on equivalence occurring in immediate or remote context - see 55.
=+	Difference in number between MT and the LXX - see 56.
=@	Etymological exegesis - see 57.
=:	Introducing reconstructed proper noun - see 58.
=v	Difference in vocalization (reading) - see 59.
=r	Incomplete retroversion - see 60.
{*}	Agreement of LXX with **ketib** - see 61.
{**}	Agreement of LXX with **qere** - see 61.
.	Interchange of consonants between MT and the presumed Hebrew parent text of the LXX - see 62.
.rd	As above, interchange of R/D, etc.
.m	As above, metathesis.
.z	Possible abbreviation.
.s	One word of MT separated into two words in the parent text of the LXX.
.j	Two words of MT joined into one word in the parent text of the LXX.
.w	Different word-division reflected in the parent text of the LXX.

ADRESSES DES CONTRIBUTEURS

ABERCROMBIE Jack
  CATSS, Pensylvania University
  Philadelphia, PA 19104, USA   Tél.: 1 (215) 898-4917

AMPHOUX Christian
  C.D.M.B. (C.N.R.S.),
  Rue Louis Perrier, 13
  F-34000 Montpellier, FRANCE   Tél.: 33 (67)   92 79 90

ANDERSEN Francis Ian
  Studies in Religion, University of Queensland
  4067 St-Lucia, AUSTRALIA   Tél.:   61   377-3985

ARBACHE Samir   (adresse privée)
  Rue Franklin, 72
  B-1040 Bruxelles, BELGIQUE   Tél.: 32 (0)2 736 48 21

BADER Winfried
  Katholisch-Theologisches Seminar,
  Universität Tübingen
  Libermeisterstrasse, 12
  D-7400 Tübingen, B.R.DEUTSCHLAND   Tél.: 49 (0)7071   62401

BAJARD Jean
  Centre:Informatique et Bible (Maredsous)
  B-5198 Denée, BELGIQUE   Tél.: 32 (0)82 69 93 97

BENZECRI Jean-Paul
  Université Pierre et Marie Curie, Paris VI,
  Place Jussieux, 4
  F-75230 Paris Cedex 05, FRANCE   Tél.: 33 (1) 4336 25 25

BOGAERT P.-M. Maurice
  Faculté de Théologie, UCL
  Collège Albert Descamps, Grand-Place, 45
  B-1348 Louvain-la-Neuve, BELGIQUE   Tél.: 32 (0)10 43 21 11

BOUVAREL-BOUD'HORS Anne
  C.D.M.B. (C.N.R.S.),
  Rue Louis Perrier, 13
  F-34000 Montpellier, FRANCE   Tél.: 33 (67)   92 79 90

CHIARAMELLA Yves
  Laboratoire de Génie Informatique,
  Université de Grenoble,
  B.P. 68
  F-38402 St-Martin d'Hères, FRANCE   Tél.: 33 (76)   51 46 00

CHMIEL Jerzy
  Pontifical Academy of Theology in Cracow,
  ul. Podzamcze 8
  PL-31-003 Krakow, POLOGNE   Tél.: 48 (12)   22 90 92

CLAASSEN Walter
  Dept. of Semitic Languages,
  University of Stellenbosch,   Tél.: 27 (2231)   73 156
  7600 Stellenbosch, REPUBLIC OF SOUTH AFRICA

COCHRANE Jack
  Université de Sherbrooke,
  Sherbrooke (Québec),
  J1K 2R1, CANADA

COOK Johann
  Dept. of Semitic Languages,
  University of Stellenbosch,   Tél.: 27 (2231) 73 156
  7600 Stellenbosch, REPUBLIC OF SOUTH AFRICA

de MOOR Jean-Claude
  Theologische Hogeschool van de Gereformeerde Kerken in
  Nederland, Kampen Oudestraat 6 / Koormarkt 1
  Postbus 5021, 8260 GA Kampen, NEDERLAND
                                          Tél.: 31 (0)   5255-1492

DESREUMAUX Alain (adresse privée)
  Rue de l'Eglise, 3
  F-93800 Epinay s/Seine, FRANCE   Tél.: 33 (1)   4826 48 56

FAHNER Chris T.
  The Missionary Courses
  Arnhemseweg 66
  6731 Otterlo, NEDERLAND   Tél.: 31 (0)8382   1710

FIRMIN Gilles
  C.D.M.B. (C.N.R.S.),
  Rue Louis Ferrier, 13
  F-34000 Montpellier, FRANCE   Tél.: 33 (67)   92 79 90

FORBES Dean (adresse privée)
  820 Loma Verde Avenue
  Palo Alto, CA 94303, USA   Tél.: 1 (415)   494-6152

GRYSON Roger
  Faculté de Théologie,
  Université Catholique de Louvain,
  Collège Albert Descamps, Grand-Place, 45
  B-1348 Louvain-la-Neuve, BELGIQUE   Tél.: 32 (0)10   43 21 11

HARDMEIER Christof
  Kirchliche Hochschule Bethel,
  Remterweg, 45
  D-4800 Bielefeld 13, B.R. DEUTSCHLAND
                                        Tél.: 49 (0)521 144-3884

HEIMERDINGER Jenny
  50 Northwood Road
  UB9 6PP Harefield, U.K.

HEINTZ Georges
  Groupe de recherches et d'Etudes Sémitiques Anciennes
  Palais Universitaire, Bureau 127
  F-67084 Strasbourg Cedex, FRANCE   Tél.: 33 (88)   36 59 40

JELONEK T.
  Pontifical Academy of Theology in Cracow,
  ul. Podzamcze 8
  PL-31-003 Krakow, POLOGNE   Tél.: 48 (12)   22 90 92

KOWALSKI Georges W.   (Adresse privée)
  Rue Madame, 61
  F-75015 Paris, FRANCE   Tél.: 33 (1)   4222 70 02

LEMOINE Fernand
  Centre:Informatique et Bible (Maredsous)
  B-5198 Denée, BELGIQUE   Tél.: 32 (0)82 69 93 97

LOIMARANTA Lauri Kalevi (adresse privée)
  Ratsukonkatu 1, as. 24
  SF-20880 Turku, FINLAND

LONGTON Joseph
  Centre:Informatique et Bible (Maredsous)
  B-5198 Denée, BELGIQUE   Tél.: 32 (0)82 69 93 97

LOUW Johannes P.
  Dept. of Greek,
  University of Pretoria,
  Pretoria, 0002 REPUBLIC OF SOUTH AFRICA
                                        Tél.: 27 (12)   420-23 50

LUST Johan
  Faculteit der Godgeleerdheid, K.U. Leuven,
  St-Michelsstraat 2
  B-3000 Leuven, BELGIE   Tél.: 32 (0)10   23 98 11

PELLISTRANDI Christine
  C.N.R.S. - I.R.H.T.,
  Avenue d'Iéna, 40
  F-75116 Paris, FRANCE

POSWICK R.-F.
  Centre:Informatique et Bible (Maredsous)
  B-5198 Denée, BELGIQUE   Tél.: 32 (0)82 69 93 97

RADDAY Y.T.
  Dept. of General Studies
  Technion City
  32000 Haifa, ISRAEL

SCHWEIZER Harald
  Katholisch-Theologisches Seminar,
  Universität Tübingen,
  Liebermeisterstrasse 12
  D-7400 Tübingen, B.R.DEUTSCHLAND   Tél.: 49 (0)7071   62401

SERVAIS Gérard
  Centre:Informatique et Bible (Maredsous)
  B-5198 Denée, BELGIQUE   Tél.: 32 (0)82 69 93 97

STONE M.E. (adresse privée)
  P.O. Box 16174
  Jérusalem 91161, ISRAEL

TALSTRA Eep
  Faculteit der Godgeleerdheid,
  Werkgroep Informatica,
  Vrije Universiteit Amsterdam,
  Postbus 7161
  NL-1007 MC Amsterdam, HOLLAND   Tél.: 31 (0)20 548 54 40

TOV Emmanuel
  CATSS, Pennsylvania University,
  Philadelphia, PA 19104, USA   Tél.: 1 (215)   898-4917

WEIL Gérard E.
  C.A.T.A.B., Université Jean Moulin (Lyon III),
  Bd. du 11 Novembre 1918, 43
  F-69622 Villeurbanne Cedex, FRANCE   Tél.: 33 (7)   893 7437

WONNEBERGER Reinhard
  Alttestamentliche Seminar,
  Universität Hamburg,
  Sedanstraße, 19
  D-2000 Hamburg 13, B.R. DEUTSCHLAND
                                       Tél.: 49 (0)40 59 23 54

TABLE DES MATIERES

Conférence d'accueil : R. Gryson

Association internationale "Bible et Informatique" 3
Liste des membres fondateurs de l'Association 7
Présentation. 9
Comité organisateur du colloque 18
Liste des participants 19
Table des contributeurs 21
Discours d'ouverture 27

Contributions :

ABERCROMBIE, J.– "Programs for work with the septuagint
data from CATSS" 35

ANDERSEN, F.I and FORBES, A.D. – "Problems in taxonomy
and lemmatization". 37

BADER, W. – "Ausdruckssyntax und Textgrammatik Statistik im
Methodendreischritt Syntax-Semantik-Pragmatik". 51

BAJARD, J. – "Répertoire des Centres de traitement informatisés
de textes bibliques". 81

BENZECRI, J.P. – "Elaboration statistique des données sur ordinateur :
application à l'analyse des textes; contributions attendues à l'étude
de la Bible" 87

CHIARAMELLA, Y. – "Computer science and text". 119

CHMIEL, J. et JELONEK, T. – "The Greek New Testament in the
computer. A project of the Pontifical Academy of Theology
in Cracow 141

CLAASSEN, W.T. – "Data base structured for an interactive micro-
computer system for the study of Biblical Hebrew". 143

COCHRANE, J. –" Travaux de Bible et informatique en cours à
Sherbrooke, Québec". 155

COOK, J. – "The development of a base for the Peshita version
of the Old Testament". 165

MOOR, J.C. de – "Coding proposal submitted to Bible et Informatique".
"ESTI font : Normal Proportional
Hebrew proportional
Greek proportional" 179

FAHNER, C.T. – "Between text and translation" 193

HARDMEIER, C. – "Elektronische Datenverarbeitung als Instrument der
Analyse von hebraïschen Texten des Alten Testaments" 203

HEINTZ, J.G. – "Stratégie et perspectives de recherche documentaire
informatisée en exégèse biblique" 213

KOWALSKI, G.W. – "Nouvelles analyses et nouveaux fonctionnements
du texte dans un environnement informatisé" 215

LOIMARANTA, L.K. – "Mark's inserenda, a key to the early
history of the Synoptic gospel's text" 235

LONGTON, J. – "Codage des écritures non-latines" 243

LOUW, J.P. – "A semantic dictionary" 259

LUST, J. – "The computer and the hypothetic translators of Ezekiel" . . 265

PELLISTRANDI, C. – "Présentation de MEDIUM : base de données
sur le manuscrit médiéval" 275

POSWICK, R.-F. – "Le nouvel ordre mondial de la recherche biblique". . 277

RADDAY, Y.T. – "Suggestions for Standardizing Biblical Hebrew text
Analysis for eventual Computer - Aided Processing" 287

RADDAY, Y.T. – "Proposal submitted to the Advisory Commitee of
the 1985 Louvain Conference on "The Bible and the Computer" 294

SCHWEIZER, H. – "Elektronische Datenverarbeitung und Text-
interpretation" 297

SERVAIS, G. – "Complément à la bibliographie : Bible et Informatique" 311

STONE, M.E. – "Computer implantation of Armenian" 323

TALSTRA, E. – "An hierarchically structured data base of Biblical
Hebrew Texts. The relationship of grammar and encoding" 335

WEIL, G.E. – "Massorah, Massorètes et ordinateurs. Les sources
textuelles et les recherches automatisées" 351

WONNEBERGER, R. – "Ueberlegungen zu einer maschinenlesbaren
Neuausgabe der Biblia Hebraica Stuttgartensia" 363

Les manuscrits de la Bible 381

a) Equipes et réalisations :
En Angleterre et aux Etats-Unis :

    HEIMERDINGER, J. – "Manuscrits des versions anciennes de la Bible" 383

En Allemagne et en Hollande :

    BOGAERT, P.M. – "Inventaires des manuscrits bibliques grecs
(LXX) et latins" 385

b) Problèmes spécifiques à quelques langues orientales :

    BOUVAREL, A. – "Fragments inédits du Nouveau Testament copte
sahidique à la Bibliothèque Nationale" 389

    ARBACHE, S. – "Les anciens textes bibliques. Recherches appuyées
par l'informatique" 399

    DESREUMAUX, A. – "Inventaire des manuscrits bibliques suro-
palestiniens" 400

    OUTTIER, B. – "Vetus Iberica". Un projet d'édition critique des
vieilles versions géorgiennes" 401

c) Projets en cours (CNRS - Montpellier)

    FIRMIN, G. – "Une banque de données sur les manuscrits de la Bible" 402

    AMPHOUX, C. – "Un nouveau répertoire des manuscrits des versions
anciennes du Nouveau Testament : le "Nouveau Gregory" 405

Session ordinateur

    R. BENUN (Mikrah); L. MILLER; W.T. CLAASSEN; J. COOK;
F. LEMOINE; J. ABERCROMBIE; J.C. de MOOR 407

    F. LEMOINE – Résumé de la Session : "Une foire aux logiciels" 409

Conclusion

    TOV, E. – "A new generation of Biblical research" 413

Appendix 445
Adresses des contributeurs 447

Déjà parus :

1. BRUNET, Etienne – Le vocabulaire de Jean Giraudoux. Structures et évolution.
2. MULLER, Charles – Le vocabulaire du théâtre de Pierre Corneille. Etude statistique lexicale.
3. DUGAST, Daniel – Vocabulaire et discours. Essai de lexicométrie organisationnelle.
4. MULLER, Charles – Langue française et linguistique quantitative.
5. HUG, Marc – La distribution des phonèmes en français. – Die Phonemverteilung im Deutschen. – Essais statistiques.
6. DOLPHIN, Colette – Méthodes de la statistique linguistique et vocabulaire fantastique de Malpertuis.
7. DOLPHIN, Bernard – Vocabulaire et lexique. Modèles mathématiques pour une linguistique quantitative.
8. DUGAST, Daniel – Vocabulaire et stylistique. Théâtre et dialogue.
9. DUGAST, Daniel – La statistique lexicale.
10. JOLIVET, Rémi – Descriptions quantifiées en syntaxe du français.
11. THOIRON, Philippe – Dynamisme et stylostatistique. Elaboration de l'index et concordance pour "Alice's adventures in Wonderland." Problèmes, méthodes, analyse statistique.
12. BERNET, Charles – Le vocabulaire des tragédies de Racine. Analyse statistique.
14. MENARD, Nathan – Mesure de la richesse lexicale. Théorie et vérifications expérimentales.
17. BRUNET, Etienne – Le vocabulaire français de 1789 à nos jours. Analyse des données du Trésor de la langue française.
18. BRUNET, Etienne – Le vocabulaire de Marcel Proust, avec l'Index complet et synoptique de "A la recherche du temps perdu".
19. PETRUSZEWYCZ, Micheline – Les chaînes de Markov.
20. MACIEL, C. Antunes – Le vocabulaire de six essais de Paul Valéry. Etude de statistique.
21. JULLIARD, Michel – L'expression poétique chez Cecil Day Lewis : vocabulaire, syntaxe, métaphore. Etude stylostatistique.
22. ALLEN, Robert-F. – A stylo-statistical study of "Adolphe". Preceded by indexes and a description of a computer programming for language analysis.
23. LYNE, Anthony A. – The vocabulary of French business correspondence : word frequencies, collocations and problems of lexicometric method.
24. LAFON, Pierre – Dépouillements et statistiques en lexicométrie. Avec une préface de Charles Muller.
26. BRUNET, Etienne – Le vocabulaire de Zola. Avec l'index complet et synoptique des "Rougon-Macquart", d'après les données de l'Institut National de la langue française (C.N.R.S.).
27. ALLOTT, Ken et TREMEWAN, Peter – "Les Gommes" d'Alain Robbe-Grillet. Index verborum et table des fréquences.
32. KOCK, Josse de – Eléments pour une étude linguistique de langages néologiques d'origine aphasique.
34. MULLER, Charles – Langue française et linguistique quantitative II.
35. MULLER, Charles – Langue française, linguistique quantitative, informatique.
36. MACIEL, C.A.A. – Richesse et évolution du vocabulaire d'Érico Veríssimo.

Achevé d'imprimer en 1986
à Genève - Suisse